管理学通论

吴照云等　著

中国社会科学出版社

图书在版编目（CIP）数据

管理学通论/吴照云等著. —北京：中国社会科学出版社，
2007.3（2012.1 重印）
ISBN 978 - 7 - 5004 - 5964 - 4

Ⅰ. 管…　Ⅱ. 吴…　Ⅲ. 管理学—高等学校—教材　Ⅳ. C93

中国版本图书馆 CIP 数据核字（2007）第 020139 号

策划编辑　卢小生（E-mail：georgelu@ vip. sina. com）
责任编辑　卢小生
责任校对　石春梅
封面设计　解　佳
技术编辑　李　建

出版发行　中国社会科学出版社　　　出版人　赵剑英
社　　址　北京鼓楼西大街甲 158 号　邮　编　100720
电　　话　010 - 64073835（编辑）　64058741（宣传）　64070619（网站）
　　　　　010 - 64030272（批发）　64046282（团购）　84029450（零售）
网　　址　http：//www. csspw. cn（中文域名：中国社科网）
经　　销　新华书店
印　　刷　北京市大兴区新魏印刷厂　　装　订　廊坊市广阳区广增装订厂
版　　次　2007 年 3 月第 1 版　　　　印　次　2012 年 1 月第 15 次印刷
开　　本　787×960　1/16　　　　　插　页　2
印　　张　25.25　　　　　　　　　　印　数　107201 - 110200
字　　数　468 千字
定　　价　32.00 元

目　　录

Ⅱ．职能篇

Ⅲ．绩效篇

前　言

　　管理学是人类近代史上发展最迅速、对社会经济发展影响最为重大和深远的学科之一。管理学原理是一门系统地研究管理过程中的普遍规律和基本原理的学科，是管理学的基础课程之一，是一门介于社会科学和自然科学之间的边缘科学，也是工商管理及相关专业学生的专业基础课程，在专业课程学习中具有十分重要的地位。

　　20世纪90年代初，党中央刚刚提出"建立社会主义市场经济"的宏伟目标，我国的学科分类还带有明显的计划经济色彩，管理学学科门类还没有独立出来，理论界对"企业"这一组织形式的管理进行专门探讨的成果还很少，许多企业的改革与实践都是"摸着石头过河"，主要是借鉴国外的管理学理论或一些知名企业的成功做法。但是，改革开放的伟大实践呼唤优秀的企业管理人才，而优秀企业管理人才的大量涌现就依赖于高水平的管理学教学与培训，也就需要一部既能反映国内外最新的管理学理论成果，也符合我国企业管理实践需要，又能满足高等院校管理学教学需要的教材。也就是说，需要一部适合中国企业特色的管理学教材。在这个背景下，我们1994年编辑、出版了《管理学原理》第一版。对于这部教材能否得到广大读者的认可，当时，我们是战战兢兢，如履薄冰。现在十多年过去了，让我们感到特别欣慰的是，这部教材获得了众多高等学校师生的好评及广大读者的认可，1996年还获得了财政部高等院校优秀教材三等奖。为了与时俱进，我们先后将《管理学原理》一书修订了四版。

　　需要特别指出的是，根据管理学教学及发展的需要，我们将本次修订的《管理学原理》（第五版）改为《管理学通论》（简称《通论》）。对于我们来说，这是一次新的尝试，如果这本《通论》能在一定程度上得到广大读者的认可，我们将感到非常荣幸。

一、修订缘起

　　《管理学原理》第一版由我主持、设计写作大纲，我和我的同事们一起讨论、共同撰写，是集体智慧的结晶。第一版出版后，随着我国经济改革的深入，企业改革的发展，尤其我国社会主义市场经济改革与发展，我国企业的管理实践不断丰富，并对管理提出了新的要求，加上，国外经典及优秀的管理著作的不断引进，西方的管理理论也被不断地应用到我国的企业管理实践中，管理实践提出了许多需要研究和总结的新情况和新问题，因此，根据管理实践的要求和管理理论出现的新成果，我于 1997 年、2001 年和 2003 年先后主持修订出版了第二版、第三版和第四版，前四版均获得了广大读者的较高评价和普遍欢迎。

进入 21 世纪以来，管理理论、方法和实践等都有了很大的发展和变化，本次修订的《管理学通论》旨在反映这些理论和实践的新发展、新变化。因此，本次修订的重点主要反映在内容方面，一是对第四版大约 2/5 的较为陈旧和过时的内容进行了更新或删除；二是增加和补充了许多新的内容，以反映近年来管理领域中的新进展和新成果。全书的总篇幅比第四版增加了 1/5。

二、修订说明

《管理学通论》保留了《管理学原理》第四版的主体结构框架，全书仍然分为三篇，即导论篇、职能篇和绩效篇。在第四版的基础上，本次修订时，对部分章节的名称做了必要的修改和更新，如导论篇第一章改为管理与管理者、第二章改为管理思想和管理理论演变；绩效篇第十一章改为有效管理者及其评价；职能篇第九章激励调整为第八章，以反映管理职能的逻辑顺序。

本次修订中变化较大的章节主要有：将第四版管理的基本原则一章予以舍弃，更改为管理环境；新增管理者的角色与类型、管理者的素质和技能要求、管理理论的发展趋势、东方管理思想与实践、人员配置与考核、有效管理者的造就等内容。在我们看来，这些新增加的内容是十分有必要且有意义的。

本次修订的具体情况大致如下：

全书分为 12 章，第一章管理与管理者、第二章管理思想和管理理论演变、第三章管理环境、第四章计划、第五章组织、第六章指挥、第七章沟通、第八章激励、第九章控制、第十章创新、第十一章有效管理者及其评价、第十二章有效管理者的造就。突出《管理学通论》内容的科学性、逻辑性和严谨性仍是本次修订的最大特点。

第一章管理与管理者，主要阐述管理的概念、特征、性质与职能，管理者的角色、类型、素质与技能要求以及管理学的学习方法。

第二章管理思想和管理理论演变，主要介绍管理理论的萌芽、科学管理理论、古典组织理论、行为科学理论、当代管理理论和东方管理思想与实践。

第三章管理环境，主要包括组织文化与环境概述、环境的不确定性分析、管理伦理与社会责任以及全球环境中的管理。

第四章计划，主要讨论计划的含义与内容，目标的含义、分类以及目标管理。

第五章组织，主要探讨组织的一般性描述、组织设计、组织变革与发展以及人员配置与考核等问题。

第六章指挥，主要包括指挥的含义与作用、指挥的方式与艺术等。

第七章沟通，主要讲述沟通的含义、作用、过程与分类，沟通的方式以及如何进行有效沟通等。

第八章激励，主要介绍激励的含义与作用、激励理论和激励方式。

第九章控制，主要包括控制的含义、原则、分类以及控制技术与方法。

第十章创新，主要讨论创新的含义与特点、创新机会的来源以及创新策略和创新方法。

第十一章有效管理者及其评价，主要包括管理者有效性评价的含义、内容、意义和能力素质，有效管理者评价的原则与方法以及量表设计。

第十二章有效管理者的造就，主要讨论管理者的主要任务及其面临的主要约束，有效管理者造就的主要内容以及实践诀窍。

此外，为方便广大师生的教学和学习，本次修订时，在每章之前新增加了"学习目的"，告诉读者阅读和学完本章后需要掌握的知识点及不同要求；在每章之后，新增加了"本章提要"，对本章的主要观点做出概括性的总结，便于读者复习时抓住重点；另外，将每章之后的"思考题"改为"讨论题"，并做了大幅的修改，以体现讨论题的开放性特点，可以直接用于课堂讨论；基于事物和环境的发展与变化，我们对每章之后的大部分案例做了更新和修改，乃至重新编写，还增加了一些新案例。

值得一提的是，本次修订时，在每章中都增加了一些与章节内容相关的富有哲理小故事，以期帮助读者加深对教材内容的理解，并启迪读者的思考。

其他一些章节也根据情况做了必要的删改和调整，这里不一一赘述。

为体现教材编写的严谨性，本次修订进一步强化了教材编写的学术规范要求，例如，对教材中出现的国外学者补充了英文名，便于读者对照中英文人名。

《管理学通论》一书既可作为高等院校工商管理及相关专业本科生教材及培训教材，也可作为从事管理工作的人员的学习参考书。

在修订过程中，我们参考了一些工商管理类的教材、专著和论文，力求尽可能地把管理学发展的最新成果吸收进来。尽管我们的修订力求完美，但囿于我们的学识和水平，疏漏之处在所难免。希望读者多提批评意见，为我们下一次修订提供更多的帮助。

三、致谢

《管理学通论》一书即将付梓，借此机会，我要感谢所有参加、关心和支持本书的领导、师长、同事、朋友和学生，以及出版社的领导和编辑同志。

首先，要感谢参加本次修订《管理学通论》的作者、同事和研究生，他们为本次修订所付出了辛勤的劳动。本次修订由吴照云教授统筹组织，并总纂、定稿。钟运动、柳振群、胡海波、刘爱军、饶文军等对本书的体系结构及内容安排提出了很多宝贵的意见，并参加修订。我的研究生张俊、沈婷、李林芳、江晓华、刘辉平等也参与了修订工作。这次修订能够顺利完成，是大家共同努力的结果。

其次，要感谢参加、关心和支持《管理学原理》第一、二、三、四版讨论、编写等工作的领导、师长、同事、朋友和学生。他们是参加前四版主编、副主编、编写和修订的卢福财、吴志军、李良智、杨慧、胡宇辰、欧阳康、王晓琴、詹爱民、余菁、罗时科、王云平、柳振群、王家龙、谢闻、王宇露、蔡文著、余长春、李云雁等；参加本书前期大纲设计、讨论或提供资料的金祖钧、符仲南、李振球、胡云清、舒辉等。

再次，要感谢参考资料的作者。在修订过程中，我们参考了一些工商管理类的教材、专著和论文，在此，特别向各位作者表示感谢！

最后，我要特别感谢经济管理出版社的领导和编辑人员。《管理学原理》第一、二、三、四版是在经济管理出版社出版的，他们为本书的出版付出了辛勤的劳动和努力。

吴照云

2007 年 1 月 6 日

Ⅰ 导论篇

第一章 管理与管理者

自 20 世纪以来，在世界范围日益广泛地学习、探索和推广科学的管理方法，极大地推动了人类社会的发展。人们越来越重视社会各个领域和人类各种活动中存在的管理问题，形成了各种管理活动。凡是一个由两人以上组成的、有一定活动目的的集体就离不开管理，管理是一切有组织的活动中必不可少的组成部分。在社会生活中，特别是在组织的活动中，有必要了解什么是管理，为什么要进行管理，怎样才能有效地进行管理等问题。本章主要论述管理的概念、管理的性质与职能、管理者的角色与类型、管理者的素质和技能要求、管理学的概念及学习方法等，为学习本书其余各章打基础。

第一节 管理的概念与特征

一、管理的概念

管理是一个含义极为广泛的概念，最通俗的说法是："管理就是管人理事"。从中文字义来看，古时人们将中空贯通的长条物称为"管"，以后引申为规范、准则和法规，"管"字动词化又含有"主宰"、"主管"、"包揽"等意思。"理"字古时为整治土地、雕琢玉器、治疗疾病等意思，以后又进一步引申为处理事务。由于管与理二字意思相近，又分别从不同侧面反映人们的一种社会活动，于是以后人们便逐渐把"管理"二字合为一词使用，其原始词义为管辖或疏导，即约束与引导。

在当代，管理一词得到了普遍应用。在这个词的前面，可以加上各种修饰管理的限定性形容词，构成许多有关管理的词组。如生产管理、财务管理、营销管理、国家管理、基层管理、银行管理、仓库管理，等等。这说明人类社会存在着各种各样的管理活动，因而也就有着形形色色的管理者。如总统管理国家，市长管理城市，校长管理学校，经理管理企业等。

管理，就一般意义而论，是指一定组织中的管理者通过协调他人的活动，以充分利用各种资源，从而实现组织目标的一系列社会活动过程。这个定义可以从以下几个方面去理解：

1. 管理的主要目的是实现组织目标。组织目标是组织成员个人目标的综合反映。一个组织就是为实现某种目标而组成的人和技术的系统安排。整个管理活动，就是围绕实现组织目标而进行的一系列社会活动。离开了组织目标去讲管理就是空谈。

2. 管理活动的中心是组织。管理工作的重点是决策，即提出组织目标，并据以决定人们的工作。一个公司是一个组织，一个学校也是一个组织。人、财、物进入组织，就要围绕着组织的目标，协调其相互关系，使组织更加有效。所谓协调，是指同步化、和谐化，使人、财、物有机地结合起来。协调人和物的关系，是指协调与组织目标实现相关的因素。所以，组织目标要明确，没有明确的组织目标，协调也就无所适从。

3. 管理的基本对象是人。管理的主体是管理者，管理的客体是以人为主导的投入产出系统。纯粹以财、物、信息为对象的"管理"不是真正的管理，只有包括人在内的管理才是真正的管理，只有包括人在内的管理对象才是真正的管理对象。管理是一种人际关系，存在着管理者与被管理者，管理的主要矛盾是管理者与被管理者的对立统一。

4. 管理的实施是通过计划、组织、指挥、协调、控制这些管理的基本活动进行的。这是全面理解和把握管理的关键所在，反映了管理活动的功能、过程和手段。在一切需要协作才能实现目标的场合，均存在两种类型的实践活动：一类是人们亲自动手，作用于客体，产生直接效果，例如，耕地、开机器等，通常称为"作业"；另一类是通过作用于作业者，对改造客观世界产生间接效果，即通过计划、组织、指挥、协调、控制、激励等来产生效果的，这就是管理。在实际生活中，有些人主要是从事管理工作，同时也完成某些作业，例如，车间主任等；另一些人虽然主要从事"作业"，但也参与某些管理活动，例如，工人中的职代会代表等。

关于管理的概念，长期以来，中外学者从不同角度提出了许多观点，这些观点都从某个侧面反映了管理的内涵。

1. 管理，是指计划、组织、指挥、协调和控制。这是由古典管理学创始人之一、法国管理学家亨利·法约尔（H. Fayol）于1916年提出的。这个观点明确了管理的过程和职能。他的观点经过了近百年来许多人的研究和实践证明，除在职能上有所增减外，基本上是正确的，并成为管理定义的基础。

2. 管理，是指一种以绩效责任为基础的专业职能。这是美国哈佛大学教授彼得·F. 德鲁克（Peter F. Drucker）提出的观点。他认为：①管理与所有权、地位或权力完全无关。②管理是专业性的工作，与其他技术工作一样，有自己特有的技能、方法、工具和技术。③管理人员是一个专业管理阶层。④管理的本质和基础是执行任务的责任。德鲁克的观点明显淡化了管理的社会属性，强调了管理的自然属性。

3. 管理，是指决策。这是美国管理学家、1978年诺贝尔经济学奖获得者赫伯特·A. 西蒙（H. A. Simon）提出的。他把决策制定过程分为四个阶段：①调查情况，分析形势，搜集信息，找出做出决策的理由。②制订可能的行动方案，以应付面临的形势。③在各种可能方案中进行抉择，选择比较满意的方案，并付诸实施。④检查过去所选择方案的执行情况，并进行评价，做出新的决策。这一过程是任何组织、任何层次的管理者在实施管理时都要进行的过程，所以，从这方面看，管理就是决策。

4. 管理，是指由一个或更多的人来协调他人活动，以便收到个人单独活动所不能收到的效果而进行的各种活动。

5. 管理，是指通过别人来使事情做好的一种职能。

6. 管理，是指在某一组织中，为实现目标而从事的对人与物质资源的协调活动。

以上定义管理概念的各种观点，从不同方面反映了管理所具有的特征，可以为我们学习好管理学提供参考和借鉴。

二、管理的基本特征

为了更全面地理解管理的概念，理解管理学的特点、研究范围和内容，我们还可以从以下几方面把握管理的一些基本特征。

（一）管理是一种社会现象或文化现象

只要有人类社会存在，就会有管理存在，因此，管理是一种社会现象或称文化现象。从科学的定义上讲，管理的存在必须具备以下两个必要条件，缺一不可：①必须是两个人以上的集体活动，包括生产活动、行政活动等。②有一致认可的、自觉的目标。

（二）管理的"载体"就是"组织"

前面讲过，管理活动在人类现实的社会生活中广泛存在，而且从前面的论述中也可以看出，管理总是存在于一定的组织之中。正因为我们这个现实世界中普遍存在着组织，管理也才存在和有必要存在。两个或两个以上的人组成的，为一定目标而进行协作活动的集体就形成了组织；"许多人在同一生产过程中，或在不同的但互相联系的生产过程中，有计划地一起协同劳动，这种劳动形式叫做协作。"有效的协作需要有组织，需要在组织中实施管理。社会生活中各种组织的具体形式，虽然因其社会功能的不同而会有差异，但构成组织的基本要素是相同的。

在组织内部，一般包括五个要素：①人，包括管理的主体和客体。②物和技术，如管理的客体、手段和条件。③机构，实质反映管理的分工关系和管理方式。④信息，管理的媒介、依据，同时也是管理的客体。⑤目的，即宗旨，表明为什么要有这个组织，它的含义比目标更广泛。

组织作为社会系统中的一个子系统，其活动必然要受周围环境的影响，因此，组织还包括九个外部要素：①行业，包括同行业的竞争对手和相关行业的状况。②原材料供应基地。③人力资源。④资金资源。⑤市场。⑥技术。⑦政治经济形势。⑧政府。⑨社会文化。

一个组织的建立和发展，既要具备五个基本的内部要素，又要受到外部环境因素的影响和制约。管理就是在这样的组织中，由一人或者若干人通过行使各种管理职能，使组织中以人为主体的各种要素达到合理配置，从而实现组织目标而进行的活动，这对于任何性质、任何类型的组织都是具有普遍意义的。

（三）管理的任务、职能及层次

管理，作为一项工作的任务，就是设计和维持一种体系，使在这一体系中共同工作的人们能够用尽可能少的支出（包括人力、物力、财力等），去实现他们既定目标。管理活动是通过人来进行的，人是进行管理活动的主体，因此，把执行管理任务的人统称为"管理人员"或"管理者"（Manageral People）。管理的任务当然也就是管理者的任务。

这里所说的管理者，没有主管领导（Executive）、行政人员（Administrator）以及基层领导者（Supervisor）这些等级之分。虽然这些管理人员可能因为各自所处的组织类型和所从事的具体工作不同而处于不同的地位和级别，担任不同的管理职务，拥有不同的权力范围，担负不同的责任；但是，他们的任务都是相同的，他们都必须为组织及其所有成员创造和保持一种环境，使人们在其中可以最大限度地发挥自己的才能，通过努力去实现组织目标。这是管理者共同的任务，他们的工作比组织中其他工作更重要，因此，将这个意义上的管理人员统称为"管理者"（Manager）。例如，在一个工厂中，不论是厂长还是车间主任、科长、班组长等都属管理者之列。

　　管理，作为一个过程，管理者在其中要发挥的作用，就是管理者的职能，也就是通常说的管理职能。对于管理的职能，国外有多种划分方法。早期的管理理论一般认为，管理有计划、执行和控制三项基本职能。法国的法约尔认为，管理有计划、组织、指挥、协调和控制五项职能。美国的古利克指出：管理有计划、组织、人事、指挥、协调、报告和预算七项职能。结合我国管理活动的实践，我们认为，管理具有计划、组织、指挥、沟通、控制、激励和创新七种职能。关于具体的内容，将在以后各篇章中详细论述。

　　管理和管理人员的基本职能是相同的，即包括计划、组织、指挥、沟通、控制、激励和创新。但是，由于主管人员在组织中所处的层次不同，他们在执行这些职能时也就各有侧重。组织中的管理者一般分为高层管理者（Top Manager）、中层管理者（Middle Manager）和基层管理者（First Line Manager 或 Supervisor）三个层次（见图 1-1），根据所处的不同层次，他们将各有侧重地执行其职能。

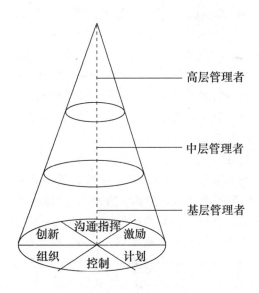

图 1-1　主管人员的三个层次

（四）管理的核心是处理各种人际关系

管理不是个人的活动，它是在一定的组织中实施的。对主管人员来讲，管理是要在其职责范围内协调下属人员的行为，是要让别人同自己一道去完成组织目标的活动。组织中的任何事都是由人来传达和处理的，所以，主管人员既管人又管事，而管事实际上也是管人。管理活动在每一个环节上自始至终都是与人打交道的，所以，管理的核心是处理组织中的各种人际关系，包括主管人员与下属之间的关系，这是各种人际关系的主导与核心；组织内的一般成员之间的关系，即不存在管理与被管理关系的人与人之间的关系，这种关系在组织中大量存在，它直接表现为组织的社会气氛；群体之间的关系，群体是组织内部的团体，有正式与非正式之分，正式团体是指组织内按专业分工所划分的各个部门，而非正式团体则是指正式团体的一些成员为某种共同的感情或需要而形成的一种无形的团体。要重视非正式团体的作用，处理好非正式团体之间以及非正式团体与正式团体之间的关系。

需要注意的是，人际关系的内涵是随着社会制度的不同而不同的。在我们这样的社会主义国家里，任何一个组织层次中的人，无论他是主管人员，还是普通成员，都是国家的主人，人与人之间是平等的，至于主管和下属，仅仅是由于处在不同的岗位，各司其职而已。

第二节　管理的性质与职能

管理，从它最基本的意义来看，一是组织劳动；二是指挥、监督劳动，即具有同社会化生产相联系的自然属性和同生产关系、社会制度相联系的社会属性，这就是通常所说的管理的二重性。从管理活动过程的要求来看，既要遵循管理过程中客观规律的科学性要求，又要体现灵活协调的艺术性要求，这就是管理所具有的科学性和艺术性。

一、管理的二重性

管理的二重性是马克思主义关于管理问题的基本观点。马克思在《资本论》中指出："一切规模较大的直接社会劳动或共同劳动，都或多或少地需要指挥，以协调个人的活动，并执行生产总体的运动——不同于这一总体的独立器官的运动——所产生的各种一般职能。""凡是直接生产过程具有社会结合过程的形态，而不是表现为独立生产者独立劳动的地方，都必然会产生监督劳动和指挥劳动。"这就是说，管理，一方面是由许多人进行协作劳动而产生的，是由生产社会化引起的，是有效地组织共同劳动所必需的，因此，它具有同生产力、社会化大生产相联系的自然属性；另一方面，管理又是在一定的生产关系条件下进行的，必然体现出生产资料占有者指挥劳动、监督劳动的意志，因此，它具有同生产关系、社会制度相联系的社会属性。这两方面的属性就是管理的二重性。

学习和掌握管理的二重性，对我们学习和理解管理学、认识我国的管理问题、探索管理活动的规律，以及运用管理学原理来指导实践，都具有非常重大的现实意义。

其一，管理的二重性体现着生产力和生产关系的辩证统一关系。把管理仅仅看做生产力或仅仅看做生产关系，都不利于我国管理理论和实践的发展。我国的管理科学由于种种原因虽然还很不成熟，但也经历了漫长的探索和积累的过程。因此，认真总结我国历史上以及新中国建立50多年来管理的经验教训，遵循管理的自然属性的要求，并在充分体现社会主义生产关系的基础上，分析和研究我国的管理问题，是建立具有中国特色的管理科学体系的基础。

其二，西方的管理理论、技术和方法是人类长期从事生产实践的产物，是人类智慧的结晶，它同生产力的发展一样，具有连续性，是不分国界的。因此，我们要在继承和发展我国过去科学的管理经验和管理理论的同时，注意学习、引进国外先进的管理理论、技术和方法，根据我国的国情，融合提炼，为我所用。要有选择地在实践中试用，并加以改造，使其适合我国的情况，这样才能把它吸收过来，成为我国管理科学体系的有机组成部分。

其三，任何一种管理方法、管理技术和手段的出现总是有其时代背景的，也就是说，它们是同生产力水平及其他情况相适应的。因此，在学习和运用某些管理理论、原理、技术和手段时，必须结合自己所在部门、所在单位的实际情况，因地制宜，这样才能取得预期的效果。实践表明，不存在一个适用于古今中外的普遍模式。

二、管理的科学性和艺术性

管理的科学性是管理作为一个活动过程，其间存在着一系列客观规律。人们经过无数次的失败和成功，通过从实践中收集、归纳、检测数据，提出假设，验证假设，从中抽象总结出一系列反映管理活动过程中客观规律的管理理论和一般方法。人们利用这些理论和方法来指导自己的管理实践，又以管理活动的结果来衡量管理过程中所使用的理论和方法是否正确，是否行之有效，从而使管理的科学理论和方法在实践中得到不断的验证和丰富。因此，管理是一门科学，是指它以反映管理客观规律的管理理论和方法为指导，有一套分析问题、解决问题的科学的方法论。

管理的艺术性就是强调其实践性，没有实践则无所谓艺术。这就是说，仅凭停留在书本上的管理理论，或背诵管理原理和公式来进行管理活动是不能保证其成功的。主管人员必须在管理实践中发挥积极性、主动性和创造性，因地制宜地将管理知识与具体管理活动相结合，才能进行有效的管理。所以，管理的艺术性，就是强调管理活动除了要掌握一定的理论和方法外，还要有灵活运用这些知识和技能的诀窍。

从管理的科学性与艺术性可知，有成效的管理艺术是以对它所依据的管理理论的理解为基础的。因此，二者之间不是互相排斥，而是互相补充的。如前所述，靠"背诵管理原理"来进行管理活动，将必然是脱离或忽视现实情况的无效活动；而没有掌握管理理论和基本知识的主管人员，进行管理时必然是靠碰运气，靠直觉或经验办事，很难找到对管理问题的可行的、令人满意的解决办法。所以，管理的专业训练不可能培训出"成品"的主管人员，但却是为通过实践进一步培训主管人员的一个良好开端，它为培养出色的主管人员在理论知识方面打下了坚实的基础。当然，仅凭理论不足以保证管理的成功，人们还必须懂得如何在实践中运用理论，这一点非常重要。美国哈佛商学院企业管理教授列文斯敦（Lie Youngstown），在担任某研究所所长和管理系统公司总经理期间，通过对大量获得管理学硕士学位的人在实际管理工作中的使用发现，他们在学校里的成绩同管理上获得的业绩之间并无直接关系。他认为，如果学术成绩能与事业上的成功相等，这个受过良好教育的经理便是一位神话中的人物了。

总之，管理既是一门科学，又是一门艺术，是科学与艺术的有机结合体。管理的这一特性，对于学习管理学和从事管理工作的主管人员来说也是十分重要的，它可以促使人们既注重管理基本理论的学习，又不忽视在实践中因地制宜地灵活运用，这一点可以说是管理成功的一项重要保证。

三、管理职能

管理职能，是指管理所具有的管理本质的外在根本属性及其所应发挥的基本效能。管理职能是人们对管理及其规律性的认识程度的表象。实际上，管理职能是一种管理思想、管理文化，随着人们对不确定性的管理理论和方法的认识与研究而不断发展。考察管理职能的目的有两个：一是要回答管理是要干什么的问题。二是要回答管理的既定目标是如何达到的。

管理活动具有哪些最基本的职能？至今仍有许多观点。最早系统地提出管理各种具体职能的是法国的亨利·法约尔。他认为，管理具有计划、组织、指挥、协调和控制五种职能。他为后人的研究奠定了基础。之后，又有"三职能派"、"四职能派"或"七职能派"等（见表1-1）。

表1-1　　　　　　　　　　不同学者对管理职能的划分

年份	职能	计划	组织	指挥	协调	控制	激励	人事	集合资源	信息沟通	决策	创新
1916	法约尔	△	△	△	△	△						
1925	梅奥							△	△		△	
1934	戴维斯	△	△			△						
1937	古利克	△	△	△	△			△		△		
1947	布朗	△	△	△		△			△			
1949	厄威克	△	△									
1951	纽曼	△	△	△		△		△				
1955	孔茨与奥唐奈	△	△	△		△		△				
1964	梅西	△	△			△		△		△		
1966	希克斯	△	△			△	△			△		△
1970	海曼与斯科特	△	△			△	△	△				
1972	特里	△	△			△	△					

说明：（1）△表示各学者主张的管理职能的划分。（2）①计划包括预测。②指挥包括命令、指导。③控制包括预算。④激励包括鼓励、促进。⑤沟通包括报告。

各种学派对管理的探讨，是随着科学技术的进步和管理实践与理论的发展而演变的。在古典学派之后，20世纪20年代末、30年代初，梅奥等人进行了有名的"霍桑实验"，出现了行为管理学派，将以往重视技术因素转向重视人的因素，把属于组织职能的人事、信息沟通、激励内容单独划分出来，提出了激励、人事、信息沟通等职能，并加以丰富和发展。40年代以后，由于系统论、控制论和信息论的产生及其在管理中的应用，促进了管理实践的发展，形成了管理决策学派，以西蒙等人为代表把决策从原计划职能中划分出来，提出了决策职能、创新职能等。有的学者为了便于分析问题，把一些职能归并，如把属于人的管理职能要素纳入组织职能的内容，把属于机制性的管理职能的内容（监督、指挥、协调等）纳入控制职能的内容。有些学者认为，协调职能贯穿了管理工作的总体，非独立职能，不应单独列出。

综上所述，尽管划分不尽相同，但计划、组织、控制是各管理学派普遍公认的职能。一般来说，管理职能的划分应当考虑管理实践的特征和理论研究的需要而定，以便于认识问题和分析问题。因此，我们将管理职能划分为计划、组织、指挥、沟通、控制、激励和创新七种职能。本书将围绕这七种职能进行论述。

第三节　管理者的角色与类型

一、管理者

管理者是指从事管理活动的人，即在组织中担负对他人的工作进行计划、组织、指挥、协调和控制等工作以期实现组织目标的人。这里需要注意的是，管理者与平时所说的干部不是一个概念。干部是我国政治体制和人事制度的特定产物，有的只享受干部编制和待遇，从事的还是具体的事务工作。因此，在研究管理者的时候，要注意区分这两个概念。

（一）管理者的差别

管理者有多种类型，除了性格、经历、作风等个人特征的差别外，还存在着组织上的差别。从组织类型来看，管理者分布在工厂、商店、医院、学校、机关等组织。不同的组织决定了管理者之间所追求的目标不同。

从组织规模来看，管理者分布在大型企业、大学、大医院等，与小型企业、小学校、小医院等。不同的组织规模，导致管理者之间具体工作内容和时间分布上的差异。

从组织层次来看，管理者分布在高层、中层、基层等。组织层次的不同，决定了管理者的工作重点不同。

从组织环境来看，管理者分布在不同的组织环境中，例如，不同的地区、不同的社会制度、不同的文化背景，等等。组织环境不同，决定了管理者的管理哲学、管理方式等的不同。

（二）管理者的共同点

管理者之间虽然存在差别，但也具有共同点。从组织地位来看，他们都是一定组织的领导者；从组织责任来看，他们负责推动他人工作，实现组织目标；从工作重点来看，在他们所有的工作中，管理者的管理工作比其他工作更重要。

二、管理者的角色

美国著名管理学家彼得·F. 德鲁克在 1955 年提出了"管理者的角色"（the role of the manager）的概念，这一概念有助于我们对管理含义的理解。德鲁克认为，管理是一种无形的力量，这种力量是通过各级管理者体现出来的。管理者所扮演的角色大体上可以分为如下三类：

1. 管理一个组织（managing a business），求得组织的生存和发展。因此，一是确定该组织是干什么的，应该有什么目标，如何采取积极措施实现目标。二是求得组织的最大效益。三是为社会服务和创造顾客。

2. 管理管理者（managing manager）。在组织的上、中、下三个层次中，人人都是管理者，又都是被管理者，因此，一是确保下级的设想和意愿，能努力朝着共同的目标前进。二是培养集体合作的精神。三是培训下级。四是建立健全组织结构。

3. 管理人和工作（managing workers & work）。要认识到两个假设前提：①关于工作，其性质是不断急剧变动的，既有体力劳动，又有脑力劳动，后者的比例会越来越大。②关于人，要正确认识到"个体差异、完整的人、行为有因、人的尊严"对于处理各级各类人员相互关系的重要性。

从以上分析也可以看出，管理的核心是处理好人际关系。

加拿大著名管理学家亨利·明茨伯格（Henry Mintzberg）从经理的角度研究了管理者所担任的角色，创建了经理角色学派。他认为，在一般情况下，经理都担任十种角色，这十种角色可分为三类：①人际关系方面的角色，包括挂名首脑角色、联络者角色和领导者角色。②信息方面的角色，包括监听者角色、传播者角色和发言人角色。③决策方面的角色，包括企业家角色、故障排除者角色、资源分配者角色和谈判者角色。

这十种角色是一个相互联系、密不可分的整体。人际关系方面的角色产生于经理在组织中的正式权威和地位；这又产生出信息方面的三个角色，使他成为某种特别的组织内部信息的重要神经中枢；而获得信息的独特地位又使经理在组织作出重大决策（战略性决策）中处于中心地位，使其得以担任决策方面的四个角色。

三、管理者的类型

从不同的角度，我们可以将管理者分为不同的类型。

（一）以管理层级为标准，可以将管理者分为高层管理者、中层管理者和基层管理者

1. 高层管理者。高层管理者必须高度重视战略问题，通观全局，长远考虑，从根本上、宏观上把握整个组织活动的进程。因此，他们的主要职责是：制定组织的总目标、总战略，掌握组织的大政方针并评价整个组织的绩效。

2. 中层管理者。中层管理者处于整个管理层的中间，在整个管理运行中

起到承上启下的中介作用。因此，他们的主要职责是：贯彻执行高层管理者所制定的重大决策，监督和协调基层管理者的工作。所以，中层管理者对组织协调和人际交往的能力要求比较高。

3. 基层管理者。又称低层管理者，他们是整个管理的最后层级。他们的主要职责是：给下属作业人员分派具体工作任务，直接指挥和监督现场作业活动，保证各项任务的有效完成。

（二）以管理者对权力的控制程度不同，可将管理者分为集权型、分权型和放任型

1. 集权型。又称专断型或独裁型管理者。强调自我对决策权的高度控制，被管理者完全处于被动执行地位。其优点是：职权集中，权责明确，能提高决策速度，降低决策成本。缺点是：容易造成管理者主观武断和独断专行，导致决策失误，另外，长期忽略被管理者参与决策的积极性，不利于组织的发展。

2. 分权型。又称民主型或部属参与型管理者。其优点是：管理者在整个决策过程中吸收被管理者参加，能够集思广益、分工合作，充分调动被管理者的积极性和创造性，上下级关系比较融洽，所做出的决策也比较科学。其缺点是：决策过程较缓慢，关键时候可能坐失良机，若分权过度，易造成分散主义和工作上的混乱，影响管理目标的实现过程。

3. 放任型。又称无为而治型管理者。此类型的管理者又可分为积极意义上的无为而治和消极意义上的无为而治。积极意义上的无为而治，是指管理者充分信任被管理者的能力，被管理者有较高的工作积极性与创造性，管理者放权而不卸责，对整个工作的进程仍有相当清楚的把握。消极意义上的无为而治，是指管理者不愿承担管理职责，非不得已不出面组织协调工作，其实质是无目标、无规范的管理。

除以上两种对管理者的分类外，按管理者所从事管理工作的领域宽度及专业性质的不同，可以将管理者划分为综合管理者和专业管理者两大类；按管理者管理活动的侧重点不同可将管理者划分为重人型管理者、重事型管理者和人事并重型管理者；按管理成败和优劣不同可将管理者分为卓越管理者、优秀管理者、平凡管理者和危害型管理者，等等。

第四节　管理者的素质和技能要求

管理者如果要扮演好各种管理角色，实施有效管理，就必须努力提高自身素质，强化自己的技能。

一、管理者的素质

管理者的素质包括管理者个体素质和管理者集体素质。

（一）管理者个体素质

管理者个体素质是指管理者个人在先天禀赋的生理素质基础上，通过后天的实践锻炼、学习而成的，在管理工作中经常起作用的那些内在要素的总和。概括地说，它包括思想素质、知识素质、能力素质、心理素质和身体素质五个方面的内容。

1. 思想素质。管理者的思想素质是管理者精神面貌、道德品质的集中反映，全面体现了管理者的世界观和人生观。管理者应该自觉地严格要求自己，努力做到求真务实、团结协作、创新进取，并树立正确的管理理念。

2. 知识素质。在科学技术日新月异的今天，没有丰富的知识是难以胜任管理职位的。一般而言，管理者所要求具备的知识主要包括科学文化、理论知识、专业知识以及实践知识。

3. 能力素质。能力就是人运用知识认识世界和改造世界的本领。具体来说，作为一个合格的、称职的管理者所要具备的能力主要有开拓创新能力、科学决策能力、组织协调能力以及知人善任能力。

4. 心理素质。管理者的心理素质、主要是指管理者心理面貌的稳定性倾向的总和，主要包括性格、情绪、意志、兴趣、气质等。

5. 身体素质。管理者的身体素质，主要是指管理者做好管理工作所需要的最基本的身体条件，即管理者的身体发育情况和健康状况，体魄和体格达到的强度，以及对艰苦环境的忍受程度和对管理工作的持续性的承受程度。

（二）管理者集体素质

管理者集体素质实质上就是指管理集体应具备什么样的素质结构。概括地说，管理者集体素质可以从以下四个方面理解：

1. 年龄结构。年龄结构是指管理集体成员的年龄构成情况。一般来说，一个合理的理想的管理者集体应该由老中青各占适当比例的三个年龄梯次的管理者构成。

2. 知识结构。知识结构是指管理者集体的知识构成状况。现代的管理者个体应有较高的文化知识水平，但还要强调各类人才的合理搭配。只有将各种专才有机结合，才能胜任复杂的现代管理工作。

3. 智能结构。智能是指人们运用知识分析和解决问题的能力。管理者集体的智能结构，就是管理者集体的智能构成状况。在某种意义上说，智能结构比知识结构更重要。管理者集体的最佳智能结构，是指由不同智能类型的管理者个体，按照与实际需要相适应的比例构成的多功能的智能综合体。

4. 性格气质结构。在一个合理的管理者集体中，管理者成员的性格、气质应当是协调互助的。在共同奋斗中，管理者成员能够将各自的性格气质各展所长，彼此取长补短，这样的管理者集体才会是高效能的。同一气质类型的成员组成的管理者集体常常不是好的气质结构。

二、管理者的技能

通常而言，作为一名管理者应该具备的管理技能一般包括技术技能、人际技能和概念技能三个方面。基层管理者，主要需要的是技术技能和人际技能；较高层次管理者，更多地需要人际技能与概念技能；而高层管理者，则尤其需要具备较强的概念技能。

（一）技术技能

技术技能是指使用某一专业领域内有关的工作程序、技术和知识完成组织任务的能力。对于管理者来说，虽然没有必要使自己成为技术专家，但其还是要了解并初步掌握与其管理专业领域相关的基本技能，否则就很难与他所主管的专业技术人员沟通，也无法具体指导各项管理工作。当然，不同层次的管理者，对于技术技能要求的程度是不相同的。相对来说，基层管理者需要技术技能的程度较深，而高层管理者只需粗浅的了解即可。

（二）人际技能

人际技能是指与处理人事关系有关的技能，即理解、激励他人并与他人共事的能力。这种能力首先包括领导能力，当然还包括与上级领导、同级同事打交道，与其他部门同事紧密合作的能力。可以说，人际技能，对于高、中、基层管理者有效开展管理工作都非常重要，因为各层次的管理者都必须在与上下左右进行有效沟通的基础上，相互合作，共同实现组织目标。

（三）概念技能

概念技能是指综观全局，认清为什么要做某事的能力，也就是洞察企业与环境相互影响的复杂性的能力。具体来说，概念技能包括理解事物的相互关联性从而找出关键影响因素的能力、确定和协调各方面关系的能力以及权衡不同方案优劣和内在风险的能力等。管理者的层次越高，其面临的问题越复杂，越无先例可循，就越需要有概念技能。

第五节　管理学及其学习方法

一、管理学的概念

管理学，是指人类长期从事管理实践活动的科学总结，是以企业组织为重点，研究管理活动过程及其基本规律和一般方法的科学。管理学来源于人类社会的管理实践活动，而社会管理实践活动的领域是多样化的。有的从事企业管理活动，有的从事政府、军队、公安等国家机关管理活动，有的从事学校、文艺团体、学术团体管理活动，等等。有多种不同的社会组织，就会有多种解决这些领域特殊问题的管理原理和方法，由此形成了各种不同门类的管理学。图1-2列出了比较常见的一些管理学的名称。

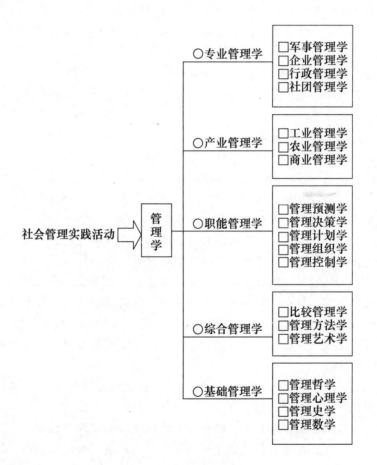

图1-2 管理学学科体系

但是，我们也要看到，不同领域的管理工作的共同基础是为实现组织目标，通过决策、计划、组织、指挥、协调、控制、激励等职能来协调他人的活动，分配各种资源。这些专门管理学中又包含着共同的普遍的管理原理和管理方法，这就是管理学所要研究的对象。所以说，管理学是以各种管理工作中普遍适用的原理和方法作为其研究对象的。

管理学作为一门学科的基本思想和体系，最初是由法国管理学家亨利·法约尔首先提出来的。他认为，需要一种反映政治、宗教、慈善机构、军事及企业、事业单位等各种组织管理共性的一般管理理论。为此，他撰写了《工业管理与一般管理》一书，为管理学的研究和发展做出了巨大的贡献。以后的管理学学者都依据他著作中的思想进一步进行研究和发展。管理学正式形成于20世纪50年代。管理学的代表作是美国管理学家孔茨和奥唐奈1955年出版的《管理学原理》或译为《管理原则》，该书于1976年第六版时更名为《管理学》。60年代以来，管理学受到各国管理学界的广泛重视，并提出了各种各样的观点，从而形成了各种管理理论学派。关于各种学派的观点，我们将在本书第二章详细介绍。

二、管理学的学习方法

（一）了解管理学学科的特性，理解全书内容

管理学既是一门新兴的、综合性的应用学科，又是一门艺术。

1. 管理学是一门新兴学科。管理学作为一门独立的学科形成于20世纪50年代的美国。相对于物理学、化学、经济学、数学、哲学等学科来说，在时间上要晚得多。第二次世界大战前，管理学的书籍总数不过六七十册。在管理学教学方面，只有美国的哈佛大学等少数院校开设这方面的课程。第二次世界大战后，世界上掀起了一股管理热潮。美国制定了以管理促进经济发展和社会复兴的马歇尔计划。日本把管理作为推动经济发展的中心动力和关键因素。管理实践热潮带动了理论的发展。60年代后期，管理方面的书籍仅美国一年就出版了几百种。美国一些大学的工商管理学院增加了600多所，开设管理方面的课程30门之多。

2. 管理学是一门综合性学科。综合性学科是指需要运用多门学科知识的学科。例如，医学需要运用生理学、心理学、化学、生物学等方面的知识。管理学的主要目的，是要指导人们的管理实践活动。而管理活动涉及人、物、环境等方面。因此，作为管理活动主体的管理者要具备广博的知识面：与人有关的知识，如教育学、文化学、社会学、心理学、生理学等；与物有关的知识，如物理学、化学、生物学、工业技术学等；与环境有关的知识，如政治经济学、伦理学、会计学、贸易学、金融学、保险学等。

3. 管理学是一门应用学科。这是从学科体系上来讲的。应用学科是以人类某一领域的社会实践作为研究对象，并运用某些基础学科的知识，研究其实

践的规律性，进而改造客观世界。管理学是以管理实践为研究对象，并运用了物理学、化学、心理学、社会学等基础学科的知识，研究管理实践的规律性，从而达到改造客观世界的目的。所以，管理学是一门应用学科。

4. 管理学是一门艺术。管理学，一方面，它具有一定的理论体系，力图揭示管理活动中的客观规律；另一方面，它又是面向实际，面向管理者的实践性很强的艺术。认识管理学学科的特性，有利于学习时把握学习的总体目标；有利于在学习中不断完善创新；有利于提醒我们将书本学习与实践结合起来。

（二）把握管理学学科的体系，逐步深入

20世纪60年代以来，管理学引起了人们的普遍重视，许多理论界人士和实业家，由于管理领域上的差异、知识背景的不同、所处时代的不同等原因，提出了各种各样的管理观点，形成管理学派林立的局面。这些学派有经验学派、人际关系学派、群体行为学派、合作社会系统学派、社会技术系统学派、决策理论学派、系统学派、管理科学学派、权变论学派、经营管理理论学派等。

多年来，国内各种类型的教科书也陆续出版，并各有特点。根据"以我为主，博采众长，融合提炼，自成一家"的方针，借鉴国内外各种研究成果，本书将按以下体系结构进行论述（见图1-3）。

图 1-3 本书体系结构

第一，概论篇。通过对管理学的基本概念、管理发展的阐述，引导学习者走进管理学科的大门，把握管理思想发展的来龙去脉，选择自己学习的内容。通过管理学基本原理的阐述，使学习者掌握管理实践的内在规律性。

第二，职能篇。通过对本篇的学习，主要是引导学习者解决管理实践中如何去做，即管理实践的一些基本技能。

第三，绩效篇。通过对本篇的学习，主要是引导学习者解决管理者如何造就的问题。

（三）明确学习管理学的方法，结合实际综合运用

管理学的研究和其他社会学科一样，要以唯物辩证法为指导，运用具体方法解决实际问题。研究方法主要有如下几种：

1. 归纳法。又称实证研究。归纳法是由特殊到一般的推理方法，由实践到理论的过程。它是通过对客观存在的一系列典型事物进行观察分析，把握事物之间的因果关系，找到事物变化的规律性，所以也称实证研究。在管理学研究中，归纳法（实证研究）是应用最广的方法。

2. 演绎法。演绎法是由一般到特殊的推理方法，是从已掌握的管理学的一般原理和方法，去认识和解决管理实践中的具体问题，理论联系实际，加以检验、完善和发展理论。

3. 比较研究法。比较研究法是通过纵向和横向比较来研究不同国家、地区、部门、单位、学派、人物在不同时期的管理思想和管理经验，寻求管理的规律性。

4. 试验研究法。试验研究法是在约束条件下，有目的地揭示管理规律的方法。

总之，学习管理学要以唯物辩证法为指导，根据管理实践的具体情况，采取不同的方法，按照历史的、逻辑的、认识的统一途径，由浅入深，由简到繁，循序渐进，逐步提高。

本章提要

1. 管理，就一般意义而论，是指一定组织中的管理者通过协调他人的活动，以充分利用各种资源，从而实现组织目标的一系列社会活动过程。

2. 亨利·法约尔认为，管理是指计划、组织、指挥、协调和控制；彼得·德鲁克认为，管理是指一种以绩效责任为基础的专业职能；赫伯特·A.西蒙认为，管理就是决策。

3. 管理的二重性。管理，一方面是由许多人进行协作劳动而产生的，是由生产社会化引起的，是有效地组织共同劳动所必需的，因此，它具有同生产力、社会化大生产相联系的自然属性；另一方面，管理又是在一定的生产关系条件下进行的，必然体现出生产资料占有者指挥劳动、监督劳动的意志，因此，它具有同生产关系、社会制度相联系的社会属性。

4. 管理的科学性是管理作为一个活动过程，其间存在着一系列客观规律；

管理的艺术性就是强调其实践性，没有实践则无所谓艺术。管理既是一门科学，又是一门艺术，是科学与艺术的有机结合体。

5. 管理职能，是指管理所具有的管理本质的外在根本属性及其所应发挥的基本效能。管理各学派对管理职能的划分各有不同，我们将管理职能划分为计划、组织、指挥、沟通、控制、激励和创新七种职能。

6. 管理者是指从事管理活动的人，即在组织中担负对他人的工作进行计划、组织、指挥、协调和控制等工作以期实现组织目标的人。

7. 管理者所扮演的角色大体上分为三类：管理一个组织、管理管理者及管理人和工作。明茨伯格将管理者角色分为三大类十种角色。管理的核心是处理好人际关系。

8. 管理者的素质包括管理者个体素质和集体素质。作为一名管理者应该具备的管理技能包括技术技能、人际技能和概念技能三个方面。

9. 管理学，是指人类长期从事管理实践活动的科学总结，是以企业组织为重点，研究管理活动过程及其基本规律和一般方法的科学。它既是一门新兴的、综合性的应用学科，又是一门艺术。

10. 研究管理学的方法主要有：归纳法，又称实证研究；演绎法；比较研究法；试验研究法等。

讨论题

1. 评价各派学者给管理下的定义，然后结合实际谈谈你心目中的管理是什么？

2. 管理是一门科学还是一门艺术？结合实践说明管理的科学性和艺术性。

3. 管理者做什么？

4. 管理学是怎样的一门学科？应如何来学习管理学？

案例：金宇中与韩国大宇集团

金宇中是韩国大宇集团的创始人。1967 年，31 岁的金宇中从 500 万韩元起家，创办了一个小服装店。1968 年，金宇中利用积累的资金建立了一个纺织厂。1971 年创办了大宇实业公司，开始向国外出口服装，并取得了对美国出口的垄断权。金宇中具有优秀企业家的诸多特质。例如，金宇中是一个工作狂，他千方百计地利用时间。早餐在上班的车上吃，胡子也在车上刮。总经理会议安排在早晨举行，白天的时间留着洽谈业务。他常说："我总是热衷于工作。如果发疯似地热衷于工作，就一定能开辟道路。"金宇中还是一个勇敢的开拓者，为了企业的蓬勃发展，他相继并购了许多公司。1973年兼并东洋投资金融公司，1976年收购韩国机械有限公司，1978年收购玉浦造船厂，1982年和1986年又收购了大宇开发有限公司和比利时石油精炼厂。金宇中还把大宇集团办成了韩国的跨国企业，成为韩国企业向海外扩张的先锋。

金宇中的毕生努力换来了大宇集团的辉煌业绩。到1996年，大宇集团已成为一个名副其实的"航空母舰"，业务范围涉及机械、汽车、造船、化学、电子、家电、金融和贸易等领域，海外工厂、办事处遍布亚洲、欧洲、非洲和美洲。1997年，《幸福》杂志公布的全球500强企业中，大宇集团名列第18位，销售额达715亿美元，资产总额达448亿美元。

大宇集团的辉煌业绩与金宇中对技术研发的注重密切相关。1991年，大宇集团投资2.13亿美元进行研究开发，占集团销售总额的2.44%，1994年增至6.4亿美元，占集团销售总额的3.89%。科研人员也从1994年的6892人增加到1999年的16840人。

金宇中为大宇集团的辉煌奉献了毕生的心血，然而，他并没有像其他韩国财阀那样采用家族式的管理模式，其亲属很少有在大宇集团的管理层中任职的。大宇集团采用的是事业部制，董事长金宇中在集团内部拥有至高无上的地位，掌握着经营管理的重大决策权。有关进入新产业、投资新项目、开发新产品和新市场以及筹措资金等重大决策，最终都由金宇中一个人说了算，董事会和总裁都得听命于他，更不用说中层管理人员了。

为了把大宇集团进一步建成一个全球性跨国公司、一个一体化金融体系，以及一个世界级的经销商。1996年，以金宇中为首的领导人向外界公布了大宇未来五年的战略规划，主要内容包括以下几个方面：

1. 到2000年，大宇集团的销售额增长550%，达1720亿美元。其中，海外销售额达到712.5亿美元。为实现这一目标，大宇集团将把257个海外办事处及生产销售商扩展到650个，组成庞大的全球性经营网络。具有包括330个贸易办事处，60个建筑公司，100个电子通信办事处及7家生产工厂，80个汽车办事处，33个重工业办事处等。

2. 未来五年内是大宇集团实施全球化目标的重要阶段。大宇集团计划在 2000 年前将在亚太地区的办事处及生产工厂从 104 个增加到 194 个。把美洲地区的工厂数量从 53 个增加到 126 个，并且要把美洲地区看做世界贸易物资交流的中心，而不仅仅是在该地区销售电子产品和汽车。把欧洲及独联体国家的生产厂家从 62 个增加到 180 个，最终在全欧洲及独联体国家建成大宇集团的研究开发、生产、销售、金融和贸易等全套体系的经销网。把在非洲及中东地区的经销网由 38 个扩展到 150 个。

然而，1997 年亚洲爆发了金融危机。在韩国的外国银行和机构投资者纷纷抽走资金，这直接导致了大宇集团融资状况的恶化。在过去宏观经济景气的情况下，韩国国内的金融机构可以大量借入海外资金，并把这些资金贷给像大宇集团这样的大型企业，大企业可以由此获得资本结构放大的投资收益率。但是，在金融危机爆发后，大宇集团的高负债率造成了巨额的债务负担，盈利的减少又造成了股价的大幅下跌，投资遭受了巨大的打击。为了渡过难关，大宇集团决心实施大宇集团的自主重建计划，计划把下属公司从 41 家裁减到 12 家。到 1999 年 8 月，大宇集团的 12 家公司的负债额超过了 1.08 万亿美元，而全部资产不足 300 万美元，资不抵债是不得不面对的残酷现实。1999 年 11 月，金宇中宣布辞职，接着，大宇集团下属的 12 家公司的总经理也全部辞职。大宇集团的问题交由债权银行和韩国政府来处理。至此，金宇中一生构筑的大宇集团发展神话彻底宣告破灭。

讨论题

1. 金宇中是一个管理者吗？他处于哪个层次？他的任务是什么？

2. 金宇中具备什么技能？他当年成功的最主要因素是什么？大宇集团陷入危机的真正原因是什么？

第二章　管理思想和管理理论演变

【学习目的】

阅读和学完本章后，你应该能够：

☐ 了解科学管理理论

☐ 了解古典组织理论

☐ 了解行为科学理论

☐ 了解西方管理理论的发展历程

☐ 掌握东方管理思想与实践

　　管理活动源远流长，但形成一套比较完整的理论则经历了一个漫长的历史发展过程。研究管理思想和理论的发展史，追溯管理理论的形成及发展过程，目的是使人们在了解过去的基础上，更好地把握管理理论的发展趋势。

第一节　管理理论的萌芽

一、古代管理思想与实践

　　许多西方国家，在早期的管理实践中也总结出了不少深刻的管理思想。公元前 2000 年，古巴比伦的汉谟拉比发布了含有 285 条的法典，其中谈到了责任、奖励、工资、交易等问题。《圣经》中论述了古代希伯来人关于制定法令，建立等级，授权分权，分级分层管理等管理思想。到 15 世纪初，意大利的早期管理思想家马基亚维利（Machiavelli）在《君主论》一书中，提出了遇事要同群众商量；要维持组织的凝聚力；领导者必须具备生存意志力；领导者要以身作则四大管理原则。

　　中世纪的威尼斯兵工厂是一个体现近代管理思想的雏形。兵工厂在 15 世纪就采用了类似流水作业的生产方式。据史书记载，1534 年，法王亨利三世视察该厂时，生产效率已达到能在一小时内使一艘大船下水的水平。此外，兵工厂还建立了早期的成本会计制度。在管理工作中也有较为明确的分工。例如，市议会通过了一个委员会干预工厂的计划、采购和财务事宜，而在工厂内部，则由管事指挥领班和技术顾问全权管理生产中的一切事务。

可见，管理的历史由来已久，凡有共同的劳动分工，就有管理。但是，在18世纪末期以前，人类的管理实践仅仅是生产技术和协作发展到一定程度的标志，是人类管理才能和管理经验发展到一定程度的标志。

二、传统管理理论的产生

自18世纪60年代产业革命在英国开始后，资本主义出现了工厂制度，大机器生产代替了传统的手工业作坊生产，发展了专业化协作，生产组织发生了很大的变化，因而，企业管理应运而生。新的工厂制度面临着许多管理问题，其中最迫切需要解决的问题是：由于劳动分工的需要，每个工人只能从事某一项工作；由于大批量生产，产品的零件应具有互换性，大机器生产要求工人严格遵守劳动纪律和操作规程，接受新的监督制度，要求速度应均衡，操作方法应准确和标准化，等等。所有这一切，都要求对每个人的工作进行有效的组织、指挥和协调。可是，新兴的工厂制度下的管理人员却为这个前所未有的管理问题感到棘手。这是一种严峻的挑战。在这种情况下，以英国古典政治经济学家亚当·斯密（Adam Smith）为代表的学者，在威廉·配第的分配理论基础上，创立了劳动分工理论，提出了劳动分工能提高劳动生产率的论断。其理由：一是分工节约了因工作的经常变动而损失的时间。二是重复同一作业可以使工人的技能得以提高。三是由于分工，使作业单纯化，这有利于工具和机械的改进。此外，他提出了生产合理化概念、"经济人"观点以及经济效果概念，等等。他认为，人们在经济活动中追求个人利益，社会上每个人的利益总是受到他人利益的制约。各人都需要兼顾到他人的利益，由此而产生共同利益，进而形成总的社会利益。所以，社会利益正是以个人利益为立足点的。这就是"经济人"观点。这种观点后来成为整个资本主义管理理论的基础。

在亚当·斯密对劳动分工进行分析的基础上，英国数学家查尔斯·巴贝奇（Charles Babbage）对专业化生产操作做了研究和贡献。美国人汤恩（H. R. Townen）点燃了"管理运动"的星火，他认为，管理问题同工程技术一样重要，管理应当作为一门专门的学问从工程技术领域独立出来。有管理才能的人，应当经过生产技术和行政事务方面的训练，并在有经验的人员中进行选拔。在这种思想的指导下，当时，一些规模较大的工厂的工厂主都逐渐从生产过程中脱离出来了，不再从事专门的管理职业，并且开始出现了"特种雇佣人员"——经理、厂长、监工和领班等。这些人作为资本家（工厂主）的代理人专门从事管理工作，行使管理企业的权力，完成管理的职能，从而把管理思想与实践推到了一个历史的新阶段。尽管如此，传统管理仍然没有摆脱小生产方式的影响，主要是靠个人经验进行生产和管理，没有形成一套科学的管理理论和管理方式。它具有以下主要特点：

1. 企业的所有者和经营者没有完全分离，许多企业基本上由资本家直接管理，专职的经营者还不多。

2. 企业的生产和管理主要凭借个人经验办事。工人凭个人经验操作，没有科学的操作规程；管理人员凭个人经验管理，没有科学的管理制度。

3. 工人的培养，主要采用师傅带徒弟的方式，靠传授个人经验来培养工人，缺乏科学的教育与培训方式。

第二节　科学管理理论

19 世纪末，随着资本主义自由竞争逐步向垄断过渡，科学技术水平及生产社会化程度不断提高，资本主义市场范围和企业规模的扩大，特别是资本主义公司的兴起，使企业管理工作日益复杂，对管理的要求越来越高。资本家单凭个人的经验和能力管理企业，包揽一切的做法，已不能适应生产发展的需要。客观上要求资本所有者与企业经营者实行分离，要求管理职能专业化，建立专门的管理机构，采用科学的管理制度和方法。同时，也要求对过去积累的管理经验进行总结提高，使之系统化、科学化并上升为理论，以指导实践，提高管理水平。正是基于这些客观要求，资本主义国家的一些企业管理人员和工程技术人员，开始致力于总结经验，进行各种试验研究，并把当时的科技成果应用于企业管理，科学管理由此应运而生。它主要包括美国的"科学管理理论"和欧洲的"古典组织理论"两大学派。

一、泰罗的科学管理

科学管理的创始人是美国的泰罗（F. W. Taylor, 1856—1915），在资本主义管理学史上，他被称为"科学管理之父"。泰罗所处的时代，是 19 世纪末、20 世纪初。当时的科学技术和社会经济都发生了巨大变化，石油、电力等能源和化学等技术在工业上得到了广泛应用，大大促进了资本主义生产的发展。资本主义经济的发展，逐步由自由竞争时期进入垄断时期。产业界两大阶级矛盾的发展和尖锐化，使资产阶级加强了对工人阶级的统治。科学技术的发展，资本主义生产的集中和垄断，加上两个阶级的矛盾的发展，在这样的时代背景下，泰罗的"科学管理"诞生了。

1879 年，泰罗到费城米德维尔钢铁公司当机械工人。他在该公司升迁颇快，由普通工人升为计时工，再升为机械工、工头、领班、助理工程师，一直升到总工程师的职位。在这段时间中，他没有抛开自己的学业，一面自学，一面参加函授课程，修完了史蒂芬斯学院机械工程专业的全部学分。他是一个自学成才的管理学家。1885 年参加了美国机械工程师协会。

泰罗在米德维尔钢铁公司当工头时，对工人采取压制的手段来管理生产，遇到了强大的阻力。后来，他把每个工人的每天劳动定额制定出来，但是，由于工人"有组织的偷懒"，产量达不到其定额的生产能力。泰罗升为领班后，他一心要消除这种"磨洋工"、"故意偷懒"的现象，便首先从车床开始进行系统的研究。他采用了动作与时间的研究方法。将车床的每一项特定操作，通过研究算出每一项操作所需时间，给每个工人定出了每天应有的产量。这种研究取得了突出的成就。不过，泰罗最有名的实验，是在他到了伯利恒钢铁公司以后进行的。

1898 年，泰罗进入伯利恒钢铁公司服务。在这里，他进行了许多极为重要的研究，包括铁块的搬运、铲铁砂和煤块、金属切削等试验。

第一个实验，是搬运铁块的研究。厂里有一个 75 人的搬运小组，他们的工作是将每块重达 92 磅的铁块搬起，走过一块斜放的跳板，到达车皮后将铁块放下。当初，泰罗进入伯利恒公司时，每一个搬运工人每天平均产量是 12.5 吨。泰罗认为，这项工作很有研究的价值，可以大幅度提高产量。根据研究的结果，他认为，每一个工人每天应该可以搬运 47~48 吨，并且每天负载的时间只需原来的 43%，而有 57% 的时间是不负载的。由于这是一项极耗体力的工作，所以他认为，余下的时间应让工人休息。他的原则是：凡属体力消耗巨大的工作，均必须安排体力复原的时间。为了验证这项研究是否可靠，泰罗选定了一位工人来做实验。他指导实验工人何时工作，何时休息。实验结果是，实验工人在第一天下午很早便已经搬运了 47.5 吨。泰罗再进而指导同组的其他工人，慢慢地大家也都能搬运到这个数量了。

不过，泰罗在这个搬运劳动上，只使用了全组 1/8 的人数。其余的人由于体力不够，不适于担任这个繁重的体力劳动。这一事实说明了泰罗的理论：每一个工人都要经过挑选和科学化训练。泰罗的结论是：每天要搬运 47.5 吨的铁块，工人的体格必须健壮。全组只有 1/8 的人数够得上这个条件。其余的工人都由公司重新安排，做别的工作去了。泰罗做这项实验的基本观点是：在现代科学管理中，最为突出的一项要素，是所谓"任务"观念。每一个工人的劳动计划，管理者至少在一天前就要完全规划妥当，并将劳动一一加以文字说明，详细告诉工人应该完成的劳动内容和应采取的方法。他说：所谓任务，不仅以"应该做些什么"为限，还应包括"应该怎样做"以及"需要多少时间"等项。

第二项实验，是铲铁砂和煤块。他刚进公司时，铲煤工需自备铲子。工人铲铁砂，因为铁砂较重，所以平均每一铲子的重量颇大。反之，在铲煤时，由于煤块较轻，所以每一铲子的重量便小。根据泰罗实验的结果，平均每一铲子铲物的重量如果是 21 磅的话，那么劳动的效率最高。因此，工人在铲铁砂时，应使用较小的铲子，而铲煤时，就该用较大的铲子。泰罗为了推行他的实验结论，由公司专门设置了一个工具供应仓库，准备大小不同的铲子，工人铲物虽然不同，但每一铲子铲物的总重量都为 21 磅。

第三项实验，是金属切削劳动。事实上，这项实验早在他服务过的米德维尔公司泰罗就做过，现在只是进一步实验而已。经过了这次实验，泰罗积累了不少经验，不同切削机器的特点、其动力速度及进料速度应该如何，都在他掌握之中。

二、科学管理理论的基本内容

1885 年，泰罗发表《计件工资制》；1903 年，他在美国机械工程师学会发表《工场管理》；1911 年，他出版了《科学管理原理》；1912 年，他在美国国会特别委员会对泰罗制和其他工场管理制的听证会上发表他的证词。这些著作概述了他的科学管理的主要观点。

何谓科学管理？泰罗回答说："科学管理也不过是一种节约劳动的手段而已。也就是说，科学管理只是能使工人取得比现在高得多的效率的一种适当的、正确的手段而已。这种手段并不会大量增加比工人们现在的负担更大的负担。"这就是说，科学管理是一种能使工人不用增加劳动而能增加工效的手段。泰罗的科学管理理论的内容要点如下：

（一）科学管理的目的

1. 科学管理的中心问题是提高劳动生产率。在《科学管理原理》中，泰罗明确指出，最高的劳动生产率是工厂主与工人共同达到繁荣的基础。它能使工人关心的较高的工资与工厂主关心的较低的劳动成本结合起来，从而使工人得到最高的工资，工厂主得到最高额的利润，进一步提高他们对扩大再生产的兴趣，促进生产的继续发展。工厂主和工人的共同富裕，是确定各种科学管理原理、方法和技术的出发点。

2. 为了获得最高劳动生产率，用科学管理代替传统的经验管理。泰罗认为，完善的组织管理虽然是无形的，但比有形的设备更为宝贵。最完善的管理是一门科学，必须采用科学的方法；要把科学的方法应用到一切管理活动中去，使管理制度化，建立明确的规定和条例，而不是寻找超人来管理业务。这是提高劳动生产率的关键。因此，要努力建立起科学管理的原理。这种原理对于人类的一切行为，从最简单的个人行动一直到最需要合作的公司的日常业务都是适用的。

3. 科学管理的精华，是要求管理人员和工人双方实行重大的精神革命。泰罗在国会证词中解释科学管理的实质时说："科学管理不是任何一种效率措施，不是一种取得效率的措施，也不是一批或一组取得效率的措施。它不是一种新的成本核算制度；它不是一种新的工资制度；它不是一种计件工资制度；它不是一种分红制度；它不是一种奖金制度；它不是一种报酬职工的方式；它不是时间研究；它不是动作研究，也不是对工人动作的分析；它不是印刷大量的工作文件交给工人说：'这是你的制度，你必须执行'；它不是工长分工制，也不是职能工长制；它也不是普通工人在提到科学管理时就会想到的各种措施。……但我强调指出这些措施都不是科学管理，它们是科学管理的有用附件，因而也是其他管理制度有用的附件。"

"科学管理的实质是在一切企业或机构中的工人们的一次完全的思想革命——也就是这些工人，在对待他们的工作责任，对待他们的同事，对待他们的雇主的一次完全的思想革命。同时，也是管理方面的工长、厂长、雇主、董事会，在对他们的同事、他们的工人和对所有的日常工作问题责任上的一次完全的思想革命。没有工人与管理人员双方在思想上的一次完全的革命，科学管理就不会存在。"

泰罗所以强调科学管理是一种"完全的思想革命"，或称精神革命，目的是使资方和工人双方都把注意力从盈余的分配转到增加盈余的数量上来。当他们用友好合作和互相帮助来代替对抗和斗争时，他们能够生产出比过去大得多的盈余，从而使工人的工资大大增加，企业主的利润也同样大大增加，没有必要再为盈余的分配而争吵。他们会看到，只要双方停止互相争夺，转而并肩朝同一方向努力，他们的共同努力所创造的盈余的确是令人震惊的，就足够给工人大量增加工资，并同样地给工厂主大量增加利润。

（二）科学管理的原则

泰罗在他的《科学管理原理》著作中，提出了管理的四项原则，其内容远较时间及动作研究深刻。四项原则如下：

1. 对工人操作的每个动作进行科学研究，用以替代老的单凭经验的办法。

2. 科学地挑选工人，并进行培训和教育，使之成长；而在过去，则是由工人任意挑选自己的工作，并根据其各自的可能进行自我培训。

3. 与工人们亲密协作，以保证一切工作都按已发展起来的科学原则去办。

4. 资方和工人们之间在工作和职责上几乎是均分的，资方把自己比工人更胜任的那部分工作承揽下来；而在过去，几乎所有的工作和大部分的职责都推到工人们的身上。

（三）科学管理的制度和方法

在作业管理方面，其基本要点大致如下：

1. 制定科学的操作方法，以代替过去单凭工人经验进行操作的方法。例如，通过时间与动作的研究，制定出所谓标准化的操作方法。对工人的每一个动作和每一道工序的时间，用马表进行测定，并分析研究，除去动作中多余及不合理的部分，把最经济且效率高的动作集中起来，确定标准的操作方法，实行操作所需的工具和环境的标准化。根据标准化的操作方法和操作环境，确定工人一天必须完成的标准劳动定额，即每天"公公正正的产量"，以改变过去由工人自由确定每日劳动定额的状况。

2. 科学地选择"第一流的工人"，并循序渐进地培训"第一流的工人"。泰罗很重视对工人进行系统的培训和教育，并用科学的操作方法来训练和提高经过科学选择的"第一流的工人"，使他们真正按照科学的规律性去操作，改变过去由工人自由选择自己的工作，凭经验进行操作的做法，取得了明显的效果。所谓"第一流的工人"，泰罗认为，那些能够工作而不想工作的人，不能成为"第一流的工人"。但人具有不同的禀赋和才能，只要工作对他合适，都能成为第一流的工人。如身强力壮的人，干重活是第一流的，但干精细活就不是第一流的。而心灵手巧的女工虽然不能干重活，但干精细活却是第一流的。对那些体力和智力不适合于干分配给他们工作的人，应该加以培训，使他们适应工作，或把他们重新安排到适合他们工作的岗位上去。泰罗认为，健全的人事管理的基本原则是：使工人的能力同工作相配合。企业管理当局的责任在于为雇员找到他最适合的工作，并且培训他成为第一流的工人，激励他尽最大的力量来工作。

3. 实行刺激性的差别计件工资制度。所谓"差别计件工资制"，是指按照工人是否完成其定额而采用不同的工资率。如果工人的生产没有完成定额，就按"低"工资率付给，为正常工资率的80%；如果工人的生产超过了定额，则按"高"工资率付给，为正常工资率的125%，而且不仅超额部分按"高"工资率计算，全部生产都按这个"高"工资率计算，以此来鼓励工人完成和超过定额。实行差别计件工资制的前提是，通过工时研究和分析，制定出合理的、科学的定额或标准。这种工资制度支付工资的对象很明确，是工人的劳动效率，目的在于提高工人的劳动积极性。这种工资制度使资方的工资支出虽然增加了，但由于劳动生产率提高的幅度大于工资提高的幅度，所以对资方还是有利的。例如，在搬运生铁中，工人的平均日工资从 1.15 美元提高到 1.85 美元，增加 62%，但是，产量从每天每人 12.5 吨增加到 47 吨，达 2.76 倍。

在组织管理方面，其基本要点大致如下：

1. 泰罗主张把计划职能与执行职能分开，改变原来的那种经验工作法，代之以科学的方法。所谓经验工作法，是指每个工人用什么方法操作，使用什么工具等，都由工人根据自己的经验来决定。所以，工人工效的高低，取决于工人所采用的操作方法和工具是否合理，以及其技术熟练和努力程度。至于科学的方法，就是在实验和研究的基础上制定出标准的操作方法，并采用标准化的工具、设备等。过去，所有计划工作都是由工人来做的，结果是凭个人经验办理；现在，必须由管理部门按科学规律办事。因此，泰罗主张把计划职能从工人的工作中分离出来，由专业的计划部门去做，工人只负责操作。

专业计划部门的任务是：进行调查研究，以便为制订定额和操作方法提供科学的依据；根据调查研究的结果，制定出有科学依据的定额和标准化的操作方法、工具；拟出计划并发布指示及命令；对“标准”和“实际情况”进行比较，以便进行有效的控制。至于现场的工人和工头，则从事执行的职能，即按照计划部门制定的操作方法、工具和指示从事实际的操作，不得自行改变操作方法。

泰罗认为，工人与管理部门实行分工，分别执行适合于每一方面的不同的职能，这是科学的。

2. 实行职能组织制。即将管理的工作进行细分，使所有管理者都只承担一两种管理的职能。这样一来，与只接受一个直接上级领导的军队式组织不同，工人就要从几个不同职能的上级那里接受命令。泰罗设计出八个职能工长，代替原来的一个工长，其中四个在计划部门、四个在车间。每个职能工长负责某一方面的工作，在其职能范围内，可以直接向工人发出命令。泰罗的职能组织如图 2-1 所示。

泰罗认为，这种职能工长制有三个优点：一是对管理者（职能工长）的培养只要花费较少的时间；二是管理者的职责明确，可提高效率；三是由于操作计划已由计划部门拟订，工具和操作法都已标准化，车间现场的职能工长只需进行指挥监督，因此低工资的工人也可以从事比较复杂的工作，从而降低每个单位的工资支出，降低整个企业的生产费用。但是，这种职能组织结构，由于违反了"统一指挥"的原则而没有得到推广。

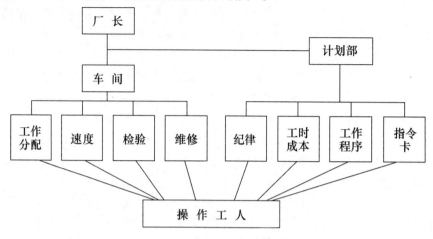

图 2-1　职能组织制

3. 实行例外原理。泰罗认为，规模小的单位可采用上述职能组织原理，规模比较大的单位，还需要运用例外原理。所谓例外原理，就是高层管理者为了减轻处理纷繁事务的负担，把处理一般日常事务的权力授予下级管理人员，高层管理者只保留对例外事项（即重要事项）的决策和监督权，如基本政策的制定和重要人事的任免等。这种以例外原理为根据的管理控制原则，以后发展成为管理上的分权化原则和实行事业部制等管理体制。

三、科学管理的评价

泰罗的"科学管理""一方面是一系列最丰富的科学成就，即按科学来分析人在劳动中的机械动作，省去多余的笨拙动作，制定最精确的工作方法，实行最完善的统计监督，等等"。它反映了当时大机器工业生产中的某些客观规律，对以后的管理实践和理论的发展是有重要影响的。

第一，加强了工作的最高效率原则，把劳动生产率的提高与工资的增加、利润的增加联系起来，明确了提高劳动生产率在整个企业管理中的地位，并把当时的科学技术成就运用于提高劳动生产率。

第二，在管理中，采用时间研究、动作研究的科学方法，坚持操作程序、劳动工具、操作环境等标准化和生产进度控制等科学原则，建立起一套科学的管理方法，代替传统的凭个人经验、技能进行操作的旧方法。这不仅是以后发展现代管理技术和方法的基础，也是整个"管理科学化"的一个重要开端。

第三，强调计划职能与执行职能的分离，设置计划部门进行管理，改变过去凭企业主或工长的个人经验和判断发出命令、管理企业的旧制度，代之以由专业的管理部门采用科学的方法，通过组织系统进行管理的新办法。这是"管理专业化"的开端。泰罗曾经明确说过，在一切企业组织所进行的工作方面，用调查研究和科学知识来代替个人的判断或意见。这是管理思想上的一个重要变化。他在长期的管理工作中进行的大量观察和一系列试验，为科学管理的实际运用做出了贡献。这也是管理理论与管理实践相结合的一个显著标志。

泰罗的"科学管理"，是适应历史发展的需要而产生的，但也受到历史条件的限制和倡导者个人经历的限制。当时，美国经济的发展和劳动生产率的提高，落后于科学技术的成就和国内外经济条件所提供的可能性；劳动生产率的提高被看成是所有资本主义企业增加利润率的主要因素。而泰罗本人又是一位机械工程师，具有实际操作和管理工人劳动的实际经验，机械、技术观点比较浓厚。这些决定了"科学管理"的内容和发展。

其一，"科学管理"主要是以提高劳动强度，改进劳动组织的结构，通过时间研究、动作研究等谋求劳动者与机械的最高效率，因而侧重于劳动操作的技术过程，使管理变成了狭窄的车间管理，没有超出生产的领域。企业的整个经营管理工作，销售、供应、财务等方面以及它们之间的关系，企业最高管理层的管理和决策工作等都没有涉及。

其二，泰罗只重视工人个人的作用，把人看做是孤立的个体，忽略了组织成员间的交往、感情、态度等社会因素对提高劳动效率的作用。他反对工人的集体行为，认为只有"每个工人个别化"，才能达到最高效率。他在伯利恒钢铁公司时，曾规定不允许 4 个以上的工人在一起工作，即使有厂长的特许，也只能延续一周的时间。

其三，泰罗把工人看做是机器，只服从管理人员的权力，按照管理人员的决定、指令、命令劳动。他认为，如果以为工人也有"积极性"、"创造性"，那是非科学的。如果让工人参加经营管理工作、科学化工作，那是愚蠢的。

其四，在亚当·斯密的影响下，泰罗把人看成是单纯的"经济人"，认为人的一切活动都出于经济动机。企业主以经济人的身份要求获得最大利润；工人以经济人的身份要求得到最高工资。这些观点严重限制了"科学管理"的发展。

泰罗的科学管理尽管出现在工业化的初期——一个机械化生产、流水线生产时代，但在当代工业发达国家进入管理技术更大发展的时期，泰罗的科学管理并未过时，仍葆其生命力。据美国 1971 年版的《工业工程手册》介绍，在现代科技发达的今天，仍有 83% 的美国公司和工厂应用泰罗的科学管理的基

本方法。1979 年，日本又再次重版泰罗的《科学管理原理》一书。20 世纪 60
年代，苏联为了加快发展现代工业生产，重新开展了泰罗科学管理的研究，并
在工厂部门推广。我国正处于社会主义初级阶段，泰罗科学管理中的许多合理
组织生产的基本方法，对我国社会主义现代化建设来说仍有重要意义。

第三节　古典组织理论

科学管理研究的范围，基本上是在车间、工段层次的生产劳动管理。有关
组织之间的协调领导等高层次的经营管理，是古典组织理论的研究课题。

古典组织理论的代表人物是法国的法约尔。法约尔（1841—1925）19 岁
毕业于法国圣太田市的国立矿业学校，随后受雇于康门曲里·福尔亨包特矿业
公司，终其一生。1888 年，升为该公司总经理，1918 年，任公司董事。在任
期间，法约尔表现出了一位卓越经理人的管理才能。最明显的一点，是在他出
任总经理的当年，公司面临破产边缘，而在 1918 年他离职时，财务情况已极
为稳定。

法约尔根据自己的管理经验，在 1900 年向国际采矿和冶金大会宣读的一
篇论文中，提出了自己的管理思想，并指出了管理职能的重要性。1908 年，
他在一篇论文中提出了管理的 14 项"一般原则"。1916 年，他在《工业管理
和一般管理》一书中提出了著名的"管理的要素"。1918 年，法约尔退休后，
创立了"管理研究所"。他去世后，这个团体与法国推广泰罗主义的一个团体
合并，从而使这两大流派在法国结合。最初，有人把法约尔的思想同泰罗的思
想看成是竞争和对立的。但法约尔不这样看，他认为两者是互相补充的，两者
的目标都是为了改进管理，只不过采取的分析途径不同。

法约尔将他的管理经验与知识整理成为四篇《工业管理和一般管理》论
文。第一篇论文论述管理的教育问题；第二篇论文讨论管理的原则和要素；第
三篇和第四篇论文未出版。现将其管理的职能和组织管理的原则分述如下：

一、管理的职能

法约尔认为，经营与管理是两个不同的概念。他认为，经营活动可分为六
大类，管理是经营活动中的一种。其关系如图 2 - 2 所示。

每一种经营都包含下面六种活动：①技术活动是指生产、制造。②商业活
动是指采购、销售和交换等。③财务活动是指资金的取得和控制。④安全活动
是指对商品和人员的保护。⑤会计活动是指盘存、会计报表、成本核算、统计等。
⑥管理活动是指计划、组织、指挥、协调和控制五种职能，其主要内容如下：

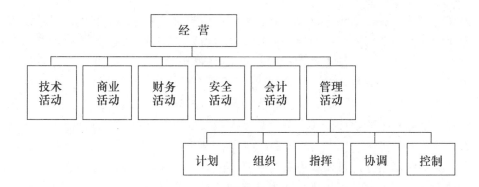

图 2 - 2　经营活动和管理职能

1. 计划。对有关事件的预测，并且以预测的结果为根据，拟订出一项工作（操作）方案。所定计划，应尽量顾及到将来，甚至需要长到 5—10 年的计划。

2. 组织。是指有关各项劳动、材料、人员等资源的一种结构，如期完成指派的任务。简要地讲，组织使机构中各项资源达到有效协调。

3. 指挥。有关领导的艺术，以促使组织行动为目的。如何才能有效地进行指挥？法约尔列出若干建议，例如，领导以身作则、对组织的不断检查、不合格人员的淘汰、不为细枝末节的事务所困扰等。

4. 协调。是指维持必要的统一，达到组织的目标。法约尔认为，主管人员与部属经常举行会谈是协调的一种方法。

5. 控制。在于使各项工作能按既定计划进行。每项活动的任何方面，如人力、物力、劳动等都必须进行控制。

从以上分析可知，管理既是经营不可缺少的一种活动，又是自成体系的职能。两个概念是有区别的。经营就是努力确保六种活动的顺利运转，以便把组织拥有的资源变成最大成果；而管理只不过是通过经营而得以运转的职能。法约尔说："管理职能只能通过社会组织的成员才派上用场。其他活动是使材料和机器处于运动状态的，而管理职能只对人起作用。"社会组织的概念是管理职能的基础。因此，从本质上看，他的管理理论是社会组织的理论。

二、管理的原则

法约尔使用"原则"，而不使用"定律"、"规律"等词，是因为他并不把管理原则看成是固定不变的。他提出下列十四条管理原则：

1. 分工。根据传统的"劳动专业化"的原则，分工的好处可以减少浪费，提高生产率。法约尔认为，劳动分工不仅适用于技术性劳动，同样适用于管理方面的工作，适用于职能的专业化和权限的划分。

2. 权力责任。权力是指发布命令并使人服从的力量。法约尔把管理人员的职务权力（法定权力）与个人权力（非法定权力）相区别。职务权力是由职位产生的，个人权力则来源于个人的智慧、经验、领导能力、资历等。后者是前者不可缺少的条件。一个好的管理人员以他的个人权力来补充他的职务权力。他还提出了"权力责任对等"的概念，即两者乃是二而一、一而二的事，必须随时保持相等。行使权力就必然产生责任，权力与责任应相一致。其实，这种看法，不免有点理想化，因为，有的管理人员（领导）一面在争取权力，一面却回避责任。从整体利益出发，对行使权力的行动，根据其有害还是有益，实行奖或罚，这是良好的管理条件。

3. 纪律。法约尔认为，纪律就是服从企业中各方达成的协议。但是，有了纪律还不能保证组织机构有良好的秩序。重要的条件是，还需要有效的领导人，遇有不服从、不遵守纪律的情况时，要执行惩罚措施。用法约尔的话来说，纪律是领导人"生产"的产品。然而，一般人在纪律不良的时候，总是责怪工人和职员，其实，不良纪律通常总是来自不良的领导。要看领导在纪律遭到破坏时，能否明确而果断地采取惩罚措施。

4. 统一指挥。法约尔主张，一个职工在任何活动中，都只能接受一个上级的指挥。正如一个人不能同时侍候两个主人一样，双重指挥对于权力、纪律和稳定性都是一种威胁。他不同意泰罗提出的"分职指导"观念。

5. 统一指导。不要与"统一指挥"混为一谈。统一指导是指凡具有同一目标的各种活动，只能在一个主管和一个计划下进行；只有一个良好的组织结构才能有效。没有统一指导，就谈不上统一指挥。

6. 个人利益服从整体利益。组织的目标包含个人或群体的目标。为了实现这一原则，就要克服愚昧、野心、自私、懒惰、软弱和一切企图把小集团置于组织之上从而导致冲突的个人情绪。法约尔认为，要做到这一点，不仅领导层要有坚定性，经常监督，以身作则，还要使协议尽可能公正。

7. 职工的报酬。法约尔认为，一项报酬制度必须具备几个条件：①必须能确保公平的待遇。②应对有贡献的职工进行奖励。③奖励不得超过合理的界限。他以这个尺度，讨论了当时的报酬制度，如计时工资制、计件工资制、奖金和分红制等，并分析了这些制度的优点和缺点。但是，他没有提出一个明确的报酬制度。他认为，任何良好的工资制度，均无法取代优良的管理。

8. 集权化。集权化作为一种管理制度，本身无所谓好或坏。实际上，一个组织机构必有某种程度的集权化。问题是究竟应该集权到什么程度，才对本组织机构最为合适。法约尔认为，集权化程度不是千篇一律的，它应根据组织的规模、条件和管理人员以及职工的素质而定。因此，一个组织机构的"最适当"的集权化和分权化的程度也往往是变化的。集权的目标是最大限度地利用职工的能力。

9. 组织等级。是指一个组织机构由最高层到最基层所经历的层次结构。这种组织结构实际是一条权力线，这是自上而下和自下而上确保指挥统一、传递信息的必经途径。为了克服由于统一指挥而产生的信息传递延误，法约尔提出了一项所谓"跳板原则"，人称"法约尔桥"。利用这个跳板原则，可以横跨执行权力的路线而直接联系。

这种横跨直接联系，只有在有关各方面都同意且上级始终知情的情况下才能进行。其图解如图2－3所示。

如果有一项信息需要由 E 传送到 K，在正常的权力路线下，则需要通过组织等级由 E 向上传达 A，再由 A 传达到 K，这样太费事了，影响组织活动的速度。有了这个跳板原则，E 可以直接与 K 联系。但是，他们应先取得上级主管的许可，同时也得在事后将联系结果报告上级

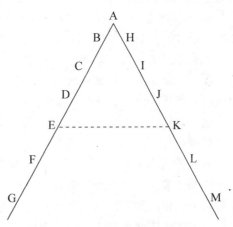

图2－3 法约尔的"跳板原则"

主管。这样，就保证了统一指挥前提下迅速、可靠地进行横向联系。

10. 秩序。所谓秩序原则，就是指凡事都各有其位，并且都各在其位。即每一件事有一定位置，每一个人有一定职位，各得其所。每个职工都必须处在他能最好地做出贡献的职位上。

11. 公平。合情加上合理，则为公平。用这一原则对待已建立的规则，对待职工，可以鼓励职工倾其全部忠诚和热心履行他们的职责。组织领导应该给各级主管灌输公平的意识。

12. 职工的稳定。法约尔认为，如果人事不断变动，工作将永远得不到良好的完成。一般来说，成功的组织，管理人员是稳定的。上级管理人员应该鼓励职工，特别是管理人员长期承担分配的任务。

13. 创造性。法约尔认为，创造性是行动的动力，必须大力提倡，充分鼓

励首创精神。但是，创造性应以不违背职权和纪律为限。

14. 集体精神。一个组织机构中的集体精神，应该视其集体成员之间的协调和团结程度而定。在法约尔看来，加强集体精神的最有效方法，在于严格的统一指挥。

三、法约尔管理理论

法约尔的管理理论受泰罗的科学管理的影响，但是，又有与泰罗不同的特点。"泰罗是以工厂管理合理化这一具体目的为出发点的。因此，他的科学管理法是非常富有实践性的，但缺乏一般科学性。而法约尔是从实施管理教育的目的出发的。因此，他的管理理论是概括性的，也非常富有原则性。" 对此，现做下列粗略的分析：

1. 法约尔把管理确定为特有的概念范围，作为理论研究的对象，提出了管理的职能和原则，强调实施管理教育的必要性和可能性。他认为，一个大型企业中的基层人员和较小型企业中的领导人员，大致以其技术能力为主要要求；而重要职位人员以其管理能力较为重要。换言之，在企业的基层，最重要的素质在于技术能力；而在其高层则在于管理能力。他又认为，人的管理能力可以通过教育来获得。法约尔曾公开批评当时工业学校缺乏管理教育。他指出，管理教育，自然无法使人都成为一流的管理人才，这正像技术方面的教育无法使人都成为一流的技术人才。管理教育的主要目的，只是使年轻人得以了解和应用管理活动中的经验教训。法约尔是主张实行管理教育的创始人。在管理教育上，他的确有不可忽视的贡献。他对管理职能的分析，提供了一套管理思想体系，第二次世界大战后，美国各大学设置的工商企业管理系科，正是依靠了他这一思想体系，编写了许多管理教材；现代管理过程学派正是溯源于法约尔的管理思想体系。

2. 法约尔把组织当做管理职能的一个要素加以重点研究，并对构成组织的内容进行了探讨。因此，组织理论在法约尔管理理论中占有非常重要的地位。他说："组织一种事业，就是向这种事业提供一切有利于发挥机能的材料、机械设备、资本、人员。这些东西可以分为物质组织和社会组织这两个部分。"两者相比较，社会组织"就能够行使六种固有的活动，即能够进行事业所包含的一切活动"。

法约尔的组织理论，主要包括以下三方面的内容：①组织的外部形态。这种形态是由组成人员的数目决定的。在一个由个人承担的个体企业，不会形成任何管理层次。在只有几个职工的小企业，产生了企业主直接对职工下命令的组织形态。当职工增加到几十人时，就形成了中间管理层次的组织形态；随着职工人数的增加，管理层次也增加。②组织的内在因素。法约尔认为，管理组织不是"管理机械"，而是管理人员力量的源泉。管理人员的创造性和能力是决定组织是否有效的内在因素，而人的管理能力又是可以通过管理教育提高的。③组织参谋。一个组织的高层领导面对各个方面，有多种多样的职能。因此，只靠个人的能力是无论如何不行的，于是产生了设立参谋的必要性，以补充、加强和扩大高层领导人员在执行管理职能时所需的知识、能力和时间。法约尔组织理论的三个方面——线性组织、内在因素和参谋机能，是个有机的整体，并提出结构这个命题，阐述了人的能力，强调了人的因素，这都具有积极意义。

3. 法约尔管理原则的内容相当庞杂，但是绝大部分内容都与组织有关。因此，就这一点来说，他的管理原则基本上属于组织原则。在十四条原则中，统一指挥，即命令的统一和组织层次以及并列层次的沟通，即所谓"跳板原则"，又是作为指导实际管理行动和判断管理组织是否合理的重要标准。但是，我们可以看出，法约尔的组织理论，只是考察了组织的内在因素，而忽视了组织同它周围环境的关系，这是个极大的缺陷。

第四节　行为科学理论

20 世纪初，西方世界经济发展进入了一个新的时期，生产规模扩大，生产的社会化程度提高，新技术成就广泛应用于工业部门，新兴工业不断出现。同时，工人在新的社会环境下对工作环境以及工作条件的要求也在逐步提高。在这种情况下，古典管理理论忽视人的因素，对职工采取自上而下的"管"，已不能完全适应新的形势。一些管理学家和企业家也看到古典管理理论的缺陷，他们从进一步提高劳动生产率的目的出发，开始进行有关新的管理理论和方法的研究。从 20 世纪 20 年代末到 30 年代初，产生了人际关系管理理论，简称人际关系学说。

一、霍桑试验研究

梅奥（E. Mayo，1880—1949），是人际关系学说的创始人。他出生在澳大利亚，早年学医，以后又学习心理学，曾任昆士兰大学讲师，讲授伦理学、哲学和逻辑学。他到美国，执教于宾夕法尼亚大学的华登金融商业学院。1926年，应聘到哈佛大学担任工业研究副教授。其著作主要有《工业文明的人类问题》、《工业文明的社会问题》等。

1924—1932 年间，梅奥应美国西方电器公司的邀请，在该公司设在芝加哥附近霍桑地区的工厂，进行长达八年的试验。这一项由国家研究委员会赞助的研究计划，共分四个阶段进行。

（一）工场照明试验

工场照明试验前后持续了两年半，目的是要证明工作环境和生产率之间有无直接的因果关系。在试验期间，研究人员曾对他们的试验计划屡做改进。但是，他们一直不能断定工场照明和产量之间是否确有某种关系。其中有个试验，他们将工人分为两个组，一组为"试验组"，先后改变工场照明的强度；另一组称为"控制组"，照明始终维持不变。研究人员希望能由此测出照明强度变化后所产生的影响。可是，试验结果表明：两组产量都大为增加，并且增加量几乎相等。这次试验获得了两个主要结论：①工场照明只是影响工人产量的因素之一，而显然不是一个太重要的因素。②影响产量的因素太多，而且难以控制，其中任何一个因素都能影响试验。因此，照明对产量影响无法测试出来。公司主管不认为这些试验是失败的，因而决定继续进行试验。这时，梅奥和其他几位哈佛研究人员参加了进来，成立新的小组，便开始了第二阶段的试验工作。

（二）继电器装配试验室研究

为了能够更有效地控制影响工人生产的因素，将一小组人单独置于一个工作室，避免与别的工人接触。同时，研究人员还特别指定了一个观察员，专责记录室内发生的一切，并且与工人保持友好的气氛。他们申明，此一试验绝不是为了提高劳动定额，而只是为了研究各种不同的环境，然后了解怎样的环境才最适合生产劳动，希望大家像平常一样进行劳动。最初四个月，先做了若干初步的工作改变，例如，工作室房间小，灯光和通风好，女工可以相互自由交谈，小组人员不多，很快建立了比外面工作时更为亲密的关系。观察员担任一部分督导工作，与小组工人建立了一种友好关系。接着，研究人员又给小组安排了工作休息时间，以期了解工作休息对产量有些什么影响。结果他们发现产量提高了。因此，他们得出了一个假定：工作间的休息，可以减轻疲劳，因而增加产量。他们将这项研究更推进一步，将每天工作时间缩短，每周工作天数也缩短。其结果，小组产量又增加了。但是，当这项措施取消，恢复原来的情况后，产量却并未降低。这表明，工作时间的减少并非产量增加的唯一因素。其中有几位研究人员做了一个假定，认为产量的增加与休息时间的安排或工作时间缩短并无关联，而是由于小组女工对于她们的工作集体产生了好感。可是进一步研究，这种好感又联系着什么呢？谁也回答不了这个问题。因此，他们提出各种假定。最后，大家的注意力集中在其中一个假定上，即试验小组由于督导方法的改变，对工人态度的改善，使得产量增加。为了进一步研究这个假定，他们进行了第三阶段的试验。

（三）大规模访问研究

他们用了前后两年多时间，对两万名工人进行了调查。在访问中，起初是用"直接提问"方式谈话，例如，询问管理工作和工作环境的问题。虽然他们向工人说明，谈话内容均将保密，但是，工人的回答仍然有所戒心。后改用"非直接提问"方式，甚至让工人自由选择话题。在这样的大规模访问中，研究人员收集到有关工人态度的大量资料。经过分析，研究人员了解到，工人的劳动效果不但和他们在组织中的地位、身份有关，而且也与小组其他人的影响有关。得到了这个结论后，为进一步做系统的研究，于是，试验又进入到第四阶段的接线板接线工作室的观察研究。

（四）观察研究

在这个小组中，共有 3 种不同的劳动——线路工、焊接工、检验员。一个焊接工可以担任 3 个线路工交来的任务。这个小组共 9 个线路工、3 个焊接工、两个检验员。研究人员观察他们的劳动成果和行为表现，先后持续了 6 个月之久，发现下列三个问题：

第一个问题：小组每个成员都有超过自己实际产量的能力。但是，他们并不干得太快，也不干得太慢，故意自行限制产量，大家"默契"规定的非正式标准，谁也不去突破它。究其原因，有的人怕产量增加了，公司会提高定额标准；有的怕自己过分努力，可能会造成他们的失业；有的怕自己干得快了，会给生产速度慢的同事难堪，使他遭到领班的斥责。

第二个问题：试验小组的工人对他们的领班、副领班、股长、小组长等直接主管人的态度不一样。对于小组长，大部分工人认为他们是小组成员中的一员；对于股长，大家看他待遇高，觉得他有一点权威，但大家有意见，仍然可以向他提出辩解；当副领班在场时，大家规规矩矩；当领班在面前时，大家更不敢越轨。这表明，主管地位升高，工人对他的顾忌也增加了。

第三个问题：研究人员注意到一件有趣的事：在工作室的窗子问题上，反映了小组成员之间的关系。在工作室里，线路工人的位置最靠近窗子，因此开窗和关窗都由线路工人负责。工人往往对开窗、关窗争论不休，从这类事情中，可以看出他们之间有派别。丙不同意开窗，有时甲会挑拨，怂恿乙去开窗，使乙、丙争吵，其他工人看热闹，大家为此感到高兴。还可看到，这三组成员在活动时，发现他们分成两个小圈子或"派别"。如图 2-4 所示（W 表示线路工、S 表示焊接工和 I 表示检验工）。

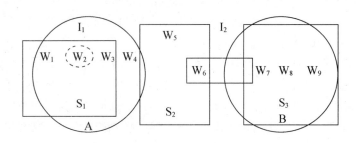

图 2 - 4　正式组织和非正式组织

图 2 - 4 中的方框代表正式组织的三个小组，圆框代表两个小集团。线路工 W_2 以虚线围起表示不属于小集团 A。研究人员发现：小集团不是因为工作不同形成的；小集团的形成多少受了工作位置的影响；也有人不属于任何集团；每个小集团都以为比别的小集团好。为什么有的人不属于某个小集团呢？这是由于各种各样的原因而被排除在外的，如 W_2 过于自信，同他人合不来；W_5 爱向工头打小报告；S_2 在语言交流上有困难；I_2 则在检验工作中过于认真。因此，在小集团中，形成了这样几条纪律：你不能工作太多；你不能工作太少；你不得在工头面前打同事的小报告；你不得远离大家，孤芳自赏；你也不得打官腔，找麻烦，即使你是检验员，你也不应该像一个检验员；你不得唠叨不休，自吹自擂，一心想领导大家。线路工 W_6 一心想出风头，所以，B 集团始终没有完全接受他。

二、人际关系学说

通过霍桑试验，梅奥等人提出了人际关系学说，其主要论点如下：

（一）职工是"社会人"

古典管理理论把人看做为"经济人"，他们只是为了追求高工资和良好的物质条件而工作。因此，对职工只能用绝对的、集中的权力来管理。梅奥等人则以霍桑试验的成果为根据，提出了与"经济人"观点不同的"社会人"观点。其要点是：人重要的是同别人合作；个人是为保护其集团的地位而行动；人的思想行为更多的是由感情来引导。因此，试验表明，小组的合作和小组的情感能影响生产效率，工作条件和工资报酬并不是影响劳动生产率高低的唯一原因。

梅奥等人认为，人是独特的社会动物，只有使自己完全投入集体中，才能实现彻底的"自由"。工厂中的工人不是单纯地追求金钱收入的，还有社会、心理方面的需要，这就是追求人与人之间的友情、安全感、归属感和受人尊重等需要。因此，不能单纯从技术和物质条件着眼，而必须首先从社会、心理方面来鼓励工人提高生产率。他们尖锐地批评了当时的"工业社会"及其所产生的工业社会环境的某些方面，指出工业化破坏了促使社会团结的文化传统，造成了"社会解体"和"不愉快的个人"。他们认为，人有感情，希望能够感到自己的重要，并让别人承认自己的工作重要。工人们虽然也对自己的工资袋的大小感兴趣，但这不是他们关心的唯一事情。有时更为重要的是上司对待他们的态度。因此，对职工的新的激励重点必须放在社会和心理方面，使他们之间更好地合作并提高生产率。

（二）正式组织与非正式组织

所谓正式组织，就是古典管理理论所指出的，为了有效地实现企业的目标，规定组织各成员之间相互关系和职责范围的一定组织管理体系，其中包括组织机构、方针政策、规划、章程等。古典管理理论所注意的只是人群组织这一方面。但是，梅奥等人指出，人是社会动物，在组织内共同工作的过程中，人们必然发现相互之间的关系，形成非正式团体。人们在非正式团体中又形成了共同的感情，进而构成一个体系，这就是所谓的非正式组织。

研究人员认为，非正式组织对人起着两种作用：一是保护工人免受内部成员忽视所造成的损失，如生产的过多或过少。二是保护工人免受外部管理人员的干涉所造成的损失，如降低工资率或提高产量标准。至于非正式组织形成的原因，并不完全取决于经济发展状况，而是同更大的社会组织有联系。

梅奥等人认为，不能把这种在正式组织中形成的非正式组织看成是一种坏事，而要认识到它是必需的。它同正式组织相互依存，并对生产率的提高有很大影响。非正式组织同正式组织有很大差别。正式组织以效率的逻辑作为重要标准。所谓效率的逻辑，就是为了提高效率，组织内各成员保持形式上的协作。非正式组织则以感情的逻辑为重要标准。感情的逻辑是指人群组织中非正式的行为标准，如对非正式团体的忠诚等。

单位中的正式组织固然涉及每一个成员，非正式组织也涉及每一个成员，即不仅工人中有非正式组织，管理人员和技术人员中也有非正式组织。效率的逻辑在管理人员和技术人员中比在工人中占更重要的地位，而感情的逻辑则在工人中比在管理人员和技术人员中占更重要的地位。所以，效率的逻辑可以认为是"管理人员的逻辑"，感情的逻辑可以认为是"工人的逻辑"。假如管理人员和技术人员只根据效率的逻辑来管理，而忽视了工人的感情逻辑，就会使"管理人员的逻辑"和"工人的逻辑"发生冲突，从而影响生产率的提高和组织目标的实现。在采用传统管理理论进行管理时，这种冲突是经常发生的。解决这种冲突的办法，梅奥认为，管理者要充分重视非正式组织的作用，注意在正式组织的效率逻辑同非正式组织的感情逻辑之间保持平衡，以便管理人员同工人之间、工人相互之间能互相协作，充分发挥每个人的作用，提高效率。非正式组织有助于这种协作，所以，总的来讲，利多弊少。

（三）职工满足度

梅奥等人从上述关于"社会人"和"非正式组织"的观点出发，认为金钱或经济刺激对促进工人提高劳动生产率只起第二位的作用，起首要作用的是工人的情绪和态度，即士气。而士气又同工人的满足度有关。这个满足度在很大程度上是社会地位决定的。"一个人是不是全心全意地为一个团体提供他的服务，在很大程度上取决于他对他的工作，对他工作上的同伴和他的领班的感觉。"金钱只是工人所需要满足的一部分。此外，工人所需要满足的还有："被社会承认……在社会上的重要性和证明……安全的感觉，这种感觉更多地来自我为一个团体的公认的成员，而不是来自银行中存款的金额。"所以，所谓职工的满足度，主要是指为获取安全的感觉和归属的感觉这些社会需求的满足度而言。工人满足度越高，士气越高，劳动生产率也就越高，而工人的满足度又依存于如下两个因素：①工人的个人情况，即工人由于某个历史、家庭生活和社会生活所形成的个人态度。②工作场所的情况，即工人相互之间或工人与上级之间的人际关系。

梅奥等人认为，管理人员的新的领导能力在于要同时具有技术、经济的技能和人际关系技能。管理工作满足效率的能力同满足工人的感情能力是不同的。所以，要对各级管理人员进行训练，使他们学会了解人们的思想行为，学会通过同工人交谈来了解其感情的技能、技巧，并提高在正式组织的经济需求和非正式组织的社会需求之间保持平衡的能力。平衡是取得高效率的关键。工人通过社会机构来取得别人的承认、安全感和满足感，从而愿意为达到组织的目的而合作并贡献其力量。如果情况变化过于迅速而管理者又不了解工人的感情，就会产生不平衡。所谓新的领导能力，是指能够区分事实和感情，能够在生产效率和职工们的感情之间取得平衡。这种新的领导能力可以弥补古典管理理论的不足，解决劳资之间以及工业社会的种种矛盾，提高劳动生产率。新的领导能力既然表现为能通过提高职工的满足度，提高职工的士气，最后达到提高生产率的目的，那就要转变管理方式，应该重视"人的因素"，采用以"人"为中心的管理方式，改变古典管理理论以"物"为中心的管理方式。

三、行为科学的建立与发展

行为科学是研究人的行为的一门综合性科学。它研究人的行为产生的原因和影响行为的因素，目的在于激发人的积极性和创造性，实现组织目标。它的研究对象是探讨人的行为表现和发展的规律，以提高对人的行为预测以及激发、引导和控制能力。

行为科学运用心理学、社会学、社会人类学等学科的理论和自然科学的实验和观察方法，对于人的个体行为、群体行为、组织行为和领导行为进行研究。

"行为科学"名称的提出是在 1949 年。一批哲学家、社会学家、心理学家、生物学家和精神病学家，在美国芝加哥大学讨论、研究有关组织中人类行为的理论，正式定名为行为科学。20 世纪 50 年代以后，行为科学才真正发展起来。在芝加哥大学讨论后，福特基金会成立了"行为科学部门"（"人类行为研究基金会"）。1952 年又建立了"行为科学高级研究中心"，并于 1953 年拨款给哈佛、斯坦福、密执安、北卡罗莱纳等大学，委托这些学校的专家、学者从事行为科学研究。1956 年，美国出版了第一期行为科学杂志。至此，行为科学在美国的管理学界便流行起来，在理论和实践方面都有了很大的发展。60 年代以后，又出现了组织行为学的名称。组织行为学是由行为科学进一步发展起来的，它研究在一定组织中人的行为的发展规律，重点研究企业组织中人的行为。以后，不少西方国家的管理院校，都把组织行为学作为必修课程，一些著名的大学还设有行为科学系和研究中心。在日本，行为科学也受到重视，许多管理学家从事行为科学的研究，并撰写了大量的专著，在企业界得到了广泛的传播。近二三十年来，前苏联虽然没有明确使用行为科学的名称，但是，对社会心理学、管理心理学研究都非常重视，在研究中受到了行为科学的启示，引用了行为科学的研究方法，发表了大量的论文并出版了不少著作。

梅奥等人的人际关系研究，强调人是"社会人"，管理要去满足人的社会需求。以后的行为科学家在这方面又有所发展。他们指出，人的各种各样行为，都有一定的动机，而动机又产生于人类本身内在的、强烈要求得到满足的需要。在组织管理中，可以根据人的需要和动机来加以激励，使之更好地完成任务，在任务完成的同时也能更好地实现自我。此时，行为科学研究者的研究重点已从"社会人"发展到"自我实现的人"，研究的已不仅是能否满足职工社会需要的问题，而是职工能否获得更有意义、更具有挑战性的工作，在工作中能否获得成就感、尊重与自我满足，能否自我实现的问题。因此，激励理论在行为科学理论的发展中占有重要地位。这方面的研究，主要有以下几种理论：

（一）需要层次论

马斯洛（A. H. Maslow，1908—1970），是美国的人本主义心理学家和行为科学家。1954 年出版了《动机和人》一书。他在书中提出了人的需要层次理论。

在马斯洛看来，人是"需要的动物"，随时都有某种需要，当某一需要获得满足后，这一需要便不再是激励因素；而他此时又有了另一种需要，又需要满足。马斯洛认为，人的需要是有层次的，如图 2－5 所示。

图 2－5　人的需要层次

后来，马斯洛又增加了求知的需要和美的需要两个层次。马斯洛将需要划分为高、低两级。生理和安全需要属于低级需要，归属、尊重需要属于高级需要。低级需要主要从外部使人满足，高级需要主要从内部使人得到满足。马斯洛认为，人的需要由低层次向高层次发展，但他认为在低层次需要得到部分的、合理的满足后，较高层次的需要就会成为人们所要追求的需要，即成为有推动力的激励因素，而且可以同时部分地满足几种需要。也就是说，并不是不同层次的需要不能在同一时间发挥作用，只是说在一定时期总有某一层次的需要发挥主要作用。同时也并不是说每个人的需要都必须按照这个划分的层次循序逐级上升，其顺序是可以颠倒或者是超越某一层次的。如民族英雄，他可能在安全需要还没有满足时，而表现为自我实现的需要，以至于为了全民族的利益而牺牲生命。马斯洛在阐述"需要—动机—行为"的关系时认为，不是所有行为都由基本需要决定的。我们甚至还可以说，不是所有行为都是由动机而引起的。除了动机之外，行为还有许多决定因素。这就是说，需要只不过是决定行为的因素之一。

如果按马斯洛的观点去激励某人，就必须掌握此人所处的需要层次，尽量去满足他的需要。同时，又必须了解该人需求的变化，前一层次需要满足后，必须了解他的下一层次的需要是什么，要用区别于前面所采用的激励手段，使之需要得以满足。

（二）双因素激励理论

赫茨伯格（F. Herzberg）在 1959 年与别人合著出版的《工作激励因素》和 1966 年出版的《工作与人性》两本著作中，提出了激励因素和保健因素理论，简称双因素理论。

赫茨伯格在美国匹兹堡地区对 200 名工程师和会计人员进行访问谈话，了解他们在什么条件下感到工作满意，什么条件下感到不满意。他调查的结果发现，使职工感到满意的都是属于工作本身或工作内容方面的因素，称之为激励因素；使职工感到不满意的都是属于工作环境或工作关系方面的因素，称之为保健因素或称维持因素。保健因素不能起激励职工的作用，但能预防职工的不满。

赫茨伯格归纳出 6 个激励因素：①工作上的成就。②得到赏识。③进步。④工作本身。⑤个人发展的可能性。⑥责任。以上 6 项都是以工作为中心的。

保健因素有 10 个：①公司的政策与行政管理。②技术监督系统。③与监督者个人之间的关系。④与上级之间的关系。⑤与下属之间的关系。⑥薪金。⑦工作安全性。⑧人的生活。⑨工作环境。⑩地位。以上 10 项都是工作本身以外的。

赫茨伯格的双因素理论与马斯洛的需要层次理论有类似之处，如图 2 - 6 所示。

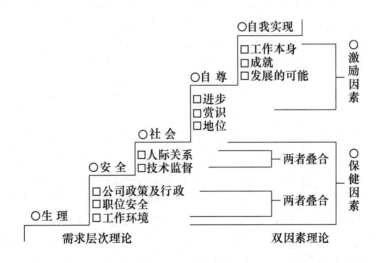

图 2 - 6　马斯洛需求层次理论和赫茨伯格的双因素理论

赫茨伯格的激励因素相当于马斯洛的较高层需要，保健因素相当于较低层需要，两者的侧重点有所不同。马斯洛侧重在分析需要或动机，赫茨伯格侧重在分析满足这些需要的目标或诱因。但这两种理论都没有把个人需要的满足同组织目标的达成联系起来。

（三）期望理论

弗鲁姆（V. H. Vroom）在 1964 年出版的《工作和激励》一书中，提出了期望几率模式。这一模式以后又经过其他人的发展补充，成为当前行为科学家比较广泛接受的激励模式，有人认为可以以此为基础，发展出一种综合性的激励理论。

期望几率模式可用图 2 - 7 来表示。

图 2 - 7　期望理论

"选择性行动成果的强度"，是指一个人对某一行动成果的评价。例如，一位职工在工作上优良，有可能被提升。对于一个很想被提升的人来说，提升这个行动成果的强度就大；对于一个对提升无所谓的人来说，其强度为零；对于一个不愿被提升的人来讲，其强度为负数。所以，选择性行动成果的强度是随各人的情况和主观的评价而不同的。其变动范围在 - 1— + 1 之间摆动。如图 2 -8 所示。

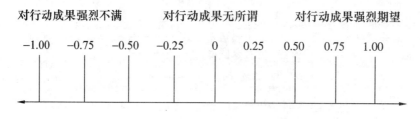

图 2 -8　期望几率

"期望几率"是指一个对于某一行动导致某一成果的可能性大小的判断。例如，工作做出优异成绩，这一行动可导致得到提升，但是，提升的可能性有多大，就是期望几率。它是个人的主观评价，同客观上是否符合实际情况无关。而是否对个人起激励作用，也以这种主观判断的期望几率为依据。某个主管对下属说：你好好工作，很可能会得到提升。下属对此会做出三个判断：①我的主管从来讲话都是不算数的，这次可能也是这样。②我的主管虽然讲话不算数，但是，只要工作做出成绩，我想是会得到提升的。③在提升问题上，他也不会随便讲的，很有被提升的可能。这种主观判断的期望几率，称为期望值。

"激励力"是促使一个人采取某一行动的内驱力的程度。激励力促使行动，行动取得成果，通过成果，职工得到满足。所以，为了激励职工，管理部门的领导应该一方面使职工知道行动成果的强度，或加大这个强度；另一方面要帮助职工实现其期望，即提高期望几率，这样才能提高激励力。

（四）人性理论

人的本性问题，从来是伦理学家争论的一个问题，也是管理学者研究的一个中心课题。早在"科学管理"时期，就有人探讨这个问题。梅奥等人关于"社会人"、非正式组织的论述同这个问题也有关。后期的行为科学则对此做了较为深入的研究。

在人性理论研究方面最突出的成果是麦格雷戈的 X 理论和 Y 理论。麦格雷戈（D. Mcgregor，1906—1964）1935 年取得哈佛大学博士学位，1935—1937 年在哈佛大学教授社会心理学。1937 年成为麻省理工学院的副教授，并在该院服务直到去世，其中 6 年（1948—1954）担任安第奥克学院的院长。在担任安第奥克学院院长期间，他对当时流行的传统管理观点和对人的本性的看法提出了疑问。其后，他在《企业的人性方面》一书中提出了著名的"X 理论—Y 理论"的人性假定。

在麦格雷戈看来，每一位管理人员对职工的管理都基于一种对人性看法的哲学，或者说一套假定。他把传统管理对人的观点和管理方法叫做"X 理论"。其要点是：①一般人的天性都是好逸恶劳的，只要可能，就会设法逃避工作。②人几乎没有什么进取心，不愿承担责任，而宁愿被别人领导。③天生就反对变革，把安全看得高于一切。④要使人们真正想干活，那就必须采用严格的控制、威胁和经常不断地施加压力。

麦格雷戈认为，当时与人有关的管理工作以及传统的组织结构、管理政策、实践和规划都是以这种 X 理论为依据的。所以，管理人员在完成其任务时，或者用"强硬的"管理方法，包括强迫和威胁，严密的监督以及对行为的严格控制；或者用"松弛的"管理方法，包括采取随和态度，顺应职工的要求以及一团和气。麦格雷戈指出，自20世纪初以来，从最强硬的到最松弛的各种办法都试用过了，但效果都不太理想。采用强硬的办法引起了各种反抗的行为，如磨洋工、敌对行动、组织好斗的工会以及对管理者的目标进行巧妙而有效地破坏。这种强硬办法在充分就业期间就更难以实行。采用松弛的办法也产生了许多问题，它经常导致放弃管理，大家保持一团和气，对工作却满不在乎。人们对这种温和的办法钻空子，提出越来越多的要求，而做出的贡献越来越少。于是，较为普遍的倾向是试图吸取软硬两种办法的优点，推行一种"严格而合理"的方法，正如有人说的："温和地讲话，但手上拿着大棒。"但是，不论采用哪一种方法，其指导思想都是X理论。

科学管理是"强硬的"X理论，人际关系学说是"温和的"X理论，但从根本上说都是X理论。在人们的生活还不丰裕的情况下，"胡萝卜加大棒"的管理方法是有效的。但是，在人们的生活较为丰裕后，这种管理方法就无效了，因为那时人们的行为动机主要是追求更高级的需要，而不是"胡萝卜"（生理需要和安全需要）了。因而，用指导和控制来进行管理，无论是强硬的还是松弛的，都不足以激励人们的行动。

麦格雷戈提出了Y理论，并用它来代替X理论。Y理论是建立在对人性和人的行为动机更为恰当的认识基础上的新理论。其要点如下：①人并不是天生就厌恶工作，工作对人们来讲，正如娱乐和休息一样自然。②控制和威胁并不是促使人们为实现组织目标而努力的唯一办法。人对自己所参与的目标能实现自我指挥和自我控制。③对目标做出贡献是同获得成就的报酬直接相关的。这些报酬中最重要的是自尊和自我实现需要的满足，它们能促使人们为实现组织目标而努力。④在适当条件下，人们不但能接受而且会主动承担责任。⑤不是少数人，而是多数人在解决组织的问题上，都具有想象力和创造力。但在现代工业社会的条件下，一般人的潜能只是部分地得到了发挥。⑥人们并非天生就对组织的要求采取消极的或抵制的态度，他们之所以如此，是由于他们在组织内的遭遇所造成的。⑦管理的基本任务是安排好组织工作方面的条件和作业的方法，使人们的潜能充分发挥出来，更好地为实现组织的目标和自己个人的具体目标而努力。这个过程主要是一个创造机会、挖掘潜力、排除障碍、鼓励发展和帮助引导的过程。

麦格雷戈在《企业的人性方面》一书中，把Y理论叫做"个人目标和组织目标的结合"，认为它能使组织的成员在努力实现组织目标的同时，较好地实现自己的个人目标。所以，他认为关键不是在采用"强硬的"方法或"温和的"方法之间进行选择，而是要在管理的指导思想上变X理论为Y理论。

这两种理论的差别在于是把人们当做小孩看待，还是把他们当做成熟的成年人看待。在当时虽然不可能指望在短期内使所有管理都转而采用 Y 理论，但是，麦格雷戈认为，在当时已有一些与 Y 理论一致的创新思想在应用上取得了一定的成果。这就是：①分权与授权。这是把人们从传统组织控制中解脱出来的方法。②扩大工作范围。它鼓励处在组织基层的人承担责任，并为满足职工的社会需要和自我实现的需要提供机会。③参与制与协商式管理。它可以鼓励人们为实现组织目标而进行创造性的劳动。在做出与他们工作有直接影响的决策时给他们提供某些发言权。④鼓励职工对自己的工作成绩进行评价。

这些新方法鼓励个人对制订计划和评价自己对组织目标所做的贡献承担更大的责任，有助于职工充分发挥自己的才能。

行为科学家认为，Y 理论给管理人员提供了一种关于人性的乐观主义看法，而这种乐观主义的看法是争取职工的协作和热情支持所必需的。但是，奉行 X 理论的管理人员对此表示出不同的意见。有人指出，Y 理论有些过于理想化了。所谓自我指导和自我控制，并非人人都能做到。人固然不能说生来就是懒惰而不愿负责任的，但是，在实际生活中也的确有些人是这样的，而且坚决不愿改变。对于这些人，采用 Y 理论进行管理，难免会失败。

那么，X 理论和 Y 理论，究竟哪个更好呢？看来，要视具体情况而定，而且两种理论都有存在的必要，这一点被后来的试验所证明。

行为科学理论的各家学说还有很多。例如，斯金纳（B. F. Skinner）的强化理论。他认为，人的一种行为都会有肯定或否定的后果（报酬或惩罚）。肯定的行为就有得到重复发生的可能性，否定的行为以后就会不再发生。强化理论有助于人们对行为的理解和引导。因为一种行为必然会有后果，而这些后果在一定程度上会决定这种行为是否重复发生。

斯坎伦（J. N. Scanlon）提出的斯坎伦计划，强调协作和团结，采用集体鼓励的办法。他提出的计划规定，凡因工人对减少劳动成本提出建议而使劳动成本减少的工人，都可以得到奖金。但这奖金不是发给提议者个人，而是在工厂或公司范围内由工人集体共享。

林肯（J. F. Lincon）提出的林肯计划，强调满足职工要求别人承认其技能的需要。林肯认为，激励人们工作的动力，不是金钱或安全感，而是要求对其技能予以承认。所以，他提出一个计划，要求职工最充分地发挥他们的技能，然后以"奖金"的形式来酬谢职工对公司的贡献。

斯坎伦和林肯都是企业家，也是行为科学理论的应用者。

　　赫茨伯格在用他的双因素理论来解释斯坎伦计划和林肯计划时说，这两个计划成功的原因，并不是由于工人所得到的奖金（保健因素）本身，而是由于通过这些奖金标志承认了工人的成就、能力和责任心（激励因素）。

　　行为科学家认为，人们在工作中对自己需要的满足，基本上有两种方法：一种是间接的满足，即人们通过工作得到工资，再用工资去购买衣食用品进行社交活动等，以此来满足自己在物质和精神上的需要。另一种直接的满足，即在从事工作的同时就使职工的需要得到某种程度的满足。这就要求领导、管理者在计划、组织、控制等方面做出适当的安排，以便职工能从工作本身以及在工作中同其他人的相互关系方面使某些需要得到满足。

　　激励理论的研究，明确了人们的工作效率取决于人们的工作态度，而工作态度又取决于人们的需要被满足的程度。人们的需要是否得到合理的满足，又受工作本身和工作环境的影响。因此，有人认为，激励人的积极性，提高工作效率的关键因素之一是改进领导和管理人员的态度。这就促进了管理理论中互有联系的两个方面的变化：一是转变对人性的看法。二是改变领导方式。

第五节　当代管理理论

一、管理理论丛林

　　当代西方管理理论在第二次世界大战后得到了蓬勃发展，出现了许多学派。这些学派在历史渊源和论述内容上互相影响，盘根错节。美国管理学家孔茨（H. Koontz）和奥唐奈（C. O'Donnell）在《管理学》一书中，曾列出七大管理思想学派：管理过程学派、经验学派、人群行为学派、社会系统学派、决策理论学派、沟通中心学派和数量学派。管理理论的这种分散化趋向，是同当代，特别是第二次世界大战以后科学技术的进步，生产力的巨大发展，生产社会化程度的提高相联系的。现将影响较大的学派简要介绍如下：

　　（一）作业学派

　　追根溯源，作业学派的创始人是亨利·法约尔。古典组织理论学家莫尼（Monique）、厄威克（Urwick）、古利克（Gulick）等都属于这一学派的前期代表人物。当前，在美国的主要代表是孔茨、奥唐奈等人。这一学派的特点是把管理学说同管理人员的职能，也就是同管理人员从事工作的过程联系起来，因此，又称为"管理过程学派"。他们认为，不论组织的性质多么不同（有营业性的、政府的、宗教的等），所处的环境多么不同，但管理人员的职能是相同的。因此，他们首先确定管理人员的职能，作为理论的概念结构，如法约尔把管理划分为计划、组织、指挥、协调和控制五种职能。以后，各管理学家的划分虽不完全一致，但也大同小异，如厄威克主张计划、组织和控制三职能说；古利克提出了有名的 POSDCORB，即计划、组织、用人、指挥、协调、报告和预算七种职能说。

孔茨与奥唐奈把管理解释为"通过别人使事情完成的职能"。他们认为，管理人员的职能有计划、组织、人事、指挥和控制五种，并按此来分析、研究和阐明管理理论。他们指出，有人认为这些职能是按顺序执行的，但事实上管理者是同时执行这些职能的。他们强调，这些职能中的每一种都对组织的协调有所贡献，但协调本身并不是一种独立的职能，而是有效地应用了这五种管理职能的结果。他们对每个职能按以下几个基本问题来进行分析：①这个职能的性质和目的是什么？②它的结构上的特性是什么？③它如何执行？④在它的领域里，主要的原则和理论是什么？⑤在它的领域里，最有用的技术是什么？⑥执行这一职能有什么困难？⑦完成这一职能的环境是怎样造成的？

他们认为，一切最新的管理思想都能纳入上述的结构中去。管理理论就是环绕这样的结构，把经过长期的管理实践积累起来的经验、知识综合起来，提炼出管理的基本原则。这些原则对于改进管理实践是有明显价值的。

孔茨等人认为，管理理论要吸收社会学、经济学、生理学、心理学、物理学和其他学科的技术和知识，因为它们都与管理工作者有关。但是，又不能把这些学科的所有领域都囊括到管理理论中去，因为科学的进步要求把知识分门别类，有所区别。

（二）经验学派

经验学派，又称经理学派，以向资本主义大企业的经理提供管理企业的成功经验和科学方法为目标。在这一学派中，有管理学家、经济学家、社会学家、统计学家、心理学家、大企业的董事长、总经理及其顾问等。经验学派认为，传统管理理论和行为科学都不能完全适应企业发展的实际需要。他们认为，有关企业管理的科学应该从企业管理实际出发，以大企业的管理经验为主要研究对象，以便在一定的情况下可以把这些经验加以概括和理论化，在更多情况下，提出实际的建议。这一学派的人在某些问题上的看法也不尽相同，但以管理经验为主要研究对象这一基本特点却是共同的，所以，这一学派称为经验学派。

这一学派的代表人物主要有：彼得·德鲁克，《有效的管理者》一书的作者，大企业的顾问、大学教授；欧内斯特·戴尔（Ernest Dale），大公司的董事、大企业的顾问，著有《企业管理的理论与实践》等书；威廉·纽曼

(William H. Newman)，大学教授，著有《经济管理活动·组织和管理的技术》
等书；艾尔弗雷德·斯隆（Alfred P. Sloan Jr.），曾长期担任美国通用汽车公
司的董事长。经验学派的主要观点如下：

1. 管理的性质。他们认为，管理是管理人员的技巧，是一个特殊的、独
立的活动和知识领域，但对什么是管理，对管理概念的认识却不一致。《工商
业组织和管理》一书的作者彼得森（Petersen）和普洛曼（Plowman）认为，
管理是一个特定的人群团体用以确定、阐明和实现其目的和目标的技能。管理
的具体概念随其应用的人群团体的类型而有所不同，但其基本意义不变。例
如，政府是公共事务管理；军队是一种特殊形式的公共事务管理；工商业管理
是一种专业化的管理；国营企业是一种特殊形式的工商业管理。

德鲁克不同意彼得森等人对"管理"的这种广义解释。他认为，管理只
同生产商品和提供各种经济服务的工商企业有关。他认为，管理学由管理一个
工商业的理论和实际的各种原则组成，管理的技巧、能力、经验不能移植并应
用到其他机构中去。这是典型的经验学派观点。

纽曼把管理解释为：把一个人群团体的努力朝某个共同目标引导、领导和
控制。一个好的管理者就是能使团体以最少的资源和人力耗费达到目的的管理
者。纽曼提到，企业经理往往是在他管理的具体领域中显示出优秀才能的人，
如一个制造雷达公司的副经理可能是一个很好的电子工程师。这说明个人经验
和专业知识对一个经理来说是很有价值的。但是，要做好一个经理，单有个人
经验和专业知识是不够的。相反，有些在事业领域并没有杰出才能的人却可以
成为一个能干的经理。而且，有的人还能管理好一些性质不同的企业。这就证
明管理活动有其特殊性。这一点是经验学派的共同观点。

2. 管理的任务。德鲁克认为，作为主要管理人员的经理，有两项别人无
法替代的特殊任务：第一项任务是，他必须造成一个"生产的统一体"。从这
个意义上说，经理好比一个乐队指挥。为了造成一个"生产的统一体"，经理
就要克服企业中所有的弱点并使各种资源，特别是人力资源得到充分的利用。
为了使企业的各项动作得到协调，他必须既考虑到作为一个整体的企业，又要
照顾到所有的特殊问题。第二次任务是，经理在做出每一项决策和采取每一次
行动时，都要把当前利益和长远利益协调起来。每一个经理都有一些共同的、
必须执行的职能。这就是：树立目标并决定为了达到这些目标要做些什么，然
后把它传达给予实现目标有关的人员；进行组织工作，包括建立机构、分配人
员等；进行鼓励和联系工作；对企业的成果进行分析，确定标准，并对企业所
有的工作进行评价，使职工得到成长发展。

德鲁克指出，经理的工作就是激励、指挥和组织人们去做他们的工作，而不是其他。不论经理从事哪一种工作，他的效果都取决于他的听和读的能力，取决于他的说和写的能力，他所需要的是把自己的思想传达给别人，以及找到别人在想什么的技巧。

3. 目标管理。德鲁克认为，传统管理学派注重以工作为中心，忽视了人的一面；而行为科学又注重以人为中心，忽视了同工作相结合。目标管理则综合了以工作为中心的管理方法，能使职工发现工作的兴趣和价值，从工作中满足其自我实现的需要。奥迪·奥恩（Odi Orne）曾把目标管理制度描述为这样一个过程：一个组织中的上级和下级管理人员共同制定目标；同每一个人的应有成果相联系，规定他的主要职责范围；并把这些措施用来作为经营一个单位和评价每一成员的指导标准。

经验学派主张用比较方法研究和概括管理经验。他们中间有的人，如戴尔，反对任何有关组织和管理的"普遍原则"；而有的人虽然也提出过"原则"，但强调从企业管理的实际经验出发，经过分析研究，概括出"原则"来。

经验学派是一个很庞杂的学派，其中有些人受传统管理理论的影响较深，另一些则向行为科学靠拢。他们功利主义的经验论虽然在科学上的成就不大，但其中有些研究反映了当代大工业生产的客观要求，是值得注意的。

（三）社会系统学派

巴纳德（C. I. Barnard，1886—1961）是社会系统学派的创始人。1906 年，他进入哈佛大学攻读经济学，因没有修读实验科，而未能获得学士学位。尽管巴纳德没有获得学士学位，但在他的一生中，由于在研究组织的性质和理论方面做出了杰出的贡献，获得了 7 个荣誉博士学位。1909 年，巴纳德进入美国电话电报公司统计部工作。1927 年起开始担任美国贝尔电话公司的总经理，一直到退休。巴纳德以最高经营者的经验为基础，一方面对组织和管理问题进行研究；另一方面又研究社会学和系统论，把社会学和系统论用到管理理论上，创立了综合性的社会系统学派。由于巴纳德的思想涉及面比较广，以致后来的管理学家对他的思想究竟属于哪一学派，说法很不一致。有的把他列入古典组织理论；有的认为是人际关系论的发展；有的把他与西蒙并列，说他是把古典学说和人际关系论相结合，称他为现代管理理论之父。总之，他在管理学界享有很高的地位。他的代表作是 1938 年出版的《经理的职能》一书，该书被人称为美国管理文献中的经典著作。他的主要论点如下：

1. 组织的性质。巴纳德在《经理的职能》中指出："组织不是集团，而是相互协作的关系，是人相互作用的系统。"简单地说，组织是一个协作的系统，是"两个或两个以上的人，有意识协调的活动和效力的系统"。他认为，这个定义适用于各种类型的组织。组织的差异在于物质和社会的环境、成员的数量和种类、成员向组织提供的贡献等。组织由人组成，而这些人的活动是互相协调的，因而成为一个系统。一个系统要作为一个整体来对待。系统有各种级别，一个组织内部的各个部门或子系统是低级系统，由许多系统组成的整个社会，是一个高级系统。

巴纳德关于一个组织必须包括内部平衡和外部适应的思想是独创性的。传统管理理论认为，组织只要对组织内部的情况进行分析就够了，认为组织是由有限成员组成的一个有限的孤立系统。巴纳德指出，一个协作系统是由个人构成的，个人只有在一定的相互作用的社会关系之下，同其他人协作才能发挥作用。个人是否参加某协作系统，自己可以做出选择。他们的这种选择是以他们的目标、愿望和推动力为依据的。这就是"动机"，而组织则通过其他影响和控制的职能来改变个人的行为和动机。但是，这种改变不一定成功，组织和个人目标也不一定总是能够实现的。

巴纳德提出一个组织要实现效力原则和效率原则。为什么要提出这两条原则呢？这是由于组织系统中个人目标与组织目标存在不一致的缘故。他认为，一个正式组织协作系统有一个目标。当这个系统协作得很成功时，它的目标就能够实现，这时，这个协作系统是有效力的。效力是组织系统协作的成功力量。假如一个协作系统的目标没有实现，这个系统就将崩溃瓦解。所以，系统的效力是系统存在的必要条件。协作系统成员的个人目标是否得到满足，直接影响到他们是否积极参加协作系统以及对协作系统做出贡献的程度。如果协作系统成员的个人目标得不到满足，他们就会认为这个系统是没有效率的，他们就会不支持或退出这个系统。可见，所谓系统的效率，是指系统成员个人目标的满足程度。协作效率则是个人效率的结果。所以，一个协作系统的效率的尺度，就是它生存的能力。这个能力就是为其成员提供使他们的个人需要得以满足，使集体目标得以实现的能力。如果一个系统是无效率的，它就不可能是有效力的，因而也就不能存在。这样，巴纳德就把正式组织的要求同个人的需要联结起来了。这个论点被西方许多人所信奉。

2. 组织的要素。巴纳德认为，作为正式组织的协作系统，不论其级别的高低和规模的大小，都包含如下三个基本要素：

（1）共同目标。这是组织的基本要素。有共同的目标，就可以统一决策，统一组织中各个成员的行动。没有明确的共同目标，成员的协作意愿就无从产生。这种共同目标必须被构成组织的各个成员所接受。组织的成员具有组织人格和个人人格双重性。他既有对共同目标做出合理行动的一面，也有为了满足个人欲望，实现个人目标做出行动的一面。因而，他对于组织目标可以有两种不同的理解：一种是站在组织整体立场上的客观理解；另一种是站在个人立场上的主观理解，这两者往往会发生矛盾。管理人员的一项重要任务就是消除组织目标与个人目标的背离，消除对组织目标的两种不同理解的矛盾，使组织目标与个人目标相一致。为了组织的生存和发展，必须适应环境变化，及时对组织目标做出相应的改变。如果组织目标无法达到，组织必然趋于崩溃。

（2）协作意愿。这是组织不可缺少的要素。所谓协作意愿，是指组织成员愿意为组织的目标做出贡献的意志。没有协作意愿，就无法把个人的努力一致起来，也无法使个人的努力持久下去，从而组织的目标也无法达到。组织内每个成员的协作意愿的强度是不相同的。由于成员的协作意愿的强度是由组织成员自己衡量所确定的，组织成员对于自己在协作中的牺牲（或贡献）同所得到的"诱因"（意即所得）进行比较后，如果其净效果（即个人欲望的满足）是正数，则产生协作意愿；如果是负数，则协作意愿消失，而趋于消极；如果大部分成员因为"满足"是负数，他们就不再愿意做贡献而自动退出组织，使组织失去均衡。同时，成员的协作意愿，还受这一特定组织所提供的诱因效果与代替性机会（即参加其他组织，或独立地进行生产活动）所提供的诱因净效果相比较所得结果的影响。组织要求均衡达到最优化，就必须使所有组织成员的"满足"总和达到最大化。因此，为了保证达到组织目的，必须确保和维持各个成员的贡献能力。这样，才能使组织保持均衡而继续存在与发展。

（3）信息联系。组织的一端是共同目标，另一端是参与组织的具有协作意愿的成员，我们要把这两端联结起来，进行调节，使组织成为动态过程。共同目标即使存在，如果不通过信息联系使组织中的成员对此目标有所了解，是没有意义的。另外，为了使组织的成员有协作的意愿，能合理地行动，也必须有良好的信息联系。所以，一切活动都是以信息联系为基础的。

巴纳德制定了组织中信息联系的几条原则：

①信息联系的渠道要被组织成员所明确了解；要准确地规定管理人员的权利和责任，并公布他们的位置；要运用组织图表进行教育。最重要的是要使信息联系的渠道习惯化，即尽可能使之固定化。联系的重点或者是放在职位上，或者是放在人上，经常是把职权放在两者上面，更多地强调职位而较少强调人。

②组织中的每一个成员都要有一个明确、正式的信息联系渠道。每一个职

工必须有一个上级，他向这个上级报告并接受其命令。也就是说，每一个人必须同组织有明确的正式关系。

③信息联系的路线必须尽可能地直接或短捷。正式的信息联系都必须是用语言或文字表达的。语言作为一种联系手段是有限制的，并可能产生误解。信息联系的路线越长，信息传递过程中增加或减少的东西就会越多。这是因为，信息在自上而下传递时，往往需要使它具体化，而在自下向上传递时，需要使它概括化。另外，路线越长，信息传递的速度也越慢。所以，信息联系的路线越短，则速度越快，错误越少。

④必须经常运用完整的信息联系路线，以免发生矛盾和误解。也就是说，从一个组织的最高层到最基层的信息联系应该通过线路的每一层次。如果在传递中跳过某些层次，就可能产生互相冲突的信息传递。这样做的原因还在于每一层次要对传递的信息做出必要的解释，要维持每一层次的威信和职责。这条原则同上一条原则并不矛盾。上一条原则是讲在组织机构的建立上，要尽量减少层次，但一个组织的机构既然建立，就应该运用完整的信息联系路线。

⑤作为信息联系中心的各级管理人员必须称职。组织的规模越大，信息联系机构越是处在整个组织工作的中心位置，越是要求管理人员具有综合能力。在当今社会中，很少有人能满足大规模的现代组织所提出的各种要求。这是因为个人的时间和精力总是有限的，而技术和各种专门知识又很复杂。因此，每一个主要联系中心本身都是由各种管理人员、辅助人员、参谋人员等组织起来的。一个组织不是作为个人而是作为一个整体实行集体领导。

⑥当组织在执行职能时，信息联系的路线不能中断。在组织从事工作的期间，原则上权力线路不能中断。许多组织在任职者不能行使职权或空缺时，都规定了自动地临时代理职务的办法。这就更证明了权力的重点应放在职位上，而不是放在人上。

⑦每一个信息联系都必须是有权威的。也就是说，从事信息联系的人必须是公认的实际上占据着有关的"权力位置"的人。在现代技术条件下，实际变化非常迅速，但原则是一样的。信息联系的上述原则，主要是就复杂组织维持客观的权力需要而说的。至于比较简单的组织，这些原则的具体应用是结合在一起的，很难一一分开。但总的来说，不论是复杂的组织还是简单的组织，都必须满足以上七个方面的要求，否则不能保持客观的权力系统。

3. 非正式组织。所谓非正式组织，巴纳德的定义是：不属于正式组织的一部分，且不受其管辖的个人联系和相互作用以及有关的人们集团的总和。非正式组织没有正式的组织机构，也常常并不具有自觉的共同目标。非正式组织产生于同工作有关的联系，并从而建立了一定的看法、习惯和准则。

非正式组织可能对正式组织起某些不利的影响，但它对正式组织至少起着三种积极影响：一是就一些易于引起争论、不便在正式渠道提出的，难以确定的事情、意见、建议、怀疑等在成员间交换意见。二是通过对协作意愿的调节，维持正式组织内部的团结。三是维持个人品德和自尊心，并抵制正式组织的不利影响以维持个人人格的感情。巴纳德指出，当个人和正式组织之间发生冲突时，这些因素对维持一个组织的机能起重要的作用。所以，非正式组织是正式组织不可缺少的部分，其活动使正式组织更有效率并促进其效力。

（四）管理科学学派

所谓"管理科学"，实际上是泰罗的"科学管理"的继续与发展。他们都反对凭经验、凭直觉、凭主观判断来进行管理，主张采用科学的方法，探求最有效的工作方式或最优的方案，以达到最高的工作效率，花最短的时间、最小的支出，取得最大的效果。但"管理科学"的研究，已经突破了操作方法、作业水平的范围，向整个组织的所有活动方面扩展，要求进行整体性、系统性、全面性的研究。他所采用的手段，即现代科学技术，主要是各种科学的数学方法，如把电子计算技术、系统论、控制论、信息论等，广泛地运用到管理上来，形成了一系列新的组织管理方法和技术，使整个管理工作提高到前所未有的水平。对这一系列管理方法和技术，在分类、称呼上以及它们的相互关系上，各说不一。有的人用"管理科学"一词来统率这一系列组织管理方法和技术，并且把从事这方面工作的人称之为"管理科学"学派。

管理科学学派的发展与运筹学的研究和应用是分不开的。在第二次世界大战期间，由于军事上对德作战的需要，从1939年开始，首先在英国成立了许多运筹学小组，其后美国也很快开始从事这方面的研究。第二次世界大战后，各国继续进行研究，并应用于生产管理。高等学校也开设了这方面的课程，并出版了一批教科书。早在1948年，英国就成立了"运筹学学会"，1950年出版了《运筹学季刊》。接着，美国在1952年也成立了"运筹学学会"，1953年成立了"管理科学协会"，开始出版了《管理科学》杂志。1957年在英国牛津召开了第一届国际运筹学会议，有21个国家的代表参加的。1959年成立了国际运筹学会议，有22个国家的350位代表参加。这些团体的成立和国际会议的召开，进而推动了"管理科学"的发展。20世纪60年代，管理科学在理论上发展十分迅速，在数学模型和求解方法方面都取得了许多新的进展。到了70年代，管理科学的发展重点转向实际应用，其影响更加广泛，也取得了一定成效。

　　管理科学学派认为，管理就是制定和建立数学模型与程序的系统，就是用数学符号和公式来表示计划、组织、控制、决策等合乎逻辑的程序，求出最优的解答，以达到企业的目标。因此，所谓管理科学，就是制定用于管理决策的数学和统计模型，并把这些模型通过电子计算机应用于管理。管理科学主要不是研究、探索管理的科学，而是设法把科学的原理、方法和工具应用于管理的各种活动，减小不确定性，以便使投入的资源发挥更大的作用，得到最大的效益。因此，可以说"管理科学"是现代的"科学管理"。

　　正如有的管理学著作指出的，尽管很难给管理科学学派的范围划出清楚的界限，但是，它的研究具有以下一些特征：一是以决策为主要着眼点。二是以经济效果标准作为评价依据。三是以数学模型和电子计算机作为处理和解决问题的方法和手段。管理科学应用的工具主要是电子计算技术。电子计算机的出现，使原来理论上的数学模型成为日常的实际决策工具。它大大推动了"管理科学"的发展，使"管理科学"有可能在管理工作中得到广泛和深入的运用。当代，大型的组织、科研攻关、工程技术的管理，都牵涉到很多复杂的因素，有大量的运算工作，如果没有强有力的运算工具，仅仅依靠手工或机械运算，不仅不能及时准确地算出结果，提出决策的定量依据，而且有些问题根本不可能进行研究，有些工程也无法进行。目前，电子计算机应用范围日益扩大，在组织管理中的作用大体表现在以下几方面：

　　1. 对数据、资料等进行快速运算和统计，使某些事务性工作自动化，以提高工作效率，这是最简单的作用。

　　2. 存储数据、资料，以便根据需要，随时取出一项工作的历史情况和最新进度的资料。

　　3. 迅速传递、反馈、处理信息，及时向管理人员提供全面的工作状况，以便及时发现问题，采取调整措施，使工作按计划进展。

　　4. 处理各种数学模型数据，迅速而准确地比较各种工作方案的利弊，帮助管理人员选择最优方案，进行决策。

　　5. 处理程序化决策，使某些业务工作自动化。目前，在会计、财务、销售、生产、采购部门，利用电子计算机做出日常性的"决策"正日益普遍。

　　6. 进行模拟实验。这种实验可以帮助管理人员在极短的时间里，准确了解他们所确定的决策或方案在实行后将会产生什么后果。经过多次实验，即可帮助管理人员拟订出一项完善的决策或方案，以便在实行时能够获得预计的结果。

　　对管理学说的这种分散化的多学派现象，在美国有两种不同的评价：一种是以孔茨与奥唐奈为代表的悲观论者，认为这种现象象征着管理理论的混乱，甚至有人看做是患了方向丧失症；另一种是乐观主义的评价，其代表人物是西蒙。他认为，在管理理论研究中必须有各种方法，如管理人员职能方法、系统方法、决策方法、行为科学方法和数学方法等，这些绝不是学派，而只不过是研究方法上的分工，即根据问题的性质所采取的不同方法。所以，不存在所谓理论的丛林，而且这些研究者不是相互竞争的或对立的方法论者，而是"同一事业的参与者"。他认为，管理理论正是在这种研究分工和方法分工的进展中发展着的。

二、管理理论的发展趋势

进入 20 世纪 70 年代以后，随着社会、经济、文化的迅速发展，特别是信息技术的发展与知识经济的出现，世界形势发生了极为深刻的变化。面对信息化、全球化、经济一体化等新的形势，企业之间竞争加剧，联系增强，管理出现了深刻的变化与全新的格局。正是在这样的形势下，管理出现了一些全新的发展趋势。而研究当代世界管理理论的新发展和新动向，对于我们加深对管理发展规律的认识，丰富我们自己的管理理论是十分有益的。在这里，我们从 20 世纪 70 年代以来的管理新发展中择其影响较大的理论作简要介绍。

（一）非理性主义倾向与重视企业文化建设

20 世纪 70 年代末、80 年代初，由于经营风险增大，竞争激烈，管理日趋复杂，在西方管理理论界出现了一种非理性主义倾向和重视企业文化建设的思潮。其主要代表人物与代表作有：小罗伯特·沃特曼（J. Robert Waterman）和托马斯·彼得斯（Thomas Peters）的《寻求优势》；威廉·大内（William Domestic）的《Z 理论》；查德·帕斯卡尔（Chad Pascale）和安东尼·阿索斯（Anthony Assos）的《日本企业的管理艺术》以及泰伦斯·迪尔（Atoki Ileka Ambassador Deere）和艾伦·肯尼迪（Alan Kennedy）的《企业文化》。这种思潮的主要观点是：高度重视企业文化；倡导对管理实务的研究；重视对企业成功经验的总结，在总结中提出以"软管理"为中心的管理模式；主张以人为核心，注意人的感情，强调灵活多变与创新，回到那些简单明了的平常道理上去。

（二）战略管理思想的出现

20 世纪 70 年代前后，世界进入到科技、信息、经济全面飞速发展时期，同时竞争加剧，风险日增。为了谋求企业的长期生存和发展，各企业都开始注重构建竞争优势。这样，在经历了长期规划、战略规划等阶段之后，形成了较为系统的战略管理理论。

安索夫（Ansoff）的《公司战略》（1965）一书的问世，开创了战略规划的先河。到 1976 年，安索夫的《从战略规则到战略管理》一书出版，标志着现代战略管理理论体系的形成。1980 年，迈克尔·波特的《竞争战略》问世，把战略管理的理论推向了顶峰。其主要内容包括：①价值链的分析。②企业构建竞争优势的三种基本战略，包括总成本领先战略、差异化战略和专业化战略（见图 2 –9）。③对产业结构和竞争对手进行分析的一般模型，即五种竞争力分析模型，这五种竞争力量分别是供应商的力量、买者的力量、来自潜在的加入者的威胁、来自替代品的威胁以及现有竞争者的威胁，如图 2 – 10 所示。

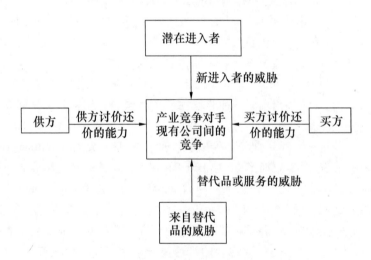

竞争优势

	低成本	差异化
宽目标	成本领先	差异化
窄目标	成本集中	差异集中

竞争范围

图 2 –9   构建竞争优势的基本战略

图 2 – 10   竞争中五种力量模型

（三）企业再造理论

进入 20 世纪七八十年代后，市场竞争日趋激烈。美国企业为挑战来自日本、欧洲的威胁而展开探索。原美国麻省理工学院教授迈克尔·哈默（M. Hammer）博士与詹姆斯·钱皮（J. Champy）在 1993 年出版的《企业再造——工商管理革命宣言》中提出了企业再造理论。所谓企业再造，是指

"为了飞越地改善成本、质量、服务、速度等重大的现代企业的运营基准，对工作流程（business process）作根本的重新思考与彻底翻新"。企业流程再造主要分为以下几个步骤：①诊断原有流程。②选择需要再造的流程。③了解准备再造的流程。④重新设计企业流程。

（四）"学习型组织"理论

20世纪90年代以来，知识经济的到来，使信息与知识成为重要的战略资源，相应地诞生了学习型组织理论。"学习型组织"理论是美国麻省理工学院教授彼得·圣吉在《第五项修炼》中提出来的。所谓学习型组织，是指通过培养弥漫于整个组织的学习气氛，充分发挥员工的创造性思维能力而建立起来的一种有机的、高度柔性的、扁平的、符合人性的、能持续发展的组织。圣吉认为："未来真正出色的企业，将是能够设法使各阶层人员全心投入，并有能力不断学习的组织。"

在学习型组织中，有五项新的技能正在逐渐汇集起来，这五项技能被称为"五项修炼"，它们分别是：①自我超越。②改善心智模式。③建立共同愿景。④团队学习。⑤系统思考。我们会在以后的章节中详细地加以阐述。

第六节　东方管理思想

东方管理在现代管理中一直处于隐性的地位，但在现代多变的环境中不断地显示出其巨大的力量。尤其在20世纪80年代，日本的企业文化在企业管理中显示出了巨大的作用，将一直以西方管理思想和方法奉为不变原则的欧美企业置于不利的竞争地位，同时也动摇了西方管理理论和方法长期在企业管理中的主导地位。由此，人们开始不断地研究和探索东方的管理思想和文化，东方管理思想开始和西方管理思想不断进行交融，散发出无尽的光辉。

一、东方管理思想渊源

东方管理思想的主要来源是中国的传统文化，同时吸收了古印度以及伊斯兰等文化的精髓。它是一个博大精深的人类文化宝库，影响着东方以至于整个世界。

中国的传统文化即是以儒、道、佛为中心，以法、墨、农、名、兵、纵横、阴阳等各家学派为副线，形成一个多元的文化体系。如图2-11所示，它们对东方管理思想的形成

图2-11　中国传统文化

起着决定性的作用。(《西方管理思想史》)

（一）儒家思想

儒家学说由孔子开创并提出了主体的思想构架，再经后来的孟子和荀子进一步补充，最终正式形成了一门学科——儒学。概括来说，儒家思想主要包括以下几个方面：

1. 肯定人的现实价值，尊重人的生命。"天生万物，唯人为贵，吾既得为人，是一乐也"。

2. 主张顺应和合理地满足人的欲望。儒家认为："食、色，性也"，"饮食男女，人之大欲存焉"，人们的这种"大欲"应该得到合理的满足。

3. "仁者爱人"，包含着对人们基本权利承认和肯定的内容。"仁"是儒家思想的核心和基础。

4. "天意"即民意，"民为贵，君为轻，社稷次之"蕴涵着"人民主体"的思想。

5. 积极面对人生、面对社会，砥砺奋发，努力进取的人生态度和价值观。儒学一方面主张和提倡人们应该以"治国、平天下"为努力方向，要有为社会大众贡献才智的人生价值取向；另一方面，他们又主张人们要有不怕艰难险阻，坚韧不拔，百折不挠，一往直前的顽强意志和精神，如"天将降大任于斯人也，必先苦其心志，劳其筋骨，饿其体肤，空乏其身……"

儒家的管理思想是以治国平天下为其管理的最终目标，以管理者的自我修养为管理的前提条件，以强化对人的内外控制，教之以德，使之转化成为诚服的臣民为主要管理手段的极具东方特色的管理思想。综观儒家的理论体系无处不体现了如何成为管理者（统治者）、如何当管理者、管理者又应如何管理等等这样一系列管理理论或学说始终面对的问题。

（二）道家思想

道家是中国春秋战国诸子百家中最重要的思想学派之一。一般来说，公认第一个确立道家学说的是春秋时期的老子，老子在他所著的《老子》（《道德经》）中对道家思想做了详细的阐述。道家倡导自然的世界观和方法论，尊黄帝、老子为创始人，并称黄老。

所谓道家学说，是以黄老之学的发生、发展、演变为对象，以探索自然、社会、人生所当然和所以然为宗旨的学说。其核心思想是"道"。以道贯天、地、人为核心，以自然秩序、社会秩序和心灵平衡的自然和合一体为目标。道家认为"道"，是宇宙的本源，也是统治宇宙中一切运动的法则。老子曾在他的著作中说："有物混成，先天地生。萧呵！寥呵！独立而不改，可以为天地

母。吾未知其名，强名之曰道。"（《老子》）

道家哲学首先摆脱儒家社会哲学的进路，直接从天道运行的原理侧面切入，开展了以自然义、中性义为主的"道"的哲学。天道运行有其自然而然的原理所在，道的哲学即在解明此一原理性内涵，而得以提出一个活泼自在的世界空间。透过对此一世界运行秩序之无定限、无执著的认识，道家哲学发展出迥然不同于儒家的社会哲学：社会只是一方存在的客体，在其中生存的人们，应有其独立自存的自由性，而不受任何意识形态的束缚。

道家对中国文化的贡献与儒家同等重要，只是在政治思想上，一为表显，一为裹藏之别而已。而道家在理论能力上的深厚度与辨证性，则为中国哲学思想中所有其他传统提供了创造力的源泉。道家哲学对中国政治活动也提供了活络的空间，使得中国知识分子不会因有太强的儒家本位的政治理想而执著于官场的追逐与性命的投入，而能更轻松地发现进退之道，理解出入之间的智慧。

道家管理的宗旨是"为无为，则无不治"，通过"无为"达到"无不为"之高效，取"无不治"之结果。道家管理学说归根到底是对于人的生命的关怀的理论，道家管理最高智慧和原则是效法自然。（苏东水：《东方管理》）

（三）佛家思想

佛家思想的核心是深邃广大的对世界的观点，它有复杂的辩证思想，佛经大多数是对世界的真相的论辩。佛学辩证思想的最终结论是人可以超越生死轮回，脱离苦海。

佛教的理论是一个非常玄妙又无法完全捉摸透的东西，共分为三部分：①佛是世界上已经明了一切痛苦，并且禅透了世界上万事万物生死规律的觉悟者。②佛学是成佛的理论。③佛教是实行佛学的方法。作为一种宗教，佛教追求对人的终极解脱。佛教思想具有超越性，追求对现实生活、现实生命的超越，追求出世的完善。佛教认为，"万法因缘生，万法因缘灭"。万事万物都在一定的因缘条件下产生、发展、演变、灭亡，生生灭灭，流转不已，因此其性本空。指出任何事物都没有一个一成不变的实体存在，所谓"诸行无常、诸法无我"。

佛学认为，所有的众生都是佛，强调在佛面前人人平等，且每一个人都可以成佛，只要他皈依佛门。在管理上，我们要平等地对待员工，因为要发挥人的积极性，在健全的规章制度下，必须认为每个人都能取得好成绩。

（四）法、墨、农、名、兵、纵横、阴阳

法家学派反对依赖那些空洞的不切实际的绝对的忠信概念，以及那些主观的道德规范。因为人不是靠自觉就能遵守法律的，因此，他们主张使用客观的、具体的、强制的法律，通过铁面无私的奖罚制度，进一步强化司法的威严和检查的力量，以期确保每个人在各自的工作岗位上都必须达到最高和最大限度的工作效率，同时对没有达到要求，甚至是消极怠工、腐败浪费等现象进行最严厉的惩罚。以法律高于一切为主旨，提倡愚民政策，强调雷厉风行的作风和严肃无情、激烈强制的手段。

墨家学派主张平等和兼爱，他们代表劳动者的思想，维护劳动者利益。他们认为，在工作中团结合作是保证每个人获得成功的重要因素。人为了自身的健康和幸福、安乐与富裕而进行诚实、勤恳的劳动是应该受到奖励和保护的，即要维护个人劳动的权利和劳动所得成果。

农家学派的思想把墨家学派提出的思想进一步具体化。任何一个社会上的组织，根本就不应该有依靠他人生活的寄生虫存在，每一个人都应该去从事他力所能及的生产劳动，通过生产劳动才有权利在社会上获取必要的生活资料。

名家学派在管理上的观点在于制订完美的计划和通过有效的沟通来完成这一计划。在一个组织中，从事任何一种活动，人与人之间总是存在着信息交流的，而交流的质量如何在于对所说的每个词语的概念和定义要有明确的规定，要使得双方都明白，否则就是各说各的话，这样必然会导致混乱，团体合作也是不可能的。

纵横学派的特点是以口舌为武器进行外交对抗。他们认为，战争会使人类发生大量死伤，而如果把军事换成外交，把武器换成三寸不烂之舌，也一样能取得与战争同样的效果。他们把那些谋划、计策、战略、战术等都通过谈判来解决，大至国家，小至个人福利，无论权威、财富、地位，甚至男女情爱都可以通过谈判来解决。

阴阳学派是以因果规律为主要理论依据的。他们认为，宇宙间所有的物质都可以依照他们的特性归纳为五类，再找出一个基本的元素作代表，这一基本元素的特性就代表与它相同特性的一群，因此总共有五个基本元素，也就是五类特质的基本单位，即为五行。阴阳学派以物理学的原理来处理人文社会，甚至认为包括人类的心理在内都是依照物理学的力学原理而活动的。因此，这一学派的中心思想是平衡、和谐。

兵家学派以《孙子兵法》为主要代表。《孙子兵法》开篇就提出："兵者，国之大事，死生之地，存亡之道，不可不察也。"他提出了军事斗争的重要性，把它提到了一个涉及生死的高度。接着又对"察"提出了要"经五事"，即道、天、地、将、法。道是历史发展的规律；天是客观的形势；地是所处的各种条件；将是领导人的素质，即智、信、仁、勇、严；法是规矩，没有规矩不成方圆。随后提出了战争的核心，即"兵者，诡道也。"并提出了战争的最高境界是不战而屈人之兵，用计谋取胜。此外，《孙子兵法》对兵法理论也有巨大的贡献。

（五）古代管理思想的实践与发展

中国古代管理思想在先秦时，出现了蔚为壮观的百家争鸣、百花齐放的局面，随着历史的发展，百家争鸣、百花齐放的管理思想在中国的管理实践中尤其是国家治理的实践中得到了很好的融合与发展。

例如，在著名西汉文帝、景帝两代四十年左右的时间，中国政治稳定，经济生产得到显著发展，呈现"盛世"之象，史称"文景之治"。虽然一般来说，文景之治是以道家无为而治为主，但也同时融合了其他诸家的管理思想。

汉文帝在位期间，继续执行汉初与民休息和轻徭薄赋的政策。他多次下诏劝课农桑，又"弛山泽之禁"，鼓励农民发展生产，同时又减轻税率，曾两次将田租减为三十税一，及后更全部免去田租。此后，三十税一成为汉代定制。文帝十二年，废除了过关用传的制度，有利于商品流通和各地区间的经济联系。律令方面也有重大改革，文帝下诏废除黥、劓、刖，改用笞刑代替，因而狱事简省，减轻人民所受的压迫。文帝自身又躬自俭约，不允许贵族官僚滥事搜刮，从而减轻了人民的负担，保证了政府的财政收入。由是西汉王朝统治渐趋稳定，社会富庶繁荣。

文帝死后，其子景帝即位。他继续推行文帝发展农业生产的政策，即位后节俭爱民，予民休息，田赋三十税一，人民负担减轻。他还大力兴办水利事业，以促进农业生产。又省刑减罚，减轻了笞刑，官吏断狱，但责大指，不求细苛。任内又平定七国之乱，并将诸侯王任免官吏的权力收归中央，打击割据势力，巩固中央集权。

文帝、景帝重民生、修改律令、巩固中央集权的管理思想不仅仅是道家的无为而治一家思想而已，而是以道家思想为主，融合了百家思想的精华，才成就了"文景之治"。

同样，在西汉历史上特别有名的罢黜百家、独尊儒术的治理思想与治理实践实际上也不仅仅是尊敬先秦的儒家的一家思想而已。

西汉初年，崇尚黄老无为，令社会得以休养生息，经济得以恢复发展。至汉武帝时，为进一步加强中央集权及统一全国思想，遂于汉武帝元光元年（前134年），采纳董仲舒建议，以儒家的纲常名教来维护统治，罢黜百家，独尊儒术，主张更化善治，德刑并用，一统纪而明法度，使民知所从。此外，汉武帝又大量提拔儒生充当中央和地方官吏，不治儒学之博士皆被罢免，由是自宰相至地方官几乎全由士人充任。汉武帝又设五经博士，专授儒家经典，同时又设太学、办学校、察举孝廉，使儒家理论渗透到各阶层领域，成为国家政策及管治的理论根据。

西汉武帝在实践中所推行的管理思想实际上也吸收了法家、道家甚至墨家的许多管理思想，所以成就了中国历史上辉煌的汉武时代。

在汉朝及以后，随着佛教思想的传入，中国的管理思想在很多方面又吸收了不少佛家的管理思想。自此，佛家思想与百家思想逐渐融合，在中国古代的管理实践中发挥了重大作用。中国古代国家管理实践取得巨大成功的贞观之治，就是道家、儒家、佛家等各家管理思想在实践中融合与发展所获得空前成功的重要例证。

唐太宗的"贞观之治"，其内容有：①政治方面，任用贤良，虚怀纳谏。沿用并加强三省六部制，确立新的宰相制度，要求三省官员各尽其责，真正起到互相检查的作用。大力精简中央和地方各级行政机构和官员，提高了行政效率，节省了财政开支，有利于减轻劳动人民的负担。②文化方面，大兴学校，发展科举，扩大了唐朝统治的基础。③经济方面，轻徭薄赋发展生产。以上措施，符合历史发展的规律，广大农民定居下来，辛勤劳动，迅速改变了农村的凋残景象，使经济迅速恢复发展。于是政治比较清明，经济初步繁荣，民族关系融洽，社会升平的治世局面形成了，历史上称为"贞观之治"。

清代的百年盛世局面的出现，更是中国各家管理思想的大融合与大发展的有力证明。

康熙皇帝在实现国家的空前统一和边疆基本安宁之后，一方面将"红衣将军"铸铁为犁，一方面数十年如一日地坚持"御门听政"、"大治天下"。他积极推行"南书房"（即皇帝的汉学书房兼汉人秘书处、智囊团）等"满汉一体"政策，缓解民族矛盾；开辟"孤寒进身之路"，治理清初圈地弊政，"免荒征熟"，鼓励开垦，多次普免全国地亩人丁租税，甚至破天荒地推出了"自是后年所生人丁永不加赋"的政策，大大缓和阶级矛盾；用数十年时间，亲治黄河，使其"安澜顺轨百有余年"；对西方传教士所展现的历法、医学、仪器等自然科学采取客观、宽容的态度。康熙朝的励精图治，由此开创了中国的康乾盛世。

中国在先秦出现的诸子百家的管理思想，在以后的国家管理实践中得到了不断地融合与发展，成就了历史上一个又一个辉煌的治世盛况。这种融合与发展的思路对我们今天的管理实践，仍然有着非常重要的启示意义。

二、东方管理理论的发展

（一）东方管理理论的兴起

管理产生于共同劳动活动中，中国传统儒家、道家、佛家、兵家、法家、墨家的传统典籍中就蕴含着丰富的管理学思想，中国人也一直践行着其中的思想和原则，并取得了良好的效果，只是"日用而不知"！但是，鸦片战争之后中国的积贫积弱，导致近代中国人盲目自卑，一直强调向西方学习，甚至于"全盘西化"，而把中国传统文化一概视为落伍的包袱，甚至当做谩骂、讥讽的对象，中国传统的管理学思想就渐渐被人遗忘了。

但是，日本管理模式的成功，特别是我国改革开放以来近三十年的实际经验告诉我们，许多在西方行之已久、卓有成效的管理制度或方法移植到中国后，不是推行起来十分困难，便是效果不尽如人意，痛苦的经历使我们深切地体会到西方的管理模式并不符合我国的国情，中国需要有自己的管理理论。

因此，自20世纪70年代末起，就不断有学者和实践界人士开始探讨建立有中国特色的管理理论或管理模式的问题，并逐渐形成自成一派的管理学理论体系，其中，影响较大的有复旦大学东方管理研究中心苏东水教授提出的"东方管理学"理论和台湾交通大学曾仕强教授提出的"中国式管理"理论。

"东方管理学"和"中国式管理"都把目光聚焦于西方管理模式所忽略的管理哲学方面，在管理本质和管理目的等方面提出了完全有别于西方的新见解，在此基础上，重构了一套能比较适应中国国情的管理方式、方法。这两种理论虽然在体系上有较大的不同，但都一致认为，管理的本质是"修己安人"，即通过加强管理者和被管理者的自我修养，最终实现组织和整个社会的和谐。

此外，在东方管理的研究方面，有代表性的学者和实践家主要还有美籍华人学者、哲学史家成中英（1935—　），他被部分学者认为是第三代新儒家的代表人物之一，其著作主要有：《中国哲学与中国文化》、《科学真理与人类价值》、《知识与价值》、《中国现代化的哲学省思》、《中国文化的现代化与世界化》、《世纪之交的抉择》等。还有美籍华人学者张绪通（1932—　），其主要著作有：《中国的家族制度》、韩非子的《法律哲学》、《成功之道》、《针灸全书》（The Complete Book of Acupuncture），等等。台塑集团董事长、人称"塑胶大王"的"经营之神"王永庆，他一直以东方的管理哲学经营着台塑集团。另外，新加坡、韩国等亚洲国家也在积极推进东方管理的研究，并取得了一定的成就。

近年来，随着中国经济的持续发展，以及儒教文化圈和海外华商的迅速崛起，东方管理学迎来了前所未有的发展机遇，他们的思想不仅在国内赢得广泛认同并在不少组织得到践行，而且开始走出国门，并在一些欧美国家的企业中得以有效实行。

（二）苏东水的"东方管理学"理论

苏东水教授是国内外享有盛名的管理学家、经济学家和社会活动家。现为复旦大学经济学首席教授，经济管理研究所所长，产业经济学和东方管理学专业博士生导师，中国国民经济管理学会会长，世界管理协会联盟（IFSAM）中国委员会主席。苏教授在管理学、经济学和心理学等学科领域做出了贡献，尤其是在东方管理的研究领域，形成了独具特色的体系，被称为"东方管理学"。

1."东方管理学"理论的发展阶段。苏东水"东方管理学"理论的研究过程，或曰发展阶段，大体上可分为四个阶段：

（1）20世纪70年代中期至80年代中期，是东方管理研究的古为今用阶段。代表作如《"红楼梦"经济管理思想》、《中国古代行为学研究》、《现代管理学中的古为今用》等文章。

（2）20世纪80年代中期至90年代中期，是东方管理学说的创建阶段。东方管理学理论创造性地提出"以人为本、以德为先、人为为人"的"三为"思想，并将此本质概括为"人为为人"。"人为"即要求每一个人首先要注意自身的行为修养，"正人必先正己"，然后从"为人"的角度出发，来调整、控制自己的行为，创造良好的人际关系和激励环境，使管理者和被管理者都能够持久地处于激发状态下工作，主观能动性得到充分发挥。

（3）20世纪90年代中期以来，东方管理学说日益走向成熟。作为国家自然科学基金项目"东方管理学思想研究"的成果之一，《东方管理》一书于2003年1月正式出版。东方管理理论进一步完善，并以继承优秀的中华传统文化为主，汲取东方管理文化中儒家、道家、释家、兵家、法家等合理管理思想，结合华商管理实践与中国改革开放的成就，融合西方行为管理、过程管理、决策管理、权变管理、知识管理等管理理论的精华，形成了更为完善的东方管理理论体系。

《东方管理》的出版是"东方管理学"理论发展的一个里程碑。该书在"以人为本，以德为先，人为为人"之东方管理学派宗旨指导下展开，在现代管理学"人本复归"的大前提下，全书以学、为、治、行、和为主线，共设计了五篇，即导论篇、三为篇（以人为本、人德为先、人为为人）、四治篇（治国、治生、治家、治身）、五行篇（人道行为、人心行为、人缘行为、人谋行为、人才行为）与和谐篇（和贵、和合、和谐），用十八章篇幅的原创性内容加以论述，提出了东方管理学的目标是构建社会的"和贵、和合、和谐"。

　　关于出版这本书的初衷,苏东水教授说,虽然早在20世纪70年代中期他就着手东方管理的研究,并和一些志同道合的东方管理研究学者一起创建了东方管理学派,然而30年过去了,目前国内各高校的管理教育几乎还是清一色的"美式"MBA教育,关于东方管理文化和思想的内容几乎是空白,即是东方管理理论与方法的研究,除了以复旦大学为中心的东方管理学派外,也只是在极少数学者中间进行,无法形成相应的学术气氛,对此,苏东水进行了痛苦的反思。最后,得出结论:"虽然理论界对东方管理思想的研究已经有相当长的历史,然而迄今为止,许多研究尚不能从纷繁复杂的历史典籍中提炼出一条清晰的主线,更多的是就事论事的经验式体会,或者贴标签式的注解。"于是,从20世纪末开始,苏东水就着手组织东方管理学派的学者开始编著"东方管理学派著系",即"三学"——《东方管理学》、《中国管理学》、《华商管理学》,"四治"——《治国》、《治生》、《治家》、《治身》——、"八论"——《人本论》、《人德论》、《人为论》、《人道论》、《人心论》、《人缘论》、《人谋论》、《人才论》。《东方管理》即为整个著系的第一卷,同时也是整个著系的总纲性专著。

　　(4)21世纪将是东方管理学说得到广泛应用并在实践不断发展的大好时期。苏东水认为,在新世纪、新经济条件下,东方管理学说的发展还将解决以下三个方面的问题:一是对东西方管理思想关系的认识。经过学者们的长期研究与传播,东方管理学说已经引起国际社会的广泛关注和认同。但是,国内仍有不少学者对管理学是否一定要有"东"、"西"之分抱有疑问。实际上,东方管理并非与"西方管理"泾渭分明,而是不断兼收并蓄西方管理核心内核的开放系统,所谓"东方"更强调其文化背景。二是消除对东方管理学说内涵体系虚无的误解。持这种观点的人认为,所谓东方管理不过是故纸堆中的文字游戏,根本没有体系、内涵可言。需要明确指出的是,这种观点与东方管理思想主张的"古为今用",是格格不入的。实践证明,古代管理文化带来的丰富管理思想,经过提炼加工是具有明显的现代价值的。三是对东方管理源头的探索。东方管理学说的源头不只是在中国,其他东方文明古国(如印度、埃及)的优秀管理文化同样为东方管理学说的建立提供了丰富的营养。

　　2. "东方管理学"理论的主要思想。20世纪70年代中期,苏东水就开始系统研究中国古代管理的相关著作。30年来,在汲取中国管理文化中道家、儒家、法家、释家、兵家、墨家以及伊斯兰教和西方管理、华商管理中的经验后,他提出了概括东方管理文化本质特征的"以人为本、以德为先、人为为人"的"三为"原理,并形成治国、治生、治家、治身的"四治"体系,以人本论、人德论、人为论为核心、包括人道、人心、人缘、人谋、人才的"八行"管理的东方管理体系，并提出东方管理学的管理目标是构建社会的和贵、和合、和谐。

"三为"是东方管理思想的核心，其内涵为：东方管理文化十分重视人在管理系统中的作用，强调管理要"以人为本"；所谓"以德为先"，就是管理者要通过自己的道德修养的提高，使民众在其道德威望影响下自然地达到管理的良好状态。同时，人际关系也通过人的道德伦理来加以调节。至于"人为为人"，在东方管理理论中居于十分重要的地位。"人为"就是要发挥人的积极性。东方管理文化重视人的道德和行为的可塑性，从而提供了人的发展的可能性；"人为"的根本目的是"为人"，管理也体现为从"人为"到"为人"的过程。无论是建立和谐社会的理想还是现代企业以服务为宗旨的管理理念，都体现了"为人"的管理目的。

"四治"主要是治国、治生、治家和治心，它几乎可以概括社会生活的各个领域。过去，西方管理学探讨的内容主要还是集中在宏观经济或者微观企业的领域。但是，中国文化传统在家国一体、天人合一的总体背景下，形成了关于国家治理、宏观经济、企业管理、家庭治理和个人修养一体化的综合式表达。"修身、齐家、治国、平天下"在中国的思想体系中是一个环环相扣的系统。

"八行"是人本行为、人德行为、人为行为、人道行为、人心行为、人缘行为、人谋行为和人才行为。我们可以对此做更为详细的阐释。"人本"也可以说就是我们今天特别提倡的以人为本。一切社会建设必须考虑到将人作为出发点，作为目的，在任何时候都不能够作为他人的手段和工具。"人德"就是指我们的工作要始终考虑符合人类社会的道德追求和道德评价，不能够仅仅考虑到经济收益和物质结果。"人为"是说我们要意识到一切工作都来自于人的积极性和社会实践，事在人为。因此，我们的管理治理必须始终考虑到充分发掘和调动人的积极性、主动性和创造性。反过来说，一切不利于人的积极性、主动性和创造性的管理模式、管理机制和体制都应该不断地被扬弃。"人道"指的是我们的一切行为必须始终符合人类社会的大道。也就是不能违背人类的基本信念、基本信仰和基本共识，管理模式、治理机制必须始终考虑到社会共同体的利益。"人心"是指我们从事管理治理的过程中，应当充分考虑到人的心理需要和心理特征。人不仅仅是一种物质生存、精神生存，还是一种心理生存、文化生存。人同此心应当是我们从事管理治理的认识前提。不能违反人的心理规律，始终关注人的心理健康和心理和谐。"人缘"是指人的群体需要，因为各种缘由缘分而组成我们的社会。人缘包括地缘、亲缘、血缘、业缘、际缘等五缘。马克思说，人的本质在其根本性来说，人是一切社会关系的总和。人缘主要是在人的社会生存的角度来实现管理治理。"人谋"主要是指我们要充分意识到谋略是管理治理的重要内容。管理是一种战略，是谋略、胆略的集中体现。在管理治理中，人谋是一个组织区别于另一个组织的鲜明特征，人谋是其创造性作为关键的表达。"人才"是指我们在管理治理的过程中，要特别注重对人才的发现、使用、储备、蓄养。人才是兴国之本，也是一个组织生存的保证。现代社会，谁拥有了人才谁就可以赢得未来。从对"八行"的简单描述来看，包含着我们目前所强调的和谐、创新和统筹兼顾的原则和智慧。

从大处说，东方管理思想提倡的"以德为先"思想与"以德治国"方略内在统一；从小处看，东方文化倡导"和为贵"、"人为为人"思想有利于增强企业凝聚力和家庭、社会的稳定与和谐，从古至今，东方管理文化有力促进了经济的发展和社会的进步。因此，"三为"、"四治"、"八行"统合起来，既是一个对东方智慧的总结和凝练，也完全可以与当今世界各国的先进理念进行对话与融合。充分发挥"四治"、"八行"的理念来推进我们的各项工作，就是一个全面落实科学发展观的过程。

（三）曾仕强的"中国式管理"理论

曾仕强教授，英国莱斯特大学管理学博士，美国杜鲁门大学行政管理硕士。被业界誉为中国式管理大师，全球华人中国式管理第一人，现任台湾智慧大学校长，台湾交通大学教授，台湾兴国管理学院校长。

曾仕强教授自 20 世纪 80 年代起就开始推广中国式管理，尤其重视中国管理哲学的整理和发掘，他认为，中国管理哲学以儒家思想为主，再融入一些道家和佛家的观念，融合了中国数千年的文化与管理智慧，其核心便是"大学之道"，儒家经典《大学》是世界上最值得珍视的管理哲学。曾仕强以对《大学》的现代诠释为基础，逐步构建起了中国式管理的思想体系。

曾仕强认为，所谓中国式管理，其实就是合理化管理，即以中国管理哲学来妥善运用西方现代管理科学，并充分考虑中国人的文化传统以及心理行为特性，以达成更为良好的管理效果。中国式管理具有"三大主轴"，那就是"以人为主"、"因道结合"及"依理而变"。

以人为主，就是中国人相信有人才有事，事在人为，所有的事都是人做出来的，惟有以人为主，才能把事办好。

因道结合，就是中国人向来认为"道不同，不相为谋"，若非理念相同，很不容易做到以人为主而又能够密切配合，把工作做好，所以要力求因道结合，彼此志同道合，更加能够同心协力。

依理而变，就是中国人主张凡事要依原则，同时又要保持相应的灵活性，因为原则是死的，人是活的，内外环境随时都在变化，因此，一切都要因人、因事、因时、因地而应变，以求合理，否则，就是"死脑筋"。

"以人为主"、"因道结合"及"依理而变"是中国式管理相对于西方式管理、日本式管理的三大特色。这三大特色，说起来都是以人为中心，以人为管理的主体，基于人的理念来组合，按照人能接受的道理来应变，因此，中国式管理，最合乎人性。这三大特色的展开，就是中国管理哲学现代化运用的八个方面。

1. 管理的定义是"修己安人的历程"。修己是管理的起点，要管理他人，必先管好自己；如果组织成员都重视修己，管理的成效自然就会增强。修己的目的在求安人，在于推己及人，管理者先求修己，感应被管理者也自动修己。双方面都修己，大家都以正当的行为来参与群体的活动，自然更加合理，也就提高了管理的效果。

2. 管理的最终目的在安人。管理的目的无非就是为了个人、家庭、国家与世界的安宁。安人的目的在于"同心协力"，把组织成员的力量聚集起来，产生"和"的品质，达到"万事成"的效果。安人的基础，在于人人自觉，各有其分，而且恪守其分。能安人的管理，才是真正的人性化管理。不论是制度化、合理化、人性化的管理，都要求确实行之有效，都必然要以安人为最终目的。

3. 管理的有效力量是感应。修己与安人之间有一种非常重要的力量，叫做感应。感应的力量看不见，但任何人都不能否认其存在。人同此心，心同此理，便是人与人之间互相感应的结果。管理者的珍惜与关怀，使得部属忠诚而肯干，部属的忠诚而肯干，又使得上司更加珍惜与关怀，这就是良性的感应循环。组织成员彼此感应，才能真正心连心，成为一家人。"感应"遵循出尔反尔（你怎么对等别人，别人也怎么对待你）、施报对等、居上先施和强恕而行（多行恕道，己所不欲，勿施于人）等四大定律。

4. 管理的根本精神在中道。中道就是中庸之道，真正的含义是"合理"。中道管理，就是要避免"过"和"不及"，无论人、事、地、物、时或其他，都要求其"适当"、"合宜"，亦即"恰到好处"，力求管理得合理。亦即一切评估的标准，都在"合理"，管理的根本精神，在追求合理，也就是中道。

5. 管理的最佳原则是"情、理、法"。"情、理、法"乃是"仁、义、礼"的通俗化说法，在管理上的表现就是"人性化、合理化、制度化"。也就是说，凡事要以情为先，先尊重对方，给足对方面子以促使其自动讲理。如果动之以情，对方却不知自动讲理，这时务必再次给他面子，无效时再晓之以理。万一对方蛮不讲理，才可翻脸无情，依法办理。

6. 管理的基本方法是"经权法"。"理有不可变的，亦有可变的，不可变的为'经'，可变的为'权'"。"经权法"就是"常道与变通的法则"。遇到事情，先想"不变好不好？"如果很好，便不要变；如果不变不好，就要进一步设法变得比以前更好。也就是说，要站在不变的立场来变，做到权不越法、权不损人、权不多用，才能越变越通。

7. 管理应该发挥象棋的十二特色。中国式管理，可以象棋为其模式，它包含有天人合一、确立制度、公平竞争、组织精简、各施所长、互依互赖、无为而治、民主自治、竭尽心力、贯彻始终、千变万化、和平融洽十二大特色，管理如能做到这十二点，必能从容中道、合乎人性。

8. 管理的最高境界是"无为而治"。无为绝对不是"一事不做"，而是管理者"功成弗居"、"为而不有"，凡事"不得已"而为之，"放手支持部属去做事"，通过部属的有为，实现管理者的无为。因此，无为而治，其实就是"人力的自动化"管理，即通过管理者的"无为"，让组织成员自动自发，尽量发挥潜能，人人自由自在，而又不至于无法无天，真正做到"从心所欲不逾矩"，当然也就是管理的最高境界。

总之，曾仕强认为，中华文化的特质，其实就是一个"情"字，如何恰到好处地把握人之常"情"，乃是管理成败的关键，也是管理者能否"活在众人心中"的必要条件。管理者不必怕情，不用矫情，不可滥情，更不能绝情，而应善于扩情，凡事"发乎情，止乎礼"，一切以诚为本，必能实现组织和谐，这也就是人性化管理、合理化管理、中国式管理。

本章提要

1. 泰罗的科学管理四原则：①对工人操作的每个动作进行科学研究，用以替代老的单凭经验的办法。②科学地挑选工人，并进行培训和教育，使之成长。③与工人们亲密协作，以保证一切工作都按已发展起来地科学原则去办。④资方和工人们之间在工作和职责上几乎是均分的，资方把自己比工人更胜任的那部分工作承揽下来。

2. 例外原则，就是高层主管为了减轻处理纷繁事务的负担，把处理一般日常事务的权力授予下级管理人员，高层主管只保留对例外事项（即重要事项）的决策和监督权。

3. 法约尔提出了 14 条管理原则：①分工。②权力责任。③纪律。④统一指挥。⑤统一指导。⑥个人利益服从整体利益。⑦职工的报酬。⑧集权化。⑨组织等级。⑩秩序。⑪公平。⑫职工的稳定。⑬创造性。⑭集体精神。

4. 梅奥等人通过霍桑实验，提出了人际关系学说，其主要论点是：①职工是"社会人"。②正式组织中存在着"非正式组织"。③新的领导能力在于提高职工的满意度，以提高职工的士气，从而提高劳动生产率。

5. 激励理论主要有马斯洛的需要层次论、赫茨伯格的双因素激励理论和弗鲁姆的期望理论。此外，还有斯金纳的强化理论、斯坎伦提出的斯坎伦计划以及林肯提出的林肯计划，等等。

6. 在人性理论研究方面，最突出的成果是麦格雷戈的 X 理论和 Y 理论。

7. 孔茨提出了当代西方管理理论的丛林，主要有管理过程学派、经验学派、人群行为学派、社会系统学派、决策理论学派、沟通中心学派、数量学派等。

8. 进入 20 世纪 70 年代以后，管理出现了一些全新的发展趋势和理论。比如：出现了企业文化、战略管理、企业再造、学习型组织等一系列新的理论。

9. 东方管理思想的主要来源是中国的传统文化，同时吸收了古印度以及伊斯兰等文化的精髓，它是一个博大精深的人类文化宝库，影响着东方以至于整个世界。

10. 当代东方管理思想在继承古代思想精髓的基础上也有了较大发展，其主要代表人物有复旦大学的苏东水教授以及我国台湾地区的曾仕强教授。

讨论题

1. X 理论和 Y 理论有什么不同？结合实际谈谈如何有效地运用 X 理论和 Y 理论。

2. 你认为法约尔的管理原则中哪些原则现在还在应用？

3. 你在组织中发现了哪些激励理论的应用？

4. 试比较"经济人"假设和"社会人"假设的差异，并结合实际谈谈它们对企业管理的影响。

5. 你认为各种管理理论最终会走向统一吗？

6. 请结合西方与东方的管理思想及理论，谈谈你对管理本质和精髓的理解。

案例：回到管理学的第一个原则

在过去的一年里，纽曼公司的利润一直在下降，尽管在同一时期，同行们的利润在不断上升，公司总裁杰克先生非常关注这一问题。为了找出导致利润下降的原因。他花了几周的时间考察公司的各个方面。接着，他决定召开各部门经理人会议，把他的调查结果和他得出的结论连同一些可能的解决方案告诉他们。

杰克说："我们的利润一直在下降，我们正在进行的工作大多数看来也是正确的。比方说，推销策略帮助公司保持住了在同行中应有的份额。我们的产品和竞争对手的一样好，我们的价格也不高，公司的推销工作看来是有成效的，我认为还没必要改进什么。"他继续评论道："公司有健全的组织结构，良好的产品研发规划，公司的生产工艺在同行中也占领先地位。可以说，我们的处境良好，然而，我们的公司却面临这样的严重问题。"

室内的每一个人都有所期待地倾听着。杰克开始讲到了劳工关系："像你们所知道的那样，几年前，在全国劳工关系局选举中工会没有得到谈判的权利。一个重要的原因是，我们支付的工资一直至少和工会提出的工资率一样高。从那以后，我们继续给员工提高工资，问题在于，没有维持相应的生产率。车间工人一直没有能生产足够的产量，可以把利润维持在原有的水平上。"

杰克喝了点水，继续说道："我的意见是要回到第一个原则，近几年来，我们对工人的需求注意得太多，而对生产率的需要却注意不够。我们的公司是为股东创造财富的，不是工人的俱乐部，公司要生存下去，就必须创造利润。我在上学时，管理学教授们十分注意科学管理先驱们为获得更高的生产率所使用的方法，这就是为了提高生产率广泛地采用了刺激性工资制度。在我看来，我们可以回到管理学的第一原则去，如果我们的工人的工资取决于他们的生产率，那么工人就会生产更多。管理学先辈们的理论在今天一样地指导我们。"

——本案例选自黄雁芳、宋克勤主编《管理学教程案例集》，上海财经大学出版社

讨论题

1. 你认为杰克的解决方案怎么样？
2. 生产率低的原因还可能有哪些？
3. 你认为科学管理理论在当今的管理实践中应当怎样应用？

第三章 管理环境

【学习目的】

阅读和学完本章后，你应该能够：

❑ 了解文化在组织中的重要作用

❑ 了解环境对组织的影响

❑ 了解环境的不确定性

❑ 了解管理的绿色化趋势

❑ 了解管理伦理的类型和作用

❑ 了解企业所承担的社会责任

第一节 组织文化与环境概述

一、组织文化

（一）组织文化的概念与特征

组织文化（Organizational Culture），是指一个组织共有的价值体系，包括组织共有的价值观念、价值准则、习惯、作风、道德规范等。价值观是基本的价值理念，它告诉人们什么是该做的，而什么是不该做的；什么是重要的，而什么是不重要的。价值观能规范和引导人的行为，因而想要影响和领导一个人并规范他的道德行为，在一定程度上依赖于如何用作为行为准则的价值观去影响他。一般来说，组织文化主要有以下几个特征：

1. 社会性。企业作为从事经济活动的社会细胞，它需要直接或间接地依赖其他企业和单位的协作配合，企业文化正是通过社会协作，才得以继承和发展。

2. 继承性。每个组织都需要通过文化的积累和继承，把过去、现在和将来联结起来，把组织精神灌输给一代又一代，并且在继承过程中加以选择。

3. 创新性。随着科学技术的发展，组织都会产生一种追求更高的、更好的物质文化和精神文化的冲动，这就需要创新。

4. 融合性。每一个组织都是在特定的文化背景之下形成的，必然会接受和继承这个国家和民族的文化传统和价值体系。组织文化的融合性除了表现为每个组织过去优良文化与现代新文化的融合，还表现为本国与国外新文化的发展融合。

(二) 组织文化的维度

研究表明，可以用七个维度准确地表述组织文化的精髓。如图 3 - 1 所示，每一个特征都是由低到高连续变动的。应用这七个维度评价一个组织，可以综合描述该组织的文化。在许多组织中，其中的一个文化维度通常会高于其他维度，并从本质上塑造该组织的个性以及组织成员的工作方式。例如，索尼公司以产品创新为核心。新产品开发（成果导向）关系到公司的"生存与呼吸"，而员工的工作决策、行为和行动支持着这个目标。相比之下，西南航空公司以员工作为其文化的核心部分（员工导向）。

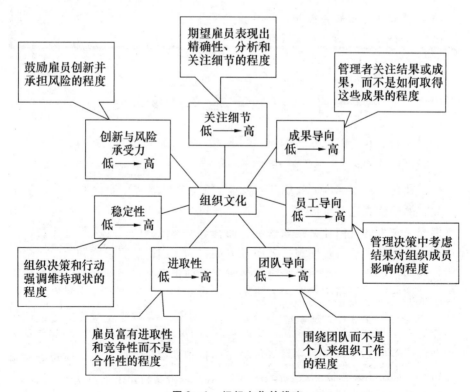

图 3 -1　组织文化的维度

（三）组织文化的功能

1. 整合功能。组织文化通过培育组织成员的认同感和归属感，建立起成员与组织之间的相互信任和依存关系，使个人的行为、思想、感情、信念、习惯以及沟通方式与整个组织有机地整合在一起，形成相对稳固的文化氛围，凝聚成一种无形的合力，以此激发出组织成员的主观能动性，并为组织的共同目标而努力。

2. 适应功能。组织文化能从根本上改变员工的旧有价值观念，建立起新的价值观念，使之适应组织外部环境的变化要求。一旦组织文化所提倡的价值观念和行为规范被成员接受和认同，成员就会自觉不自觉地做出符合组织要求的行为选择，倘若违反，则会感到内疚、不安或自责，从而自动修正自己的行为。因此，组织文化具有某种程度的强制性和改造性，其效用是帮助组织指导员工的日常活动，使其能快速地适应外部环境因素的变化。

3. 导向功能。组织文化作为团体共同价值观，与组织成员必须强行遵守的、以文字形式表述的明文规定不同，它只是一种软性的理智约束，通过组织的共同价值观不断地向个人价值观渗透和内化，使组织自动生成一套自我调控机制，以一种指引性文化引导组织的行为和活动。

4. 发展功能。组织不断的发展过程中所形成的文化沉淀，通过无数次的辐射、反馈和强化，会随着实践的发展而不断地更新和优化，推动组织文化从一个高度向另一个高度迈进。

5. 持续功能。组织文化的形成是一个复杂的过程，往往会受到政治的、社会的、人文的和自然环境等诸多因素的影响。因此，它的形成需要经过长期的倡导和培育。正如任何文化都有历史继承性一样，组织文化一经形成，也具有持续性，并不会因为组织战略或领导层的人事变动而立即消失。

二、管理环境

组织是一个动态的、开放的、有序的管理系统，和环境有着千丝万缕的联系，任何组织的生存与发展必然要受到其内外部各种环境因素的影响和制约。因而，这就要求每个组织需认真了解自己所处的环境，并设法适应或改变这种环境，促使组织管理环境、组织、组织内部结构和谐发展成为一个有机的统一整体。

作为一个整体的概念来定义，管理环境是指影响组织生存和发展的各种力量和条件因素的集合，它包括外部环境和内部环境两个方面。

（一）外部环境

外部环境是存在于组织系统之外，并对组织系统的建立、存在和发展产生影响的外界客观情况和条件。企业的外部环境一般可以分为总体环境、行业环境和竞争环境三个主要层次（见图 3 - 2）。

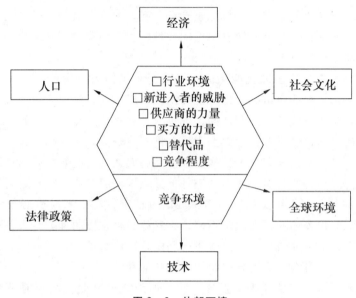

图 3 - 2　外部环境

　　总体环境包括那些在广阔的社会环境中影响到一个行业和企业的各种因素。一般来说，可以将总体环境细分为人口、经济、法律政策、社会文化、技术和全球环境六个方面。人口方面，主要包括总人口数、民族构成、年龄结构、收入分布以及地理分布等；经济方面，主要包括通货膨胀率、个人储蓄率、利率、商业储蓄率、贸易赤字或顺差、国内生产总值、财政赤字或盈余等；法律政策方面，主要包括反垄断法规、税法、劳工训练法规、教育政策及相关思路等；社会文化方面，主要包括工作和职业取向的变化、对工作生活质量的态度、对产品和服务偏好的变化、对环境的敏感度等；技术方面，主要包括产品创新、技术应用、研发费用的流向等；全球环境，主要包括重要政治事件、关键的全球市场、不同的文化和政治体制等。

　　企业不可能直接控制这些总体环境因素。成功的企业会收集相应种类和数量的信息，了解总体环境各方面因素及其意义，以便制定和实施适当的战略。

　　行业环境包括这样一组因素：新进入者的威胁、供应商、买方、替代品，以及当前竞争对手之间竞争的激烈程度，它们直接影响到一个企业和它的竞争行为。总的来说，这五个因素之间的互动关系决定了一个行业的利润能力。企业如果越能够营造一个有利的行业环境，就越有可能获得超额利润。

企业收集并分析有关竞争对手信息的过程称为竞争对手分析。企业了解竞争对手是对总体环境和行业环境分析的必要补充。

对总体环境、行业环境、竞争对手这三种关于外部环境的分析，共同影响到企业的发展战略。对总体环境的分析，应着眼于未来；对行业环境的分析，重点在于了解影响企业利润能力的条件和因素；对竞争对手的分析，主要是为了跟踪预测竞争对手的行动、反应和目的。

（二）内部环境

组织的内部环境是存在于组织系统之内的、作为组织系统存在和发展的客观条件的总和。系统学派的创立人巴纳德将组织定义为："将两个或多于两个人的力量和活动加以有意识地协调地系统。"将对组织的一般理解同巴纳德对组织的定义结合起来，可以认为，组织是由若干有协作意愿的人聚合起来，以实现共同目标的劳动群体。由此可推论出组织内部包含着使命、资源和文化三个基本因素，即对管理者起约束作用的组织内部环境。

1. 使命。即组织对社会承担的责任、任务以及自愿为社会作出的贡献。使命决定了组织存在的价值，又是划分组织类别的依据。正是因为有了共同目标，人们才聚合在一起，为实现共同目标而奋斗。而共同目标却是从组织的使命衍生出来的，是其使命的延伸和具体表现。

2. 资源。首先是人力资源，即组成组织的人员。这些人要从事协作劳动以实现共同目标，还需要物力、财力、技术、信息等资源。组织活动的过程也就是人力资源去获取和利用其他各种资源的过程，利用效果如何，就直接决定共同目标能否实现。

3. 文化。组织文化在前面已有介绍。组织要使其成员有协作的意愿，认同组织的共同目标，自觉地将个人目标同组织目标协调起来，固然需要做许多工作，而其中塑造和落实组织文化是非常重要的。

上述内部环境三因素对组织的管理者都是有力的约束力量，管理者在选择管理形式和方法时，必须考虑它们的影响。在这三者中，使命和文化是相对稳定和持久的，资源状况则经常在变化，所以，管理者在做出目标、计划、战略等方面的决策时，除了对外部环境进行调研外，还需对资源状况进行调研，并同竞争对手相比较，发现组织自身的优势和劣势。

管理的内外部环境本质上都是一种动态环境。管理者只有根据组织所处的环境实施管理，才能产生好的效果。

第二节　环境的不确定性

环境是不断变化的,而且大多数变化都是企业管理当局不可预测的,因此,环境具有一定的不确定性。根据环境不确定程度,我们可以把环境分为动态环境和稳态环境。动态环境是指组织环境要素大幅度改变的环境;反之则称之为稳态环境。

在稳态环境中,组织所处的环境较为简单,确定性较强,管理当局易于在稳态环境中作决策。任何一个组织都希望自己处于一个较为稳定的环境之中。从某种程度上讲,这也有利于组织发展。但组织并不总是处于稳态环境中,组织经常面临环境的变化,如突然出现的竞争者,竞争对手新的技术突破,竞争对手出人意料的经营决策等。

对于环境的不确定性,我们可以从以下两个角度来衡量:

一、环境的复杂性

环境的复杂性,是指关系到企业运营的环境因素的多少。复杂性程度可以用组织环境中的要素数量和种类表示。影响企业的外部因素越多,而且各因素之间又相互影响,这样的环境越复杂,不确定性也就越强;如果影响企业的外部因素只有少数几个,而且相互间较为独立,这样的环境则是简单的,不确定性也越弱。格兰仕公司通过大幅度降价,挤掉了许多中小型微波炉企业,使之有效地扩大了市场占有率,减少了竞争者数量,这样,也就降低了其所处环境的复杂性。一般而言,一个组织要与之打交道的顾客、供应商、竞争者及政府机构越少,组织环境的不确定性就越小。

二、环境的多变性

环境的多变性,是指环境因素在时间上的变化状况。如果环境因素在较长时间内没有什么变化,那这种环境是稳定的;如果环境因素瞬息万变,难以预料,这样的环境自然就是不稳定的。它不仅取决于环境中各构成因素是否发生变化,而且还与这种变化的可预见性有关。可预测的快速变化不是管理者必须应付的不确定性。当我们谈到环境多变性时,通常是指不可预见的变化。环境的不确定性威胁着一个组织的成败,因此,管理者应尽力将这种不确定性减至最低程度。

根据环境的复杂性和多变性两项指标,我们可以把企业环境的不确定性,划分为四种类型,如图3-3所示。

		简　单	复　杂
环境的多变化	稳定	1. 外部因素的数量少 2. 各因素保持不变或变化缓慢 （A）	1. 外部因素的数量多 2. 各因素保持不变或变化缓慢 （B）
	不稳定	1. 外部因素的数量少 2. 各因素变化频繁，不可预见，且会产生反作用 （C）	1. 外部因素的数量多 2. 各因素变化频繁，不可预见，且会产生反作用 （D）

环境的复杂性

图 3－3　环境不确定性分类

在"简单＋稳定"（A）象限中，环境的不确定程度很低，企业对环境的预测和适应是比较容易的。这类企业生产的品种比较单一；客户常常是少数的固定的几家，往往签订固定供货合同；所需原材料的品种也较少；它们的竞争者也有限；而产品的需求量是比较容易掌握的，因而这类企业的环境因素比较简单，而且在多年中保持相对稳定。煤炭和矿石的开采企业可归属于这一类。

在"复杂＋稳定"（B）象限中，环境的不确定程度有所提高，这主要是由于影响企业的外部因素增加了。尽管影响的范围有一定增大，但由于这些因素变化缓慢，因而预测并适应环境还不是很困难的。这类企业的产品品种、花色多；所需原材料也各不相同；供应商来自多方面；市场面多种多样，同行业的竞争者也较多。但是，由于人们的生活习惯相对稳定，因而市场需要也比较稳定，能够比较准确地了解顾客需求的产品品种、花色和数量。

在"简单＋不稳定"（C）象限中，环境的不确定程度进一步提高。影响企业的外部因素虽然不多，但这些因素变化快，难以预测，而且由于企业为适应环境而采取的行动会引起环境因素的反作用。如企业如采用降价竞争策略，会引起竞争者的连锁反应等。这类企业生产的品种单一，生产量大，原材料供应渠道固定。顾客市场面和竞争者是有限的。但这种行业的外部环境因素变化较快，往往由于相关的可替代产业的兴起而引起需求的变化，而且很难事先准确预测。

在"复杂＋不稳定"（D）象限中，环境的不确定性达到最高程度。企业的外部因素错综复杂，而且这些因素很不稳定，变幻莫测，因而风险性很大。这类企业产品品种、规格、花色多样；顾客、供应商和竞争者很多；由于顾客爱好、技术发展等因素，市场变化极快而又难以预测其变化的方向和速度。因而这类企业的环境不确定程度最高。

依据图3－4，我们可以较为形象地得出如图3－4所示的环境的不确定程度。

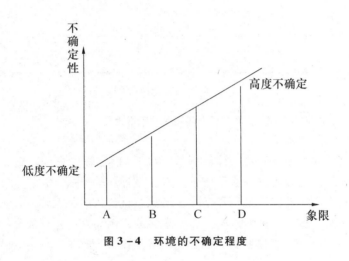

图3－4　环境的不确定程度

第三节　管理伦理与社会责任

一、管理伦理

韦伯斯特将伦理定义为："涉及什么是善与恶以及道德责任与义务的规则。"这样，个人伦理就是"个人自己生活的准则"。管理伦理则是"组织的管理者们在其业务活动中采用的行为或道德判断的标准"。这些标准来自社会的一般道德规范，来自每个人在家庭、教育、宗教及其他类型的组织中的感受。来自与他人的交往，因此，管理伦理可能各不相同。

美国研究企业社会责任的著名学者阿契·卡洛尔（Archie B. Carroll）曾经将管理伦理划分为不道德的或非伦理的管理、中性的管理和道德的或伦理的管理三种类型，并分别叙述其特征，如表3－1所示。

表 3 - 1　　　　　　　　　　　　**管理伦理类型**

组织特征	不道德的或 非伦理的管理	中性的管理	道德的或 伦理的管理
伦理标准	管理的决策、活动与行为主动地违反道德（伦理）。决策与公认的伦理原则不相一致。它意味着对道德的否认	管理既非道德的，又非不道德的，但其决策超出了道德判断适用的范围。管理活动出于特定法典的道德秩序之外。它可能意味着缺少对伦理和道德的认识	管理活动同伦理即正确行为的标准相一致。它同公认的专业的行为标准保持一致。在管理方面，通常是伦理的领导
动机	自私。管理者只关注自身的或组织的收益	本意是好的，但因不考虑对他人的影响，从此意义上看也算自私	良好。管理者想成功，但又受健康的伦理观念（公平、公正、正当进行）约束
目标	不惜一切代价地追求利润和组织的成功	追求利润，未考虑其他目标	在遵守法律和伦理标准的范围内去追求利润
对法律的态度	法律标准是壁垒，管理者要实现自己的愿望，就必须加以克服	法律是伦理的指导，对法律文字要遵守。中心问题是，我们能够合法地做些什么	要服从法律的文字和精神。法律是伦理行为的下限，人们的活动应当超过法律规定的要求
战略	为公司收益开拓一切机会。只要情况有利，就去抢先	给管理者自由控制权。个人伦理也可应用，但要让管理者自己选择。如有必要，就应遵守法律的规定	按照健康的伦理标准过日子。遇到伦理困境时，想到领导地位。对自己的利益持开明的态度

卡洛尔认为，在管理伦理的三种类型中，当前占据优势的是中性的管理，

但是，道德的或伦理的管理才更可能符合组织长期的最佳利益。

另一些学者提出，在伦理标准方面，有三种不同观点，它们各有其优点与缺点：

1. 伦理的功利主义观。即用结果来衡量活动或决策的好坏，功利主义的目标是为大多数人提供最大的利益。据此观点，管理者可能认为解雇20%的工人是正当的，因借此可以增加利润，提高余下的80%人员的工资和股东的红利。这种观点鼓励提高效率和生产力，且符合利润最大化目标，但可能牺牲少数人的利益，造成资源的不合理配置。

2. 伦理的权利观。即应当尊重和保护个人的各种权利，包括言论自由等法律规定的权利。这种观点有其积极的一面，但易形成一种墨守成规的工作气氛，阻碍效率和生产率的提高。

3. 伦理的公正理论观。即要求管理者要公平、公正地待人处事，实施管理。这种观点保护那些利益未充分体现或无权无势的弱者，但也会助长降低效率和生产率的权利观。

这些学者认为，现在大多数工商企业持功利主义观点，但管理领域正在变化，观点也需改变，强调权利和社会公正的新趋势意味着管理者面临巨大挑战，因为按权利和社会公正观点来制定决策，要比按功利主义观点制定决策，含有更多的模糊性。

二、社会责任

企业的社会责任是指企业除了对股东负责以外，应当也必然要向社会提供资源，为社会某个方面或某些方面的进步做出贡献。组织的社会责任与组织的外部环境密切相关。对于公司的社会责任有多种不同的理解，但大体上可归纳为下列三种：

（一）理解为社会义务

社会义务是美国经济学家、诺贝尔奖获得者米尔顿·弗里德曼（Milton Friedman）及其支持者所主张的观点。他们认为，社会创造了企业，让它去追求特定的目的——为社会提供商品和服务，企业所承担的唯一的社会责任就是在社会颁布的法令范围之内从事经营，追求利润，即"守法谋利"。除此之外，再要求企业承担其他责任，那就是错误而有害的。

（二）理解为社会反应

持社会反应观点的代表人物是美国的凯什·戴维斯（Keith Davis）。他认为，将社会责任理解为"守法谋利"而拒绝介入任何社会事务，实际上就是反对承担社会责任。社会对企业的期望已经超出"提供商品和服务"，要求它们对现在流行的社会标准，价值观念和绩效预期做出反应。所以，企业最低限度必须对自己的活动所造成的生态的、环境的和社会的代价负责，而最大限度则是必须对解决社会问题做出反应和贡献（即使这些问题并非直接由企业所引起）。

这种观点的本质是，企业是被动地做出反应，要求是由某些社会群体先提出，如企业做出反应去满足这些要求，那就是对社会负责。这一观点是那些认为社会责任应该是主动行为的人所不满意的，从而引出下一种观点。

（三）理解为社会响应

社会响应是当代流行的观点，即认为对社会负责的行为是主动和预防性的，而不是被动的反应。所谓响应社会的行为包括：对社会问题表明立场，自愿对任何群体的要求负责采取行动，预见社会未来的需要并设法加以满足，在有关社会期望的立法方面同政府沟通等。进步的管理者要应用公司的技能和资源于每一个社会问题，从社区危房重建到青少年教育和就业等。

上述三种观点不是完全对立的，提出"社会反应观点"的人也接受"守法谋利"是企业的社会义务的观点；提出"社会响应观点"的人也要求"守法谋利"和对社会群体的要求做出反应。它们代表着社会对企业的经济期望的不同程度，反映出人们对社会责任范围的理解逐渐扩大。按照"社会响应观点"，企业的社会责任包括经济、法律、伦理和自选责任四种。如图 3-5 所示（图中责任面积不同，说明责任大小的差别）。

"社会义务观点"仅强调企业的经济责任和法律责任；"社会反应观点"，特别是"社会响应观点"，则强调还要承担伦理责任和自选责任。

伦理责任是指并非法律所规定却是社会成员强烈期望的行为，如不去做，就有违伦理道德。

| 自选责任 |
| 伦理责任 |
| 法律责任 |
| 经济责任 |

图 3-5 企业的社会责任示意

自选责任则包括并非法律规定或社会公众强烈期望企业去做的一些公益性活动，如捐助教育、慈善事业，赞助文化、体育活动等。社会成员欢迎这类活动，但即使企业不做，人们也不会认为有违伦理道德。很明显，对这种责任，企业管理者将根据自身情况自由决策。

三、管理绿色化

现代社会大量触目惊心的生态问题和环境危害掀起了个人、团体和组织环境保护主义的浪潮。管理者开始逐步面临更多有关组织对自然环境的冲击的问题。我们将这种对组织决策和活动与组织对自然环境影响之间存在的紧密联系的意识称为管理绿色化。

管理者和组织在保护自然环境方面可以有许多作为。一些组织所做的仅限于法律要求的范围（即它们实现了社会义务），另一些组织已经根本改变了它们经营业务的方式。图 3－6 即用不同的色度来描述了组织可能采用的承担环境责任角色的不同方式。

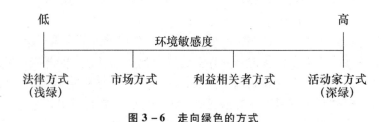

图 3－6　走向绿色的方式

第一种方式仅仅是实现法律的要求：法律方式。在这种方式中，组织表现出极少的环境敏感性。它们愿意遵守法律法规以及规章制度，也没有卷入法律诉讼，它们甚至可能尝试利用法律保护自身的利益，但是，它们的绿色进程也就到此为止了。这种方式恰好是对社会义务的描述：这些组织仅仅遵守它们在污染防治和环境保护方面的法律义务。随着组织更多地认识到环境问题并对此更为敏感，就可能采用市场方式。在这种方式中，组织对顾客的环境偏好做出响应。顾客无论需求何种善待环境的产品，组织都会提供。在利益相关者方式中，组织选择对利益相关者的多种需求做出反应。绿色组织的工作将会满足诸如雇员、供应商或社区等群体在环境方面的需求。市场方式和利益相关者方式正好是对社会反应的描述。最后，如果一个组织追求的是活动家方式（也称作深绿），那么该组织就是在寻求尊重和保护地球及其自然资源的途径。活动家方式表现出最高的环境敏感度，也恰如其分地描述了社会响应。

第四节　全球环境中的管理

一、全球环境

在全球环境中进行管理，管理者必须首先注意全球环境所包含的内容。一般来说，全球环境主要包括以下几个因素：

（一）法律—政治环境

法律—政治环境主要有政治风险，如资产损失、获利能力或管理控制的风险；政治不安定，如暴动、革命、居民失序等；法律和规定，如各国之间法律和规定的不同等。任何管理者都希望在全球环境下的管理活动能够处在一个稳定的法律—政治环境中，然而并非所有国家都是如此。在全球组织任职的管理者必须熟知他们经营业务的国家所特有的法律体系和政治环境。

法律—政治环境并非只有不稳定或具有革命性才会引起管理者的注意。事实上，一个国家法律或政治体系与本国的差异才是最重要的。管理者如果希望了解他们经营中的约束以及存在的机会，就必须认识这些差异。

（二）经济环境

全球管理者关注的一些经济因素是仅在一个国家经营的管理者不用担心的。最显著的三个焦点是汇率波动、通货膨胀率和不同的税收政策。

一个全球公司的利润受本国货币及其经营所在国货币的地位的影响而发生剧烈的变化。一国货币的贬值会严重影响一个公司的利润水平，而外币的地位也能够影响管理者的决策。

世界不同地区的通货膨胀率可能差异很大。通货膨胀率影响到原材料、劳动力及其他资源的支付价格。此外，它也能影响到一个公司产品和服务的价格水平。

最后，不同的税收政策也是全球型管理者的一个主要担忧。一些东道国比该组织母国的约束更多，而有的则宽松一些。仅有一点可以肯定的是，国与国之间的税收规则不尽相同。管理者需要准确地知道他们经营所在国的各种税收规则，从而将企业的全部税收义务减至最少。

（三）文化环境

管理者在全球领域关注的最主要的一项内容是各国文化的差异。和组织文化一样，民族文化是一个国家的居民共有的价值观，这些价值观塑造了他们的行为以及他们看待世界的方式。

帮助管理者更好地理解民族文化间差异的最有价值的框架是由格尔特·霍夫斯泰德（Geert Hofstede）提出的。他的研究表明，民族文化对雇员与工作相关的价值观和价值去向有着重大影响。实际上，民族文化比年龄、性别、职业或在组织中的地位解释了更多的差异。更为重要的是，霍夫斯泰德识别了民族文化的四个维度：

1. 个人主义与集体主义。个人主义是指一种松散结合的社会结构，在这一结构中，人们只关心自己和直系亲属的利益。这在一个允许个人有相当大自由度的社会中是有可能的。与个人主义相反的是集体主义，它是以一种紧密结合的社会结构为特征。在这一结构中，人们希望群体中的其他人在他们有困难时帮助并保护他们。集体主义所换来的是成员对团体的绝对忠诚。

2. 权力差距。人们天生具有不同的身体条件和智力条件，从而产生了财富和权力的差异。霍夫斯泰德使用权力差距这一术语作为衡量社会接受机构和组织内权力分配不平等的程度的尺度。一个权力差距大的社会接受组织内权力有很大的差别，员工对权威显示出极大的尊敬；相反，权力差距小的社会尽可能地淡化不平等。上级仍拥有权威，但员工并不恐惧或敬畏老板。

3. 不确定性规避。不确定性规避是衡量人们承受风险和非传统行为的程度的文化尺度。在低不确定性规避的社会，人们或多或少地对风险泰然处之，他们相对来说更能容忍不同于自己的行为和意见，因为他们并未感到受到了威胁；而高不确定性规避的社会特征是人们的高度焦虑，具体表现为神经紧张、高度压力和进取性。在这种文化中，人们感到自己受到了不确定性和模糊性的威胁，因而建立了各种政府机构和社会机构来提供安全并减少风险。这种文化中的组织可能有正式的规则，而人们也很难容忍异常的思想和行为。

4. 生活的数量与质量。有的民族文化强调生活的数量，其特征表现为过分自信以及追求金钱和物质财富。有的民族文化则强调生活的质量，这种文化重视人与人之间的关系，并表现出对他人幸福的敏感和关心。

二、跨文化管理

当今世界经济正走向全球化、国际化，跨国公司越来越多，其经营范围越来越广，成为影响世界经济走势的一股主导力量。随着国际化经营的展开，新问题接踵而至。其中，文化冲突问题较为突出，这就需要进行跨文化管理。

跨文化管理，是指涉及不同文化背景的人、物、事的管理。20 世纪 70 年代，美国到泰国去推销油炸鸡块和汉堡包，结果以失败告终。究其原因，是因为，泰国人喜欢推车小贩叫卖的或在铺子里卖的具有辛辣香味的传统食物，而油炸鸡块和汉堡包不合他们的口味，所以无人问津。由此可见，企业跨国经营必须了解当地文化，并实施针对性的跨文化管理。

跨文化管理产生的根源在于：随着科学技术的进步，世界经济迅速发展，出现国际化趋势，生产的社会化已超越了国界，分工协作从企业内部、国内各地区之间发展到各国之间，企业要从事跨国经营，这正是跨文化管理产生的根源。正如彼得·德鲁克所说，跨国经营的企业是一种"多文化结构"，其经营管理根本上就是把一个政治上文化上的多样性结合起来而进行统一管理的问题。跨国经营企业面临的是一个在诸多差异之间进行生产经营活动的经营环境，企业经营环境的跨文化差异是企业跨文化管理的基本前提。

本章提要

1. 组织文化可以被定义为组织中具有典型意义的传统，以及组织成员所共有的价值观。它表现出社会性、继承性、创新性、融合性等特征。组织文化具有整合功能、适应功能、导向功能、发展功能、持续功能等功能。

2. 作为一个整体的概念来定义，管理环境是指影响组织生存和发展的各种力量和条件因素的集合，它包括外部环境和内部环境两个方面。

3. 环境是不断变化的，而且大多数变化都是管理当局不可预测的，因此，环境具有一定的不确定性。环境的不确定性可以从环境的复杂性以及环境的多变性两个角度来衡量。

4. 管理伦理是"组织的管理者们在其业务活动中采用的行为或道德判断的标准"。这些标准来自社会的一般道德规范，来自每个人在家庭、教育、宗教及其他类型的组织中的感受。来自与他人的交往，因此，管理伦理可能各不相同。

5. 对于公司的社会责任有多种不同的理解，大体可归纳为社会义务、社会反应和社会响应三种。

6. 我们将对组织决策和活动与组织对自然环境影响之间存在的紧密联系的意识称作管理的绿色化。

7. 全球环境主要包括法律—政治环境、经济环境和文化环境。

8. 跨文化管理，是指涉及不同文化背景的人、物、事的管理。企业经营环境的跨文化差异是企业跨文化管理的基本前提。

讨论题

1. 你认为如何才能更好地处理国际化经营中出现的文化冲突问题？

2. 如何理解组织的社会责任？你认为在我国的企业改革中怎样处理好社会责任与效益的关系？

3. 你认为全球环境已经在哪些方面改变了组织甄选和培训管理者的方式？互联网对此有何影响？

案例：美国书商在德国媒体巨头中发现强大的合伙人

巴诺书店（Barnes & Nobel）在与亚马逊（Amazon.com）的竞争中寻找使自己变得更有竞争力的方法。它可以在数百家美国公司中选择许多公司做合资伙伴。研究清楚地表明，由于文化差异的存在，跨国合资比国内公司合资复杂得多。然而，令竞争对手吃惊的是，巴诺书店选择了德国媒体巨头贝塔斯曼公司（Bertelsmann）作为合作伙伴，合资成立了互联网公司。巴诺书店到国外寻找合作伙伴的做法是正确的吗？

贝塔斯曼唱片公司和 BMG 音乐俱乐部在大学生中享有很高的知名度（现在都已归环球公司所有）。那时，BMG 娱乐的销售额达 19 亿美元，在市场中排名第二。美国大学生也熟知 BMG 音乐俱乐部广泛张贴在学校公告牌上的"买一赠十"的 CD 广告词。拥有 39 亿美元的销售额和大约 6.5 万名员工的贝塔斯曼远不止是一个 CD 俱乐部。它的资产还包括世界上最大的英语书籍出版商兰登书屋（Random House），以及产品在美国平装书市场中占将近 40% 份额的平版印刷公司（Offset Paperback）。贝塔斯曼还积极地开展电子商务。到 20 世纪末，贝塔斯曼成为全球第三大互联网电子商务公司。

为了筹集建立巴诺书店网站（barnesandnobel.com）所需资金，两家公司创立了一个单独的公司，利用首次公开发行 IPO 筹集资金。除去佣金和各种花费，公司利用这次活动筹集资金 4.21 亿美元。自从 1997 年 5 月启动在线业务以来，巴诺书店网站很快成为世界上最大的电子商务零售商之一。公司成功地利用巴诺书店的品牌价值成为世界第二大在线书籍零售商。

讨论题

1. 促使巴诺书店与德国贝塔斯曼公司合作的原因可能是什么？

2. BMG 为什么不利用自己在电子商务方面的经验建立自己的公司与亚马逊竞争？

Ⅱ 职能篇

第四章　计划

【学习目的】

阅读和学完本章后，你应该能够：

❑ 定义计划

❑ 了解预测与决策的相互关系

❑ 掌握计划步骤和决策程序

❑ 描述目标管理的概念、作用及其局限性

❑ 了解现代计划技术与方法

在做管理工作时，每一位管理人员都行使着几项可以辨认的职能。例如，他必须确定企业的目标，决定必须做什么，如何完成，什么时候执行。在做出这些决定时，必须在观念上看到未来必须采取的行动——不论这个行动是明天的还是明年的。它必须向前看，把未来予以明朗化，制订出将会影响到未来的行动方案。法约尔把管理的这一方面叫做计划。

第一节　计划与目标概述

一、计划概述

（一）计划的含义及内容

在企业中工作的人们要取得有效的成果，首先必须清楚地了解工作的目的和目标及实现的方法。计划是为企业未来行为做出抉择的过程，在这一过程中，企业的目标得以明确，计划还为既定目标提供了实现的方法、步骤和行动方案。计划是所有管理中最基本的职能。

一般而言，一个完整的健全的计划应该规定任务的性质及其目标，必须使计划执行者了解、接受和支持这项计划；计划应该提供完成目标的数量、质量、时间及费用等数值性资料，以便于对职责和分配执行效果进行考核；计划应该划分各部门和组织单位的任务、工作阶段、进行时间、人力、物力等企业资源配置，并视制定计划的层次而给出或不给出完成任务的具体程序。简而言之，完整的计划必须能回答以下问题：需要何种行动？为何需要这项行动？谁为这项行动负责？何时、何处采取这项行动？如何行动？

　　计划是管理整体的一个部分，贯穿于管理全过程之中，作为一种概念上分割出来的管理职能，它包括预测未来的可能结果以及相应的措施。从这个意义上讲，计划职能就是以一种合理的、经济的和系统的方式做出将会影响未来的目前决策。

　　一个企业的存在必有其一定的目标。目标的实现有赖于一系列计划的制定和执行，计划就起着指导组织循序渐进地实现组织目标的作用；同时，作为一个存在与发展的个体，企业和外部环境相互作用，紧密联系，而计划的目的就是要使企业适应变化中的环境，并使企业占据更有利的环境地位，进入一个完全不同的环境。

　　（二）计划的特性

　　计划的基本特性可以概括为计划的未来性和有效性、计划的普遍性和重要性及计划的稳定性和弹性三个方面。

　　1. 计划的未来性和有效性。计划处理的是目前决策的未来问题，它不是指处理以往固守的成规，也不是对过去行为结果的总结和检讨，计划是为未来的活动而计划，因此，计划的未来性是计划的根本属性。计划的未来性为制定计划者指明了思维的正确方向，即思考企业未来的目标以及思考如何实现企业未来的目标。

　　计划是对未来的规划过程，但对未来泛泛的、幻想式的规划并不可能使一个企业有所成就，因此，一个好的计划必须有很强的目的性和针对性，这是就计划方案而言的有效性的一层含义。同样，一个在理论上完美无缺的计划在执行之后可能表现为企业的劳而无功，收益不大，甚至带来负效益，即一个看起来好的计划也可能产生计划的无效性和负效性。因为作为规划方案，计划本身并不具有产出或收益；只有在计划实施之后，才能根据计划的执行结果来衡量计划的好坏，有效与否。所谓计划的有效性，是一项计划对目标的贡献，也就是将有形、无形的收获扣除支付的成本耗费所得的剩余。它包括计划方案的目标性和计划方案执行后的实际效益两层含义。计划的有效性是评价计划和计划制定者水平的根本属性，对企业和管理者都有着极为重要的现实意义。

　　2. 计划的重要性和普遍性。计划的重要性是指在企业管理活动中，计划起着为一切活动确定其所需的目标的独特的、重要的作用，是管理者行使管理职能的起步和基础。计划的普遍性是指虽然计划的特点和范围随管理人员的层次、职权不同而有所不同，但计划是每位管理者都无法回避的职能工作。计划的重要性和普遍性为管理者提供了一种管理意识和进行管理的思路。

3. 计划的稳定性和弹性。计划必须具有一定稳定性的道理是显而易见的，一个朝令夕改的企业当然会让每一位企业成员人心惶惶；同样，计划必须具有一定的弹性也是不难理解的。计划的弹性就是计划有着适应变化环境需要而修正行动方案的能力，计划的弹性越大，则因未来意外因素而引起的损失越小。不过，要使计划具有弹性，必然是有代价的，代价的大小决定于计划方案未来意外风险的大小。而管理者不论环境如何改变，都要有相应的对策以确保最终目标的实现。因此，在制订计划之初，就应该为未来可能的意外留有余地；在计划执行之后，还要定期追踪计划执行情况，如果发现预测与实际不符时，应及时修改行动计划，以达成原定目标。由以上活动也可见，计划是一连串制定、执行、修正的过程，是一系列随着环境改变，不断循序渐进，确保组织目标实现的活动，即在计划的稳定性和弹性的基础上，形成了计划的连续性，非时点性。对于管理者来说，只有把握好计划的上述特性，才能真正做到人管理计划，而不是计划管理人。

故事中的管理学：你经常磨砺斧子吗？

一个伐木工人在一个林场找到了工作，待遇不错，工作条件也可以。他十分珍惜这个来之不易的机会，下定决心要好好干，以证明场长没有看走眼。

第一天报到，场长给了他一把锋利的斧头，并给他指定了伐木范围。他来到树林里，挥斧大干，一共砍了16棵树。场长看了以后说："不错，就这么干。"第二天，他干得更起劲，可是却只砍了13棵树；第三天，他加倍努力，可是只砍了8棵树。

这位工人觉得很惭愧，觉得对不起场长，于是跑到场长面前道歉，说自己也不知道怎么了，好像力气越来越小了。场长问他："你上一次磨斧头是什么时候？"

"磨斧子？"工人奇怪地说，"我天天忙着砍树，哪里有工夫磨斧头？"

（三）计划的类型

计划是将决策实施所需完成的活动任务进行时间和空间上的分解，以便将其具体落实到组织中的不同部门和个人。因此，计划的分类可以依据时间和空间两个不同的标准。除此之外，我们还可以根据计划的明确性程度和计划的程序化程度对计划进行分类。表4－1列出了按不同方法分类的计划类型。

表4－1   计划的类型

分类标准	类型
时间长短	长期计划 短期计划
职能空间	业务计划 财务计划 人事计划
综合性程度（涉及时间长短和 涉及的范围广狭）	战略性计划 战术性计划
明确性	具体性计划 指导性计划
程序化程度	程序化计划 非程序化计划

1. 按计划的具体形态分类。哈罗德·孔茨（Harod Koontz）和海因·韦里克（Heinz Weihrich）从抽象到具体，把计划分为一种层次体系，即使命（宗旨）、目标、战略、政策、程序、规则、规划及预算。如图4－1所示。

（1）使命（宗旨）。企业存在必然有一定的使命或宗旨，它可以是企业存在的根本原因，也可以是企业的发展意向。企业的使命或宗旨，反映的是企业的价值观念、经营理念和管理哲学等根本性的问题。

（2）目标。目标是计划所要达到的结果，它是一切企业活动所指向的最终目的。目标本身就是一种计划，目标的实现是计划的终点。每一个最基本的目标都要求企业得以生存，如果连生存都无法维持，当然谈不上实现别的目标，但生存不是企业的唯一目标。企业的目标多种多样，即使是人们通常提起的利润目标，也是由若干层次的主次目标构成的。如何使企业的目标体系协调一致地引导企业经营活动，是企业高层管理者的任务之一。

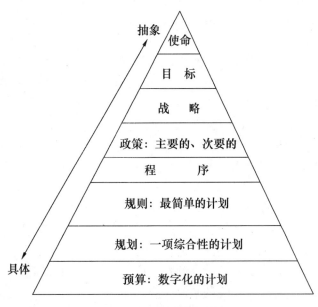

图4-1 计划的层次体系

（3）战略。战略是为了达到组织总目标而采取的行动和利用资源的总计划，其目的是通过一系列的主要目标和政策去决定和传达指望成为什么样组织的情景。战略并不打算确切地概述这个组织怎样去完成它的目标，其实这些是无数主要和次要的支持性计划的任务。

（4）政策。政策是用以指导或沟通决策过程中的思想和行为的，表现在计划中的文字说明或协调一致的意见。政策是指导规划和行动的准则，是常用计划中最普遍的一种形式。政策要尽可能明确，避免模糊不清，政策要保证稳定性与变动性的统一，正确的政策要保持相对稳定，错误的政策要尽快终止。

（5）程序。程序规定的是处理未来活动的例行方法。如果说政策是如何考虑问题的指南，那么程序则是指导如何行动，程序详细地说明完成某种活动的准确方式，其实质是对未来要进行的行动规定时间顺序。

（6）规则。规则是一种最简单的计划，它是针对在实际情况中可以或不可以采取某种特定行动的规定。事实上，规则可以是程序的组成部分，但规则不同于程序，程序强调活动的时间顺序，而规则没有时间顺序的规定。规则不同于政策，它使组织成员面临特定情况时只有一种选择，没有自由处置权。

（7）规划。规划也是一种计划，而且是目标、政策、程序、规则、任务分配、实施步骤、资源分配等计划要素的综合体现。规划有大有小，大到国家规划，如国民经济发展十年规划；小到班组规划，如人员培训规划。规划是粗线条的、纲要性的，且长期规划一般都有自己的派生规划，派生规划是总体规划的基础，每个派生规划的可行性及实施状况直接关系整个规划的质量及落实情况，因而要慎重制定派生规划，并切实保证派生规划的有效执行，同时还要注意派生规划之间的协调性。

（8）预算。预算是数字化的计划，是对未来期望的数字规划，预算的数字形式有助于更准确地执行计划。预算可以用财务术语或其他计量单位来表示。预算通常被用做控制的手段，它为控制所必需，预算应该反映计划的要求，否则，它就不能作为控制的切实标准。

2. 按计划的广度分类。计划按照计划的广度来分类，可以分为战略计划、策略计划和行动计划。

（1）战略计划。一般由企业最高层领导者制定，时间跨度较大，影响很大，内容也比较抽象、概括；其目的在于使本企业资源的使用与外界环境的机会和风险相适应，以寻求组织的长远发展。

从内容上看，战略计划包括：①战略范围，它详细规定了企业与社会环境因素之间发生作用的范围，即说明了要达到哪一方面的目标。②资源部署方案。③由企业的一定战略范围和资源部署方案所决定的可能带来的有利竞争条件和协同作用。

从组织层次来看，战略计划分为总体战略计划、经营战略计划和职能战略计划。总体战略计划就是一个企业的整体的全局的战略，它说明企业经营的方向，其内容是经营范围、资源部署以及有关全局性的方针和原则；经营战略计划主要考虑如何用最好的方法去完成总体战略任务，它更多的是考虑争取和发展自己的竞争优势与自己机体的协调作用，而不是自己的经营范围和资源开发；职能战略计划主要指市场、研究开发、财务、人事和行政组织设置等一些特殊领域内制订的战略计划。

企业在解决经营管理中的问题还应首先考虑到所处的地位。据此，战略计划又可分为守势战略、攻势战略、分析战略和被动性战略。一般处于比较稳定环境中的企业都采用守势战略；采取攻势战略的企业的目标往往是利用动荡的环境来发展有利机会，表现为多采用新技术，管理方法灵活方便；分析战略是一种基于守势战略与攻势战略之间的战略；被动性战略是一个失败的企业对环境变化反应迟钝，处于被动状态时采取的措施，是企业发生危机的前奏。

（2）策略计划。一般由中级管理层制定，时间跨度较短，内容也较具体，它是实施总战略计划的步骤和方法。策略计划是战略计划的一部分，服从于战略计划，为实现战略目标服务；策略计划是为实现战略计划而采取的手段，比战略计划具有更大的灵活性。战略计划与策略计划的关系是全局与局部、长远利益与当前利益的辩证统一的关系。如果说战略计划是对整个战争的总体布局的规划，策略计划则是一场场战斗的计划。

一个企业组织的战略计划主要集中在资源、目标、政策和环境上，而策略计划主要涉及人和所采取的行动上；策略计划着重于对资源和时间等进行具体的规定和限制，还涉及对人力的调配和合理使用。战略计划的实现只有通过一系列策略计划的有效实现才能达到，但是，有了好的策略计划还不能保证成功，成功还取决于有效地执行计划，而策略计划的执行就要求管理人员把整个企业全部人力物力集中起来有效地发挥作用。

（3）行动计划。行动计划是为帮助企业逐步且系统地实施战略计划和策略计划而编制的短期的、具体的计划。它一般由下级管理层制定，往往涉及每一天工作活动的安排。根据计划应用的重复程度，可分为单一计划和常用计划。

单一计划或单一用途的计划，是指针对某一特定行动的方案或设想。方案一般是指一个大活动过程中一部分活动计划。一个有效的行动方案一般包括五个方面：①把某一整个活动分成几个理想的步骤。②分析各步骤之间的相互关系，注意各步骤的运行和结果。③根据各步骤相应调配资源。④对各步骤的起始和完成的时间做出估计。⑤规定各步骤完成任务的具体时间。设想与方案很类似，但比方案时间的范畴小，也比较简单；一个设想可能是方案的一部分，也可能其本身就是一个单一的用途计划。单一计划是在特定形势下一次使用的计划，而常用计划则是在某一段时期内常用的计划，它包括政策、标准的操作程序和规则。

3. 按计划的时间分类。计划按时间长短来分，可分为长期计划、中期计划和短期计划。

（1）长期计划。一般来说，时间跨度达到五年以上的计划称为长期计划。长期计划的制定与战略计划的制定极为相似，但二者并不相同；后者主要从总的方面阐述一个企业应如何去完成自己的目标，前者则是长期战略计划的一个组成部分，它从属于组织战略，通常都与职能战略计划紧密地联系在一起。由于长期计划历时较长，中间发生的变动因素很多，因此，随着时间的推移，长期计划在实施过程中会不断进行变动。

（2）中期计划。时间跨度多为一至五年。中期计划常常是长期计划的一个组成部分，比后者更为稳定，在实施过程中变动较小，因此，很多企业把制定计划的重点放在中期计划方面。中期计划与中级管理层联系更为紧密；一般来说，策略计划属于中期性的计划。

（3）短期计划。通常是指一年以内的计划，与长期计划和中期计划相比，短期计划是最具体、最详细的计划，它的实施是实现组织整体目标和战略计划的基础。

当然，这几种类型的计划在时间跨度的区分标准只是相对的，不存在一个绝对的划分标准。另外，计划根据具体的职能内容不同，又可分为生产计划、营销计划、财务计划和人事计划。

（四）计划的步骤

一项计划的制定一般包括分析计划环境与预测、制定实现目标的行动方案并择优、计划方案的细化及计划的执行四个方面的工作。具体而言，计划制定可以分为七个步骤（见图 4 - 2）。

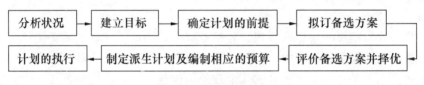

图 4 - 2　计划的步骤图

第一步：分析状况。在这个阶段，组织应回答"我们从事的事业是什么？"的问题。对机会进行估量是计划工作的起点，包括对组织过去的情况、现有的条件与未来发展的趋势进行分析，对组织自身的优势（strengths）和劣势（weaknesses）、外部环境的机会（opportunities）和威胁（threats）进行综合分析，对组织当前所处状况做出评估，即 SWOT 分析。合理制定计划要求对机会做出客观准确的判断，估量机会的一般依据有：市场因素、竞争环境、顾客要求、企业所处的地位优劣势，等等。在这一步骤中，需要确认制定计划的环境条件、必要性和意义，只有认清这些问题，才可能着手下一步骤。

第二步：建立目标。在这个阶段，组织应回答"我们要做什么？我们要到哪里去？"的问题。计划的有效性要求计划要有很强的目的性，即计划应该明确地让计划执行者明白该计划想完成什么，什么时候完成，完成的标准如何，这些就是计划目标的内容。目标一旦确立，以后一切行动和工作均需以之为标准。

第三步：确定计划的前提。在这个阶段，组织应回答"实现目标需要怎样的条件？"的问题。由于计划受到未来一些变动的重要的限制因素影响，所以，必须在制定计划时对它们进行预测和假定。计划前提是计划制定时的假定条件，即执行计划的预期环境，包括说明事实的预测资料，可行的基本政策和当前的企业计划。由于计划的未来环境相当复杂，因此，计划前提的确定一般只限于对执行计划最有影响的那些条件。客观一致的前提对于制定计划是很重要的。

第四步：拟订备选方案。在这个阶段，组织应回答"我们该怎样规划才能达到目标？"的问题。一个计划没有几个抉择方案的情况是很少的，计划制定者的初步工作就是要考查大量可供选择的方案，并从中挑选出最有成功希望的几个方案，以便进一步对之择优。

第五步：评价备选方案并择优。在这个阶段，组织应回答"怎样的方案是恰当的呢？"的问题。在确定抉择方案并考察了方案的利弊之后，就要根据计划目标和前提来权衡各种因素，以此对各个方案进行评价。由于抉择方案有着大量的变数和限定条件，评价工作可能相当复杂，因此，通过各种方案的行为过程的评估结果来择优是计划的关键一步。往往经选定的方案可能是一个不太显眼的方案，或者估量者可能决定采用几个行动方案而不是看起来最好的一个。

第六步：制定派生计划及编制相应的预算。在这个阶段，组织应回答"总计划下的分计划是什么？"的问题。一般一个基本计划总是要有若干个派生计划来支持，只有在完成派生计划的基础上才可能完成基本计划。预算是对计划的数字化，包括计划所需的费用、计划结果的收益、数值目标，等等。一般来说，企业组织要编制项目预算、销售预算、采购预算、工资预算等预算项目。派生计划和预算都是基本计划的具体化及分支，基本计划的执行是通过执行派生计划和预算而得以实现的。

第七步：计划的执行。在这个阶段，组织应回答"我们该如何做才能实现目标？"的问题。在执行计划过程中，管理者要不断追查进度和成效，并针对发生的种种变化和问题调整计划方案。只有当一项计划执行后取得了预定的效果，实现了原定目标，才可以说计划是成功的。

（五）计划的评价标准

拟订评价计划的标准有两种方法：①程序性分析，它评审和分析制定计划所遵循的步骤及区分成功计划与不成功计划的综合特征。这些标准是叙述性的，它们被为一个检验目录，对照它就能评价考虑中的计划。②经济性分析，它确立考虑中的计划的经济性程度。要确定计划的经济价值，必须使用一种可以用经济术语描述任何计划的技术，并使它变为一种"思考计划的方法"。

1. 程序性分析。可以作为评价计划能否成功的标准的特征是，计划的客观性、结构化程度和机动性。

（1）客观性。客观的研究成果或结论，如计划是要经受别人检验的，客观性越大，别人得出同样结论的可能性就越大。客观结论的对立面是主观，它是以一个人自己的感情或信念为根据的。基于个人经验和信念而得出的结论是经受不起别人检验的。

客观性是由对适当资料正确的观察、记录、分析和解释而产生的。这是分析和推理的一种形式，被称为科学方法。计划工作的管理过程可以由主观的方法完成，也可以由客观的方法完成。计划工作过程中遵循科学方法的程度，决定着这个过程的客观性的程度及最后产生的计划的客观性。应用于计划工作的科学方法包括下列六个步骤：

第一步：目标的阐明。计划人员必须对企业的广泛的目标和任何计划的具体目标有清晰的概念。计划应该有助于达到这些目标。计划人员明确了这些目标，才有可能拟订出适当的计划。

第二步：问题的阐明。需要做计划，意味着企业还有一些目标没有完全实现，否则就无需补充计划或做新的计划。现在的成绩和所期望的成绩不符合就会产生问题。要由计划过程来解决的问题必须明确地提出。清楚地说明问题和确定出限制因素及必须达到的条件，将决定计划过程的范围及最后产生的计划的范围。如果问题不明确提出，就不能指导计划工作过程达到特定目标，并经常导致不适当的错误构想的计划。

第三步：计划工作权力的指定。作为计划工作过程的一部分，必须有一个指定的计划工作权威。在企业已提出和认识到应该拟出一个计划或行动方案以解决问题之后，必须给予一个人或一个组织进行有效的计划工作和拟定备选计划所需的权力。计划人员的权力应该由对批准计划的职能负责的组织层来授予。例如，要求一笔巨大的资本开支的计划（如建造新厂），应该由董事长或执行委员会批准。确定出谁授予计划人员权力，就可以估计所建议的计划将在什么范围内被批准和颁布实施。

第四步：数据资料的收集和解释。如计划工作的定义所述，必须考虑现在和过去的适当信息资料和对可能的未来事件进行评估。一般来说，用于计划工作的数据资料可以分为外部资料和内部资料两大类。有关国民经济和企业进行经营活动的行业的信息资料是外部资料；企业的财务资源，企业过去在达到类似目标方面的成绩，委任执行计划的人员的能力等是内部资料。外部和内部资料以及对未来发展的估计都必须加以利用和解释，以保证制定出一个成功的计划。

第五步：计划草案的拟订和检验。如果可能的话，应该在实验的基础上，着手草拟一个计划草案。因为试验能发现弱点和优点以及为预测计划的可能成功提供根据。比如，培训计划，有时是在全公司范围内实施之前，先在试验基础上制定。在制定关于全国销售的最后决策之前，可以先把新产品引进到一个地区，以便测试产品为顾客所接受的程度以及拟议的推销技术的效果。

第六步：最后计划的阐明。计划过程的最后一步是提出最后计划。客观的计划必须从获得和分析资料中得来。从这个意义上说，计划是结论。在提出计划最后形式的过程中，遵循分析和推理的科学方法的程度，将标志着提出计划的客观性程度。

（2）结构化程度。测定一个计划的客观性程度，主要是分析和评价计划工作过程。结构化程度是评价计划的格式和计划构成组织行动的程度的标准。结构良好的计划能够准确地被执行。测定结构化程度时考虑的因素是，全面性、时间幅度、职责任派和控制特性。

①全面性。计划的复杂性及其广度，不一定是衡量全面性的尺度。很好地说明简要计划可以是具有全面性的。例如，下达给工长的生产计划，虽然只是一个指导两个工人工作的日计划，但它能解决具体问题。相反，一个100名工人执行的、时间为一年的计划也可能并不全面。计划的全面性，是指计划对提出的问题的解决程度。

②时间幅度。结构好的计划对计划完成所需的时间有明确的说明。计划开始及完成日期应具体说明。此外，复杂的计划还规定有中间的时间目标。不可否认，存在着使这些中间目标延迟完成的因素。但是，这些中间目标的顺序和关系应该在原计划中有清楚的说明。当发生延迟时，由于对工程各阶段的顺序和关系有充分的了解，将有利于计划的修正工作。

③职责任派。为了有效地执行计划，必须分派给指定人员以具体任务。仅仅列举所要完成的活动是不够的，活动必须以工作任务来表示，并作为职责指派给组织的成员。

④控制特性。表明结构化程度的另一个因素是计划包括的便利控制的特性的程度。控制计划执行，一个方面是利用时间性逻辑控制点。预算—财务计划的一种类型，一般是提供作为计划的一个组成部分的季度检查。另一个方面是

指人员检查进度并提出必要的控制行动。还要求指明偏离原计划的容许量，并应制定向负责经理报告意外情况的制度。

（3）机动性。最有助于计划的稳定性和可能成功的特性是计划的机动性。这一点看起来好像自相矛盾。一丝不容改变的计划虽然比较稳定，但它不能适应条件变化的需要。机动性并不意味着不明确或不稳定。机动性来源于拟订可供选择的替换方案，拟订具有可供选择方案的计划具有如下几个优点：①机动性可以使管理迅速而有效地适应外界变化着的条件。没有替换方案的计划不是导致走入死胡同的冒险，就是陷入不可挽回的境地，因而注定会使计划失败。②如果计划中包括一系列替换方案，那就可以立即选择出可行的方案，避免由于必须拟定新计划而引起的迟延。③在计划的开始阶段，如果有替换方案，就容易得到批准。计划中有几个选择方案，意味着对问题已经做过较完全的分析，而不是只选定一个方案盲目地加以采用。

当计划送交具有不同利益和目标的一个群体时，如果计划包括了替换选择方案，就增加了获得一个折中方案的可能；相反，当只有一个方案时，全部计划可能会被拒绝。

以上介绍了评定计划可能成功的三个标准。这些标准不仅用做衡量计划可能成功的尺度，也反映计划过程的有效性。计划工作和计划之间的关系为：有效的计划工作导致客观的、结构良好的和机动的计划；作为计划工作的结果而产生的计划具有这些特征的程度，是计划可能成功的尺度。

2. 经济性分析。普遍地用于经济学中的经济效果的概念，可用来确定一个计划是否对企业目标做出了最大贡献。应用这个概念作为管理工具是以两个基本假定为根据的：①工商企业管理主要是一种经济活动。经济学的原理和方法，应该是可以应用并能转化为管理的原则和方法。经济一词的意思是指对所有资源的有效利用。②任何组织单位的主要目标是以一定的消耗（投入单位数）取得最大限度的收益（产出单位数）。这个前提是从广义说的，因为极大化的收益这个概念，不仅适用于投资、营销或生产方面，也适用于慈善机构的管理和寻求最好的（最经济的）基金分配，适用于宗教组织和寻找改变宗教信仰的人，或适用于劳工工会为会员获得增长的利益。

经济性分析的方法有两种：一种是有关资源有效利用方面的，主要是借助于边际收益与边际成本这两个概念来进行的。它们反映某一计划对资源有效利用的情况。在任何组织的管理上，必须不断地探询它的行动或拟议的计划在实现其目标时，是否使其资源的有效利用处于最优。当要在两个或两个以上的计划中选择一个，而这些计划都有同等程度的客观性、结构化程度和机动性时，为了做出决策，显然就需要另一个尺度。经济效果是用于评定计划价值的第四个因素，它为选择适当的计划提供了基础。计划工作中的经济效益，将导致通过有效地利用现有资源，而能最大限度地达到企业目标的计划。

另一种经济性分析方法是成本—效益分析。它主要适用于那些不能用经济效果来评价计划的情况，如政府部门、教育机构和宗教、慈善事业单位等。成本—效益分析被利用在难以衡量效益的价值或效益的分配的时候，以及在制定一定计划的成本中难以确定哪些成本应当被包括在内、哪些应该排除在外的时候。测量效益和制定成本的困难，往往在上面提到的非营利性事业单位和工商业评价特殊方案时出现。成本—效益分析，可以用来评价城市重建规划，确定政府在大学、学院和社区之间财政资源的分配，以及确定从各种行政人员报偿方案中得来的效益。

以上我们从程序性和经济性两方面介绍了计划评价问题。程序性分析是叙述和评价计划工作过程本身突出特征的方法。经济性分析是通过计划的经济效果来评价计划的方法。以边际收益等于边际成本，表示的是一种确定与产生增量有关的投入增量的效果的方法。而成本—效益分析，则是当给成本或效益定量发生困难时使用的一种方法。

二、目标概述

（一）目标的性质

目标是目的或宗旨的具体化，它是指个人或组织根据自身的需求而提出的在一定时期内经过努力要达到的预期成果。目标能够为管理决策确立方向，并可作为标准用以衡量实际的成效。所以，准确把握其属性显得至关重要。

1. 目标的多样化。现实告诉我们，不论是组织或个人，所确定的目标往往是多个而非单一的，即使是组织的主要目标，一般也是多种多样的。从下面两个例子我们可以更清楚地认识到这一点。总的来说，企业目标是生产更多的产品和尽可能多地创造利润，但在其总目标中，表4-2中的许多内容是不可缺少的。就大学而言，目标任务不仅仅限于教学和研究，支撑学校事业发展的工作，其目标也是多个的（见表4-3）。

除了主要目标外，还要有次要目标。在目标体系中的每个层次，也会有多个具体目标。但一般认为，过多的目标会使得执行的组织或个人应接不暇而顾此失彼。因此，应当尽量减少目标的数量，突出主要目标。同时，对各个目标的相对重要性和完成时间序列做出合理的划定是非常必要的。无论在什么情况下，目标的数量主要取决于管理人员本身能做多少，能分派给下属人员做多少，从而使管理人员有效地分派任务，监督和控制任务。

表4-2   企业的一些总目标或目的

☐1. 获得一定的利润率和投资收益率
☐2. 重点研究连续开发的适当产品
☐3. 扩大公众持有的股票所有权
☐4. 主要通过利润再投资和银行贷款筹措资金
☐5. 在国际市场中销售产品
☐6. 保证优势产品的竞争价格
☐7. 取得行业中的优势地位
☐8. 遵循企业经营业务所在的社会价值

表4-3   大学的总目标

☐1. 吸收特别优秀的学生
☐2. 在文科和理科各方面以及某些专业领域，提供基本训练
☐3. 培养社会需要的各类专业合格人才
☐4. 聘请有名望的教授
☐5. 建立数量充足、业务水平高的教师和科研人员队伍
☐6. 通过研究发现并组织新知识
☐7. 通过收取学费和吸收社区及朋友的捐赠来获得支持
☐8. 加强与社会的合作，扩大学校影响，壮大发展实力

2. 目标的层次性。从组织结构的角度来看，目标形成一个有层次的体系，以广泛的社会经济目标到特定个人目标，分层次、分等级组成。为便于对目标层次的理解与把握，我们不妨把组织目标归纳为三个基本层次：

（1）社会层，即企业组织满足于社会发展和市场需要的目标。如企业要以合理的成本为社会提供所需要的产品和服务，创造更多的价值。

（2）组织层，即企业组织和专业系统自身发展的目标和策略。例如，某生产汽车的企业为进一步扩大市场占有率，确定设计、生产和销售可靠的、成本低及节能型的各种汽车的目标，并将包括关键成果领域在内的目标更加具体化，如一定时期内的投资收益率、产品生产率等，这些目标还需进一步转化为分公司、部或小组的目标。

（3）个人层，组织最低层即成员个人的目标。例如，收入分配、专业技术水平、业绩成就等。

一个企业组织的多种目标除了有一定的层次性外，我们还应了解企业的总

目标与个别目标对管理阶层的关系。不同的管理阶层制定不同的目标形式，所使用的资料也有所不同。

3. 目标的网络化。一个组织的目标通常是通过各种相互联系的活动的相互影响、相互促进来实现的。如果各种目标互不联结、互不支持，则执行的结果必然会给整个组织或企业带来不利甚至严重的负面影响。

目标和计划很少是线性的，即这个目标实现后紧跟着再去实现下一个目标。有效的计划方案，其具体目标共同形成一个左右关联，上下衔接，互相呼应着的一个有机网络，目标和计划是按一定的网络方式互相连接的，只有使得各个目标互相连接，彼此协调，互相支援，目标网络才具有效果。

一般情况下，企业组织内部某一单位或部门，很容易制定似乎完全适合于它的目标，但却常常出现部门间此目标与彼目标相互抵触、互为矛盾的问题，以致造成组织局部或整体目标网络的梗阻和不畅。如制造部门可能认为生产过程长是最佳目标，但这可能与营销部门要求所有产品都能随时供应的愿望相抵触，或者与财务部门要求库存资金维持在相当低的水平的目标相抵触。

通常我们不难发现，管理人员往往基于本部门自身的利益，从他们自己的角度去看待目标，不是非从目标网络的总体去把握和考虑。而且，很多研究及实证表明，一些企业往往因为没有认识到许多的制约因素，如社会环境、经济条件或者竞争对手的策略，而设置许多不现实的目标。因此，称职的管理人员其职责就是要充分确保目标网络中的每个组成成分要相互协调。

除此之外，目标还具有可考核性、可接受性、挑战性及信息反馈性。

（二）目标的分类

由于目标具有不同的属性，从而使得目标表现出不同的对应类型，如主要目标和次要目标、控制性目标和突破性目标、长期目标和短期目标、明确目标和模糊目标、定量目标和定性目标等。

1. 主要目标和次要目标。就企业来说，企业生存、盈利和发展作为企业三个最为重要的目标同时存在，相辅相成，缺一不可。在某种程度上它们是所有企业的最终目标。围绕总目标，企业通常还要在以下主要方面设立目标：①市场地位。②创新与技术进步。③生产率。④物资和财力资源。⑤利润率。⑥主管人员的绩效和发展。⑦员工的工作质量和劳动态度。⑧社会责任。

次要目标是有助于实现主要目标的目标。比如，营销目标作为次要目标，寻求的是确保产品设计能够始终迎合顾客的需求而使顾客重复购买。它与企业的总目标是一致的，也是主要目标所必需的。同样，如人事目标作为次要目标追求的是创造良好的工作环境以使企业人员调整率低于2%。生产目标则追求最大限度地降低生产的次品数量。每一个次要目标都贯穿在企业的经营中并有助于总目标的实现。然而，并非目标越多越好；相反，应当尽可能减少目标的数量，尽量突出主要目标。

2. 控制性目标和突破性目标。控制性目标是指使生产水平或经营活动水平维持在现有水平。美国可口可乐公司由于拥有世界性专利，在 20 世纪 60 年代前，一度以生产单一口味的品种、单一标准的瓶装和统一的广告宣传作为其产品设计和营销的目标和手法，长期占领了世界软饮料市场；而我国第一汽车制造厂在 80 年代中期以前的长时间内，也是以生产单一规格、单一车型、单一颜色、单一价格的"解放"牌汽车，行销全国。以上两例的生产经营战略都是控制性目标。

突破性目标是指使生产水平或经营活动水平达到前所未有的水平。例如，某企业产品的废品率在 15% 左右，在计划中要提高工作质量，使废品率降到 10%。这个 10% 就是突破性目标。

3. 长期目标和短期目标。将目标分为短期目标和长期目标是相对时间跨度而言的。一般来说，时间跨度达五年以上的目标称为长期目标。由于长期目标历时较长，中间发生的变动因素很多，因此，随着时间的推移，长期目标在实施过程中需要不断地进行调整。短期目标通常是指一年以内要求达到的目标。

短期目标是长期目标的基础，任何长期目标的实现必然是由近及远。另一方面，短期目标必须体现长期目标，必须是为了实现长期目标。为了使长期目标和短期目标之间形成一个整体关系，首先，应使长期目标与短期目标之间形成一个整体关系，否则，可能导致相悖的效果。例如，生产管理人员为了降低维修费用，可能疏忽为保持机器良好运转所必需的费用。最初，机器的损坏并不明显，但是，以后修理费用可能花得更多。因此，为了使短期目标有助于长期目标的实现，必须拟订实现每个目标的计划，并把这些计划汇合成一个总计划，以此来检查它们是否合乎逻辑，是否协调一致和是否切实可行。

4. 明确目标和模糊目标。从管理的角度看，目标一般应当越明确越好。明确的目标既有利于计划，又有利于控制。例如，一家大型公司制定的三年内要达到的利润的绝对额或投资报酬率、销售额及雇员数量等方面的增长目标，本企业销售额与行业全部销售额的比重即所占市场份额等目标，这些都是明确的目标，便于有效地执行。但是，当不能没有目标而又不宜规定具体目标时，我们不妨提出一种模糊的目标，这样也许效果会更好。联想集团总裁柳传志，1995 年在联想集团产业发展报告会上阐述集团的发展目标时说："我们想做一个长久性的公司，要做百年老字号，这是第一条最重要的目标。第二，我们要做一个有规模的公司，要有国际性的市场地位。第三，要做个高技术的公司，不想什么赚钱做什么。"这显然比明确规定的具体数字更为合理贴切。评价模糊目标是否实现的标准也不同于明确目标，它是一种满意标准，是一种价值判断。

故事中的管理学：猎杀骆驼

有一位父亲带着三个孩子，到沙漠去猎杀骆驼。

他们到了目的地。

父亲问老大："你看到了什么？"

老大回答："我看到了猎枪，还有骆驼，还有一望无际的沙漠。"

父亲摇摇头说："不对。"

父亲以同样的问题问老二。

老二回答说："我看见了爸爸、大哥、弟弟、猎枪，还有沙漠。"

父亲又摇摇头说："不对。"

父亲又以同样的问题问老三。

老三回答："我只看到了骆驼。"

父亲高兴地说："你答对了。"

---

5. 定量目标和定性目标。人们有时必须回答这样的问题："最终，我将如何知道目标已经完成？"要得出正确的答案，关键在于其目标应具有可考核性，并使之定量化。但是，有许多目标是不宜用数量表示的，硬性地将一些定性的目标数量化，这种做法也是不科学的。在组织的经营活动中，定性目标是不可缺少的。在政府机构中，定性目标则更显重要。有时，提出一个定性目标可能比规定一个定量目标使主管人员处于更有利、更主动的地位。

任何定性目标都能用详细说明规划或其他目标的特征和完成日期的方法来提高其可考核的程度。但是，有时定性目标要用可考核的评述来说明结果会更加困难些。例如，确立年内安装一个自动供水系统目标，但只说"要安装一个自动供水系统"却是一个不可考核的目标。但如果我们明确提出："在1999年12月31日前，生产部门要安装一个自动供水系统（有一定的指标），耗费不多于 500 个工作小时"，那目标完成便可加以计量了。此外，质量也可以根据实际供水数量和时间的多少做出准确的说明。

制定目标而能产生效果，秘诀就是"明确"二字，成功的目标，必须是明确的。进一步说，目标要具体化、要量化。对于企业而言，一个时期的战略目标必须是明确、具体的；对于一个人团队来说，行动的目标也必须是明确的、具体的，只有这样，才能让全体成员明确下一步努力的方向，才能对全体成产生巨大的激励作用。有了明确、具体的目标，不管具体到哪一个阶段，也不管在实现目标的进程中遇到了什么意外的情况或问题，都能够保企业或者团队成员调查自己的工作任务和努力程度，保证能始终朝着既定的目标前进。

（三）目标的确定

1. 确定目标的原则。一个组织的运行是一个复杂的管理过程，在管理过程中所涉及的目标也是多种多样的。目标都与各部门、各员工的任务和利益相关，因而目标的确定也是一个极其复杂的过程。各部门、各层次、各方面由于条件、利益不同，看问题的观点、角度不同，其追求的目标不同，有时会出现相互不协调甚至相互矛盾的情况，不同的时间跨度可能出现目标关系脱节或重复等现象。因此，如何正确地确定目标就显得十分必要。

在确定目标的具体问题上，由于组织的各部门职能不同，不同时期、不同条件的目标不同，其目标的确定肯定也不同。不过，从总体上看，要使目标合理有效，就必须遵循以下基本原则：

（1）统一性。任何组织中最重要的是确定组织的总目标。总目标必须体现组织的目的和任务要求，明确规定组织全部活动的方向，组织的全体员工必须为实现总目标而努力奋斗。因此，组织内的各部门、各层次、各方面、各员工的目标都必须服从于总目标，维护总目标的一致性和权威性，以充分发挥组织整体的优势。

（2）系统性。目标的确定要注意目标之间的协调关系。组织内各层次、各方面、不同时间跨度的目标要形成一个协调一致的目标系统，目标的上、下、左、右的关系要符合客观的内在联系，如利润目标同产量目标、品种目标、质量目标、成本目标等都有关联，其中哪个目标不协调则利润目标必受影响。从目标的层次上看，下一层次的目标是上一层次目标的细分化和具体化，是实现上一层次目标的保证。所谓协调一致，就是各目标之间不能互相矛盾、互相脱节，要区分轻重缓急，确定目标的先后次序，以合理地分配组织的资源，注意系统优化。组织的目标应该是经过综合平衡后的优化目标系统。

（3）预见性。目标是组织希望达到的预期效果，目标是预先确定的。目标的确定要认真估计组织外部的环境和组织内部条件的变化情况，尽量做到目标同将来事物的发展状态相吻合，特别在制定长期目标时，尤其要重视战略上的预见性，防止由于缺乏预见性而造成长期目标在实施 2—3 年后就失去指导意义，以至于影响组织的生存和发展。

（4）科学性。目标必须在对象、要求和时限上是明确的和单义的。目标必须尽可能量化，要进行科学计算。目标既要先进合理又要切实可行，符合客观规律的要求。要具有激励作用，指标要适当，是经过努力可以实现的。同时，要具有目标实现的可衡量性，要有明确的考核指标和考核标准，不能主观随意地制定目标。

（5）应变性。组织的外部环境和内部条件都是在不断发展变化的，组织的目标应当随着情况的变化而相应地调整或做出必要的修改。这里指的调整和修改不是为了保证计划的完成而人为地调整、修改，使计划目标被动地适应实际情况，而是组织的实际环境和条件因某些特殊原因（如天灾、人祸等不可抗拒的情况发生，政府政策法规等有了大幅度的调整，国外市场的大变化等），致使原计划目标失去了预见性和科学性，所以必须对目标进行必要的调整和修改，使其能继续起到对工作的引导作用。

2. 确定目标应注意的问题。确定目标是计划和管理的首要任务。在确定目标过程中，应注意以下问题：

（1）目标的确定。目标的确定取决于制定计划所需要解决的问题。如果对计划所要解决的问题的实质、特点和范围有明确的了解，并以差距的形式反映出问题的症结，同时能认真地找出产生差距的真正原因，则目标也就不难确定了。如若对问题只有一个比较模糊的印象，或者对问题的性质、特点及原因都不够清楚，就匆忙确定目标，则这样的目标就缺乏针对性。

（2）目标的衡量标准。考核目标有没有完全达到，这取决于衡量目标实现程度的具体标准是否明确，因此应当研究目标的数量化问题。有的目标本身就是数量目标，如产量、产值、成本、利润等。在确定这类目标时，只要明确规定数量就可以了。因为这类目标已经有了具体的数量标准，将来目标实现情况如何已经能够确切地衡量出来。有些目标属于质量问题，衡量其是否达到目标则有些困难。为此，有时可以通过间接测定的方法，把质量指标用数量指标反映出来，如产品的合格率、返修率等。目标的数量化，不仅有利于明确目标达到与否的衡量标准，而且还便于采用现代化的方法和手段进行处理。

（3）目标的约束条件。目标可以分为有条件目标和无条件目标两大类。有条件目标是指目标的确定有一定的附加条件。例如，在规定了产值、利润等指标的同时，规定了产品的质量和品种结构作为前提条件。这些前提条件或附加条件统称为约束条件。不附加任何约束条件的目标称为无条件目标。多数实际问题的目标属于有条件目标，其约束条件大致有以下三个方面：①可以运用的资源条件，包括人力、物力、财力、时间等。②法律、条令、制度等方面的限制性规定，如国家计划规定、产品质量标准、政策允许范围、环境保护法令等。③一些次要目标规定的必须达到的起码要求，从而形成的约束条件。

（4）多目标问题的处理。许多复杂问题的目标不止一个，这就给目标的确定带来了困难。例如，价廉物美得有两个目标，多、快、好、省有四个目标。对多目标问题必须妥善加以处理。多目标问题的处理，应遵循以下两个基本原则：①在满足计划需求的前提下，尽量设法减少目标的个数，如把类似目标加以合并，将次要目标降为约束条件，通过加权平均或构成函数的方法，形成一个综合指标等。②根据重要性的大小，将目标排成顺序。在进行计划管理时，可首先把注意力集中于重要性大的目标上，然后再考虑其他次要目标。

（5）目标的冲突问题。在一个管理系统中，上下级之间和同级之间，他们的目标有些是一致的，而有的则是矛盾的。如果上下级之间的目标有矛盾，则应按局部服从全局、下级服从上级的原则去解决。如若同级各部门之间存在着目标冲突问题，就应设法加以协调，以求得矛盾的妥善解决。

此外，还要注意确定的目标必须是单义的，避免在理解和执行过程中产生多义性，确定目标既要高度概括，又要有实际内容，等等。

故事中的管理学：石匠的目标

有这样一个寓言：有个人经过一个建筑工地，问那里的石匠们在干什么？三个石匠给出了三个不同的回答。

第一个石匠回答："我在做养家糊口的事，混口饭吃。"

第二个石匠回答："我在做最棒的石匠工作。"

第三个石匠回答："我正在盖一座教堂。"

如果我们用"自我期望"、"自我启发"和"自我发展"三个指标来衡量这三个石匠，我们会发现，第一个石匠的自我期望值太低，在职场上，此人缺乏自我启发的自觉和自我发展的动力。第二个石匠的自我期望值过高，在团队中，此人很可能是个特立独行、"笑傲江湖"式的人物。第三个石匠的目标才

真正与工程目标、团队目标高度吻合，他的自我启发意愿与自我发展行为才会与组织目标的追求形成和谐的合力。

综上所述，设置目标，一般要求目标的数量不宜太多，包括工作的主要特征，并尽可能地说明必须完成什么和何时完成，如有可能，也应明确所期望的质量和为实现目标的计划成本。此外，目标能促进个人和职业上的成长和发展，对员工具有挑战性，并适时地向员工反馈目标完成情况。

（四）目标管理

1. 目标管理的概念。目标管理（Management By Objectives，MBO）是美国管理学家彼得·德鲁克于 1954 年提出的。我国企业于 20 世纪 80 年代初开始引进目标管理法，因取得较好的成效而被广泛应用。尽管目标管理得到了广泛的应用，但人们对目标管理的意义并不都是清楚的。有些人仍然认为它是一种评价工具；另外一些人把它看做是一种激励技术，还有一些人认为目标管理是一种计划工作和控制的手段，换句话说，目标管理的定义和应用，有很大的差别。我们认为，目标管理的含义是，目标管理是一个全面的管理系统，它用系统的方法，使许多关键管理活动结合起来，并且有意识地瞄准、有效地实现组织目标和个人目标。

把目标管理作为一种管理工作系统的观点，不是所有人都能完全接受的。有些人仍然用较为狭隘和有限的方法来对目标管理下定义。

2. 目标管理的意义。其具体有以下几个方面：

（1）加强业绩评价。1957 年，道格拉斯·麦格雷戈（Douglas McGregor）在其发表在《哈佛工商评论》的经典论文中，批判了传统的评价方法——把评价下属人员的焦点放在个性特征标准上，提出了一种以德鲁克的目标管理概念为基础的较新的方法。他明确提出，下属人员应承担为自己设置短期目标的责任，并有同他们的上级领导人一起检查这些目标的责任。当然，上级领导人对这些目标具有最后否决权，但是，在适当的环境里，几乎不需要使用这种否决权。这样，主要由下属人员自己对照预先设立的目标来评价业绩，这种鼓励自我评价和自我发展的新方法所强调的应该是业绩而不是个性。下属人员积极参加这种评价过程，就引入了承诺任务，并创造出一种激励的环境。

（2）加强短期目标和激励。研究人员、顾问和实际工作者早已认识到设置个人目标的重要性。马里兰大学的早期研究发现，明确的目标要比只要求人们尽力去做会有更高的业绩，而且高水平的业绩是和高水平的意向有关联的。从关于目标管理计划的一项早期研究和以后的研究中发现，"目标的总平均水平很有意思地向上运转"。同样，他们也注意到，在企业中，目标技能的改善，生产率便会继续提高。然而，当继续进行研究时，生产率却逐渐有所下降。虽然在激励职工方面目标设置不是唯一的因素，但它是一个重要因素（其他因素是鼓励、参与和自治权）。当然，作为一种激励技术，目标设置的重要性并不限于企业，在公共组织中也是有用的。在许多公共组织里，目标的普遍含糊不清是对主管人员的一种挑战。

故事中的管理学：数字的威力

查尔斯·施瓦布是美国著名企业家，他下属的一个工厂的工人总是完不成定额。为此，施瓦布换了好几任厂长也不奏效，于是他决定亲自处理这件事。

他来到工厂的厂长办公室询问此事，厂长答道："我劝说工人们，骂过他们，还以开除他们相威胁，但全然于事无补。他们仍然完不成自己的定额。"

"那么，你领我到厂里看看吧。"

来到工厂场地时，正值白班工人要下班，夜班工人即将接班，施瓦布问一个白班工人："你们今天一共炼了几炉钢？"

工人回答："6炉。"

施瓦布默默地拿起一支粉笔，在一块小黑板上写了一个"6"字，再巡视了一下工厂就回去了。

夜班工人上班了，看到黑板上出现了一个"6"字，十分好奇，忙问门卫是什么意思。

"施瓦布今天来这里，"门卫说，"他问白班工人炼了多少炉，知道是6炉后，他就在黑板上写了这个数字。"

第二天早晨，施瓦布又来到工厂，特意看了看黑板，看到夜班工人把"6"换成了"7"，十分满意地离开了。

白班工人第二天早班上班都看到了"7"。一位爱激动的工人大声叫到："这意思是说夜班工人比我们强，我们要让他们看看并不是那么回事。"当他们晚上交班时，黑板上出现了一个巨大的"10"字。

就这样，两班工人竞争起来，这个落后的工厂很快超过了其他工厂。

施瓦布仅仅用了一个小小的"6"字就改变了工厂的面貌，解决了打骂甚至开除威胁都办不到的事情。施瓦布的高明之处，在于他唤起了工人们的竞争意识。

（3）在目标管理过程中要包含长期规划。在强调业绩考证和激励的目标管理计划中，重点倾向于放在短期目标上。不幸的是，这种倾向可能会导致不希望出现的管理行为。例如，一位生产主管人员，在努力降低维修费用时，可能疏忽为保持机器良好运转所必需的费用。最初，机器的损坏并不明显，但是，以后的结果可能使修理费用不断增加。在努力争取在指定的年度里获得良好的投资收益时，可能忽视了培育良好的顾客关系。同样，一位主管人员，可能不愿投资于几年以后才能有利润的新产品上。认识到这些缺点后，许多组织现在已把长期规划和策略计划纳入到了目标管理计划中。

（4）目标管理是系统方法。目标管理已经经历过许多变化，它已用于业绩考评，作为激励个人的一种手段，最近又把策略性计划纳入目标管理。但是，还有其他一些管理子系统，可以归纳进目标管理过程，它们包括组织结构设计、文件管理、管理开发、事业开发、补偿方案和预算。这些不同的管理活动需要综合到一个系统中去。

3. 设置目标的准则。设置目标是一项很困难的任务，它需要上级领导人员明智地指导和下属人员广泛地实践。我们准备了一些准则，将对各类主管人员设置目标时有所帮助。如表4-4所示。

4. 目标管理的过程。孔茨认为，目标管理是一个全面的管理系统，它用系统的方法，使许多关键管理活动结合起来，并且有意识地瞄准有效地和高效地实现组织目标和个人目标，因此，在总结目标管理工作在实践中是怎样取得成功的时，我们便能看出目标在管理中的实际重要性。图4-3用图解方法描绘了这个过程。

在理想情况下，这个过程开始于组织的最高层，并且有总经理的积极支持，给组织以指导。但是，目标设置开始于最高层并不具有实质性。它可以从分公司一级开始，在销售主管人员这一级或者更低层开始。例如，某个公司在其目标系统中，首先在一个分公司建立目标，随后逐级建立到管理的最低层，进而形成一个互相连锁的目标网络。在分公司经理的指导下，该分公司在获利性、降低成本、改善经营等方面都取得了成功。不久，其他分公司经理和总经理也产生了兴趣并力图实行类似的计划。在另一个例子中，一位会计部门的主管人员在他的小组内展开了目标体系；他的成功不仅得到领导的赏识（并提升），而且成为全公司展开这种体系的开端。

和所有计划一样，目标管理的关键要求是开发和传播那些协调一致的计划前提。要是没有明确的指导方针，任何主管人员都不可能希望去设置目标或制定计划和预算。

表4-4 主管人员目标检验表

如果目标符合标准，就在右边的方框中画"＋"号表示。如果不是，画"－"号表示。

□1. 目标是否包括我的工作的主要特征？ □

□2. 目标的数目是否太多？ □

如果太多，能合并一些目标吗？ □

□3. 目标是否可考核，即我知道期末是否已经实现了目标？ □

□4. 这些目标是否表示了： □

（1）数量（多少）？ □

（2）质量（如好的标准或具体的特性)？ □

（3）时间（何时）？ □

（4）成本（按什么成本)？ □

□5. 这些目标有挑战性吗？ □

合理吗？ □

□6. 是否已给这些目标安排了优先程序？（次序、侧重等） □

□7. 这套目标是否包括： □

（1）改进工作的目标？ □

（2）个人发展目标？ □

□8. 这些目标是否同其他主管人员和组织单位的目标协调？ □

它们是否和我们上级领导人的目标、我们部门的目标。公司的目标协调？ □

□9. 是否已将目标传达给所有需要掌握这种信息的人？ □

□10. 短期目标是否与长期目标相一致？ □

□11. 目标依据的假定是否已清楚查明？ □

□12. 目标表达是否清楚并用文字表述？ □

□13. 这些目标是否能随时提供反馈，从而采取必要的纠正步骤？ □

□14. 所掌握的资源与权力是否足以去实现这些目标？ □

□15. 是否考虑给予那些想实现目标的个人一些机会去提出他们的目标？ □

□16. 分派给下属人员的责任是否能控制？ □

关于目标管理过程，大体可以分为以下几个步骤：

第一步：初步在高层设置目标。已知某些适当的计划工作前提后，设置目标的第一步是，高层管理者确定在未来特定时期内要抓住企业的宗旨或使命和更重要的目标是什么。这些目标可以设置为任何期限的——一季、二年、五年，或在已知环境下的任何适当期限。大多数情况下，目标设置可与年度预算或主要项目的完成期限相一致。在典型的情况下，组织层次的位置越低，为实现目标而设置时间的长度往往越短。例如，第一层次的监管人员设置许多年度目标是很少行得通的。因为他们的目标时间，在大多数经营内容上，诸如成本或废品减少、设备重新安排或专门人事计划的制定等，所需的时间跨度都较短。

由上级设置初步目标。关于在一定时期内组织可能和应该实现什么目标，是建立在分析和判断基础上的。这就需要按照面临的可供利用的机会和威胁来考虑公司的优势和弱点。这些目标必须看成是试验性的，当下级拟定出整个可考核的目标系列时，再根据它来修改暂定的目标。大多数管理者也发现，和下属人员一起制定目标，能暴露出他们以前未知的需要去处理的一些问题和机会。

第二步：明确组织的作用。在达到目标过程中，所期望的成果和责任之间的关系往往被人忽视。理想的情况是，每个目标和子目标都应有某一个明确的责任人。然而，对一个组织结构的分析常常发现：责任是含糊不清的和需要加以澄清的。有时不可能去建立一个组织结构以使特定的目标成为某个人的责任。例如，在设置一种新产品投入的目标中，研究、销售和生产等部门的管理者必须仔细地协调他们的工作。他们的各种职能可以由设立一名产品管理者来负责把它们集中起来。但是，如果不愿意这样做，则至少每一协作的管理者对计划目标所要完成的具体任务，应该做出明确的规定。

第三步：下属人员目标的设置。在有关总目标、策略和计划工作前提条件等确保传达给下属管理者之后，上级管理者就可以着手同下属们一起来设置他们的目标了。上级管理者询问下属人员他们认为可以实现什么目标，在什么期限内完成，需要什么资源。然后讨论对公司或部门来说，什么目标看来是可行的初步设想。

第四步：拟定目标的反复循环过程。从最高层开始确定目标而后将目标分派给他们的下属人员，可能是难以奏效的。拟定目标也不应从基层开始。需要的是有一定程度的反复循环过程。反复循环如图 4－3 中的箭头所示。高层管理者对他们的下属人员应当确定什么目标先要有个设想。但是，当下属人员的贡献成为重点时，他们将几乎肯定要改变这些预先设定的目标。这样，目标的设置不仅是一个连续的过程，而且也是一个互相作用的过程。例如，一位销售主管可能切合实际地设置一个产品销售目标，这个目标可能会高于高层管理者所认为的可能目标。在此情况下，制造部门和财务部门的目标肯定要受到影响。

第五步：组织实施。目标分解，责任到人之后，管理者的主要任务就是组

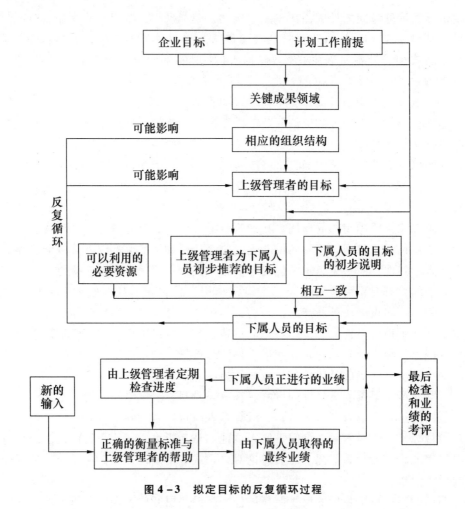

图4-3　拟定目标的反复循环过程

织实施。管理者要注意把握好两条原则：一是管理者的工作要更多地体现在指导、帮助、提出问题、提供信息以及组织成员创造良好的工作环境等方面；二是管理者要下放权利，让组织成员通过自我控制实现组织目标。

　　第六步：考核与反馈。对各级目标的完成情况，要根据目标实现期限定期检查、考核。检查和考核的依据就是各级目标，检查和考核可以采用自检、互检、责成专门的部门进行检查等多样化的方法。对检查与考核的结果要及时反馈给组织成员，以激励组织成员，并促使其适时调整自己的不当行为。对如期、高质量实现目标者给予奖励；反之则给予批评和处罚。经过考核和反馈，使目标管理向新的阶段发展。

第七步：制定新目标并开始新的目标管理循环。成果评价与成员行为奖惩，既是对某一阶段组织活动效果以及组织成员贡献的总结，也为下一阶段的工作提供参考和借鉴。在此基础上，为组织成员及其各个层次、部门的活动制定新的目标并组织实施，便展开了目标管理的新一轮循环。

5. 辩证地认识目标管理。虽然目标管理是现在最广泛的实际管理方法之一，但要评价目标管理的真正效果是困难的。其原因是，各种各样的组织给目标管理下不同的定义和进行不同的实践。有的只是指简单地设置目标，而另一些则把它看成是一个全面的管理系统。加之，有效性也是不容易下定义的，而且业绩的好坏可能是由于目标管理以外的其他因素造成的。要完成一项目标管理计划可能需要用 2—5 年的时间，而在此时间里，这个计划以外的许多其他因素都可能对企业的经营有影响。正如几年前所指出的——而今天仍是正确的——如果一个目标管理方法产生效果，它一定是与特定的情形相适应的。

（1）目标管理的作用。一般来说，目标管理具有如下几方面的作用：

第一，引导作用。目标既可以为管理者指明管理工作的方向，也可以为组织成员指明工作努力的方向。没有计划便不能建立目标，而用结果来定向的计划工作，才是使计划工作有意义的唯一办法。目标管理迫使管理者去考虑计划的效果，而不仅仅是计划的活动。为了保证目标的现实性，它也需要管理者去考虑他们实施目标的方法，考虑他们需要这样做的组织和人员，以及他们需要的资源和帮助。同样，设立一套明确的目标，才能更好地控制激励，才能更好地了解控制标准。

第二，弄清楚组织结构。目标管理可以迫使管理者弄清楚组织的任务和结构。在可能的范围内，各个职位应该围绕所期望的关键成果建立起来，各个职位应有人负责。已经有效地着手目标管理计划的那些公司，会经常发现他们组织里的缺陷。管理者经常忘记：为了取得成果，他们必须根据自己期望的成果授予下属人员以权力。正如曾经报道过的霍尼韦尔公司的一位高层管理者所说的："有两件事同时被考虑为霍尼韦尔公司的基本信条：为使霍尼韦尔公司开展工作，则需要分散管理，以及为进行分散管理工作，则需要目标管理。"

第三，激励作用。目标管理可以激励人们专心致志于他们的目标。人们不再只是做工作、执行指示、等待指导和决策；他们现在都是有明确规定目标的个人。他们实际上已参与设置目标；他们已有机会把自己的想法纳入计划之中，他们了解自行处理的范围——他们的职权——而且他们还能从上级管理者那里取得帮助，以确保他们完成自己的目标。这些都是有助于承担责任感的因素。当他们控制自己的命运时，他们便成为热心的人了。

第四，凝聚作用。组织是一个社会系统，它必须对其成员有一种凝聚力。组织凝聚力的大小受到多种因素影响，其中的一个因素就是组织目标。特别是当组织目标充分体现了组织成员的共同利益，并能够与组织成员的个人目标取得最大限度的和谐一致时，才能够极大地激发组织成员的工作热情、献身精神和创造力。而组织目标与个人目标之间潜在的冲突，则是削弱组织凝聚力的主要原因。因此，使组织目标与群体或组织成员个人目标之间取得和谐，是制定目标的又一条原则。

第五，考核标准。在管理实践中，评价管理者和组织成员绩效的标准有许多，但相对科学的标准应该是目标。目标是考核管理者和组织成员管理绩效和工作绩效的客观标准。依据目标考核，不仅易于操作而且有较大的可靠性。一般来说，以目标作为考核企业员工工作绩效的标准比较容易，但对政府部门来说，以目标作为考核标准仍是一件比较困难的工作。通常的做法是对总目标进行分解，然后从具体工作的角度制定目标。为保证客观性，有时还要考核管理者职责履行的情况。

第六，展开有效的控制工作。目标管理激发更有效的计划工作，同样，它也有助于开展有效的控制工作。前面已谈到控制包括测量结果，并采取行动纠正计划的偏差，以确保目标的实现。

（2）目标管理的局限性。尽管目标管理系统有很多优点，但它也有若干弱点。这些弱点大多数是由于在运用目标管理概念中引起的。

第一，对目标管理的原则和方法理解和宣讲得不够。目标管理可能看起来简单，但把它付诸实施的管理者，必须很好地领会和了解它。他们必须依次向下属人员解释目标管理是什么，它怎样能起作用，为什么要实行目标管理，在评价业绩时它起什么作用，以及最重要的是参与目标管理的人能够得到什么好处。这个原理是建立在自我控制和自我指导的概念基础上的，目的在于使管理者成为内行。

第二，给予目标设置者的指导准则不够。目标管理和任何其他计划工作一样，如果那些被期待去设置目标的人没有给予必要的指导准则，便不能起到目标管理的作用。管理者必须知道公司的目标是什么，以及他们自己的活动怎样适应这些目标。如果公司的一些目标含糊不清、不现实或不能协调一致，那么主管人员想同这些目标协调一致，实际上是不可能的。

第三，设置目标的困难。真正可考核的目标是很难确定的，尤其是如果要求它们每年每季始终达到正常的"紧张"和"费力"程度更是困难。目标设置可能不比任何其他类型的有效计划工作更加困难，虽然它可能为了建立那种艰难但可以达到的可考核的目标，要比往往只为展开所要做的工作而拟订许多计划做更多的研究和工作。

第四，强调短期目标。在大多数的目标管理计划中，管理者设立短期目标，很少多于一年，往往是一季或更短。强调短期目标显然是危险的，也许会损害长期目标的安排。当然，这意味着上级管理者必须始终保证他们现有的目标，像任何其他短期计划一样，是为长期目标服务而制定的。

第五，不灵活的危险。管理者对改动目标往往犹豫不决。如果目标经常改动，就不好说明它是经过深思熟虑和周密计划的结果，那么这样的目标是没有意义的。然而，在公司目标已修改，计划工作的前提条件已经发生了变化或政策已经改变的情况下，如果期望一个管理者为已经过时的目标去努力奋斗，那也是愚蠢的。

第六，其他危险。在目标管理中尚有一些其他危险和困难。为了追求目标的可考核性，人们可能会过分使用定量目标，而且在不宜用数字表示的一些领域里也企图利用数字。

第二节　预测与决策

一、预测

预测就是根据过去推测未来。预测是计划的前提和基础，没有科学的预测，就不会有成功的计划，更谈不上有成功的管理。

（一）预测的分类

在管理活动中，预测主要是为管理者进行决策、制定计划而提供前提的。因此，预测的种类和特征都是由某项管理问题的性质和要求来决定的。一般来说，根据预测的内容可将预测分为以下几种：

1. 经济预测。经济预测是通过对经济现象客观规律性的研究，对经济过程及其发展前景所进行的推测和估量。经济预测从经济管理范围上可以分为国民经济范围、部门经济预测、地区经济预测和企业经济预测几种类型，从性质上可以分为宏观经济预测和微观经济预测。如某一时期的固定资产投资规模、经济增长速度、社会总需求和总供给的预测；还包括市场预测，如市场价格变化、市场需求、竞争状况等。

2. 技术预测。技术预测是根据技术发展水平和社会实际需要的变化趋势，对技术发展趋势、技术发明的应用效果及由此引起的技术结构变化进行的推测和判断。技术预测的对象包括：可能出现的新技术、新材料、新工艺、新机器及其应用领域和推广可能性方面的预测；重点学科、带头学科及其研究项目完成时间长短的预测；科技发展对社会经济生活方面的影响的预测；还包括基础研究和应用研究的合适比例的预测；科技人员的现状及发展趋势的预测，以及所需科研经费的增长情况的预测。

3. 社会预测。社会预测是对社会发展的未来趋势进行的研究、分析和预见。社会预测的主要对象是对由科学技术的发展及各种不测事件印发的各种社会问题，诸如人口增长及其对社会的影响，就业率、平均寿命等的变化趋势，以及自然灾害及对其抗御能力等的预测。

4. 政治预测。包括对政治环境和法律环境的预测。

（二）预测的基本程序

一个完整的预测程序是由以下几个基本步骤组成的：

第一步：找出问题，分析差异，提出设想。预测需首先找出管理中存在的问题。管理的问题发生在管理的实际工作成果与预期成果之间存在着差距的地方。因此，将管理活动的实际成果与其相对应的预期目标相比较，就能够找出问题所在。找出问题之后，还应就影响管理工作的各种因素进行差异分析，以搞清楚导致问题发生的症结，然后，再在此基础上提出解决问题的各种设想。

第二步：确定预测目标和预测内容。根据所提出的解决问题的设想，应考虑达到这些设想需要预测哪些情况，即应明确为实现这些设想主要应预测什么？即确定预测的目标。一般在管理活动中，预测目标通常可以用一些定性或定量的指标来表示，如就企业而言，其预测目标主要有：生产的发展及变化趋势、市场容量及其变化、市场价格的变化、消费者需求的变化、各种材料的供应情况及其变化等。确定了预测的目标，也就可以相应地确定预测的内容。如为了预测市场价格的变化，可以确定预测哪些代表商品的价格变化，等等。

第三步：选择预测方法。预测的方法有许多种，究竟选择哪些预测方法去实现预测目标，这需要考虑具体管理问题所决定的预测内容的特点和要求。对定量预测可以选择和建立合适的数学模型；对定性预测可以建立逻辑推理模型。选择适合的预测方法和处理手段，直接影响着预测的可靠性和准确性。

第四步：对预测结果的分析和评价。预测结果大多不能直接应用于管理决策和计划。因为，在多数情况下，预测结果与实际情况是存在差异的。这就需要对预测结果进行分析和评价，即判断预测结果是否合理，误差的变动范围和概率分布以及未来条件变化对预测结果的影响程度，并找出误差的原因等。

第五步：修正预测结果。由于预测方法本身的局限性以及预测模型的近似性，预测结果存在偏差是经常出现的现象。这就需要在分析评价预测结果的基础上，根据误差大小及其原因，考虑已经变化了的情况和未来情况的变化趋势，对预测结果进行修正，得出最恰当的预测值。同时，在此基础上修改原预测模型和方法，为后期预测提供科学的预测手段。

（三）预测的方法

预测方法种类较多。从方法本身的性质看，可以有定量预测法和定性预测法。定性预测法又称直观预测法，它是由预测者根据已有的历史资料和现实资料，依靠个人经验和综合分析能力，对预测对象的未来发展趋势做出判断，以判断为依据做出的预测。这类方法包括典型分析法、意见集中法、专家预测法、类比法以及相关图法等，其中使用较多的是专家预测法。一般将借助数学模型进行预测分析的各种方法称为定量预测法。此类方法又可分为时序预测法和因果预测法。时序预测法是根据历史数据的时间序列对未来的变化趋势进行预测。主要包括简单平均法、移动平均法、指数平滑法、季节指数法和趋势延伸法。因果预测法是根据事物间的因果关系对预测变量的未来变化进行分析。包括回归分析法、矩阵法和计量经济方法等。这里只扼要介绍比较常用的几种预测方法。

1. 专家预测法。即根据预测的目的和要求，向有关专家提供一定的背景资料，请他们就某一预测对象未来的发展变化做出判断，提出对未来的预测意见。专家预测法的具体形式包括：

（1）专家会议法。即邀请有关方面的专家，通过会议的形式，对某一预测对象的发展前景做出评价，并在专家做出分析判断的基础上，综合专家们的意见，对该预测对象的发展趋势做出预测。

（2）专家调查法。即德尔菲法。德尔菲是古希腊的宗教崇拜中心，也是祭祀阿波罗的宗教中心。1948年，美国兰德公司和道格拉斯公司合作，研究了一种通过有控制的反馈有效地收集专家意见的方法，并将其命名为德尔菲法。此后，德尔菲法被广泛应用到于公共部门和私人部门的预测活动。德尔菲法也是一种主要的定性决策方法，将在决策部分对其进行详细的介绍。

2. 时间序列预测法。时间序列预测法是以预测对象的历史时间序列数据为基础，运用一定的数学方法使其向外延伸，来预测其未来的发展变化趋势。使用该方法的前提是，假定事物的未来发展与过去发展基本相同。常用的时间序列预测法包括：

（1）简单平均法。即求出一定观察期的数据平均数，以平均数为基础确定预测值的方法。常用的有算术平均法、加权平均法和几何平均法。①算术平均法，即以观察期数据之和除以资料期数，求得平均数，以该平均数作为预测值的一种方法。该方法适用于预测对象变化较小、观察期资料无明显变化且无季节变化的现象。②加权平均法，即在求平均数时，根据观察期内各期数据重要性的不同，分别给以不同权数后加以平均的方法。正确确定权数，是使用加权平均法进行预测的关键。对于预测对象历史时间序列数据，一般认为，距离预测期越近的数据对预测值的影响越大，因而应给予较大的权数，而对于距离预测期较远的数据则赋予较小的权数。但应当注意的是，如果预测对象的历史数据变动幅度较大，则对于各历史数据赋予的权数之间的差别也应该较大，必要时可采用等比级数；如果历史数据变化较平衡时，权数之间的级差则可以少一些，并可以采用等差级数。③几何平均法，即以观察期的几个数据相乘，然后把乘积开 n 次方，求得几何平均数，作为预测值的方法。这种方法，一般用于观察期资料有显著长期变动趋势的预测。

（2）移动平均法。移动平均法就是从时间数列中选择包括本期在内的最近几个时期的数值，计算它们的平均值，作为下一个时期的预测值。随着预测时期的向前推移，相邻的几个时期的数据也向前移动，因此，将此方法称为移动平均法。

设时间数列共有 t 个时期的数值，本期为 t 时期，先计算 t 期的移动平均数，称为 t 期的修匀值，记为 M_t，并以 M_t 作为 $t+1$ 期的预测值，记为 X_{t+1}，其计算公式为：

$$X_{t+1} = M_t = \frac{X_t + X_{t-1} + X_{t-2} + \cdots + X_{t-n+1}}{n}$$

在使用移动平均法进行预测时，应选择多大的移动平均时距 n，这应考虑预测对象历史资料时间数列的变动情况而确定。一般来说，被平均的时间越长，则修匀的能力也越大，可在较大程度上消除随机因素的影响。但如果移动平均的时距过长，又会使数列的差异平均化，显示不出时序变化的特点，尤其对于突变的事物缺乏敏感性，这不利于准确地进行预测。为此，在计算移动平均数之前，应先对时间数列的数值变化进行分析，如果数值变动比较平缓，修匀的时距可以长一些，如果数值变动幅度较大，修匀的时距则宜短些。

移动平均法还有一次移动平均与二次移动平均之分。二次移动平均是在一次移动平均的基础上，再计算相邻两期平均值的变动趋势，然后计算平均发展趋势，进行预测。

例：某公司 2006 年 1—12 月销售额的统计资料如表 4 – 5 所示。用移动平均法预测 2007 年 1 月份的销售额。

表 4 - 5　　　　　　　　　　　2006 年 1—12 月销售统计资料　　　　　　　　单位：万元

月份	销售额	近期平均数	变动趋势	四期平均发展趋势
1	33			
2	34			
3	37			
4	34			
5	41	35.8		
6	44	38.0	+ 2.2	
7	50	41.2	+ 3.2	
8	46	43.0	+ 1.8	
9	47	45.6	+ 2.6	2.45
10	52	47.8	+ 2.2	2.45
11	45	48.0	+ 0.2	1.70
12	55	49.0	+ 1.0	1.50
2007 年 1 月份	50.5			

第一步：计算相邻 5 个月的销售额平均数，如 1—5 月份销售额平均值为：

$$1 = \frac{33 + 34 + 37 + 34 + 41}{5} = 35.8$$

依此类推，求出 2，3，…，n，填入表中。

第二步：计算相邻两个平均值的差，该差称为平均值的变动趋势。

第三步：计算相邻四期变化趋势之平均值，称为四期变动的平均发展趋势。

第四步：预测 2007 年 1 月份的销售额。

预测值 = 最后一期平均月销售额 + 最后一期平均发展趋势 × 预测期距最后平均月销售额的时间 = 49.0 + 1.5 × 1 = 50.5 （万元）

（3）指数平滑法。指数平滑法也称指数修匀法。它是根据本期的实际数

y_t 和以往对本期的预测数 S_t 来确定下期预测数 S_{t+1} 的一种预测方法。在运算过程中，分别给本期实际数 S_t 和对本期的预测数 S_t 以不同的权数。指数平滑法的预测公式为：

$$S_{t+1} = \alpha y_t + (1 - \alpha) S_t$$

式中：α 为对本期实际数 y_t 的权数；$(1 - \alpha)$ 为对本期预测数 S_t 的权数，$0 \leqslant \alpha \leqslant 1$。

上述指数平滑法公式还可进一步改写成：

$$S_{t+1} = \alpha y_t + (1 - \alpha) S_t = \alpha y_t + S_t - \alpha S_t = S_t + \alpha (y_t - S_t)$$

上式中 $(y_t - S_t)$ 是本期实际数与预测数的离差，即本期的预测误差。当权数 α 的值很小甚至接近于零时，则下期的预测数 S_{t+1} 将接近于本期预测数 S_t；当权数 α 的值很大甚至接近于 1 时，则下期的预测数 S_{t+1} 将接近于本期预测数 S_t 加上本期预测的全部误差，实际上也就是接近于本期的实际数 y_t。因此，权数的选择很重要。在选择权数 α 时，可先用多个 α 值分别进行试算，然后在与实际数的比较中选用最为恰当的权数 α。

可见，使用指数平滑法进行预测非常简便，在确定了合适的权数 α 后，只要有本期的实际数和本期的预测数，就可据以计算下期的预测数。

例：某企业 2005 年 1 月到 2006 年 4 月份共 16 个月的某产品的销售额资料见表 4－6。现要求用指数平滑法预测其 2006 年 5 月份的销售额。设：$S_0 = y_1 = 100$ 万元，$\alpha = 0.3$，那么，

$S_1 = \alpha y_1 + (1 - \alpha) S_0 = 0.3 \times 100 + (1 - 0.3) \times 100 = 100$（万元）

$S_2 = \alpha y_2 + (1 - \alpha) S_1 = 0.3 \times 104 + (1 - 0.3) \times 100 = 101.2$（万元）

同理可得：

$S_3 = 99.04$（万元）

$S_4 = 99.92$（万元）

$S_5 = 99.34$（万元）

……

$S_{14} = 113.52$（万元）

$S_{15} = 120.26$（万元）

$S_{16} = 124.38$（万元）

表4-6 　　　　　　　　　　　　　某产品的销售额资料表

年	月	期 数	y_t（万元）	S_t（$\alpha = 0.3$）
		0	-	100.00
2005	1	1	100	100.00
	2	2	104	101.20
	3	3	94	99.04
	4	4	102	99.92
	5	5	98	99.34
	6	6	96	98.34
	7	7	102	99.44
	8	8	80	93.60
	9	9	96	94.32
	10	10	104	97.22
	11	11	102	98.66
	12	12	108	104.46
2006	1	13	104	107.32
	2	14	128	113.52
	3	15	136	120.26
	4	16	134	124.38

3. 最小二乘法。这种方法即根据时间数列的数据资料，运用数学的最小二乘法原理，拟合预测对象变动的趋势线，并使其延伸来预测其未来的发展趋势的方法。这种方法用于预测的要求是：一个时间数列的预测误差平方之和达到一个最小值。用此法得出的参数估计值所形成的方程式是预测的最适线。根据最小二乘法得出的预测方程为：

$$y = a + bx$$

式中：y 为预测值；x 为预测的时间序列；a 为直线在纵轴的截距；b 为直线的斜率。

a、b 两个常数的计算公式如下：

$$a = \frac{\sum y_i}{n} \qquad b = \frac{\sum y_i x_i}{\sum x_i^2}$$

式中：y_i 为各期的实际值；X_i 为各期的距差（离中差）；n 为资料的期数。

例：已知某厂 2006 年 1—6 月份的实际销售额如表 4-7 所示。

表 4-7　　　　　　　　　　　　实际销售额　　　　　　　　　单位：百万元

月份 n	1	2	3	4	5	6
销售量 y_i	44	50	45	60	55	70

根据表 4-7 提供的资料预测 2006 年 7 月份的销售额，如表 4-8 所示。

表 4-8　　　　　　　　　　　　7 月份的销售额　　　　　　　　单位：百万元

月份 n	y_i	x_i	$y_i x_i$	x_i^2
1	44	-5	-220	25
2	50	-3	-150	9
3	45	-1	-45	1
4	60	1	60	1
5	55	3	165	9
6	70	5	350	25
合计	$\sum y_i = 324$	0	$\sum y_i x_i = 160$	$\sum x_i^2 = 70$

将表 4-8 中的数据代入计算 a、b 的公式，即可算出 a 和 b 的值，即得：

$$a = \frac{\sum y_i}{n} = \frac{324}{6} = 54$$

$$b = \frac{\sum y_i x_i}{\sum x_i^2} = 16070 = 2.29$$

预测 2006 年 7 月份的销售额，是表 4-8 中第七个数，其 x 值顺序的距差应为 7（即 $x = 7$）。

已知 a、b、x 的值，就可代入公式（1）即可求 2006 年 7 月份的预测销售额。

$$y = a + bx = 54 + 2.29 \times 7 = 70 （百万元）$$

4. 因果分析预测法。因果分析预测法就是根据事物间的因果关系，建立变量之间的函数关系，通过确定已知变量来预测未知变量的方法。因果分析预测法主要有回归分析法和计量经济法。

（1）回归分析法，又称回归预测法。是指根据经济理论分析和客观事物之间的联系，用一定的数学方程反映社会经济结构和因果变动的数量关系，并通过参数估计、统计、检验等程序，以便从一个或几个因素的变动来预测所研究对象可能达到的水平。回归分析法包括一元线性回归分析法和多元线性回归分析法。

①一元线性回归法是研究两个变量之间的线性相关关系，建立其线性关系方程式，再根据方程式预测自变量取某一数值时因变量的取值情况。一元线性回归法的一般模型为：

$$Y_t = a + bX_t$$

式中：Y_t 表示因变量 y 的预测值；X_t 表示自变量；t 表示时期数；a 表示常数项；b 表示回归系数。

a、b 的计算公式为：

$$b = \sum y_i x_i - \sum y_i \sum x_i^2 - \sum x_i^a = -b$$

式中：为 y_i 的平均值；x_i 为变量的平均值。

②多元线性回归法是从多个变量中选出一个因变量，而把其余变量作为自变量，建立回归方程进行预测。

例：某市平均每人年收入与电冰箱销售量之间的关系如表 4－9 所示。现预测 2007 年该市人均年收入为 6500 元时电冰箱的销售量。

表 4－9　　　　　　　　人均年收入与销售量关系表

年份	x_i 人均年收入（千元）	y_i 电冰箱销量（万台）	$y_i x_i$	x_i^2
1999	2.5	20	50	6.25
2001	3.0	28	84	9.00
2002	3.6	34	122.4	12.96
2003	4.0	42	168	16.00
2004	4.6	48	220.8	21.16
2005	5.0	55	275	25.00
2006	5.8	63	365.4	33.64
Σ	28.5	290	1285.6	124.01

将表 4 - 9 中的数据作图 4 - 4：

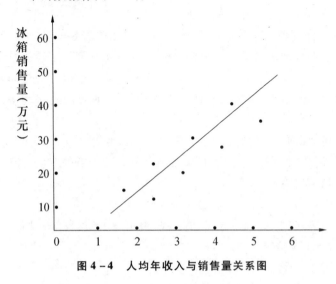

图 4 - 4   人均年收入与销售量关系图

从图 4 - 4 中可知，人均年收入与电冰箱销售量之间基本呈线性趋势，故可用一元线性回归法来预测 2007 年电冰箱销售量：

$$x = \frac{28.5}{7} = 4.07 \quad y = \frac{290}{7} = 41.43$$

$$b = \frac{\sum x_i y_i - \bar{x} \sum y_i}{\sum x_i^2 - \bar{x} \sum x_i^a} =$$

$$= \frac{1285.6 - 4.07 \times 290}{124.01 - 4.07 \times 28.5} = 13.13$$

$$a = \bar{y} - b \bar{x} = 41.43 - 13.13 \times 4.07 = -12.01$$

则 2007 年人均年收入为 6500 元时，电冰箱的销售量：

$$y = -12.01 + 13.13 \times 6.5 = 73.34 （万台）$$

（2）计量经济法，即利用各种经济现象之间更为复杂的相互依存关系，通过经济分析，找出其相互间的因果联系，建立计量经济模型，并运用计量经济模型来进行预测。使用计量经济法进行预测的基本步骤是：

第一步：根据预测目的，收集和调查有关资料。

第二步：分析资料，判断各变量之间的相互依存关系，建立计量经济模型，将运算结果与已经发生过的经济现象进行比较，以检验计量经济模型的正确性。

第三步：实验模型，将观察期数据代入计量经济模型。

第四步：预测，即利用已确定的计量经济模型对预测对象进行预测。

二、决策

(一) 决策的一般概念

决策是管理工作的基本要素。计划、组织、指挥和控制都是管理的职能问题,而每项职能都要求做出迅速且明确的决定,这些都是决策的问题。所谓决策,是从两个或两个以上的备选方案中选择最优方案并付诸实施的过程。这一定义有三层含义:一是决策的依据是要实现一定的目标;二是决策的对象是一系列可行的实施方案;三是决策完成的是在诸多可行方案中择优的任务。

随着社会经济、科学技术的发展,决策理论也经历了一个从简单到复杂的过程。20世纪初形成的古典决策理论与当时盛行的科学管理相呼应,在经济人等概念的基础上,主张决策的目的是为组织获取最大的经济利益,决策者应该在充分掌握有关的各种决策情况的条件下做出最优决策。20世纪中叶由于工业生产大规模地扩大,生产社会化程度的提高,新管理理论萌芽的形成,现代技术和新兴科技提供的科学化手段,使得决策理论也面临着变革的需要。70年代,以美国卡内基—梅隆大学经济学教授赫伯特·西蒙为代表的管理决策学派,提出了一些有关决策的重要观点:一是决策的有限合理性,区别于以往所谓的绝对合理化;二是决策的满意度,区别于以往的最佳化;三是讲求管理的效率,区别于以往的追求效果。管理决策理论将决策问题突出化,使之成为管理理论研究的热点,这是管理理论发展中的一大变革。

在科学技术飞速发展、社会生活日新月异的今天,现代决策除了要满足准确化和高速化的要求外,还呈现出以下新趋势:

1. 相关化。在现代社会,任何决策都不能孤立地做出,高层次的战略决策更是如此,因为它往往不是多目标决策,就是连续性决策。此外,现代决策还涉及决策的性质、方法、信息处理、审定评估等方面的相关特点。

2. 网络化。现代决策对网络的需要,既是由信息的共享性及决策的高速化、相关化的特点而产生的,又是决策发挥作用所必不可少的。因此,决策时一改传统的"金字塔形"结构,而趋向纵横交叉的矩阵网络和主体网络结构发展,在横向联系中从多维空间取得信息,从而获得生命力。

3. 两极化。计算机和人工智能的普遍应用,为全面解决各种决策问题创造了条件。数学推理、仿真、模拟等方法的应用,与决策者发挥思维的创造性使得决策产生了分化和决策权力的重新分配。大量规范性决策活动向下转移,由中下层管理者和计算机来完成。高层管理者可以由此摆脱沉重的常规决策负担,承担起战略性的随机非程序化决策,把精力转移到保证和提高这些决策的可行性和有效性上来。

4. 三元化。这是现代决策的一个突出标志。现代决策无论从速度、决策者的智力结构，还是从目标的复杂和谐、方法的多样性来看，必须依靠某种才能、智力、素质的合理组合——由智囊机构、计算机系统、决策集团所组成的决策系统来完成。当这个系统得到输入信息后，三者除了各自应有的执行程序外，还彼此互相反馈，从而形成一个既有各自功能和特征，又互为联系的有机整体。

（二）决策的分类

1. 按照决策的重复程度，决策可分为常规型决策和非常规型决策。常规型决策是指在管理活动中重复的、例行的决策。这类决策通常有章可循，有法可依，基本上是有把握解决的。做这类决策一般可先制定一个例行程序，按照专门的程序进行决策。非常规型决策是指管理中首次出现或偶然出现的非重复性决策。这类决策问题是偶然发生的，或者是第一次做出的决策，无先例可循，只能在问题提出时进行特殊处理。这类决策往往是由决策者根据经验和分析能力，对管理对象进行定性和定量分析后做出。

2. 按照决策后果发生的可能性大小，决策可分为确定型决策、风险型决策和非确定型决策。确定型决策，是指选中的方案在执行后有一个确定结果的决策。这类决策比较容易，但在实际生活中很少见。风险型决策是指选中的方案在执行后会出现几种可能的结果，这些结果出现的概率是明确的。非确定型决策是指选中的方案执行后会有多种结果，这些结果出现的概率是不明确的。

3. 按照决策的层次，决策可分为高层决策、中层决策和基层决策。高层决策是指企业最高领导人所做的决策。这类决策大多是有关全局以及与外界有密切联系的重大问题，如企业中的经营方针、市场开拓等。中层决策是指企业中层管理人员所做出的决策。基层决策是指组织中基层管理人员所做的决策，这类决策一般解决日常工作中的问题。一般来说，越往高层的决策，越具有战略性的、非常规型的、非确定型的种种特性；而越往低层的决策，就越具有战术性的、常规型的、确定型的、技术性的特点。

4. 按照决策所要解决问题的性质，决策可分为初始决策和追踪性决策。初始决策是指根据决策目标对行动方案进行初始选择的决策，初始决策的实施将严重影响决策目标的实现，因而需要对初始决策目标及其方案进行根本性修正的决策。追踪性决策是指在决策实施过程中，根据反馈对出现的偏差进行调整，以及由于情况突变或原有决策有误而重新确定的决策。

5. 按照决策的目标多少，可分为单目标决策和多目标决策。单目标决策，是指判断一项决策的优劣，只考察某一重要目标就可得出结论的决策。多目标决策是指对于一项决策的优劣，需要考察多个目标，才能得出结论。

6. 按照决策目标的影响程度，可分为战略决策和战术（管理、业务）决策。战略决策是确定与企业发展方向和远景有关的大政方针政策。一般都是一些时间较长、范围比较广和性质比较重大的全局性问题。如企业的长、中期经营方向和目标的制定、新产品开发、技术革新方案、企业联合和改组、新市场开拓等。因其目的在于谋求企业内部与外界变化着的环境达成一种动态均衡。战略决策主要重视企业的外部环境，如国家的有关政策、法令、国家的长期规划、物质资源条件、销售条件和环境等。总的来说，战略决策的正确与否，直接决定经济活动系统的发展方向和成败。

战术决策是指根据战略目标的要求，为解决经济活动系统运行中某一阶段上的重大问题而做出的决策，即是为实现战略目标的分阶段决策，或是实现战略决策过程中解决所面临问题的决策。因此，战术决策是战略决策的重要组成部分，是实现战略决策的重大步骤。

战略决策和战术决策密切联系，互为补充。战略决策为战术决策规划了远景，战术决策则是战略决策的具体化，是实现战略的保证。战术决策的主要注意力是考虑如何动员企业的内部力量来实现企业的战略目标，如企业的生产计划、工艺安排、劳动力调配、销售网点的建立、广告的采用，等等。

（三）决策程序

决策作为管理的一种活动，包括了一定的步骤和程序，虽然决策的具体过程不尽相同，就一般决策而言，主要分为六个阶段：

第一阶段：发现问题。问题是决策的起点。任何管理组织的进步、管理活动的发展都是从发现问题开始，然后做出变革而实现的。这里所说的问题，是指应有状况和实际状况之间的差距。应有状况，是指根据现有条件应当而且也能够做到的事情或达到的水平。发现问题比较难，必须不断地对组织与环境状况进行深入地调查研究和创造性地思考才能做到。发现问题后还必须对问题进行分析，包括弄清问题的性质、范围、程度、影响、后果、起因等各个方面，为决策的下一程序做准备。可以认为，决策就是发现问题、分析问题和解决问题的过程。

第二阶段，确定目标。目标是指管理者在特定的条件下所要达到的一定结果。显然，目标与管理者追求有效管理的效果是相联系的。目标是决策活动的开始，而实现目标，即取得预期的管理效果是决策的终点。

目标具有方向性、时间性和可分解性三个明显的特征。为了在既定的时间内实现既定的目标，须将组织目标分解于这个结构系统的各个方面、各个层次、各个时间段，形成与组织结构相对应的、保证目标实现的目标结构系统。

（1）确定目标的要求如下：

其一，目标应明确、具体。决策目标的制定是为了实现它，因而要求决策目标订得准确，首先是要求概念必须明确，即决策目标的表达应当是单义的，能够使执行者明确地领会含义。如果一个目标的含义，怎样理解都可以，那么就无法做出有效的决策，也无法有效地执行。

其二，目标要分清主次。有的目标是必须实现的，有的目标是希望实现的。这样可以使实现目标的严肃性和灵活性更好地结合起来。在决策过程中，目标往往不止一个，多个目标之间既有协调一致的时候，有时也会发生矛盾。例如，要求商品物美价廉就有矛盾，物美往往要增加成本；价廉就得降低成本，有时还会影响质量。因此在处理多目标问题时，一般应遵循下列两条原则：①在满足决策需要的前提下尽量减少目标的个数，因为目标越多，选择的标准就越多，选择方案越多，就越会增加选择的难度。②要分析各个目标的重要程度，分清主次，先集中力量实现必须达到的重要目标。

其三，要规定目标的约束条件。决策目标可以分为有条件目标和无条件目标两种：一是凡给目标附加一定条件者称为有条件目标，而所附加的条件则称为约束条件；二是不附加任何条件的决策目标称为无条件目标。约束条件一般分为两类：一类是指客观存在的限制条件，如以一定的人力、物力、财力条件；另一类是目标附加一定的主观要求，例如，目标的期望，以及不能违反国家的政策、法令等。凡是有条件目标，只有在满足其约束条件的情况下达到目标时，才算真正实现了决策目标。不顾约束条件，即使实现目标，后果也可能适得其反。

其四，决策目标要有时间要求。决策目标中必须包括实现目标的期限。即使将来在执行过程中有可能会因情况变化而对实现期限做一定修改，但确定决策目标时必须把预定完成期限规定出来。

其五，决策目标的数量化。就是要给决策目标规定出明确的数量界线。有些目标本身就是数量指标，如产值、产量、利润等。在订立决策目标时要明确规定增加多少，而不要用大幅度和比较显著之类的词。有些属于组织问题、社会问题、质量问题等方面的决策，目标本身不是数量指标，可以用间接测定方法，如产品质量可以用合格品率、废品率等说明。

（2）确定目标的步骤。

第一步：认清所要解决问题的性质、特点和范围，找到问题的症结所在及其产生的原因。寻找问题的症结的办法是以差距的形式把它反映出来，即通过分析内部和外部的情况，把需要和现实之间所有的差距摆出来，进而抓住关键性的差距，并找出产生差距的原因。

第二步：全面研究所要解决问题的需要和可能。决策者所以要订立决策目标，是因为发现现实与要求之间存在着差距，并且这种差距已经达到不能满意的程度，才值得付出代价去消灭或缩小它。但决策时又不能仅仅考虑这么几个直接诱因，而应全面考虑上下左右各个方面的需求与可能，应当估计到有条件来实现这个目标，否则目标将成为空想。

第三步：对于初步设想的目标，仍需要进行正反两面的论证，然后审慎地把决策目标确定下来。

第三阶段：拟定并评估可行方案。好与坏、优与劣，都是在比较中发现的。因此，只有拟出一定数量和质量的可行方案供对比选择，决策才能做到合理。在方案拟订过程中，应体现如下基本要求：①方案设计要具有整体的详尽性。②方案应具有互斥性。③明确列出各方案的限制因素。④方案要有创造性。

如果只拟订一个方案，就无法对比，就难以辨认其优劣，也就没有选择的余地。所以有人说："没有选择就没有决策"。国外的决策人员常用这样的格言来提醒自己："如果你感到似乎只有一条路可走，那很可能这条路就是走不通的。"对于复杂的决策问题，往往要分成设想和精心设计两个阶段。

设想阶段的重点是保证备选方案的多样性，即从不同角度和多种途径，设想出各种各样的可能方案来，以便为决策者提供尽可能广阔的思考与选择的余地。新方案的设想与构思，其关键在于要打破传统思想框框，大胆探索新的解决问题的途径。拟订方案的人员的人际环境、信息条件环境能否创新，取决于他们的知识、能力和精神三个方面。对于所研究问题的广博知识是创新的基础。有较强的创新能力，多谋善断，头脑敏锐，是创新的保证。如果具备了坚实的知识基础和旺盛的创新能力，还须有敢于冲破习惯势力与环境压力束缚的精神。拟订方案人的精神面貌如何，取决于本人的事业心、进取心、强烈的求新欲；取决于决策环境，取决于决策的组织者创造一种有利于参加拟订方案的人们产生创造性思维的人际环境和信息环境。心理学和社会学的研究表明，有两种主要的心理障碍会影响创新：①社会障碍，即有些人会自觉或不自觉地向社会上看齐，人云亦云。②思想认识障碍，即思想上的因循守旧。

如果说设想阶段特别需要勇于创新的精神和丰富的想象力，那么精心设计正好相反，更需要冷静的头脑和求实的精神，需要进行严格的论证，反复的计算和细致的推敲，其目的是要在方案的创造性基础上保持其针对性。精心设计阶段主要包括确定方案的细节和预测方案的实施结果两项工作。方案细节，包括制定政策、组织作业、安排日程、配备人员、落实经费，等等，通过细节设计把方案变成具体的行动规划，决策才能付诸实施。估计方案的执行结果，是对方案的优劣进行评估，以便最后抉择。估计方案的结果时，应注意以下问题：①必须预计到明显影响决策目标的全部后果。②对决策方案执行后果的正反两个方面都应做出正确的评价，既要对长处做充分估计，也要对短处做充分估计。③在预测方案的执行结果时，不能仅仅做技术上的推论，应当充分估计人的因素在执行中所起的作用。

第四阶段：选择方案。拟订出各种备选方案后，就要根据目标的要求来评估各种方案可能的执行后果，看其对决策目标的满足程度，然后从中选出一个优化方案来执行，这一工作又称决断。这是决策全过程的关键阶段。

（1）方案选择的基本要求。①谁决断，谁就要对决策后果负全责。按照管理权限划分，谁对某项工作负责，谁就有权对该项工作中的相关问题做出决策，谁就来对备选方案进行决断抉择。②选择方案要重新回到问题和目标上去，审视决策方案对解决问题、实现目标的满意程度，比较择优。③选择方案要充分思考方案实施的后果。决策者要从深层去考虑对下属利益的调整，心理承受力，波及相关的社会影响等，同时还应考虑对可能出现的突发事变的应变措施的准备。④选择方案要考虑付诸实施的时机。⑤决策者既要重视智囊、信息人员的工作成果，重视他们的工作在保证决策科学性方面的作用，又不能被智囊所左右，要充分利用自己的经验、智慧、胆量、魄力，做出优化决断。

（2）方案选择的基本标准。①价值标准问题。决策的目的是为了实现一定的决策目标，因此，越是符合目标的要求就越好，这就是决策方案的价值标准。②"最优标准"问题。最优标准在理论上是适用的，但是最优标准是个理想化的标准，实际生活中往往不易达到，尤其是复杂的管理决策更是如此，绝对的最优化是不存在的。为此，西蒙提出一个现实的标准，即"满意标准"，认为只要决策"足够满意"即可。③不确定条件下的决策标准。决策有确定型与不确定型之分，对于确定型决策来说，有了上述两方面标准就可以进行方案选择了。但对于不确定型决策来说，具备上述标准后，还必须选好期望值。所谓期望值，又称均值，即按各种客观状况出现的概率计算的平均值，而概率就是出现可能性的计量。

（3）方案选择的常用方法。①经验判断方法。决策者根据以往的经验和掌握的材料，经过权衡利弊，做出决断。这里，决策者个人的素质、性格、知识和能力起着决定性的作用。②数学分析方法。在控制变量属于连续型情况下，经验判断方法很难直接找到最优方案，需要借助于数学方法。在决策中应用数学方法，可使决策达到准确优化。③试验方法。即先取试点进行试验的方法。经验判断、数学和试验三种方法各有优缺点，有赖于决策者根据具体情况灵活运用，才能对决策方案做出尽量合理的评价和最后的选择。

第五阶段：执行方案。选定方案之后就是认真执行了。方案只有通过执行，才能最终检验决策是否合理与有效，才能发现新的问题并做必要的修改。西蒙在20世纪60年代时还主张决策过程仅有确定目标、拟订备选方案和选择方案三个阶段。到了70年代，他经过反复研究和考虑，提出要把贯彻实施列为第四个阶段。可见，对方案的贯彻实施仍是决策程序中的重要一环。

第六阶段：追踪检查。所谓追踪检查，是指在决策付诸实施之后，要随时检查验证，按照决策的方案一步一步对比检查，对没有达到预定效果的项目要找出原因。这里一般有两种情况：①在执行过程中没有认真负责地去落实，是执行的责任。②因为原定方案还有不够完善的地方导致预定效果没有达到。这时就要对原定方案进行修订。如果原定方案确有严重问题，就应废弃它，并返回到第一阶段去重新审定目标，并按照决策程序，直到选出新的最优化方案时为止。

综上所述，上述决策过程的步骤可以概括为如图 4-5 所示。

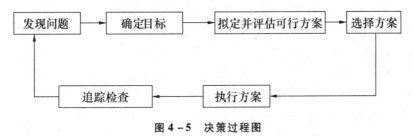

图 4-5　决策过程图

值得注意的是，不能把决策程序当做教条来看待，在具体决策过程中，各个阶段也可能有所交叉；由于决策对象不同，各个阶段的比例也不尽一致，在某些决策中，省略某个阶段也是可以的。总之，要视决策者的经验多少、决策对象及手段的不同等情况而定，这也就是对待决策步骤的灵活性问题。

（四）决策的方法

在决策过程中，由于决策对象和决策内容不同，也会相应地产生各种不同的决策方法，归纳起来可以分为定性决策方法和定量决策方法两大类。把决策方法分为两类只是相对的，真正科学的决策方法应该把两者结合在一起综合运用。

1. 定性决策方法。又称软方法，主要是指管理决策者运用社会科学的原理，并根据个人的经验和判断能力，充分发挥专家内行的集体智慧，从对决策对象的本质属性的研究入手，掌握事物的内在联系及其运行规律。通过定性研究，为制订方案找到依据。了解方案的性质、可行性和合理性，然后进行目标和方案的选择，它较多地运用于综合抽象程度较大的问题、高层次战略问题、多因素错综复杂的问题、涉及社会心理因素较多的问题。定性决策方法主要有以下几种：

（1）德尔菲法。德尔菲法是由美国兰德公司于 1948 年发明的，最早用于预测，后来推广应用到决策中来。它首先是兰德公司在 20 世纪 50 年代预测苏联第一颗人造卫星上天的时间时首创的将专家主观判断与量化统计结合的方法。德尔菲法是采用匿名通信和反复征求意见的形式，使专家们在互不知晓、彼此不见面的情况下交换意见和信息，这些意见在经过技术处理后就形成了预测的结果。德尔菲法的实质就是有反馈的函询调查。这里有两个基本点，即函询和反馈。它不是把专家召集在一起开会讨论，而是就一定的问题发函给某些专家（约 20 人），请他们提出意见或看法，在不泄露决策人倾向、严格保密的条件下，将收到的专家答复意见加以综合整理，以不公布姓名的方式将归纳后的结果寄回给专家，继续征询意见。如此经过几轮的反复，直到意见趋于集中为止。这种函询调查方法的好处，是由于专家之间互相不知道姓名，征询和回答是用书信方式进行的，因而个人权威、资历、口才、劝说、压力等就不会对回答产生影响，有利于真实坦率地谈出自己的意见。而且由于采取多轮反馈的方法，意见越来越集中，结论的可靠性就越来越大。具体实施步骤如下：

第一步：设计意见征询表并发函给各个专家。其具体要求首先是提出所需要调查或决策的问题。问题的提出要明确，不应带任何倾向性，切忌模糊不清。然后发函给各个专家，由各个专家独立自主发表自己的意见和看法。

第二步：将回函所得的专家意见进行统计、归纳和综合，可以说明某一个问题之下共有几种看法，并将这些意见制成第二轮表格，再寄发给各位专家，由他们进一步做出评价，并阐明其理由。

第三步：决策分析小组在收到第二轮意见之后进一步进行归纳整理，将意见进一步集中，然后再将反馈的集中意见制成第三轮表格，告诉各个专家并再一次请专家进行分析判断，既可以使他们充分阐述其理由，也可以改变他们以前的意见而选择另一种意见。

第四步：按照领导小组的要求，对某些提出独特见解的专家，有针对性地进行征询意见调查，使他们做更深一步的论证。

这样，经过上述四步的调查、分析、综合之后，其所得的结论往往比较准确。

（2）头脑风暴法。头脑风暴法是 1993 年美国人 A. F. 奥斯本首创的一种决策方法，其思想是邀请有关专家在敞开思路，不受约束的形式下，针对某些问题畅所欲言。奥斯本为实施头脑风暴法提出了四条原则：①对别人的意见不允许反驳，也不要做出结论。②鼓励每个人独立思考，广开思路，不要重复别人的意见。③意见或建议越多越好，允许相互之间的矛盾。④可以补充和发表相同的意见，使某种意见更具说服力。

头脑风暴法的目的在于创造一种自由奔放思考的环境，诱发创造性思维的共振和连锁反应，产生更多的创造性思维。一般头脑风暴法的参与者最佳为 5—6 人，多则 10 余人为宜；时间为 1—2 小时。头脑风暴法适用于明确简单的问题的决策，这种方法的鉴别与评价意见的工作量比较大。

（3）方案前提分析法。方案前提分析法的出发点是，每一个方案都有几个前提作为依据，方案正确与否关键在于前提假设是否成立。方案前提分析法的特点是不直接讨论方案本身的内容，只分析方案的前提能否成立，因为如果前提假设是成立的，就说明这个方案所选定的目标和途径基本是正确的，否则，这个决策方案必定有问题。由于决策参与者人多意见杂，可能使决策变成各种意见的折中，无法真正做到集思广益。而方案前提分析法不仅对于方案的正确选择没有不良影响，还可以克服决策中常见的一些偏见。

例如，一个高等学校拟新上一个专业的决策，一种方法是请决策参与者讨论新上专业的决策对不对、应不应该、有何问题等；另一个方法是讨论新上专业的前提是什么，而不涉及专业本身的问题，比如，讨论相关人才的需求及其变化，学校调整专业结构方向的可能性等。采用前一种方法讨论，可能众说纷纭，争论不休；用后一种方法讨论，意见较易集中。如果新建专业的客观前提条件不成立，则新建专业的决策也就失去了依据。

（4）5W1H 强制联想法。5W1H 强制联想法由美国陆军部首创，其指导思想是要求对任何问题的决策都要分析六项因素：什么人（Who）、在什么时间（When）、什么地方（Where）、做什么事情（What）、为什么做（Why）以及如何去做（How）。

定性决策的优点是方法灵活简便，通用性大，为一般管理者所易于采用；有利于调动专家的积极性，激发人们的创造力，更适用于非常规型决策。定性决策方法也有明显的缺点：①定性决策方法多建立在专家个人主观意见的基础上，未经严格的论证。②定性决策法中，所选专家的知识类型对意见倾向性的影响很大，而专家的选择主要由决策组织者决定，因此，决策结果受决策组织者的影响可能很大。③采用定性决策法分析问题时，传统观念容易占优势，这是因为新思想往往是少数人最先提出的，而大多数人的思维是趋于保守的。

2. 定量决策方法。又称硬方法，主要是指在定性分析的基础之上，运用数学模型和电子计算机技术，对决策对象进行计算和量化研究，以解决决策问题的方法。定量决策方法的关键是建立数学模型，即把变量之间以及变量与目标之间的关系，用数学关系及数学模型表示出来，并且用计算机来处理数学模型。定量决策方法主要有以下几种：

（1）线性规划。在决策过程中，人们希望找到一种能达到理想目标的方案，而实际上由于种种主、客观条件的限制，实现理想目标的方案在一般情况下是不存在的。不过，在现有的约束条件下，在实现目标的多种方案中，总存在一种能取得较好效果的方案。线性规划就是在一定约束条件下寻求最优方案的数学模型的方法。

利用线性规划建立数学模型的步骤是：先确定影响目标大小的变量；然后列出目标函数方程；最后找出实现目标的约束条件，列出约束条件方程组，并从中找到一组能使目标函数达到最大值或最小值的可行解，即最优可行解。

（2）不确定型决策方法。不确定型决策所面临的问题是决策目标、备选方案尚可知，但很难估计各种自然状态发生的概率。因此，此类决策主要靠决策者的经验、智力及承担风险的态度。不确定型决策的主要方法有：

①等概率决策法。既然各种自然状态出现的概率无法预测，不妨按出现的概率机会相等计算求期望值，做出方案的抉择。例如，某企业准备生产一种新产品，对于市场的需要量估计有较多、中等和较少三种情况。企业也相应地拟订了三种方案：方案Ⅰ是改建生产线；方案Ⅱ是新建生产线；方案Ⅲ是与外厂协作生产。对这种产品，工厂拟生产5年。根据计算，其收益值见表4-10。

表4-10　　　　　　　　　收益值表　　　　　　　单位：万元

自然状态 方　案	不同需求量的收益值			期　望　值
	较多概率 0.33	中等概率 0.33	较少概率 0.33	
Ⅰ. 改建生产线	18	6	-2	$0.33 \times 18 + 0.33 \times 6 + 0.33 \times (-2) = 7.5$
Ⅱ. 新建生产线	20	5	-5	$0.33 \times 20 + 0.33 \times 5 + 0.3 \times (-5) = 6.6$
Ⅲ. 协作生产	16	7	1	$0.33 \times 16 + 0.33 \times 7 + 0.33 \times 1 = 7.9$

从表 4 - 10 中可以看出，协作生产期望值最理想，故决策方案为协作生产。

②悲观原则（小中取大法）决策法。首先找出各个方案的最小收益值，然后选择最小收益值中最大的那个方案为最优方案。以表 4 - 10 为例，方案 I 的最小收益值为 - 2，方案 II 的最小收益值为 - 5，方案 III 的最小收益值为 1。因此，方案 III 应为最优方案。我们也可采取最大收益值法（大中取大法），在上例中找出各方案的最大收益值分别为 18、20、16，从中选择最大值，这样方案 II 的将为最优方案。但这种方法风险较大，要慎用。

③乐观系数决策法。小中取大法是从悲观估计出发，大中取大法是从最乐观的估计出发。两种方法都受个人个性影响。有的专家提出一种折中的方法，要求决策者对未来发展做出判断，选择一个系数 α 作为主观概率，叫做乐观系数。以表 4 - 10 为例，若 $\alpha = 0.7$，则：

方案 I：改建生产线期望值 = $0.7 \times 18 + 0.3 \times (-2) = 12$

方案 II：新建生产线期望值 = $0.7 \times 20 + 0.3 \times (-5) = 12.5$

方案 III：协作生产期望值 = $0.7 \times 16 + 0.3 \times 1 = 11.5$

三种方案中新建生产线期望值最高，故决策方案为新建生产线方案。

④后悔值原则决策法（最小后悔值法）。某一种自然状态发生时，即可明确哪个方案是最优的，其收益值是最大的。如果决策人当初并未采用这一方案而采取其他方案，这时就会感到后悔，最大收益值与所采用的方案收益值之差，叫做后悔值。

对表 4 - 10 做如下分析：首先，从表 4 - 10 中找出各自然状态的最大值为 20、7、1。其次，对各个自然状态，用最大收益值减去同种状态的其他收益值，即为后悔值。

表 4 - 11　　　　　　　　　后悔值表

自然状态 方 案	在不同需求下的后悔值			最大后悔值
	需求较多	需求中等	需求较少	
I. 改建生产线	20 - 18 = 2	7 - 6 = 1	1 - (-2) = 3	3
II. 新建生产线	20 - 20 = 0	7 - 5 = 2	1 - (-5) = 6	6
III. 协作生产	20 - 16 = 4	7 - 7 = 0	1 - 1 = 0	4

从表4－11中可见，各方案的最大后悔值分别为3、6、4。决策者应选择最大后悔值中最小的那个方案为较优方案。因此，改建生产线方案是最佳决策方案。

（3）风险型决策法。风险型决策有明确的目标，如获得最大利润；有可以选择的两个以上的可行方案；有两种以上的自然状态；不同方案在不同自然状态下的损益值可以计算出来；决策者能估算出不同自然状态出现的概率。因此，决策者在决策时，无论采用哪一个方案，都要承担一定风险。

风险型决策常用的方法是决策树。决策树是以图解方式分别计算各个方案在不同自然状态下的损益值，通过综合损益值比较，做出决策。决策树是将可行方案、影响因素用一张树形图表示。以决策点为出发点，引出若干方案枝，每个方案枝都代表一个可行方案。在各方案枝末端有一个自然状态结点，从状态结点引出若干概率枝，每个概率枝表示一种自然状态。在各概率枝末梢，注有损益值（见图4－6）。

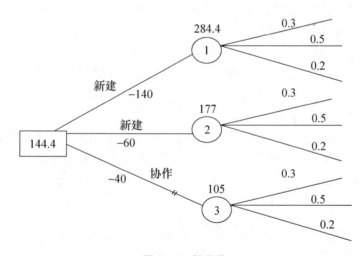

图4－6　损益值

例：某工厂准备生产一种新产品，对未来三年市场预测资料如下：现有三个方案可供选择，即新建一车间，需要投资140万元；扩建原有车间需要投资60万元；协作生产，需要投资40万元。三个方案在不同自然状态下的年收益值见表4－12。

要求：①绘制决策树；②计算收益值；③方案优选（剪枝）。

表 4 - 12　　　　　　　　　　　　年收益值见表　　　　　　　　　单位：万元

收益值　自然状态与概率　方案	市 场 需 求		
	高需求	中需求	低需求
	0.3	0.5	0.2
Ⅰ. 新 建 车 间	170	90	-6
Ⅱ. 扩建原有车间	100	50	20
Ⅲ. 协 作 生 产	60	30	10

根据条件绘制决策树，如图 4 - 6 所示。

按三年计算不同方案的综合收益值如下：

方案 Ⅰ：新建车间：$[0.3 \times 170 + 0.5 \times 90 + 0.2 \times (-6)] \times 3 = 284.4$（万元）

方案 Ⅱ：扩建车间：$(0.3 \times 100 + 0.5 \times 50 + 0.2 \times 20) \times 3 = 177$（万元）

方案 Ⅲ：协作生产：$(0.3 \times 60 + 0.5 \times 30 + 0.2 \times 10) \times 3 = 105$（万元）

新建方案净收益 $= 284.4 - 140 = 144.4$（万元）

扩建方案净收益 $= 177 - 60 = 117$（万元）

协作方案净收益 $= 105 - 40 = 65$（万元）

方案优选：比较三个方案计算结果，新建方案的预期净收益为 144.4 万元，大于扩建方案和协作方案收益，所以，新建方案是最优方案。

定量决策方法的发展提高了决策的准确性、时效性和可靠性，使管理者得以从大量繁杂的常规决策中解放出来；同时，有利于培养决策者严密的逻辑论证习惯，克服主观随意性。但是，定量决策法也有一定的局限性：

其一，定量决策方法适用于处理常规性决策，而对于相当一部分重要的战略性的非常规性决策来说，还没有恰当的数学方法可供使用。

其二，建立数学模型和使用计算机分析的过程往往要耗费大量的时间和人力费用，因此，采用定量决策方法要考虑所获得的效益与所付出的代价相比是否值得。

其三，对于一般管理决策者来说，有的数学方法过于深奥，掌握起来有一定的难度。

其四，某些决策问题中的变量涉及社会因素、心理因素等难以量化的因素和诸多不确定的变化因素，加大了建立数学模型的难度，也会降低决策的可靠性。因此，通常将定量决策方法与定性决策方法相结合，会取得更为理想的决策结果。

第三节　现代计划技术与方法

本节主要介绍一些广泛应用的现代计划技术与方法，它们是滚动计划法、投入产出法、预算法和网络计划技术。

一、滚动计划法

滚动计划法是一种动态编制计划的方法。这种方法根据计划的执行情况和环境变化情况定期修订未来的计划，并逐期向前推移，使短期计划、中期计划有机地结合起来。它不像静态分析那样，等计划全部执行完了之后再重新编制下一个时期的计划，而是在每次编制或调整计划时，均将计划按时间顺序向前推进一个计划期，即向前滚动一次。依据此方法，对于距离现在较远的时期的计划编制得较粗，只是概括性的，以便以后根据计划因素的变化而调整和修正，而对时期较近的计划要求比较详细和具体。图 4 - 7 表明了滚动计划法的基本原理。

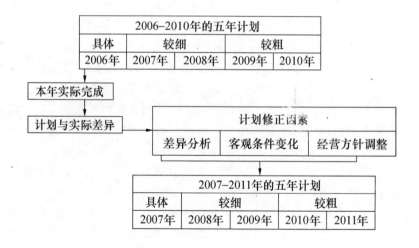

图 4 - 7　滚动计划法图示

可见，滚动计划法能够根据变化了的组织环境及时调整和修正计划，体现了计划的动态适应性。而且，它可使中长期计划与年度计划紧密衔接起来。

滚动计划法还可用于编制年度计划或月度作业计划。采用滚动计划法编制年度计划时，一般将计划期向前推进一个季度，计划年度中第一季度的任务比较具体，到第一季度末，编制第二季度的计划时，要根据第一季度计划的执行结果和客观情况的变化以及经营方针的调整，对原先制定的年度计划做相应的调整，并在此基础上将计划期向前推进一个季度。采用滚动计划法编制月度（或旬）计划，一般可将计划期向前推进 10 天，这样可省去每月月末预计、月初修改计划等工作，有利于提高计划的准确性。

二、投入产出法

投入产出法是一种应用上极为广泛的现代计划方法，是在一定经济理论指导下，编制投入产出表，建立投入产出数学模型，研究各种经济活动的投入与产出之间的数量依存关系，特别是研究和分析国民经济各个部门或各种产品的生产与消耗之间数量依存关系的经济数学方法。这种方法是进行各种经济活动分析，加强综合平衡，改进计划编制方法的有效工具。在投入产出表中，所谓投入，是指社会在组织物质生产时，对各种原材料、燃料、动力、辅助材料、机器设备以及活劳动等的生产性消耗。所谓产出，是指生产出来的产品数量及其分配去向。由于投入产出法是通过编制投入产出表，建立投入产出数学模型来反映国民经济各部门、再生产各环节间内在联系的一种方法，因此，要掌握投入产出法的基本原理，必须首先了解投入产出表的表示方法以及投入产出数学模型。一般来说，投入产出表分为四个部分或称四个象限。如图 4 – 8 所示。

$$\begin{array}{c|c} \text{I} & \text{II} \\ \hline \text{III} & \text{IV} \end{array}$$

图 4 – 8 投入产出表结构

第一部分称为部门间联系象限，它是一个排列规则的 $n \times n$ 棋盘式表格，其主栏和宾栏都是 n 种物质产品，它们的种类相同，排列顺序一致。棋盘式表中的每一项（用 X_{ij} 表示）都具有双重的含义。从横向看，它说明 i 部门的产品分配给各 j 部门用于中间产品的数量；从纵向看，表示第 j 部门生产产品时，消耗各 i 部门产品的数量。因此，也称 X_{ij} 为流量。第 I 象限主要反映国民经济各部门间在产品生产和消耗上的技术经济联系。第二部分称为最终产品象限，它是第 I 象限横向的延伸，反映各部门产品的分配去向，在这部分中产品分配去向共有四项，即固定资产更新和大修理、消费基金、积累以及出口。因此，第 II 象限反映了各部门产品在这四个去向上的最终使用比例和构成。第三部分称为增加价值象限，它是第 I 象限纵向的延伸，它的主栏是折旧与新创造的价值，宾栏是各物质生产部门，这一象限反映的是提取折旧基金的价值和各部门创造的国民收入的价值构成，以及国民收入在各部门间的比例。第四部分称为国民收入再分配象限，它是第 II 象限与第 III 象限的共同延伸，它可反映国民收入再分配的某些因素，但由于这个过程极其复杂，如何在价值型投入产出表中做出反映，还有待进一步的研究。因此，编表时常将此象限的内容略去。将投入产出表的四个部分联系起来综合观察分析，就能发现这张表包含着极为丰富的经济内容和十分清晰的部门间的技术经济关系。

在图4-8中，横向第Ⅰ、Ⅱ象限两部分说明了各物质生产部门用做投入和用做社会最终产品的使用情况，纵列即第Ⅰ、Ⅲ象限两部分表明各物质生产部门所需的物化劳动和活劳动的投入。

根据对投入产出表一般形式的结构分析，我们可以建立起投入产出的数学模型。对于价值型投入产出表如表4-13所示，它的投入产出数学模型包括三个部分：

表 4-13　　　　　　　　　　　价值型投入产出表

		中间产品			最终产品					总产品
	部门1	部门2	部门3	…	部门n	固定资产更新大修理	消费	积累	出口	合计	
部门 1	X_{11}	X_{12}	X_{13}	…	X_{1n}				y_1		X_1
部门 2	X_{21}	X_{22}	X_{23}	…	X_{2n}				y_2		X_2
部门 3	X_{31}	X_{32}	X_{33}	…	X_{3n}				y_3		X_3
…	…	…	…	…	…				…		…
部门 a	X_{n1}	X_{n2}	X_{n3}	…	X_{nn}				y_n		X_n
折旧	D_1	D_2	D_3	…	D_n						
新创价值 劳动报酬	V_1	V_2	V_3	…	V_n						
新创价值 社会纯收入	M_1	M_2	M_3	…	M_n						
总产品	X_1	X_2	X_3	…	X_n						

1. 按行建立的平衡关系。由第Ⅰ象限与第Ⅱ象限组成的长方形表，反映了各生产部门产品的分配去向。由于价值表采用了统一的货币计量单位，因此可写成平衡方程组的形式，即：

中间产品 + 最终产品 = 总产品

$$\begin{cases} X_{11} + X_{12} + \cdots + X_{1n} + y_1 = X_1 \\ X_{21} + X_{22} + \cdots + X_{2n} + y_2 = X_2 \\ \cdots \end{cases}$$

$$X_{n1} + X_{n2} + \cdots + X_{nn} + y_n = X_n$$

可简写成：$\sum\limits_{j=1}^{n} X_{ij} + y_i = X_i$ （$i = 1$，2，$\cdots$，n）

此方程组称为分配方程组。

2. 按列建立的平衡关系。由第 I 象限和第 III 象限组成的纵向长方形表，反映了各部门产品的价值形成过程，即：

生产资料转移价值 + 新创造价值 = 总价值

如果各部门新创造价值用 N_j 表示，则有：

$$\begin{cases} X_{11} + X_{21} + \cdots + X_{n1} + D_1 + N_1 = X_1 \\ X_{12} + X_{22} + \cdots + X_{n2} + D_2 + N_2 = X_2 \\ X_{1n} + X_{2n} + \cdots + X_{nn} + D_n + N_n = X_n \end{cases}$$

可简写成：

$$\sum X_{ij} + D_i + N_i + X_i \qquad\qquad (j = 1，2，\cdots，n)$$

此方程称为生产方程组。

3. 行列之间的平衡关系。价值形态的投入产出表中除了按行、按列两种平衡关系外，还存在着行列之间的平衡关系。

横行各物质生产部门总产出量与纵列各物质生产部门的总投入量相等，用公式表示为：

$$\sum_{i=1}^{n} X_{ij} + D_j + V_j + M_j = \sum_{j=1}^{n} X_{ij} + Y_i \qquad\qquad (i = j)$$

（当 $i \neq j$ 时，上式一般不成立）

最终产品总量与国民收入加折旧的总量相等，即第 II 象限与第 IV 象限在总量上相等，用公式表示为：

$$\sum_{j=1}^{n} D_j + \sum_{j=1}^{n} V_j + \sum_{j=1}^{n} M_j = \sum_{j=1}^{n} Y_j \quad 即：\sum_{j=1}^{n} D_j + \sum_{j=1}^{n} N_j = \sum_{1}^{n} Y_j （这里 N_j = V_j + M_j）$$

但必须注意，某部门最终产品与折旧加新创价值的和往往并不相等，即当 $i = j$ 时，$D_j + N_j \neq Y_j$。

投入产出分析的基础是投入产出表。投入产出表可根据不同的标准进行分类：①根据表中所包括的内容，可分为产品投入产出表、劳动投入产出表、固定资产投入产出表及某些特殊用途投入产出表（如能源投入产出表）等。其中，产品投入产出表又可按产品的不同形态分为实物型投入产出表和价值型投入产出表。②根据表中所包括的不同范围，可分全国的、地区的、部门的、企业的投入产出表。③根据表的不同用途，可分为报告期的投入产出表（统计表）与计划期的投入产出表（计划表）。④根据表内是否包括时间变化因素，可分为静态投入产出表（模型）和动态投入产出表（模型）。⑤按核算体系的不同有 SNA（国民核算体系）的投入产出表和 MPS（物资平衡表体系）的投入产出表。

三、预算法

预算是指用数字编制未来一个时期的计划。它可以分为财务预算和非财务预算两大类。其中，财务预算包括各种收入预算、费用支出预算、现金收支预算以及投资预算等。非财务预算包括工时、材料、实物销售量和生产量的预算等。通过编制预算可将计划指标数字化，并将计划分解，它可以使管理人员清楚地了解哪些部门使用多少资金，有多少收入，有多少投入量和产出量等。从而有可能更科学地授权，以便在预算的限度内去实施计划。预算既是一种计划方法，又是一种控制方法，编制预算是行使计划职能，而执行预算，使用预算标准控制生产经营活动，则属于管理的控制职能。传统的编制预算的方法是编制固定预算，即将组织在未来某一时期内的计划用各种数字表示出来，不论将来的情况是否变化，预算确定的各种数字将不再做调整和修改。实践证明，过分硬性的固定预算不能使预算在计划和控制职能中发挥应有的作用。将所有的费用固定下来，管理人员毫无自由伸缩的余地，控制便难以富有弹性。况且，在硬性预算条件下，有些管理人员甚至认为，预算比完成组织目标更为重要，这显然是不利的。

为了克服固定预算的硬性，管理者们越来越重视采用弹性预算的编制方法。弹性预算法的具体形式有以下几种：

1. 可变预算法。即先按各项活动的业务量分别计算出每项活动的预算费用，但这个预算并不一定是此项活动的最后的真实的预算，当预算期结束时，再根据每项活动计算出实际应得的预算费用。如果实际应得的预算费用不同于预先计算的费用，这就需要调整有关部门或活动的预算。

2. 补充预算。它是先确定一项最低额费用预算，然后在每月开始之前编制一份补充预算。可变费用预算是在预算执行后对预算进行调整，而补充预算是在预算期前对其进行调整。

3. 选择性预算。采用这种方法，组织内要建立低、中、高三个档次的业务预算以备选择，然后在每届会计统计期开始，通知各管理层应采用哪种预算。究竟选择哪一种预算，应视组织内外经营环境的变化而定。

　　预算编制方面的最新方法是目前在西方国家使用较为普遍的零基预算法。最早提出零基预算思想的是美国得州仪器公司的彼得·A.菲尔。零基预算法的基本原理是：在每个预算年度开始时，将所有过去进行的管理活动都看做是重新开始，即以零为基础。根据组织目标，重新审查每项活动对实现组织目标的意义和效果，并在成本—效益分析的基础上重新排出各项管理活动的先后次序，再依据重新排出的先后次序，分配资金和其他各种资源。美国的一些州政府还将这一原理推广应用于部门的设立，称之为"日落法"。即每年年终，现有的各个部门就像太阳落山一样宣告结束。当新的一年开始时，各部门必须向专门的审议机构证明自己确有存在的必要，才能像旭日东升那样重新开始。

　　在美国，实施零基预算制度的具体办法，各公司不尽相同，但一般来说，都要经过以下几个步骤：

　　第一步：在制定零基预算之前，公司领导人首先提出总方针，以使各下属部门在拟定本部门目标和行动方案时能有所遵循。

　　第二步：各部门根据公司的总方针对本部门的业务进行研究，进而提出本部门下一年度的各项目标及其行动计划方案。

　　第三步：各部门不仅要计算出各种行动方案所需要的成本，而且还要对其带来的效益进行分析。也就是说，各部门不仅要计算出各项业务活动所用的资金，而且还要估算可能获得的利润。

　　第四步：各部门按轻重缓急排列出各种行动方案的先后次序。

　　第五步：将本部门的预算总表和先后次序表全部上交给总公司，总公司根据先后次序表对资金进行分配。

　　值得注意的是，采用零基预算制度的美国公司并非都将该制度应用到公司的每一个部门。例如，国际机具公司只是将该制度应用于负责发展新产品的幕僚部门和销售部门，这主要是因为应用该制度需要进行大量的计算工作，而进行这种计算工作又需要事先对有关人员进行大规模的训练。另外，根据公司的经验，将零基预算制度应用于计算间接成本的部门易于取得较好的效果。

　　零基预算法的优点可以概括为：①准确全面地计算出各种数据，为计划和决策提供精确的资料，减少了盲目性。②它使计划和控制富有弹性，增强了组织的应变能力。③当管理决策出现失误时，便于及时纠正。

　　在实行零基预算法时应注意以下几个方面的问题：①负责最后审批预算的主要领导人员必须亲自参加对活动和项目的评价过程，以便真正清楚地了解该项预算的由来，判断它是否合理。②在对各项管理活动和具体项目进行评价和编制预算的过程中，要求所涉及的重要管理人员必须对组织有透彻的了解和理解。只有这样，他才能对哪些活动是必要的，哪些活动虽属必要，但在目前是可有可无的，以及哪些活动是完全不必要的、进行正确的判断和取舍。③编制预算时，资金按重新排出的优先次序进行分配，应尽可能地满足排在前面活动的需要，如果资金有限，在分配到最后时，对于那些可进行但不是必须要进行的活动和项目，最好暂时放弃。

由此可见，零基预算法的精髓在于把管理控制的重点从传统的现场控制和反馈控制转向了预先控制，它强调"做正确的事"，而不是"正确地做事"。突出了组织目标对全部管理活动的指导作用，以及计划职能与控制职能间的联系，以求更集中和更有效地使用资源，使组织目标的实现收到事半功倍的效果。

四、网络计划技术

网络计划技术于 20 世纪 50 年代后期在美国产生和发展起来的，这种方法包括各种以网络为基础制订计划的方法，如关键路径法、计划评审技术、组合网络法等。

（一）网络计划技术的原理

网络计划技术是运用网络图的形式来组织生产和进行计划管理的一种科学方法。它的基本原理是：利用网络图表示计划任务的进度安排，并反映出组织计划任务的各项活动（或各道工序）之间的相互关系；在此基础上进行网络分析，计算网络时间，确定关键工序和关键路线；利用时差，不断改善网络计划，求得工期、资源与成本的综合优化方案。在计划执行过程中，通过信息反馈进行监督和控制，以保证预定计划目标的实现。网络计划技术适用于单件小批生产类型，特别适用于一次性的生产或工程项目，如新产品研制、设备维修、建筑工程、油田开发、管道施工等。其优点是，能缩短工期，降低成本，提高经济效益。

（二）网络图的构成要素

网络图是网络计划技术的基础。任何一项任务都可分解成许多步骤的工作，根据这些工作在时间上的衔接关系，用箭头表示它们的先后顺序，画出一个由各项工作相互联系，并注明所需时间的箭线图，这个箭线图就称做网络图。网络图是由活动、事项和路线三部分组成。

1. 活动（作业、工序）。是指一项作业或一道工序。活动通常是用一条箭线"→"表示，箭杆上方标明活动名称，下方标明该项活动所需时间，箭尾表示该项活动的开始，箭头表示该项活动的结束，从箭尾到箭头则表示该项活动的作业时间。此外，还有一些工序既不占用时间，也不消耗资源，是虚设的，叫虚工序，在图中用"…→"表示。

2. 事项（结点、网点、时点）。是指一项活动的开始或结束那一瞬间，它不消耗资源和时间，一般用圆圈表示。在网络图中有始点事项、中间事项和终点事项之分。一个网络图中只有一个始点事项，一个终点事项。如图 4 - 9 所示。

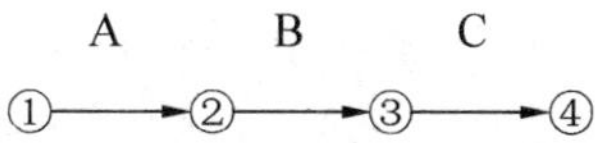

A　　　B　　　C
①——→②——→③——→④

图 4 - 9　网络图

图 4 - 9 事项②，即表示 A 项活动的结束，又表示 B 项活动的开始。对中间事项②来说，A 为其紧前工序，B 为其紧后工序。

3. 路线。是指从网络始点事项开始，顺着箭线方向连续不断地到达网络终点事项为止的一条通道。在一个网络图中均有多条路线，其中作业时间之和最长的那一条路线或几条路线称为关键路线，可用粗实线或双线表示。

（三）绘制网络图的规则

绘制网络图一般应遵循以下规则：①有向性，各项活动顺序排列，从左到右，不能反向；②无回路，箭线不能从一个事项出发，又回到原来的事项上；③箭线首尾都必须有结点，不允许从一条箭线中间引出另一条箭线；④两点一线，指两个结点之间只允许画一条箭线，若出现几项活动平行或交叉作业时，应引进虚箭线"…→"表示；⑤事项编号，从小到大，从左到右，不能重复；⑥源汇合一，每个网络图中，只能有一个始点事项和一个终点事项。如果出现几道工序同时开始或结束，可用虚箭线同网络始点事项或终点事项连接起来。

（四）网络时间的计算

1. 作业时间（T_E^{ij}）。是指完成某一项工作或一道工序所需要的时间。作业时间有确定时间和不确定时间之分。不确定时间可用三点估计法计算。具体是将作业时间按三种情况进行估计：a 为最乐观的完成时间，是最顺利条件下的最短时间；b 为最保守的完成时间，是困难条件下的最长时间；m 为最可能的完成时间，是正常条件下的时间。然后按下述公式求出作业时间的平均值：

$$T_E^{i,j} = \frac{a + 4m + b}{6}$$

一项计划，只要画出了网络图，又确定了各项活动的作业时间 $T_E^{i,j}$，就可以计算其余的网络时间。

2. 结点时间的计算。结点本身不占用时间。它只表示某项活动应在某一时刻开始或结束。因此，结点时间有最早开始时间和最迟结束时间。

（1）结点最早开始时间（T_E^j）。是指从始点事项到该结点的最长路程的时间。用 T_e 表示，其数值记入"□"内，并标在网络图上。网络始点事项的最早开始时间一般设它为零，即 $T_E^i = 0$；网络中间事项的最早开始时间按下式计算：

$$T_E^j = \max_{i<j} \{ T_E^j - T^{i,j}E \}$$

式中：T_E^i、T_E^j 分别为结点 i 和 j 的最早开始时间；$T_E^{i,j}$ 为作业时间；max 表示取括号中各和数的最大值。

如果到达结点 j 的箭线不止一条，T_E^j 的数值就不止一个，加上相应工序的 $T_E^{i,j}$，应从中选取最大值作为 T_E^j 的数值。因为从 j 点开始的后续作业，必须等它前面延续时间最长的先行作业完工之后，才能开始工作，所以必须选取最大值。

（2）结点最迟结束时间（T_L）。是指以本结点为结束的各项活动最迟必须完成的时间。用 T_L 表示，其数值记入"△"内，并标在网络图上。

由于网络终点事项没有后续工序，所以网络终点事项的最迟结束时间也就是它的最早开始时间，即 $T_L^j = T_E^j$（j 为终点事项）。网络中间事项的最迟结束时间按下式计算：

$$T_L^i = \max_{i<j} \{ T_L^j - T_E^{i,j} \}$$

式中：T_L^i、T_L^j 分别为结点 i 和 j 的最迟结束时间；$T_E^{i,j}$ 为作业时间；min 表示取括号中各差数的最小值。

如果从结点 i 发出的箭线不止一条，T_L^i 的数值也就不止一个，减去相应工序的 $T_E^{i,j}$，应从中选取最小值作为 T_L^i 的数值。因为这样才能保证从结点 i 应最先开始的工序能按时开工，所以，必须选取最小值。

3. 工序时间的计算。工序时间包括工序最早开始时间（$T_{ES}^{i,j}$）和工序最早结束时间（$T_{EF}^{i,j}$）、工序最迟开始时间（$T_{LS}^{i,j}$）和工序最迟结束时间（$T_{LE}^{i,j}$）。有了结点的时间参数，工序时间参数的计算就很简单了。

工序时间的计算步骤如下：

第一步：工序最早开始时间等于代表该工序的箭尾所触结点的最早开始时间。

第二步：工序最早结束时间等于该工序最早开始时间加上该工序的作业时间之和。

第三步：工序最迟结束时间等于该工序箭头结点最迟结束时间。

第四步：工序最迟开始时间等于该工序最迟结束时间减该工序的作业时间之差。

计算工序最早开始与最早结束时间，应从网络始点事项开始，自左向右，前进加法取大值。计算工序最迟开始与最迟结束时间，应从网络终点事项开始，自右向左，后退减法取小值。

工序时间的计算公式如下：

$$T_{ES}^{i,j} = T_E^i$$
$$T_{LF}^{i,j} = T_E^j$$
$$T_{EF}^{i,j} = T_{ES}^{i,j} + T_E^{i,j}$$
$$T_{LS}^{i,j} = T_{LF}^{i,j} - T_E^{i,j}$$

式中：T_E^i 为结点 i 的最早开始时间；T_E^j 为结点 j 的最迟结束时间；$T_E^{i,j}$ 为作业时间。

4. 时差。是指某道工序的最迟开始时间与最早开始时间的差数。时差表明某道工序可利用的机动时间的多少，时差的计算公式如下：

$$S_{总}^{i,j} = T_{LF}^{i,j} - T_{ES}^{i,j} - T_E^{i,j} = T_{LS}^{i,j} - T_{ES}^{i,j} = T_{LF}^{i,j} - T_{EF}^{i,j}$$

式中：$S_{总}^{i,j}$ 为工序 i—j 的总时差；其他代号见前工序时间的说明。

计算结果，如果 $S_{总}^{i,j} > 0$，表明这道工序有机动时间；如果 $S_{总}^{i,j} = 0$，说明这道工序是关键工序，没有一点机动时间；如果 $S_{总}^{i,j} < 0$，表明这道工序能力不能保证计划工期的要求，应采取措施，使得 $S_{总}^{i,j} \geq 0$。

（五）关键路线

在网络图中，由总时差为零的关键工序连接起来的路线，为关键路线。关键路线的确定有时差法和破圈法两种方法。

1. 时差法。先计算出各工序的总时差，将工序总时差为零的工序即关键工序用色线或粗线标出，即可确定出该网络图的关键路线。

2. 破圈法。从网络图的某个结点到另一个结点之间，如果存在两条不同的路线，便形成了一个封闭的环，称之为圈。

如果形成圈的两条线路的作业时间不等，可将其中作业时间较短的一条路线删除（或画上剪除记号），保留下来的是作业时间较长的一条路线。破圈时要从网络始点事项开始，顺着箭线方向找出每一个圈，依次破圈，直至终点事项。最后留下来的就是关键路线。

（六）实例应用

已知某项工程的作业程序及作业时间如表 4-14 所示，绘制网络图，并根据关键路线确定工程周期。

表 4 – 14

作业名称（代号）	结 点 编 号		作业时间 $T_E^{i,j}$（天）	先行作业
	i	j		
A	1	2	4	—
B	1	3	5	—
C	2	4	5	A
D	3	4	8	B
E	3	5	5	B
F	4	5	7	C，D
G	4	6	5	C，D
H	5	7	4	E，F
I	6	7	5	G

第一步：根据工程顺序绘制网络图（见图 4 – 10）。

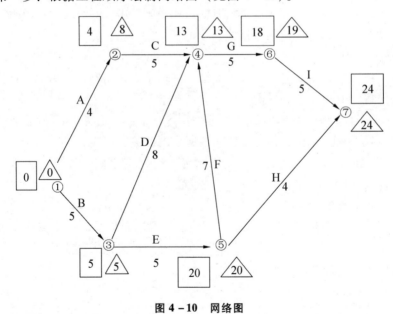

图 4 – 10   网络图

第二步：计算事项的最早开始和最迟结束时间，标在网络图上。

（1）各结点的最早开始时间计算如下：

$$T_E^1 = 0$$

$$T_E^2 = T_E^1 + T_E^{1,2} = 0 + 4 = 4$$

$$T_3^3 = T_E^1 + T_E^{1,3} = 0 + 5 = 5$$

$$T_E^4 = \max \{ (T_E^2 + T_E^{2,4}), (T_E^3 + T_E^{3,4}) \} = \max \{ (4+5), (5+8) \} = 13$$

$$T_E^5 = \max \{ (T_E^3 + T_E^{3,5}), (T_E^4 + T_E^{4,5}) \} = \max \{ (5+5), (13+7) \} = 20$$

$$T_E^6 = T_E^4 + T_E^{4,6} = 13 + 5 = 18$$

$$T_E^7 = \max \{ (T_E^6 + T_E^{6,7}), (T_E^5 + T_E^{5,7}) \} = \max \{ (18+5), (20+4) \} = 24$$

（2）各结点的最迟结束时间计算如下：

$$T_L^7 = T_E^7 = 24$$

$$T_L^7 = T_L^7 - T_E^{6,7} = 24 - 5 = 19$$

$$T_L^5 = T_L^7 - T_E^{5,7} = 24 - 4 = 20$$

$$T_L^4 = \min \{ (T_L^6 - T_E^{4,6}), (T_L^5 - T_E^{4,5}) \} = \min \{ (19-5), (20-7) \} = 13$$

$$T_L^3 = \min \{ (T_L^5 - T_E^{3,5}), (T_L^4 - T_E^{3,4}) \} = \min \{ (20-5), (13-8) \} = 5$$

$$T_L^2 = T_L^4 - T_E^{2,4} = 13 - 5 = 8$$

$$T_L^1 = \min \{ (T_L^2 - T_E^{1,2}), (T_L^3 - T_E^{1,3}) \} = \min \{ (8-4), (5-5) \} = 0$$

第三步：计算工序时差（见表 4-15）。

表 4-15　　　　　　列表计算工序时间和时差

作业名称	结点编号		作业时间	最早开始与结束时间				最迟开始与结束时间		时差	关键路线
	i	j		ES	EF	LS	LF				
A	1	2	4	0		4		4	8	4	
B	1	3	5	0		5		0	5	0	√
C	2	4	5	4		9		8	13	4	
D	3	4	8	5		13		5	13	0	√
E	3	5	5	5		10		15	20	10	
F	4	5	7	13		20		13	20	0	√
G	4	6	5	13		18		14	19	1	
H	5	7	4	20		24		20	24	0	√
I	6	7	5	18		23		19	24	1	

第四步：确定关键路线。①用时差法来确定该网络图的关键路线。从表 4 – 15可以看出，作业 B、D、F 和 H 的总时差都为零，所以它们是关键作业，将这些关键作业连接起来，即为该网络图的关键路线。②用破圈法确定关键路线。破圈法是确定关键路线的一种简便方法。下面仍以图 4 – 10 所示的网络图为例，来说明用破圈法确定关键路线的方法步骤。

从图 4 – 10 中可看出，从结点①到结点④有两条路线，一条是①→②→④，作业时间为 9 天；另一条是①→③→④，作业时间为 13 天。这两条路线形成一个可破圈，破除作业时间较短的①→②→④路线，保留①→③→④路线。破圈后如图 4 – 11 （a）所示。

在图 4 – 11 （a）中，从结点③到结点⑤，也有两条路线。一条是③→④→⑤，作业时间为 15 天；另一条是③，图 4 – 11 用破圈法确定关键路线→⑤，作业时间为 5 天。这两条路线形成一个可破圈，破除作业时间较短的③→⑤路线，保留③→④→⑤路线。破圈后如图 4 – 11 （b）所示。

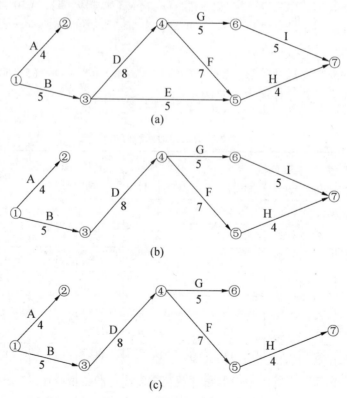

图 4 – 11　破圈法确定关键路线

在图 4 - 11（b）中，从结点④到结点⑦，也有两条路线。一条是④→⑥→⑦，作业时间为 10 天；另一条是④→⑤→⑦，作业时间为 11 天。这两条路线又形成一个可破圈，破除作业时间较短的④→⑥→⑦路线，保留④→⑤→⑦路线。破圈后如图 4 - 11（c）所示。

这样，我们就可以看出，从网络始点事项到网络终点事项之间，现在只存在一条完整的通道，即①→③→④→⑤→⑦路线。这条路线（也就是作业 B、D、F、H 路线），就是关键路线。它同上面用时差法计算的结果是一致的。

掌握和控制关键路线是网络计划技术的精华。关键路线，决定着一项计划的工期。在关键路线上，各工序的作业时间如果提前或延迟一天，整个工期就提前或延迟一天。因此，要缩短工期或生产周期，提高经济效益，就必须从缩短关键路线的延续时间入手。掌握住关键路线，就抓住了重点，抓住了主要矛盾。在组织和指挥生产时，应充分利用时差，可抽调非关键路线上的人力、物力资源等，来支援关键路线，保证关键路线不误工期或提前完工。

（七）网络计划的优化

前面主要是从时间进度，即控制工期方面论述了网络计划技术的一些基本原理。但是，在实际工作中，编制一个计划，不仅要考虑工期、时间合理利用问题，还要考虑资源合理利用和降低成本费用问题。时间、资源和成本是相互联系、互为条件的，有时又是矛盾的。我们追求的目的是要编制一个时间短、进度快、资源耗费少、成本低的计划方案。网络计划优化的基本方法是利用时差不断改善网络计划的最初方案，使之获得最佳的工期、最低的成本和对资源的最合理的利用。逐次优化，时差便逐次减少，直至大部分或全部消失，求得最优方案。

五、标杆瞄准法

标杆瞄准法（Benchmarking）是自 20 世纪 80 年代以来，被西方发达国家理论界及实际部门日益重视的一种新的管理方法。其创始者是美国施乐公司的后勤仓储部门。该公司的后勤仓储部门 1979 年实施标杆瞄准法后，生产率提高了 8%—10%，其中，30%—50% 直接来自于标杆瞄准法。如今，标杆瞄准早已超出了库存及质量领域，它已扩展到诸如成本、人力资源、新产品开发、企业战略、研究所管理及教育部门管理等各个方面。由于这一方法的广泛适用性，人们不断地开发出新的应用领域。

所谓标杆瞄准法，是指将行业中的领先企业作为标杆和基准，通过资料收集、分析、比较、跟踪学习等一系列规范化的程序，将本企业的产品、服务和管理措施等方面的实际状况与这些基准进行定量化评价和比较，找出领先企业达到优秀水平的原因，在此基础上，选取改进的最佳方法。标杆瞄准法的基本构成，可以概括为最佳实践和度量标准两部分。所谓最佳实践，是指行业中的领先企业，他们在经营管理中所推行的最有效的措施和方法。所谓度量标准，是指能真实、客观地反映管理绩效的一套指标体系，以及与之相应的作为标杆用的一套基准数据，如顾客满意程度、单位成本、周转时间及资产计量指标，等等。标杆瞄准法的意义是显然的，它为企业提供了一种可信的、可行的奋斗目标，以及追求不断改进的思路。由于标杆瞄准法中确立的改进目标和战略方向是以领先企业为基准的，可以说它们是存在于企业外部的客观事实，因而必然具有合理性和可操作性。标杆瞄准法的最具吸引力之处就在于，通过对各类标杆企业的比较，能不断追踪、把握外部环境的发展变化，从而能最佳地满足最终用户的需要。

（一）标杆瞄准法的类型

标杆瞄准法的应用范围极其广泛。一般来说，凡是带有竞争性的活动都可以应用标杆瞄准法，而且新的瞄准法还在不断地创造出来。根据对目前标杆瞄准法运用情况的总结，我们将标杆瞄准法分为战略与战术的标杆瞄准法、管理职能的标杆瞄准法和跨职能的标杆瞄准法三类。

1. 战略与战术的标杆瞄准法。战略标杆瞄准，是指企业长远整体的一些发展问题，如发展方向、发展目标和竞争策略的标杆瞄准活动，它主要为企业的总体战略决策提供依据。战略标杆瞄准可以分为企业总体战略瞄准及职能战略瞄准两个层次。后者一般是指市场营销战略瞄准、研究开发战略瞄准、生产战略瞄准、人力资源战略瞄准及财务战略瞄准等。战术标杆瞄准是在战略瞄准指导下，以企业短期的、局部的、某些具体任务为目标的一种标杆瞄准法。它通常包括企业日常的运行过程、技术、生产工艺及产品等多种内容。如产品瞄准、职能瞄准及最佳实践瞄准。

2. 管理职能的标杆瞄准法。所谓职能，是指一个部门（包括部门内的某个管理项目或作业小组等）的职责和功能，也是一个部门通过安排和指挥运行操作过程以便高效地完成它的责任和目标。职能瞄准就是学习、赶超先进的相似职能部门的运行过程。所以，职能瞄准有时也称为进程瞄准。

3. 跨职能标杆瞄准法。大部分管理活动的成功都必须有多个职能部门的协同参与，因而，大部分标杆瞄准也都是跨职能的。典型的跨职能瞄准有：顾客瞄准、成本瞄准、研究开发瞄准等。这些内容的瞄准的共同特点是，需要多个部门，甚至企业的所有部门都积极参与才能成功。

（二）标杆瞄准法的基本程序

开展标杆瞄准活动包括下述三个基本程序：

第一，分析掌握本企业经营管理中需要解决和改进的问题，制定工作措施和步骤，建立绩效度量指标。

第二，调查行业中的领先企业或竞争企业的绩效水平，掌握他们的优势所在。

第三，调查这些领先企业的最佳实践，即了解掌握领先企业获得优秀绩效的原因，进而确立目标，综合最好的，努力仿效最佳的，并超过他们。

值得指出的是，能够成功地开展标杆瞄准活动的关键，是要在组织内形成一种要求改变现状的共识和目标一致的行动。这就需要组织成员之间有充分的沟通以及其他管理措施的支持。

六、运筹学方法

运筹学方法是计划工作的最全面、最系统的分析方法，是管理科学理论的基础。运筹学方法在应用过程中效果比较显著，因而直到今天仍受到学者们的重视。在计划工作中，应用运筹学的程序主要包括如下几个步骤：

第一步：建立数学模型。建立模型是简化次要问题，抓住实质问题的方法。要建立问题的数学模型，需要进行下面的工作：①根据研究目的对问题的范围进行界定，确定描述问题的主要变量和问题的限制条件。②根据问题的性质确定采用何种运筹学方法。例如，是采用非线形规划、动态规划、整数规划，还是采用图论、排队论、对策论等方法，并根据所选择的方法将问题描述为一定的数学模型。③为了简化问题和突出主要的影响因素，还要做各种必要的规定。

第二步：规定一个目标函数，制定出对各种可能的行动方案进行评价的标准。

第三步：确定模型中各参量的具体数值。

第四步：求解模型。找出使目标函数达到最大值（或最小值）的最优解。求解过程要编制计算机程序，通过计算机进行。

本章提要

1. 计划是一个确定目标和评估实现目标最佳方式的过程。

2. 计划按具体形态，可分为使命（宗旨）、目标、战略、政策、程序、规则、规划和预算。

3. 计划制定可以分为七个步骤：①分析状况。②建立目标。③确定计划的前提。④拟订备选方案。⑤评价备选方案并择优。⑥制订派生计划及编制相应的预算。⑦计划执行。

4. 计划的类型多种多样，可划分为战略计划与作业计划、长期计划与短期计划、指导性计划与具体性计划等几大类。

5. 对计划的评价有程序性分析和经济性分析两种标准。

6. 一个完整的预测程序是由以下几个基本步骤组成的：找出问题，分析差异，提出设想；确定预测目标和预测内容；选择预测方法；对预测结果的分析和评价；修正预测结果。

7. 比较常用的几种预测方法：①专家预测法。②时间序列预测法。③回归分析法。④最小二乘法。⑤因果分析预测法。

8. 所谓决策，是从两个或两个以上的备选方案中选择最优方案并付诸实施的过程。这一定义有三层含义：①决策的依据是要实现一定的目标。②决策的对象是一系列可行的实施方案。③决策完成的是在诸多可行方案中择优的任务。

9. 就一般决策而言，主要分为六个阶段：①发现问题。②确定目标。③拟定并评估可行方案。④选择方案。⑤执行方案。⑥追踪检查。

10. 预算是指用数字编制未来一个时期的计划。它可以分为财务预算和非财务预算两大类。

11. 目标管理有许多优点，它可以使管理更佳，并常常迫使管理人员明确组织结构，鼓励员工投入到目标的实现上，并有助于有效控制的实施。目标管理的不足在于管理人员没有为下属人员目标的制定提出指导性的原则，下属人员缺乏对目标管理宗旨的了解。目标本身有时可能存在短期性或缺乏灵活性。人们在制定目标时，可能会过于强调定量性目标的制定。

12. 目标管理的过程包括在组织的最高层制定目标，明确那些负责实现目标的人员的具体作用，制定并修改下属人员的目标，可以为各级管理人员和员工制定目标。目标可以是定量的，也可以是定性的。

13. 在目前广泛应用的现代计划技术与方法中，滚动计划法、投入产出法、预算法和网络计划技术等是较常用的技术和方法。

讨论题

1. 你所在的班级是组织吗？如果是的话，组织目标是什么？组织与目标孰先孰后？如果是的话，为什么？

2. 计划的目的是预测变化和制定最有效的应变措施，但事实是未来没人能预测到，所以，计划是浪费管理者的时间，你是否同意这种说法？说明你的观点。

3. 上市公司宣称的目标常常与其实际目标不一致，这对股民来说，是不道德的吗？

4. 有人对制定长期目标表示异议，因为他们认为不可能知道在将来的长时期里会发生什么事情，这是一种可取的明智态度吗？

案例：东方电力公司

玛格丽特·奎因（Margaret Quinn）是东方电力公司总经理。东方电力公司是美国东部的大型电力公用事业之一。奎因总经理长期以来相信有效地编制公司计划，对成功来说是绝对必要的。她花了十几年的时间，一直想方设法让公司的计划方案编制起来，但是没有取得很大成效。在这段时间里，她先后连续指派了三位副总经理掌管编制计划，虽然每位副总经理似乎都努力工作，但她注意到，个别部门头头继续自行其是。他们就发生的问题做出决策。因此，他们对做"救火"的有效工作而自鸣得意。

然而，公司似乎在漂泊不定，而部门管理者的各自决策相互之间总是不一致。主管调整事务的高级管理者老是催促州委员会准许把电价提高，但无很大进展，因为委员会觉得，费用虽然上涨，但是不合理。公共关系的领导不断地向公众呼吁，要理解电力公用事业问题，但是，各社区的用电户觉得，电业赚的钱够多了，因此，公司应该解决它的问题，而不应提高电价。负责电力供应的副总经理受到很多社区的压力，要他扩大电路，把所有输电线路埋入地下，避免出现不雅观的电线杆和线路，同时向顾客提供更好的服务。他觉得顾客是第一位的，而费用则是第二位的。

应奎因女士要求，一位咨询顾问来公司检查情况。他发现，公司并没有真正地把计划做好，副总经理——编制计划，而他的职员正在努力地进行研究和做预测，并把研究和预测情况提交给总经理。由于所有部门的管理者把这些工作看做是对他们日常业务没有必要的文牍工作，因此，他们对此兴趣不大。

讨论题

1. 如果你是顾问，你建议将采取什么步骤来使公司有效地制订计划？
2. 关于未来的计划期限多长，你将给公司提出什么样的忠告？
3. 你将怎样向总经理提出建议，使你推荐的事情付诸实施？

第五章　组织

【学习目的】

阅读和学完本章后，你应该能够：

❑ 定义组织及组织结构

❑ 确定劳动分工的优缺点

❑ 明确管理组织的类型

❑ 明确进行组织设计的五大原则

❑ 掌握学习型组织理论的主要内容

❑ 明确组织发展的方法

❑ 阐述企业再造对组织结构的影响

❑ 了解人力资源管理的过程

❑ 区分职务说明和职务规范

❑ 对比招聘中应聘者不同来源的优缺点

　　组织是管理的一项重要职能。所谓组织职能，是指为了有效地实现既定计划，通过建立组织机构，确定职能、职责和职权，协调相互关系，从而将组织内部各个要素联结成一个有机整体，使人、财、物得到最合理的使用。其目的是使人们为实现共同的目标而有效地工作。建立精干、高效的管理组织，并使之得以正常运行，这是实现管理目标的前提条件。

　　管理组织理论分为两个相互联系的分支学科：组织结构学和组织行为学，组织结构学侧重于组织的静态研究，以精干合理为目标；组织行为学侧重于组织的动态研究，以建立良好的人际关系为目标。从总体上讲，两者都是为了提高组织效率。本章重点介绍组织结构学方面的问题。

第一节　组织概述

一、组织及其要素

（一）组织的含义

所谓组织，是指人们为了达到一项共同目标建立的组织机构，是综合发挥人力、物力、财力等各种资源效用的载体。它包括对组织机构中的全体人员指定职位，明确责任，交流信息，协调工作等。这个定义有三层含义：①组织作为一个整体，具有共同的目标。因此，在管理活动中，一个组织机构的建立、撤销、调整等，都必须服从于组织的目标。②完成组织目标的业务活动和主要责任，是决定各级组织权责范围的基础。③决定组织效率的两个主要因素，是组织内的信息交流和协调配合。

可见，管理的组织职能有以下三个方面：①把总任务分解成一个个的具体任务。②再把任务分配给各单位或部门。③把权力分别授予每个单位或部门的管理人员。因此，从本质上说，组织就是研究组织中人与事的合理结合。

发挥组织的职能，首先应当考虑如何充分发挥集体的组织职能，但这并不抹杀个人在集体中应起的积极作用。在任务分配上，应在保证充分发挥集体组织职能的前提下，允许个人才能的充分发挥。

故事中的管理学：儿子怎样拼好了世界地图

有一家公司的业绩不断滑坡，董事会责成总经理写一份报告加以解释。

这一天，他正坐在家里苦思冥想，儿子跑来吵着要他陪着玩。这位经理不堪其扰，于是随手将一本杂志的封底撕碎，对儿子说："你先将这上面的世界地图拼完整，爸爸就陪你玩。"过了不到5分钟，儿子又来拉他的手说："爸爸我拼好了，陪我玩！"

这位经理刚刚出现的灵感被打断，变得有些生气："小孩子要玩是可以理解的，但如果说谎话就不好了。怎么可能这么快就拼好世界地图！"

儿子非常委屈："可是我真的拼好了呀！"

经理听了，拿过来一看，果然如此。他心生疑问：不会吧？家里出现了神童？他非常好奇地问："你是怎么做到的？"

儿子说："世界地图的背面是一个人的头像，我反过来拼，只要把这个人拼好了，世界就完整了呀。"

这位经理一听，突然跳起来紧紧地抱住儿子："我明白了，儿子，谢谢你给了我启示。"

传统的管理观念认为，组织是一架机器，员工是其中的一个个的齿轮，作为零件，每个人都是没有个性的，是可以随意更换的。

（二）组织要素

组织要素一般包括如下几个方面：

1. 共同的目标。组织作为一个整体，首先要具有共同的目标，有了共同的目标，才能统一指挥，统一意志，统一行动。这种共同目标应该既为宏观所要求，又能被各个成员所接受，应尽量消除组织中成员的个人目标和组织目标之间的背离。

2. 人员与职责。为了实现共同目标，就必须建立组织机构，并对机构中全体人员指定职位，明确职责。

3. 协调关系。就是把组织成员中愿意合作，为共同目标做出贡献的意志进行统一。否则，共同目标再好也无法实现。

4. 畅通的信息渠道。就是将组织的共同目标和各成员协作意愿联系起来，它是进行协调关系的必要途径。交流的信息分为两大类：一类是非定型的，如命令、指示、报告、要求、开会等；另一类是肯定型的，如规章、制度、手册等。

二、组织的职能和作用

（一）组织职能

管理的组织职能，是指要设计和维持一套由不同层次的部门、单位、职位、人员以及他们之间的联系所组成的结构系统，以综合发挥组织各种资源的效用，保证组织的有效运行，实现组织目标。如果深入剖析一下，组织职能有两个方面的含义：一是静态地组织人们分工协作的结构系统。二是集约资源、力量以实现目标的动态过程。二者的有机联系，形成管理实体的组织运动。

（二）组织的作用

一般来说，组织的作用主要表现在以下几个方面：

1. 有效的组织，是实现决策的基础，是实现管理目标的保证。

2. 有效的组织，是综合发挥人力、物力、财力以及技术、信息等资源，以实现管理综合效益的合理结构体系。

3. 有效的组织，会创造一种良好的工作环境，使组织中的每个人都能为完成群体的目标做出最大的贡献。

三、组织的实质

组织的实质在于它是进行协作的人的集合体。管理的组织职能主要是设计、形成、保持一种良好的、和谐的集体环境，使人们能够互相配合，协调行动，以获得优化的群体效应。

管理的根本动力是充分发挥人的主动性、积极性和创造性。而要做到这一点，就必须通过合理的分工，建立机构、权力布局，沟通联系制度等，维持一种发挥人的主动性、积极性和创造性的集体士气、气氛、风气，形成每个人的强烈事业心、进取心，以及为实现组织目标而共同奋斗的集体精神。这是保持组织有持久的活力和内在动力的根本。相对于组织外部形态的各种形式来说，这是实质性的、根本性的组织内容。

上述管理组织的实质，最明显的是表现为组织成员为实现共同的目标而有效地工作，表现在组织机构运行的高效化上。

组织高效化有以下四种衡量标准：①管理效率高。层次简明合理，很少出现扯皮现象。②信息传输迅速而准确，使组织的领导者能及时掌握新情况，做出相应决策。③人员任用合理，人人都能在自己的岗位上充分发挥作用，人与人之间关系和谐、协调。④组织的总体目标和计划已被组织工作分解下去，使得目标和计划的完成有了切实保障。

第二节　组织设计

一、组织设计的内容

组织设计一般包括以下内容：

1. 把为实现管理目标所必须进行的各项业务活动，根据其内在的联系及工作量进行分类组合，设计出各种基本职务和组织机构。

2. 规定各种职务、各个组织机构的责、权、利及其与上下左右的关系，并用组织系统图和责任制度、职责条例、工作守则等形式加以说明。

3. 选拔和调配合适的人员担任相应的职务，并授予执行职务所必需的权力，使每个人都能充分发挥作用。

4. 通过职权关系和信息系统，把各个组织机构联成一个严密而又有活力的整体。

5. 对组织系统内的职工进行教育培训和智力开发，使他们的知识不断更新，更有效地完成自己所承担的工作。

二、组织设计应考虑的因素

一个好的组织设计应当是：清晰的职责层次顺序，流畅的意见沟通渠道，准确的信息反馈系统，有效的协调合作体系，相对封闭的组织结构。同时，随着社会的前进和经济的发展，执行管理功能的组织，不能一成不变，不能刻板僵化，整齐划一，应当随着外部环境的改变，对组织进行相应的变革。

组织设计应当充分考虑以下因素：

（一）目标明确

一个好的组织必须目标明确。首先应明确大系统的总目标，这个目标是衡量一个系统的工作是做正功，还是做负功、无功、虚功的标准。组织的设计和建立必须能指引管理部门，将每个组织成员的视线指向组织的总目标，指向成果。如果组织目标不明确，导致管理部门和组织成员的视线偏离总目标，则不仅难以做到整体大于部分之和，而且成果的总和是有利还是有弊，也是一个不确定因素。

（二）任务明确

组织系统的目的、目标和任务三者是一致的，但三者概念的层次不同。在管理过程中，是在目的指引下制定具体的目标，由目标落实到任务。因此，不仅目标要明确，而且任务要明确、落实。组织的设计和建立应能使其每一个成员，尤其是管理人员的工作专门化，做任何一项工作，必须具体而且特定。

共同的任务是各管理单位和个人任务的基础。组织中的每一个成员，都必须了解个人的任务应该如何配合整个组织的任务，也必须知道整个组织的任务对个人的意义。只有这样，组织中每一个成员的努力才能符合整个组织的共同利益。

（三）完成任务的方法明确

任务明确后还必须明确如何完成任务，这也是目的性系统的特点，不仅总的任务要明确，而且各层次的分任务也应明确。就是完成任务的每一个步骤，甚至每一行动的要求都应是明确的。组织中的每一个管理单位及组织中的每一个成员，都必须清楚其所处的地位和归属，了解从何处取得所需的指令和资料，知道如何去完成工作任务。

（四）管理效率高

所谓管理效率高，是指管理机构应花最少的人力，尤其是最少的高绩效的人才（高级管理人才），以完成组织所需要的管理、监督及引导有关人员的执行等任务，保持机构的正常运转，达成组织的目标。也就是说，是以最少的人力来从事管理、组织、内部控制、内部联系和用于处理人事问题。因此，组织结构必须能促成人的自我管理和自我激励。

（五）决策合理性

目的性系统如何才能有效地向目标逼近，每一步都需要决策。一个组织机构必须经得起决策程序的考验，考验其是否有助于做出正确决策，能否使决策转化为行动和结果。

（六）沟通渠道畅通

在管理中，这种沟通是以信息沟通为前导去指引人力、物力、财力的沟通。一个组织的优劣，在很大程度上取决于沟通，特别是信息沟通的能力。组织的设计和建立，应保证有畅通的信息沟通渠道，促进信息的传递速度、准确性以及信息接受率的提高。

（七）稳定性与适应性

组织必须有相当程度的稳定性，能够以昨天的成就为基础，从事本身的建设，规划未来，保持本身的稳定性和连续性。但是，稳定并不是一成不变的，相反，它必须随着环境的变化，使组织结构具有高度的适应性。一个完全刚性的结构，往往难以达到真正的稳定。组织结构只有能够随时调整自己以适应新的形势、新的要求和新的条件，才能得以稳定。

（八）具有自我更新能力

一个有生命力的组织机构，还必须能够根据组织目标的变化对组织机构提出的新要求而不断调整自身的组织机构，完善内部管理，通过提高组织成员的经验和能力完善组织机能，而使组织具有执行新工作的能力。

在管理组织工作的实践中，一旦预感、察觉到以下征兆，就必须着手对组织进行调整和更新：一是信息不灵，情况不清，假象屡现。二是职责不明，摩擦不断，内耗丛生。三是力量分散，行动迟缓，不能统一。四是职能部门效率低，彼此之间不协调。五是层次太多，或控制跨度过大等。

三、组织设计的程序

组织设计一般要经过以下程序和步骤：

第一步：确定组织总体目标和方向。

第二步：确定各部门的（派生的）目标、任务和工作计划。

第三步：确定各部门为实现目标，完成任务所必需的业务活动。

第四步：按照所具备的人力、物力等条件组织活动，并根据具体情况用最好的方式使用这些人力和物力，取得最大的使用效果。

第五步：明确各部门负责人必要的职权，使所授权力能保证开展这些业务活动的需要。

第六步：通过职权关系和信息系统，将各横向及纵向部门的工作联系起来，保证组织有效运转。

四、组织设计的原则

人类通过长期的管理实践，已经发现了许多能提高效率的组织原则。这些原则主要有如下几个方面：

（一）目标明确化原则

任何一个组织的存在，都是由它特定的目标决定的。设计组织的目的，就是要保证实现组织目标，完成组织的任务。所以，在建立管理组织机构时，一定要明确目标是什么，各个分支机构的分目标是什么，以及每个人的工作是什么，这就是目标明确化原则。明确的目标，是衡量组织工作是否有效的首要标准，目标不明，成果好坏就无法确定。离开了组织目标，则其工作效果必然是无功或虚功或负功。目标明确的组织机构，才能指引管理部门的视线，使每个组织成员的视线指向组织的目标，指向成果。

当前，最值得人们注意的一种倾向是，在建立组织机构时，不是围绕着组织目标和工作任务因事择人，而是因人设事。应该明确一点，管理组织的设计，应围绕组织目标，要以事为中心，因事设机构、职务，配备人员，做到人与事的高度配合，而不能以人为中心，因人设职，因职找事。

（二）分工协作原则

在实现总目标过程中，必然要划分许多活动和职能，为使管理工作有成效并取得协调，就必须进行专业分工和协作。分工是按照提高管理专业化程度和工作效率的要求，把组织的目标、任务分成各级、各部门、各个人的任务、目标，明确干什么，怎么干。有分工还必须有协作，明确部门间和部门内的协调关系与配合方法。分工要注意以下问题：①尽可能按照专业化的要求设置组织机构。②工作上要有严细分工。③要注意到分工带来的效益。

协作要注意以下两个问题：①自动协作是至关重要的。②对协调中的各项关系，应逐步走上规范化、程序化，应有具体可行的协调配合方法以及违反规范后的惩罚措施。

故事中的管理学：为什么喜爱丑陋的大老婆

杨朱和弟子在宋国边境的一个小客栈里休息，发现店主的两个老婆长相与身份地位相差极大：长得漂亮的小老婆在厨房里干杂活；而长相平平，甚至有些丑的大老婆，却在账房里负责收支统筹。

杨朱和弟子看到这种情形，开始在底下私下议论，后来终于忍不住向店主人问是什么原因。

主人回答说："长得漂亮的自以为漂亮所以举止傲慢，好吃懒做，可是我却不认为她漂亮，所以我让她干粗活；另一个认为自己不美丽，凡事都很谦虚，我却不认为她长相丑，所以就让她管钱财。"

（三）统一指挥与分权管理相结合的原则

有效的组织必须有统一的指挥。组织中的每个职务都要有人负责，每个人都应该知道他向谁负责，有哪些人要对他负责。它要求各级管理组织机构必须服从它的上级管理机构的命令和指挥，而且非常强调只能服从一个上级的命令和指挥，并对他负责，在指挥和命令上严格地实行"一元化"。上下级之间的上传下达，都要按层次进行，不得越级，这就形成一个"指挥链"。如果从两个或两个以上的上级接受命令，就会造成多头领导和多头指挥，从而也可能造成管理组织的混乱。

但是，实行统一指挥原则，并不是要把一切权力都集中在组织最高一级管理层，而应是既有集权，又有分权，该集中的权力必须集中起来，该下放的权力就应当充分地下放给下级，这样才可以加强部门的灵活性和适应性，才能充分调动各级管理者的积极性。如果事无巨细，把所有的权力都集中于最高一级领导层，不仅会使最高领导湮没于烦琐的事务中，顾此失彼，无法调动下属的积极性，而且还会助长官僚主义、命令主义和文牍主义作风，甚至使领导成为庸庸碌碌的事务主义者。

（四）权责对等的原则

组织中每个部门和职务都必须完成规定的工作。而为了从事一定的活动，都需要利用一定的人、财、物等资源。因此，为了保证"事事有人做"，"事事都能正确地做好"，不仅要明确各个部门的任务和责任，而且在组织设计中，还要规定相应的取得和利用人力、物力、财力以及信息等工作条件的权力。没有明确的权力，或权力的应用范围小于工作的要求，则可能使责任无法履行，任务无法完成。当然，对等的权责也意味着赋予某个部门或岗位的权力不能超过其应负的职责。权力大于工作的要求，虽然保证任务的完成，但会导致不负责任地滥用，甚至会危及整个组织系统的运行。

（五）管理幅度原则

所谓管理幅度，就是研究一个管理者能够领导多少部属人员。每一个管理者的时间、精力和能力是有限的，一个上级管理者能够直接有效地指挥的下属数量有一定限度。当管理者的下属人员数以数学级数增加时，管理者和下属人员间相互影响的总数量，将以几何级数增加，即：

$$C = N \left[2^{N-1} + N - 1 \right]$$

式中：C为各种可能联系的总数；N为向管理者直接汇报工作的下属人员数。

一个管理者到底直接指挥多少下属为宜呢？一般认为，在上层的组织级别中，管理幅度为3—8人，而在基层机构中则为8—12人或稍多一些。管理幅度的要旨在于，判断一个管理人员能否领导得好，究竟以多少人为宜，没有固定的模式，应该根据不同的人和不同的环境条件而确定管理的幅度。在制定适当的管理幅度时，一般应考虑下列因素：①组织机构的层次。②需要处理问题的难易程度。③管理人员才能的高低。④管理者是否愿意授权。此外，管理者与被管理者之间相互影响的程度，管理者的兼职以及为非本职工作所花费的时间和精力的多少；所管理活动的相同性或不同性的情况；本单位新问题的发生率；采用标准化程序的多少；下属的分散程度等，都会对管理幅度产生一定影响。

（六）管理层次的原则

组织的层次取决于组织机构的总任务的工作量及管理幅度。总任务工作量大，组织中总人数多，组织的层次必然增加。但在完成同样数量的工作时，管理幅度越狭窄，则所需管理层次也越多。从管理的质量和效率来看，在最高管理层和最基层工作人员之间，如果组织层次过多，从上报与下达相互沟通的观点看是不利的。

管理层次的增加虽有弊病，但是，从系统论的观点看，组织有方的大系统比小系统有更高的功效。从社会发展的现实来看，整个社会趋向于组织严密的大系统，适当增加组织层次，加大管理幅度，是必然趋势。因此，在组织管理中，应进一步研究授权、组织体制和组织机构类型等问题。一般来说，应该在通盘考虑决定管理幅度因素后，在实际运用中再根据具体情况确定管理层次。

此外，高效和相对稳定原则、权责对等原则、才职相称原则，也是进行组织设计所必须遵循的原则。

五、组织结构设计的类型

建立管理的组织结构，需要有一定的形式。这个组织形式主要是解决各个部门、各个环节，领导和从属的关系，即有比较稳定的组织形式把各个部门、各个环节领导和从属的关系固定下来，使上下级更好地沟通，更好地进行管理活动，避免管理上的混乱现象，这也是建立一个有权威的管理系统必不可少的条件之一。

管理机构的组织形式，随着生产、技术和经济的发展而不断演变，但应与管理组织的目标、状态、条件、规模相适应。规模不同，组织形式也不一样。从企业组织机构的发展来看，有以下几种基本的组织形式：

（一）一般组织结构的设计

1. 直线制组织形式。对于生产规模小，生产非常简单的工业企业，通常采用直线制组织形式，即厂长下设若干车间主任，每一车间主任下又设若干班组长。这种组织形式，一切指挥和管理职能基本上都由行政负责人自己执行，只有少数职能人员协助，但不设专门的职能机构。这种机构形式比较简单，指挥管理统一，责任和权限比较明确，但它要求行政负责人通晓多种专业管理知识，能亲自处理许多业务。因此，这种形式只适用于比较简单的管理系统（见图 5－1）。

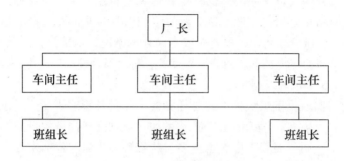

图 5－1 直线制组织形式示意图

2. 职能制组织形式。职能制结构是按分工负责原则组成的机构，各级行政负责人都设有相应的职能机构，这些职能机构在自己的业务范围内，都有权向下级下达命令和指示。因此，下级行政负责人，除要服从上级行政领导的指挥外，还要服从上级职能机构的指挥。

职能制组织设计的主要优点是职责明确，每个人都能在职能组织之下有自己的岗位，了解本身的任务，组织的稳定性高。它的缺点是：①妨碍组织的集中统一指挥，多头领导，不利于明确划分各级行政负责人和职能科室的职责权限。②弹性较差，对于调整、改革，容易产生一种自发的抗拒倾向。③在工作人员缺席（如病、事假）的情况下，易导致工作无法继续进行。职能制结构在企业的作业性工作岗位上是适用的（见图 5－2）。

职能制结构不适用于高层次管理，也不适用于知识性生产的领域。因为在这些领域中是创造性的非重复劳动，要求组织成员有整体观念，随机应变能力和决策能力，要求组织有充分的柔性和弹性。此外，在这些领域中，工作交叉多，分工不宜明确，工作成果也不易鉴别。

3. 直线职能制组织形式。这是在吸收了上述两种组织结构的优点和克服了它们的缺点的基础上形成的一种组织结构（见图 5－3）。在直线职能制结构中，各级行政负责人有相应的职能机构作为助手，以充分发挥其专业管理的作用；而每个管理机构内又保持了集中统一的生产指挥和管理。因此，这是一种较好的组织结构形式。

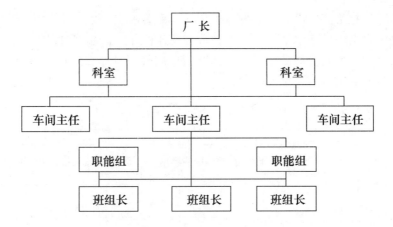

图 5 − 2　职能制组织形式示意图

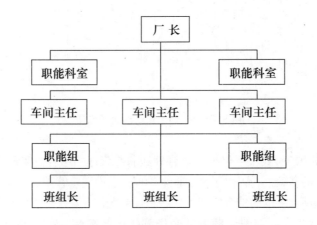

图 5 − 3　直线职能制组织形式示意图

　　4. 矩阵组织。矩阵组织也叫规划目标结构组织。这里的"矩阵"，是从数学移植过来的概念。这种组织形式，把按照职能划分的部门和按照产品或项目划分的专题小组结合起来，形成一个矩阵（见图 5 − 4）。专题小组是为完成一定的管理目标或某种临时性的任务而设的。每个专题小组的负责人，都在厂长的直接领导下工作，小组成员既受专题小组领导，又与原职能部门保持组织与业务联系，受原职能部门领导。这种组织结构有以下优点：①纵横交错，打破了传统管理中管理人员只受一个部门领导的原则，加强了各部门的联系，有利于互通情况，集思广益，协作配合，可以提高组织信息传递和协调控制的效率。②可以把不同部门、不同专业的人员组织在一起，发挥专业人员的长处，提高技术水平和管理水平。③能够充分利用各种资源、专业知识和经验，有利于新技术的开发和新产品的研制。④既能适应管理目标和组成人员的临时性，又能保持原有组织的稳定性。

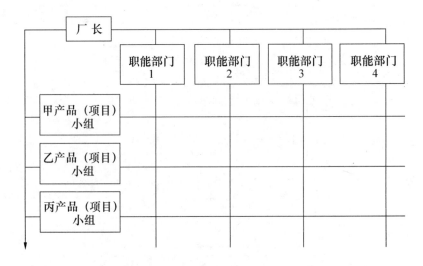

图5－4　矩阵制组织形式示意图

采取矩阵组织形式，可促进综合管理和职能管理的结合。我国在总结国内外企业管理经验的基础上，提出了全面计划管理、全面质量管理、全面经济核算和全面人事管理四项最基本的综合管理。这些管理制度包含着矩阵组织的思想。

5. 分权事业部制组织。随着社会经济的迅速发展，在一部分大中型公司、企业里，因为规模比较庞大，实行多种经营，跨国经营，产品、技术种类比较繁多，加上市场因素多变，为了适应这种需要，于是就采用了分权事业部制。

分权事业部制，是指在大公司之下按产品类别、地区或经营部门，分别成立若干自主营运的事业部，每个事业部均自行负责本身的效益及对总公司的贡献。事业部必须具备相对独立的市场、相对独立的利益和相对独立的自主权三个基本因素。这一组织制度实际上是在集中指导下进行分权管理，它是在职能制和直线职能制结构的基础上，为克服两者的缺点而发展起来的组织形式，是现代社会化大生产发展的必然趋势（见图5－5）。

分权事业部制组织形式的基本原则是："政策制定与行政管理分开"，即"集中决策，分散经营"。也就是说，使公司最高一级领导层摆脱日常行政事务，集中力量来研究和制定公司的各项政策。例如，财权、重要领导人的任免。长期计划和其他主要政策由总公司掌握，而公司所属的各个事业部，则在总公司政策的控制下发挥自己的主动性和责任心。

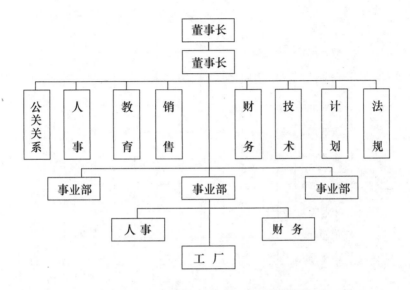

图5-5　分权事业部制组织形式示意图

6. 立体的多维组织。这种结构是矩阵结构的进一步发展，是近年来适应新形势要求产生的一种新的管理组织形式。它是在一个企业的组织机构中包括三四个方面的管理机构，使企业能够更好地协调，更易发挥效率。如图5-6所示，其结构一般分三维：①按产品划分的事业部，是产品利润中心。②按职能（市场研究、生产、调查、技术、管理）划分的专业参谋机构，是专业成本中心。③按地区划分的管理机构，是地区利润中心。

在这种管理组织结构形式下，事业部经理不能单独做出决策，而是由产品事业部经理、专业参谋部门和地区部门的代表三方面共同组成产品事业委员会，对各类产品的产销进行领导。这样，就把产品事业部经理和地区经理以利润为中心的管理与专业参谋部门以成本为中心的管理较好地结合起来，协调了产品事业部之间、地区之间的矛盾，有助于及时互通情报，集思广益，共同决策。

在国外，这种组织结构大多适用于跨国公司或规模巨大的跨地区性的公司。随着我国经济的繁荣和对外开放的发展，这种组织也被用于一些大型公司或企业。

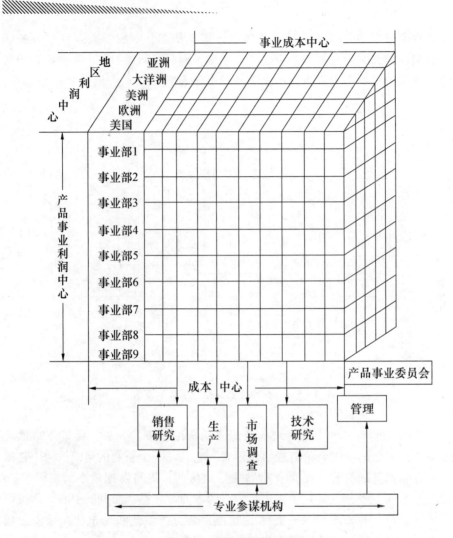

图 5-6　立体多维组织形式

（二）新型组织结构的设计

1. 团队结构。20 多年前，当沃尔沃、丰田、通用食品等公司把团队引入其生产过程中时，曾引起轰动，成为新闻热点，因为当时没有几家公司这样做。现在，团队已成为组织工作活动的最流行方式。所谓工作团队，是指一种为了实现某一目标而由相互协作的个体组成的正式群体，当管理人员运用团队作为协调组织活动的主要方式时，其组织结构即为团队结构。这种结构形式的主要特点是打破部门界限，可以快速地组合、重组、解散，促进员工之间的合作，提高决策速度和工作绩效，使管理层有时间进行战略性的思考。

在小型公司中，可以把团队结构作为整个组织形式。例如，有一家30人的市场营销公司，完全按团队来组织工作，团队对日常的大多数操作性问题和顾客负全部责任。在大型组织中，团队结构一般作为典型的职能结构的补充，这样组织既能得到职能结构标准化的好处，提高运行效率，又能因团队的存在而增强组织灵活性。例如，为提高基层员工的生产率，像摩托罗拉公司、惠普公司、施乐公司等这样的大型组织都广泛采用自我管理的团队结构。

故事中的管理学：良种为何不再优良

一个偶然的机会，有一位农民从外地换回了一种小麦良种，种植后产量大增。

面对丰收的粮食，这个农民喜出望外，但马上又变得忧心忡忡。因为他害怕别人知道并且也种上这种良种，那么他的那份骄傲和优势就会荡然无存。于是，他开始想方设法保密，哪怕是对自己的邻居也是如此。

然而，好景不长，到了第三年他就发现，他的良种不良了，到后来，甚至连原来的种子也不如了，产量锐减、病虫害增加，他因此蒙受了很大的损失。而他的邻居也对这个现象莫名其妙，想不出什么办法来帮忙。

这个农民捧着自己的良种百思不得其解，一气之下，跑到省城去请教农科院的专家。

专家听他讲完他的经历，告诉他：良种田周围都是普通的麦田，通过花粉的相互传播，良种发生了变异，品质必然下降。

---

2. 虚拟结构组织。它是一种只有很小规模的核心组织，以合同为基础，依靠其他商业职能组织进行制造、分销、营销或其他关键业务的经营活动的结构。这样做的目的是什么？他们追求的是最大的灵活性。这些虚拟组织创造了各种关系网络，管理者如果认为别的公司在生产、配送、营销、服务等方面比自己更好，或成本更低，就可以把自己的有关业务外包给他们。

虚拟组织与官僚组织截然不同，官僚组织垂直管理层次较多，控制是通过所有权来实现的，研究开发工作主要在实验室中进行，生产环节在公司的下属工厂中完成，销售工作由公司自己的员工去做。为保证这些工作顺利进行，管理层不得不雇佣大量的额外人员，包括会计人员、人力资源专家、律师等。相反，虚拟组织从组织外部寻找各种资源，来执行上述职能，而把精力集中在自己最擅长的业务上。对于大多数美国公司来说，这就意味着公司主要把精力集中在设计和营销上。例如，爱默生无线电公司，现在集中力量开发设计新型的电视机、录像机、音响及其他消费类电子产品，把生产任务外包给了亚洲的供应商。

虚拟组织并不是对所有企业都适用的组织。它比较适合于玩具和服装制造企业，它们需要相当大的灵活性以对时尚的变化做出迅速反应。从不利的方面来看，虚拟组织的管理当局对其制造活动缺乏传统组织所具有的那种严密的控制力，供应品的质量也难以预料。另外，虚拟组织所取得的设计上的创新容易被窃取，因为创新产品一旦交由其他组织的管理当局去组织生产，要对创新加以严密防卫是非常困难的。

今天，随着计算机网络技术的飞速发展，一个组织现在可以和其他组织直接进行相互联系和交流，使虚拟组织日益成为一种可行的新型设计方案。

3. 无边界组织。通用电气公司前首席执行官杰克·韦尔奇创造了无边界组织这个词，用来描述他理想中的通用公司的形象。韦尔奇想把他的公司变成一个年销售额达600亿美元的家庭式杂货店。也就是说，尽管公司体积庞大，韦尔奇还是想减少公司内部的垂直界限和水平界限，消除公司与客户及供应商之间的外部障碍。无边界组织寻求的是减少指挥链，对控制跨度不加以限制，取消各种职能部门，代之以授权的团队。

现在，我们来看看无边界组织是个什么样子的组织，想达到这种组织状态的公司采取了哪些有效行动。

首先，管理人员通过取消组织垂直界限而使组织扁平化，等级秩序作用降到最低限度，个人身份与头衔的地位也一落千丈。组织看上去更像一个粮仓筒而不是金字塔，最上层的谷粒和最下层的谷粒差别不大。通用电气公司用来取消垂直界限的做法，一是引入跨等级团队（由高层管理者、中层管理者、基层管理者和员工组成）。二是让员工参与决策。三是360度绩效评估（员工的绩效由他的同事及其上、下级共同评定）。

其次，消除因职能部门的存在而形成的组织水平界限，以多功能团队取代职能部门，围绕公司的工作流程来组织活动。

再次，打破组织与客户之间的外在界限以及地理障碍，实行经营全球化战略以及公司间的战略联盟，建立顾客与组织之间的固定联系。例如，可口可乐公司已把自己看做是一个全球性公司，而不是美国或亚特兰大的公司。

　　最后，我们认为，远程办公方式能模糊组织界线，如家室在清华大学而为深圳市一家公司从事新产品开发与设计的人，或在北京市为美国洛杉矶的一家公司从事市场调查分析的人。现在，像这种在自己老板管辖地域之外为公司工作的人已屡见不鲜。

　　使无边界组织能够得以正常运行的技术原因之一就是计算机网络化，这种工具使人们能超越组织内外的界限进行交流。例如，电子邮件使成百上千的员工可以同时分享信息，并使公司普通员工可以直接与高层管理者进行交流。现在，组织间的网络使商品供应商可以及时查看经营自己商品的商店的存货情况。

　　4. 学习型组织。1990 年，麻省理工学院斯隆管理学院著名管理学家彼得·圣吉的代表作——《第五项修炼——学习型组织的艺术与实务》在美国出版，书中提出了"学习型组织"理论。彼得·圣吉在研究中发现，1970 年名列美国《财富》杂志"500 强"排行榜的大公司，到了 20 世纪 80 年代已有 1/3 的公司销声匿迹，这些不寻常的现象引起了彼得·圣吉的思考。通过深入研究，他发现是组织的智障妨碍了组织的学习和成长，并最终导致组织的衰败。

　　组织智障，是指组织或团体在学习及思维方面存在的障碍。这种障碍最明显地表现是：组织缺乏一种系统思考的能力。这种障碍对组织来说是致命的，许许多多的企业因此走向衰落。因此，彼得·圣吉认为，要使企业茁壮成长，必须建立学习型组织，即将企业变成一种学习型组织，以此来克服组织智障。

　　一个学习型组织会是什么样的？从图 5 - 7 中可以看出，学习型组织的主要特征表现在其组织设计、信息共享、领导力以及组织文化等方面。

　　学习型组织理论认为，在新的经济背景下，企业要持续发展，必须增强企业的整体能力，提高整体素质。也就是说，企业的发展不能只靠像福特、斯隆、沃森那样伟大的领导者一夫当关、运筹帷幄、指挥全局，未来真正出色的企业将是能够设法使各阶层人员全心投入并有能力不断学习的组织——学习型组织。

　　所谓学习型组织，是指通过培养弥漫于整个组织的学习气氛，充分发挥员工的创造性思维能力而建立起来的一种有机的、高度柔性的、扁平的、符合人性的、能持续发展的组织。通过培育学习型组织的工作氛围和企业文化，引领人们具有不断学习、不断进步、不断调整的新观念，从而使组织更具有长盛不衰的生命力。

　　尽管学习型组织的前景十分诱人，但建立学习型组织并非易事，圣吉指出，必须进行以下五项修炼：

　　（1）自我超越。它是学习型组织的精神基础。

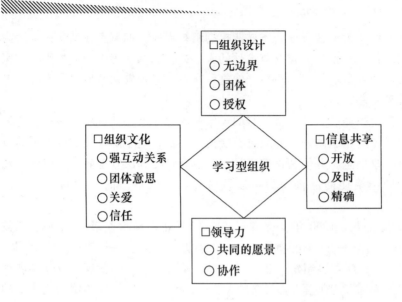

图 5 - 7　学习型组织的特征

资料来源：P. M. Senge，The Fifth Discipline：The Art and Practice of Learning of Organizations（New York：Doubleday，1990）；and R. M. Hodgetts，F. Luthans and S. M. Lee，"New Paradigm Organizations：From Total Quality to Learning to World Class"，Organizational Dynamics，Winter 1994，pp. 4 - 19.

（2）改善心智模式。心智模式是根深蒂固于心中的，它影响我们如何了解这个世界，以及如何采取行动的许多假设、成见，甚至图像、印象等。

（3）建立共同愿景。共同愿景，是指一个组织中各个成员发自内心的共同目标，在一个团体内整合共同愿景，涉及发掘共有"未来景色"的技术，它帮助组织培养其成员主动而真诚地奉献和投入。

（4）团队学习。团体的智慧总是高于个人的智慧。当团体真正在学习的时候，不仅团体能产生出色的效果，其个别成员的成长速度也比其他学习方式要快。

（5）系统思考。企业和人类的其他活动一样，也是一种系统，也都受到细微且息息相关的行为的牵连，彼此影响着。因此，必须进行系统思考修炼。系统思考的修炼，是建立学习型组织最重要的修炼。

学习型组织的理念，不仅有助于企业的改革与发展，而且对其他组织的创新与发展也有启示。人们可以运用学习型组织的基本理念，去开发各自的组织，创造未来的潜能，反省当前存在于整个社会的种种学习障碍，思考如何使整个社会早日向学习型社会迈进，这才是学习型组织所产生的更深远的影响。

第三节　组织变革与发展

一、组织变革

（一）组织变革的含义

组织变革（Organizational Change），是指为了提高组织成效而对现有组织进行改造的过程，这种改造涉及组织的方方面面，并将影响组织成员的职权、职责，以及组织内部的信息沟通等。

（二）组织变革的原因

今天，随着环境条件的急剧变化，任何组织要生存、发展和壮大，都必须适应内外环境及条件的变化，对组织的目标、结构及组成要素等适时而有效地进行各种调整和修正，即实行组织变革。

一般来说，组织变革的主要原因可归纳如下几个方面：

1. 组织外部环境变化。任何组织都处于一定的社会大环境系统中，它是无法控制外部环境的，而只能主动适应外部环境的变化，其中主要有以下因素会导致组织的变革：①科学技术进步。②国家有关法律、法规的颁布与修订。③国家宏观经济调控手段改变。④国家产业政策调整与产业结构优化。⑤国际、国内经济形势变化。⑥国内政治形势及政治制度变化。⑦国际外交形势及本国外交政策变化。⑧国际、国内市场需求变化及市场竞争激烈程度加剧。

2. 组织内部条件变化。组织自身内部环境的变化也会导致组织变革，主要包括以下因素：①管理技术条件的改变；②管理人员调整与管理水平提高；③组织运行政策与目标改变；④组织规模的扩张与业务的迅速发展；⑤组织内部运行机制的优化；⑥组织成员对工作的期望与个人价值观念的变化等。

3. 组织成员的期望与实际情况的差异也会导致组织变革。管理学家华尔顿（R. E. Walton）认为，成员的期望与组织的实际情况之间至少存在六个方面的差异：①成员希望得到富有挑战性并能促进个人成长的工作，但组织仍然倾向于工作简化以及专业化，因而限制了成员的成长与发展。②成员逐渐倾向于能够相互影响的管理模式，他们希望公平、平等地相待，但组织仍然以等级层次、地位差别和指挥链为其特性。③成员对组织的承诺，逐渐表现为工作本身所能产生的内在利益、人性的尊严和对组织产生的责任，而实际上组织仍在强调物质报酬、成员安全，忽略了成员的其他需要。④成员希望从组织的职位中获得目前即刻的满足，但组织当前所设计的职位阶层及职位升迁系统，仍然是假设成员如同从前一样，期望获得事后的满足。⑤成员更加关注组织生活的感情面，比如，个人的自尊、人际间的坦诚与温情的表现，然而组织仍强调理性，不注重组织的情绪方面。⑥成员正逐渐缺少竞争动力，但经理人却仍然以成员过去所习惯的高度竞争的方法，来设计职位、组织工作以及制定报酬制度等。

（三）影响组织变革成功的因素

在组织进行变革时，管理者应考虑到一些影响变革的主要因素，针对不同因素采取不同方法将决定变革是否获得成功。这些因素包括以下几个方面：

1. 变革推动者。当一个组织要进行变革时，管理者要考虑的一个最重要问题之一便是，谁充当此次变革的推动者——此人来自组织内部还是组织外部。变革推动者可能是上层管理者本身，也可能是受聘的顾问（他往往是某一领域的专家），作为一个成功的变革推动者，他必须具备专门的技能，这些技能包括：决定一项变革该如何展开；解决变革带来的相关问题；熟练使用行为科学的工具去适当影响员工；能准确估计有多少员工能承受此项变革等。其中估计员工承受力是最为重要的一项技能。一般来说，管理者应选择一位在管理的各方面都有着高超技能以及丰富经验的人作为变革推动者。让一个没有足够技能及经验的人去推动变革，是不会取得理想效果的。

2. 决定应做哪些方面的变革。一般而言，管理者推动变革的目的是提高组织成效。因此，他们必须分析是哪些因素导致了组织成效的下降，然后采取相应的改革措施去改变现状。多年来，人们普遍认为，组织成效主要受到人员因素、结构因素及技术因素的影响。一个组织要想最大限度地提高效率，合适的人员应与合适的技术、合适的结构相匹配。因此，人员因素、技术因素与结构因素不能独立决定组织成效，组织成效是上述三方面相互作用的结果。因而，管理者可以根据这三方面因素实施变革计划，即分为技术变革、结构变革和人员变革三种类型：①技术变革强调改变管理系统的技术水平，它包括技术装备、工作流程、工作顺序、信息处理系统以及自动化方面的变革。技术变革的直接结果是生产效率的提高。②结构变革则通过改变现有组织的结构来进一步明确工作内容与工作目标，使信息传递更畅通，并减少沟通成本，增加部门之间的协作能力，提高员工工作积极性以及更大的组织柔性。一般来说，当管理者收集到足够的信息表明现有结构的不合理已成为组织低效的主要原因时，他就要考虑选择结构变革了。在进行结构变革过程中，管理者应该经常考察此次变革是否取得了预期的目的，并据此做出调整。③人员变革是从改革组织成员的角度出发，但它经常包括一些结构与技术变革的内容。此项变革的焦点是员工态度与领导技能的改变。一般而言，当人力资源成为制约组织成效发挥的主要因素时，管理者应考虑人员变革的措施。

3. 个人对变革的影响。由于一个组织系统总是会有一个相对稳定的状态。在这个状态下，各层人员形成既定的关系及利益，组织内部的价值观也就逐渐形成，历史越长的企业，其内部文化理念、价值观越稳定，组织员工越不愿意破坏这种既定的状态。因此，变革势必会产生阻力。管理者为了获得员工对变革的支持，他必须考虑如下因素：

（1）常见的变革阻力。我们认为，可能使员工反对变革的原因一般有五个：①关心个人得失。现在稳定状态下的组织体制总是符合大多数员工利益的，一旦组织结构要进行变革，必定要牺牲一部分人的既得利益，这部分人反对变革的阻力最大，他们担心由此而失去现有的地位、权力、收入以及福利。在这方面，老员工往往比新员工更加反对变革。②不确定性。组织员工无法预测变革后的组织结构会给员工带来什么样的结果，研究表明，这种不确定性是组织员工所厌恶的，他们担心有朝一日失去工作，或者不适应新的组织。③认为变革不符合组织目标和最佳利益。例如，员工认为，变革将导致产品质量下降，产品失去市场，他们就很有可能反对这项变革。④企业文化、员工价值观的影响。企业的历史越长，它长期沉淀下来的文化、观念越深，反对变革的阻力也就越大。当变革目标与企业长久形成的文化理念与员工价值观产生冲突时，会遭到多数员工的反对。⑤过去成功的经验。一个曾经取得过成功的企业，往往容易陶醉于昔日的荣耀之中，并将过去的成功经验作为企业未来制胜的法宝。事实上，由于环境的急剧变化，过去的经验可能不再适用于今天的条件，而管理人员往往忽视这一点，坚信成功经验是万能的。

（2）降低阻力的措施。对任何问题都要具体情况具体分析，管理人员应根据本企业的实际情况，分析本企业变革的阻力主要来自何处，再采取相应的措施降低阻力。这里介绍六种常见的方法：①教育与沟通。通过与员工进行个别交谈、小组讨论、备忘录或报告等沟通方式，帮助他们了解变革的理由，会使变革的阻力减少。②参与和融合。个体很难抵制自己参与做出的变革决策。在变革决策之前，应把持有反对意见的人吸引到决策过程中来，如果参与者具有一定的专业知识，能为决策做出有意义的贡献，那么他们的参与就可以减少阻力，并提高变革决策的质量。③促进与支持。变革推动者可以通过提供一系列支持性措施来减少阻力。当员工十分恐惧和忧虑时，给员工提供心理咨询和治疗、新技术培训或短期的带薪休假等，都有利于他们的心理调整。④商谈和协商。变革的推动者处理变革的潜在阻力的另一个方法是，以某些有价值的东西换取阻力的减少。例如，如果阻力集中于少数有影响力的个人身上，可以商定一个特定的报酬方案满足他们的个人需要。⑤操纵与合作。通过让某个变革阻力群体的关键人物在变革决策中担任重要职位等方式，也可能是一种减少阻力的便捷方法。⑥强制。直接对抵制者实施威胁和压力。例如，如果员工不同意削减工资，而企业管理者下决心要关闭工厂时，那么这种变革策略就会具有强制色彩。

4. 评价变革。和其他管理行为一样，管理者应该对变革做出评价。评价变革的目的不仅是要对变革做出适当的修正以更好地提高组织成效，而且也是为下一次变革打好基础并提供经验。

（四）组织变革的程序

对于组织变革所采取的程序，很多学者因研究方向不同，或研究的重点不一样，因而看法也不尽相同。

组织行为学家罗希（Jay W. Lorsch）认为，变革的程序应包括以下四个方面：①创设一个需要变革的氛围与知觉。②分析诊断环境，以创造变革的需要，并决定变革的方向。③同变革所涉及的有关人员进行沟通。④监视变革，并适时调整修正，使之达到预定的目标。

凯利（Joe Kelly）认为，组织的变革必须包括以下三个步骤：第一步：诊断。第二步：执行。第三步：评估。

艾诺芬（Patrich H. Irvin）与朗葛汉（Frank W. lang Ham, Jr.）俩人在与许多公司的高层管理人员研究讨论后认为，组织的变革应涉及以下十个主题：①明白影响你和你所在组织的变革力量。②决定你们的变革能力。③创造变革的气氛。④涉及参与变革的人员。⑤所要变革的组织对象。⑥引发的行动。⑦规划变革。⑧执行变革。⑨使风险与冲突极小化。⑩提供领导。

勒温认为，成功的组织变革应该遵循如下三个步骤：

第一步：解冻现状。现状可以被视为"风平浪静"的状态。要打破这种状态，必须克服来自组织成员和组织两个方面的阻力。

第二步：移动到新状态。移动到新状态的方式：①运用推动力，引导组织脱离现状。②打破约束力，冲破阻碍组织脱离现状的力量，引导组织进入新的状态。

第三步：重新冻结变革。一旦变革完成，要想保持变革的成果，必须采取措施重新冻结新状态，使之持久。

综合上述各种观点，虽然各种观点之间存在分歧，但在其主要内容上却有许多相同之处。因而，我们可大致把组织变革归纳为下面的简单程序：①确定存在的问题。②进行组织诊断。③计划并执行组织变革。④组织变革的效果评估。

二、组织发展

（一）组织发展的含义

20 世纪五六十年代诞生了一种进行变革的全新综合方法，称为组织发展（Organizational Development，简称 OD）。组织发展是一种长期的、全面的、更为复杂且代价更大的变革途径，其目的是使组织提升到一个更高的层次，同时显著地改进工作人员的工作效率和对工作的满意度。尽管组织发展常常包括结构变革和技术创新，但其重点是改变企业人员及其工作状况的性质和质量。严格地说，组织发展的定义是：在专家的协调帮助下，在应用行为科学理论和技术（包括行为研究）的指导下，由高层管理人员支持的长远工作计划，通过对企业文化，尤其是对正式或临时工作小组和小组之间的文化进行有效的分析和组织管理，达到改善整个企业解决问题和更新发展的能力的过程。

（二）组织发展的方法

1. 敏感性训练。这是一种通过非结构化群体的相互作用、相互影响来改变人们行为的一种方法。在训练中，成员处于一个自由奔放的环境中，讨论他们自己以及他们的相互交往过程，并且有专业的行为学家加以引导，为参与者创造机会，积极探讨他们喜欢的议题，表达自己的观点、信仰和态度。活动所注重的是个人的积极参与及其与其他成员互动的过程。实证研究表明，敏感性训练能迅速改善参与者的沟通技能，提高成员认识的准确性及个人参与的积极性，进而将个人和组织融为一体。

2. 过程咨询。这是通过外部咨询专家帮助管理者对其必须处理的过程事件形成正确的认识、理解和行动的能力的一种方法。这些过程事件包括工作流程、组织成员间的非正式关系、领导与下属的关系及正式的沟通渠道等。咨询专家通过问卷、观察、交谈等方式，帮助管理者更好地认识其周围、自身或其他人员之间正在发生的事情，并初步诊断出哪些过程需要改进，培养他们所必需的判断问题和更有效地解决问题的能力。

3. 团队建设。是指有意识地在组织中努力开发有效的自我管理的工作小组。通过工作团队的成员在互动中了解其他人是怎么想和怎么做的，通过高强度的互动，团队成员学会相互的信任和坦率真诚，加强成员间的合作。其目标是改进队员的协作能力，提高团队成绩。团队建设方案中的活动一般包括团队目标的设置。团队成员间人际关系的开发。明确各成员的任务和职责的角色分析，以及团队过程分析等。

4. 调查反馈。是指通过问卷调查等形式分析组织的各项工作，对组织成员的态度进行评价，确定其态度与认识的差距，并将整理好的调查信息反馈给有关组织成员，帮助其消除差距的一种方法。该法能准确发现组织成员存在的问题，并能找到解决问题的有效方法，促进组织成员间的相互理解，改善人际关系，改进工作态度。

5．组际发展。是指试图改变不同工作小组成员之间的态度、成见和观念。例如，在一家公司中，工程技术人员认为，会计部门是由一群害羞而保守的人组成，人力资源是由一群"更关注受保护群体的员工感情不受伤害，而不是公司利益的极端自由主义者"构成。显然，这些成见给部门间的协调活动会带来负面影响。要改善群体间不协调的关系，可以让他们集中到某个地方，让大家一起讨论两部门间的关系。首先，让这两个部门各自列出困扰本部门的问题，以及他们本人可能困扰对方的问题。其次，双方开诚布公地交换彼此的看法，讨论有什么相似的认识及不同之处，不同点将得到特别的注意。最后，两部门考察存在差异的原因，提出解决两部门之间差异和冲突的解决方法，以改进部门间的关系。像这种"组际会"之类的组织发展技巧，在现代企业组织变革中日益引起管理者的关注。

6．企业再造，也译为流程再造、公司再造、再造工程。1993 年，美国学者杰姆斯·钱皮（J. Champy）和迈克尔·哈默（M. Hammer）合著的《企业再造——工商管理革命宣言》一书中定义为：针对企业业务流程的基本问题进行反思，并对它进行彻底的重新设计，以便在成本、质量、服务和速度等当前衡量企业业绩的这些重要尺度上取得显著的进展。

（1）企业再造的原因。环境条件的急剧变化是企业再造运动的动力。哈默和钱皮指出，传统组织是为工业化社会下的环境条件而设计的，但进入 20 世纪 90 年代后，社会环境发生了深刻的变化，原有的组织结构随着组织规模的扩大越来越显示出它对新环境的不适应性，具体表现如下：

①只见树木，不见森林。今天的公司由各职能部门或分支机构组成。这些部门是根据专业分工原理设置的，它们将一个完整的流程分割得支离破碎，参与某一工作流程的不同工作人员都只为自己的部门负责，眼睛向内看，注意自己的小单位；向上看，只注意其头头，而没有人把目光向外看，关注顾客。

②官僚主义。传统组织的金字塔结构使得员工的创造性受到抑制，企业内部的革新精神凝固化了。如果公司内部某职能部门的工作人员有一个非常好的想法，他（她）在将这一想法上报时必须先报告给其顶头上司，再由后者上报给其上一级，如此逐级上报，直至公司最高领导。而这个想法要被公司接受，需要得到逐级点头。在这个由下而上，再由上而下的过程中，只要某一级头头持否定态度，新想法将被扼杀。况且，在如今动态的环境下，如果要等到

这一想法被逐级认可之后再付诸实施的话，也许实施的条件已发生了变化。更可怕的是，这种"逐级审批"制度容易成为各级管理者权力的象征。本来很好的建议被上司否定掉了，可能这位上司想以此展示自己的权力。

③反应迟钝。传统组织将业务流程分解成各项任务，各部门实行专业化，这种设计反映了这样一种假设：企业外部环境变化是不大的，且可以预见的。只要每个专业化部门按设计要求正常运行，整个业务流程将像预计的那样达到最高效率。因此，企业内部没有一个人能认识外部环境中出现的重大变化，即使企业内有某个个人认识到这种变化，他（她）也对此无能为力。

④机构臃肿。亚当·斯密的劳动分工理论随着现代企业规模不断扩展，已达到了规模不经济的地步。劳动分工理论使公司把一个流程分割成许多简单而重复的任务，并分配不同部门的不同人员去完成。同时，公司不得不配备管理控制人员去监督上述任务的完成。随着组织规模的扩大，管理者的数量也急剧增加，管理费用的支出也大大地增加。事实上，许多管理者（尤其是中层管理者）的工作简单轻松，但是由于专业分工和监督沟通的要求，又不得不安排这些职位，这就使组织陷入规模不经济的困境。

（2）企业再造的主要程序。企业再造就是重新设计和安排企业的整个生产、服务和经营过程，使之合理化。通过对企业原来生产经营过程的各个方面、每个环节进行全面的调查研究和细致分析，对其中不合理、不必要环节进行彻底改革。在具体实施过程中，可以按以下程序进行：

第一阶段：发现准备。①企业定位。这是开展再造的起点，又是衡量界定变化的标准，是真正了解业务运行现状的最好途径，并能理一理业务活动本身与辅助信息之间的关系。②进行初步的影响分析。首先要审议分析项目可能涉及哪些部门，划定影响分析的范围。然后根据变革的要求来查看涉及的业务流程，看它们受再造变革要求的影响有哪些。因此，也能看出整个流程可能受到影响的概况，在此前提下，可以最后确定项目涉及的部门。③选定第一个项目，明确范围。

第二阶段：重新设计。①分析业务流程。其工作任务是：仔细审查方针、业务规章、成本、增值、收入、工作流程等；其重点是：理清相互关系，给模型输入定量内容，最终形成现有流程的详细模型，为设计新流程做准备，特别要弄清楚在业务流程中哪些方面有问题。在这个阶段，要把前面所做的定位模型和数据资料细化，这是拿出新设计的基础。②设计新的业务流程备选方案。完成一个新的流程设计要有以下几步：先是根据项目设定的具体目标，修订整个流程的工作流，让各种变革都反映在各流程环节的工作流里。对各个环节再做优化，有的甚至会被"优化"掉了。③评估每个备选方案可能需要的代价和利益。使用标准的成本—收益分析方法。成本方面一切按常规考虑，惟有知识一项需特别强调。要认真考虑人员受教育所需要的费用。收益方面通常分两类，有具体金额的收益和无形资产的收益。这一步的最终结果应该是提出一个可予实施的方案。

第三阶段：具体实施段。①选择最适宜的方案。不管用什么方法选定方案，方案被采纳的核心因素是代价与利益，即利益最大、代价最小，而且冲击最弱者为佳。②实施方案。实施方案要有应急措施。第一规则是随时准备更改实施计划。从另一角度说，实施计划本身应该是一种灵活的方案。至此，新的业务流程应该开始投入运营，逐渐带来收益。③更新定位模型资料。经过再造，公司竞争能力提高了，职工的参与意识和成就意识也增强了。经过这样一个过程，人人都对公司更了解，知道公司是怎么在运转的，感觉更亲切。同时，企业再造方案的实施并不意味着企业再造的终结。在社会发展日益加快的时代，企业总是不断面临新的挑战，这就需要对企业再造方案不断地进行改进，以适应新形势的需要。

（3）企业再造对组织结构的影响。具体有以下几个方面：

第一，职能部门变为流程执行小组。企业再造的目标就是以流程观念，将工作分割成一个个简单的操作，由几个人合在一起，组成流程执行小组，去完成整个业务流程，取代以往的职能部门。

以购货订单流程为例，处理这项工作的，由好几名在不同职能部门工作的员工组成，他们分散在公司各部门、各地区分别执行各自职能。这样一份订单就要在不同部门、不同地区的各有关工作人员之间来回周转，这些工作人员只关注自己的那部分操作。现在换一种办法，将整个订单流程由一个小组集中在一起干，这个小组的成员来自不同部门，他们不改变他们的原来工作，只是不像过去那样分散在各自部门去干。或者说，我们只是"将一群被公司人为分割开来的工作人员予以还原，合在一起"，组成一个小组，哈默与钱皮称之为流程执行小组。流程执行小组减少了部门之间信息堵塞的情况，更有利于小组成员的合作，从而以流程为导向，真正做到为顾客服务。

第二，小组成员由受控制转变为授权。公司管理层将完成整个流程的责任交予流程执行小组，也就必然授权给该小组。这样，小组成员可以独立思考，相互沟通，独立判断，做出决定。这种管理方式对公司员工的整体素质提出了更高的要求。

第三，组织层次精简。传统组织的基本单位是职能部门，是执行相同任务的一群人。企业就是由这些职能部门结合在一起的，它需要管理"黏合剂"把各项工作黏合在一起。同时，组织结构还要在机构内建立起上情下达，下情上报的沟通路线，由此确定了等级制度。

以业务流程组成工作小组后，许多工作问题可以在小组的正常工作进程中得以解决，不需要像过去那样各部门管理人员频频集中会晤、开会，把各项工作"黏合"起来，由于负责流程工作的是流程执行小组，上下级之间的信息传递就显得毫无必要，一个流程执行小组的各成员是平等的。有问题需要同谁交流，就同谁交流，小组具有自治权。这样，组织结构的层次大大减少，不需要起信息中介作用的中层管理人员。

（三）组织发展的优点与局限

组织发展是有用的组织干预，其主要优点在于它试图处理整个组织或组织主要部分的变革，这样就能获得更加广泛的改进。同时，与许多复杂的程序一样，组织发展有优点也有其问题和局限性，如表 5－1 所示。

表 5－1　　　　　　　　　　组织发展的优点与局限性

优　点	局　限
□整个组织的变革	□需耗费大量时间
□动机增强	□成本巨大
□生产率提高	□回报期滞后
□工作质量改善	□可能失败
□工作满意度提高	□可能侵犯个人隐私
□团队合作改善可能引起精神创伤	□可能造成盲从
□矛盾解决改善	□强调群体过程而非绩效
□执著于目标	□可能的概念模糊
□更愿意变革	□难以评估
□缺勤人数减少	□文化方面的冲突
□离职率降低	
□造就了学习型个人和组织	

第四节　人力配置与考核

人力资源管理是组织为了实现既定目标，运用现代管理方法和手段，对人力资源的获取、开发、利用和保持等方面进行管理的一系列活动的总和。人力资源管理系统包括两大基础、五大模块，其中两大基础包括企业的职位分析与评价、素质模型，五大模块包括企业的人力资源规划系统、人员招聘与配置系统、培训开发系统、绩效管理系统、薪酬管理系统。本节主要介绍人员招聘、人员培训、绩效管理、薪酬管理等内容。

一、人员招聘

招聘是组织为了生存和发展，根据组织人力资源规划和职务分析的数量与质量要求，通过信息的发布和科学甄选，获得本企业所需合格人才，并把他们安排到企业所需岗位上工作的过程。成功的招聘应该是能力与岗位的恰当匹配。如果所选人员不适合职务要求，将会造成工作的失误而产生额外费用。如生产线上不标准的操作会导致次品的产生，而与客户打交道时缺乏技巧则会丧失商业机会。因此，通过什么方式吸引应聘者，以及如何挑选最合适的人员是这一阶段工作的重点。

（一）招募阶段

招募是指组织确定工作需要，根据需要吸引候选人来填补工作空缺的活动。一般来说，应聘者的来源广泛，管理者可以通过多种渠道找到拟招聘用的潜在候选人。下面通过列表（见表 5 - 2）来分析这些招聘渠道的优缺点。使用的招聘渠道，一般受到三个因素的影响：①当地劳动力市场。通常，在大规模劳动力市场上招聘要比小规模市场来得容易。②所配置工作职位的类型或层级。一职位所要求的技能或在组织中的地位越高，搜寻潜在候选人的努力就越需要扩大到地区或国家的范围。③组织规模。一般来说，组织越大，就越容易聘到人员。

表 5 - 2　　　　　　　　应聘者来源及效用分析

应聘者的来源	优　点	缺　点	效用[*]
1. 员工推荐	□对空缺岗位和企业工作条件有周全的了解 □推荐可能产生素质较高的候选人 □一旦聘用离职率较低 □花费少	□容易形成非正式群体 □选用人员的面较窄 □易造成任人唯亲的现象	3.84

续表

应聘者的来源	优　点	缺　点	效用*
2. 教育机构	□有大量、集中的候选人 □年轻、知识水平较高	□缺乏实际工作经验 □仅限于较低级别的职位	3.81
3. 职业介绍所	□应聘者面广 □能得到专业咨询和服务 □节省时间	□花费大 □组织对招聘过程没有控制权 □有些机构不能遵守机会均等的原则	3.08
4. 广告应征	□简便易行 □辐射面广 □针对性强	□费用较大 □有许多不合格的应聘者 □增加了选拔环节的工作量	3.05
5. 猎头公司	□擅长物色上层管理人才与专业人才 □聘用的人员可以立即上岗 □效果立竿见影	□费用可观 □不利于调动本企业员工的积极性 □策划难度较高	2.86
6. 公共就业机构	□正常费用或免费 □信息量丰富 □有时还提供职业培训	□候选人的水平可能较低，如非熟练工人或很少有培训经历的人	1.92
7. 内部来源	□有利于提高职工士气 □降低流动率 □被提升人员能较快胜任工作 □较易形成企业文化 □花费少	□不利于吸收优秀人才 □自我封闭，使企业缺少活力 □易导致"近亲繁殖" □供应有限	—

*效用分析仅限于分析前面六种外部来源的效用，因此内部来源缺数据。此标准是 5 分等级法，即 1 表示不好；3 表示一般；5 表示最佳. 资料来源：David E. Terpstra, 1996。

从王珪的评论可以看出，唐太宗的团队中每个人各有所长，但更重要的是，唐太宗能将这些人依其专长运用到最适当的职位，使其能够发挥自己所长，进而让整个国家繁荣强盛。

未来企业的发展是不可能只依靠一种固定组织的形态而运作，必须视企业经营管理的需要而有不同的团队。所以，每一个领导者必须学会如何组织团队，如何掌握及管理团队。企业组织领导应以每个员工的专长为思考点，安排适当的位置，并依照员工的优缺点，做机动性调整，让团队发挥最大的效能。

（二）甄选阶段

甄选是指组织通过一定的手段，对应聘者进行区分、评估，并最终选择哪些人将被允许加入组织哪些人将被淘汰的一个过程。

故事中的管理学：王珪鉴才

在一次宴会上，唐太宗对王珪说："你善于鉴别人才，尤其善于评论。你不妨从房玄龄等人开始，都一一做些评论，评一下他们的优缺点，同时和他们互相比较一下，你在哪些方面比他们优秀？"

王珪回答说："孜孜不倦地办公，一心为国操劳，凡所知道的事没有不尽心尽力去做的，在这方面我比不上房玄龄。常常留心于向皇上直言建议，认为皇上能力德行比不上尧舜很丢面子，这方面我比不上魏征。文武全才，既可以在外带兵打仗做将军，又可以进入朝廷搞管理担任宰相，在这方面，我比不上李靖。向皇上报告国家公务，详细明了，宣布皇上的命令或者转达下属官员的汇报，能坚持做到公平公正，在这方面我不如温彦博。处理繁重的事务，解决难题，办事井井有条，这方面我也比不上戴胄。至于批评贪官污吏，表扬清正廉署，疾恶如仇，好善喜乐，这方面比起其他几位能人来说，我也有一技之长。"

唐太宗非常赞同他的话，而大臣们也认为王珪完全道出了他们的心声，都说这些评论是正确的。

管理者可以使用各种甄选手段来减少接受错误的发生，常用的手段如下：

1. 申请表。几乎所有的组织都要求应聘者填写一份申请表。这可能只是一份让应聘者填上姓名、地址和电话号码的简表。另一个极端则可能是一份综合性个人简历表，要求仔细地填写个人的专长、技能和成就。

2. 面试。面试是最常用的一种甄选手段，是供需双方通过正式交谈，以使组织能够客观了解应聘者的业务知识水平、外貌风度、工作经验、求职动机等信息，使应聘者能够了解到更全面的组织信息的方法。它提供了一种面对面地交流意见的机会。通过交谈，获得更多关于求职者的信息，可有效地判断应试者是否符合本公司的要求，因而面试不仅需要技巧，而且也是一门艺术。

3. 测试。测试的目的是为了预测求职者未来的工作业绩，最常见的有以下几类：

（1）知识测试。包括综合知识、专业知识和相关知识的测试。这是因为，在企业中许多岗位都需要有必要的知识，缺乏某种必要的知识，上岗的员工会发生困难。企业如果招聘了缺乏某种知识的员工，就可能增加许多培训费用。因此，企业通过知识测试可以比较迅速地筛选掉一些不合格的应聘者。

（2）心理测试。心理测试就是通过一系列的心理学方法来测量被试者的智力水平和个性方面差异的一种科学方法。其从内容上划分主要有智力测试、个性测试和特殊能力测试三种。

（3）诚信测试。诚信测试的意义并不亚于能力测试。一个诚信上有问题的员工是很难融入健康的组织文化中去的，而且常常会阻碍组织文化建设的正常进行。因此，所选的人必须是诚信的人。常用的诚信测试方法是纸笔测试法，它分为公开测试和隐蔽测试两类。

4. 绩效模拟测试。绩效模拟测试就是测试人的实际工作行为。最有名的绩效模拟测试方法有工作样本试验和测评中心两种。

（1）工作抽样。工作抽样就是给申请者提供一项职务的缩样复制物，让他们完成该项职务的一种或多种核心任务。申请者通过实际执行这些任务，将展示他们是否拥有必要的技巧和能力。这一方面适用于常规的职务。

（2）评价中心。评价中心是用以测评职务应聘者管理潜能的另一种方式的绩效模拟测试法发生的场所。在测评中心内，由公司经理人员、监管人员与受过训练的心理学家一起模拟性地设计出实际工作中可能面对的一些现实问题，让应聘者做广泛的测试联系，从中评价其管理能力。练习活动可能包括与人面谈、文件框式问题解决练习、小组讨论和经营决策游戏等。

5. 履历调查。履历调查有申请资料核实和推荐信查询两种形式。前一种形式已被证明是获取人员甄选有关信息的一个有价值的渠道。但后一种形式基本上无多大价值，因为应聘者的推荐人通常说的几乎都是好话。谁会找一个可能说出不良评语的人写推荐信呢？

6. 体检。检查身体也是挑选的必要步骤之一，对于某些对体能有特殊要求的工作，体格检查具有一定的效度。其他如传染病的检查，也是避免企业今后遭受指控（如食品等行业）的重要预防手段。

二、人员培训

（一）人员培训与开发概述

人力资源对企业核心能力和竞争优势的支撑，从根本上来讲将取决于员工为客户创造价值的核心专长与技能。而企业以战略与核心能力为导向的培训开发体系，将对培养和提升员工的核心专长与技能提供重要的支持。因此，现代企业的培训与人力资源开发体系设计往往包括两大核心、三个层面和四大环节。

1. 两大核心。基于战略的职业生涯规划，设计这一系统模型的两大核心要点是，既要考虑企业战略与经营目标对人力资源的要求，又要切实考虑员工的职业生涯发展需求。许多企业的培训开发活动是为培训而培训，脱离了战略要求，因而得不到高层支持，同时又不能真正提高学员的职业能力，与员工职业生涯发展关系不大，从而失去了员工的参与和支持，导致在许多企业中培训与开发活动成为可有可无的事情，必要的培训经费经常被列为预算外支出。为了真正发挥培训开发工作在企业人力资源管理以及企业经营活动中的作用，一切培训开发活动都应体现这两个理念的基本要求。

2. 三个层面。人力资源培训与开发系统模型可以被区分为制度层、资源层和运营层三个不同的层面。制度层面涉及企业培训开发活动中各种制度，如课程开发与管理制度、教材开发与管理制度、师资开发与管理制度、培训经费使用与管理等制度；资源层面描述了构成企业培训开发系统的各种关键要素，如课程、教材、师资、场地、设备、经费等；运营层面主要从实践的角度来介绍企业培训与开发机构的工作内容与流程。

3. 四大环节。四大环节描述了企业培训开发机构组织一次完整的培训开发活动所必须经过的一系列程序步骤，即培训需求分析、培训计划制定、培训活动组织实施以及培训效果评估。企业培训开发机构在四大环节上执行力的强弱直接决定了培训开发的有效性。

（二）培训方法

企业的大多数培训是以在职方式进行的，因为该培训方法简单易行且成本通常比较低。但是，在职培训可能会扰乱工作的正常秩序，并导致工作失误的增加。另外，有些技能的培训相当复杂，难以边工作边学习。在这种情况下，培训就需要在工作场地以外进行。表5-3概述了最常见的几种培训方法，包括在职培训和脱产培训两大类。

表 5 – 3   员工培训方法

典型的在职培训方法	
1. 职务轮换	□通过横向的交换，使员工从事另一些职位的工作，使员工有机会承担更多工作任务
2. 预备实习	□跟随富有经验的人、教练或导师工作一段时间，由其提供支持、指导和鼓励，这在手艺行业中也叫师徒关系
典型的脱产培训方法	
课堂讲座	□讲座可用来传授特定的技术、人际关系及解决问题的技能
电视录像	□借助媒体可清晰地展示其他培训方法不易传授的那些技术技能
模拟练习	□通过做实际的或模拟的工作的学习技能，如案例分析、实验演习、角色扮演和小组互动等
仿真培训	□在一个模拟现实的工作环境中，通过工作中将实际使用的同类设备学习操作

三、绩效管理

（一）绩效及绩效管理的概念

绩效，也称为业绩、效绩、成效等，反映的是人们从事某一种活动所产生的成绩和成果。我们通常所说的企业绩效，指的就是企业管理活动的效果和效率。企业的绩效包括两层意思，一个是指组织绩效，就是组织最终运营管理的成果；另一个是个人绩效，就是个人是否按照规则去做事。组织绩效和个人绩效之间并不是孤立的，两者之间的关系如图 5 – 8 所示。

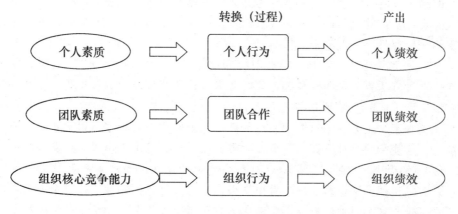

图 5 – 8　绩效矩阵

个人绩效是由员工个人的职业化行为所决定的，个人素质是决定个人职业化行为的主要因素；团队绩效是由团队合作的程度所决定的，团队建设、跨团队跨职能合作、知识经验共享、学习型组织的建立等团队"素质"是团队高绩效的决定因素。企业文化和共同的愿景则将个人、团队与组织的绩效有机地结合在一起，最终实现组织的战略目标。

绩效管理代表着一种观念和思想，代表着关于企业绩效相关问题的系统思考。绩效管理的根本目的是为了持续改善组织和个人的绩效，最终实现企业战略目标。目前关于绩效管理的观点主要有如下三种：

1. 绩效管理是管理组织绩效的一种体系。这种观点认为，绩效管理是由计划、改进和考察三个过程组成的。

2. 绩效管理是管理雇员绩效的一种体系。这种观点强调，管理者与被管理者应该对雇员的期望值问题达成一致的认识。

3. 绩效管理是把对组织的管理和对雇员的管理结合在一起的一种体系。这种观点可以看成是前两者的结合，它认为有必要对各个层次的绩效进行管理。

（二）绩效评估方法

人们往往一谈绩效管理，就会注意到绩效考核。评估员工的绩效是绩效管理体系的一部分，以下介绍七种常见的绩效评估方法。

1. 书面描述法。书面描述是指考评者以书面形式描述一个员工的所长、所短、过去的绩效和潜能，并提出改进建议的一种绩效评估方法。

2. 关键事件法。使用关键事件法，考评者是将注意力集中在那些区分有效的和无效的工作绩效的关键行为方面。考评者记下一些细小但能说明员工所做的是特别有效果的或无效果的事件。这里的要点是，只涉及具体的行为，而不笼统地评价一个人的个性特质。

3. 分类评估法。这是一种常用的评估手段，它使用了定量分析和数据对比。这种方法首先是明确和确定评估要素，即哪些方面的表现与业绩相关，对一般生产工人的业绩评估侧重与生产直接相关的方面，如数量、质量、合格率、消耗率、出勤等。对管理人员的评估则更侧重决策能力、组织能力、协调能力、应变能力、社交能力、责任心等方面。评分的尺度通常采用五分制。

4. 排队法。这种方法是相对而不是绝对性评估，通常将一名员工与他人或多人的工作业绩进行比较，做出从最佳至最差的排列，并不把每个评估者的工作表现与某一具体的标准逐项对比。它包括个人排名、小组排名和两两比较三种发展完善的方法。

（1）个人排名。只将被评估者从最好到最差排序，相互之间很少联系。

（2）小组排名。评定人员将评估对象按业绩分类。例如，一位表现出色的员工可被列入10%的先进小组，而表现极差的员工则归入10%的后进小组。

（3）两两比较。在一组员工中，每人都与他人两两进行比较，比较结果或"优"或"差"于对方。待全部比较完毕后，将每位员工得"优"的次数做出排名，尽管这种方式理论上允许每个人与小组中其他成员一一比较，但如果组织人数较多，实际操作会较困难。

5. 目标管理法。根据目标管理的方法，评估之前员工根据组织目标制定自己的可检测的绩效目标，然后针对目标的完成情况，对员工的工作绩效进行评估。在国外，已有许多企业将目标管理作为一项制度，使员工的个人目标、经理们的部门目标与企业的目标相协调，以改进工作成效，同时也为绩效评估提供了客观标准。

6. 自我评估法。每个员工对照自己的工作岗位职务规范上所列要求进行自我总结，这是一种下放权力、促进团队合作、提高质量意识的手段。

7. 360°反馈法。又称为全方位绩效评估，即被评估者选择上司、同事、下属、自己和顾客，每个评估者站在自己的角度对被评估者进行评估。多方位评估，可以避免一方评估的主观武断，可增强绩效评估的信度和效度。如图5 -9所示。

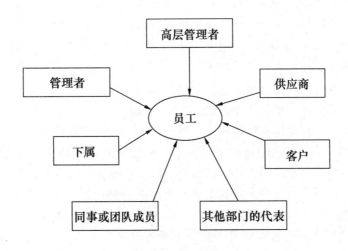

图5－9　360°反馈法

资料来源：Personnel Journal，November 1994，p. 100。

四、薪酬管理

(一) 薪酬的概念与构成

美国著名薪酬管理专家米尔科维奇认为，如果给薪酬从薪酬管理的角度下一个定义的话，可以将薪酬界定为：雇员作为雇佣关系中的一方所得到的各种货币收入，以及各种具体的服务和福利之和。而美国的薪酬管理专家约瑟夫·J. 马尔托奇奥在《战略管理》一书中将薪酬界定为：雇员因完成工作而得到的内在和外在的奖励。并将薪酬分为内在薪酬和外资薪酬。我国管理咨询领域开拓性学者彭剑锋认为，薪酬是企业向员工提供的报酬，用以吸引、保留和激励员工，具体包括工资、奖金、福利、股票期权等。

在对薪酬的组成要素的研究中，本书比较赞同总体薪酬的概念，所谓总体薪酬，不仅包括企业向员工提供的经济性的报酬与福利，还包括为员工创造的良好的工作环境以及工作本身的内在特征、组织的特征等所带来的非经济性的心理效用（见图 5 - 10）。从图 5 - 10 中可以看出，企业向员工提供的总体薪酬，包括经济性报酬和非经济性报酬两个部分。经济性报酬包括直接报酬与间接报酬，非经济性报酬包括工作本身、工作环境和组织特征带来的效用三部分。

下面主要介绍经济性报酬的组成部分：

1. 基础工资。它是企业按照一定的时间周期，定期向员工发放的固定报酬。基础工资主要反映员工所承担的职位的价值或者员工所具备的技能或能力的价值，即分别是以职位为基础的基础工资和以能力为基础的基础工资。

2. 奖金。也称为激励工资或者可变工资，是薪酬中根据员工的工作绩效进行浮动的部分。奖金可以与员工的个人业绩相挂钩，也可以与他所在团队的业绩相挂钩，还可以与组织的整体业绩相挂钩，部分称为个体奖励、团队奖励和组织奖励。但是，需要注意的是，奖金不仅要与员工的业绩相挂钩，同时也与员工在组织中的位置和价值有关，它通常等于两者的乘积。

3. 津贴。它往往是对员工工作中的不利因素的一种补偿，它与经济学理论中的补偿性工资差别相关。比如，企业对从事夜班工作的人，往往会给予额外的夜班工作津贴；对于出差的人员，也往往给予一定的出差补助。但津贴往往并不构成薪酬的核心部分，它在整个薪酬包中所占的比例较小。

4. 福利。它是经济性报酬中十分重要的组成部分，而且在现代企业的薪酬设计中占据着越来越重要的位置。在中国企业的市场化改革过程中，为了改变企业办社会的局面，中国企业曾经大幅度削减提供给员工的福利，将福利转变为给予员工的货币报酬，但现在越来越多的企业开始转变观念，认识到福利对于企业吸纳和保留人才的重要性。现代薪酬设计中的福利在很大程度上已经与传统的福利项目不同，带薪休假、健康计划、补充保险、住房补贴已经成为福利项目中的重要形式，并且根据员工个人偏好而设计的自助餐式的福利计划也成为正在新兴的福利形式，并获得了广泛的认可。

5. 股权。股票期权主要包括员工持股计划和股票期权计划。员工持股计划主要是针对企业中的中基层员工，而股票期权计划则主要是针对中高层管理人员、核心业务和技术人才。员工持股计划和股票期权计划不仅是针对员工的一种长期报酬形式，而且是将员工的个人利益与组织的整体利益相连接，优化企业治理结构的重要方式，是现代企业动力系统的重要组成部分。近年来，股权计划受到中国企业越来越多的青睐。

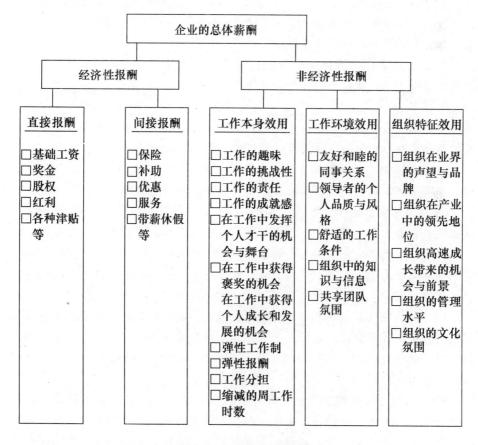

图 5 - 10　企业的总体薪酬

（二）薪酬设计与管理

薪酬设计是企业人力资源管理的一种重要职能活动，是对企业薪酬战略、薪酬政策、薪酬制度及薪酬功效的确定、控制和调整过程。美国著名薪酬管理专家米尔科维奇在四性模型中提出的内部一致性、外部竞争性、激励性和管理的可行性已成为现代企业薪酬体系设计的基本原则。

在薪酬设计过程中，必须对以下总问题做出选择或决策：

1. 薪酬战略。是指在特定条件下会对组织绩效和人力资源的有效使用产生影响的一系列重要的薪酬支付选择。薪酬战略关注的问题比较宏观，解决的是薪酬的方向性问题，其核心是通过一系列薪酬策略选择来帮助组织赢得并保持竞争优势。

2. 薪酬体系。也叫薪酬基础、薪酬支付依据，是指企业的基础薪酬是以什么作为支付依据，如前所述，目前比较通行的薪酬体系主要有职位薪酬体系、能力薪酬体系、技能薪酬体系。

3. 薪酬水平。是指企业中各职位、各部门及整个企业的平均薪酬水平。薪酬水平决定了企业薪酬的外部竞争性。

4. 薪酬结构。是指企业内部的不同职位或不同技能水平所得到的薪酬水平的排列形式及其相互关系。薪酬结构反映了企业对不同职位或能力的重要性和价值的看法，涉及的主要是薪酬的内部一致性问题。

5. 薪酬构成。也叫薪酬形式，是指员工所得的总薪酬主要由哪些部分组成。如前所述，我们一般将总体薪酬划分为经济性报酬和非经济性报酬。

6. 薪酬总量。是指企业支付给所有员工的各种形式的薪酬的总额是多少，这也就是企业的人工成本，一般按年度汇总。薪酬是企业的成本，必须善于控制；同时，薪酬也是企业的人力资本投资，必须保持适当的规模，才能维持企业的核心竞争力。

7. 支付方式。是指企业通过什么方式给员工支付薪酬。如企业是每日支付薪酬，还是按周薪、按月支付，或者是采取年薪制？是企业直接支付给员工还是通过银行代理支付？是公开支付还是采取保密薪酬制？企业是采取长期薪酬还是长期薪酬？是注重奖励现在还是奖励未来？各薪酬构成部分的比例是多少？

8. 薪酬技术。是指企业用来设计员工薪酬的基本方法、技术和工具。目前，比较流行的薪酬设计技术有职位分析、职位评估、薪酬调查、任职资格体系设计、能力评价与认证、计算机管理系统等。它们是企业制定科学的薪酬管理系统的重要条件。

9. 特殊人员薪酬。所谓特殊人员，是指那些由于工作性质、工作环境有特殊要求，往往需要承担更大压力或掌握更高技能的，其工作完成的好坏对整个组织的经营业绩有着重要影响的员工。我们通常将企业董事、高层管理人员、销售人员、专业技术人员和驻外人员称为特殊人员。尽管企业的薪酬目标可能是要向所有员工群体提供相似或可比的薪酬，但由于工作目标、工作内容、工作方式和工作行为的区别，需要对这些特殊人员区别对待，采取有针对性的、相对独特的薪酬政策。

10. 薪酬制度。企业的所有薪酬决策最终都要体现在企业薪酬制度中。所谓薪酬制度，是指企业根据国家法律、政策，结合企业薪酬管理目标和战略而制定的一系列规定、准则、标准和方法的总和。薪酬制度以条文的形式将与薪酬有关的内容表达出来，是企业薪酬的根本大法，是薪酬系统其他组成部分的基础和根本，所有与薪酬相关的事宜均须按照它的执行，从而减少了随机性，增加了员工的安全感，同时也能避免许多薪酬纠纷的产生。

以上主要介绍了人力资源管理系统中的人员招聘、人员培训、绩效管理、薪酬管理等内容。通过人力资源规划、人员招聘可以确定和选聘有能力的员工；通过人员培训可以塑造适应组织和不断更新技能的能干的员工；通过绩效管理、薪酬管理可以使员工长期地保持高绩效并形成对组织的忠诚及奉献精神。

总之，人力资源管理在组织不断提高竞争能力以及努力完成各种目标的过程中，起着至关重要的作用，一方面，它会创造出一种环境，将员工所有的资质和潜能都激发出来，并且能够通过在组织中工作来满足自己的成长、发展和自我实现的需要；另一方面，这种管理活动会通过特有的方式将个人与组织牢固地联结在一起，使员工从内心深处把组织看做是他们自己的，从而在工作中表现出高度的能动性、创造性和责任感。有效的人力资源管理活动能使组织的需要与个人的需要得到有机的统一。

本章提要

1. 所谓组织，是指人们为了达到一项共同目标建立的组织机构，是综合发挥人力、物力、财力等各种资源效用的载体。

2. 组织结构是对组织复杂性、正规化和集权化程度的一种量度。

3. 组织设计的原则包括：①目标明确化原则。②分工协作原则。③统一指挥与分权管理相结合的原则。④管理幅度原则。⑤管理层次的原则。此外，高效和相对稳定原则、权责对等原则、才职相称原则，也是进行组织设计所必须遵循的原则。

4. 所谓管理幅度，就是研究一个管理者能够领导多少部属人员。每一个管理者的时间、精力和能力是有限的，一个上级管理者能够直接有效地指挥的下属数量有一定限度。管理幅度越狭窄，则所需管理层次也越多。

5. 矩阵组织也叫规划目标结构组织。这种组织形式，把按照职能划分的部门和按照产品或项目划分的专题小组结合起来，形成一个矩阵。专题小组是为完成一定的管理目标或某种临时性的任务而设的。每个专题小组的负责人，都在厂长的直接领导下工作，小组成员既受专题小组领导，又与原职能部门保持组织与业务联系，受原职能部门领导。

6. 分权事业部制，是指在大公司之下按产品类别、地区或经营部门，分别成立若干自主营运的事业部，每个事业部均自行负责本身的效益及对总公司的贡献。

7. 团队结构可以打破部门界限，通过快速地组合、重组、解散，促进员工之间的合作，提高决策速度和工作绩效，使管理层有时间进行战略性的思考。

8. 虚拟结构组织是一种只有很小规模的核心组织，以合同为基础，依靠其他商业职能组织进行制造、分销、营销或其他关键业务的经营活动的结构。

9. 无边界组织力图减少公司内部的垂直界限和水平界限，消除公司与客户及供应商之间的外部障碍。目的是减少指挥链，对控制跨度不加以限制，取消各种职能部门，代之以授权的团队。

10. 学习型组织的五项修炼：①自我超越。②改善心智模式。③建立共同愿景。④团队学习。⑤系统思考。

11. 职权是组织结构的纽带，是使组织结构发挥其作用的手段，也是管理组织的各种活动处于管理者的控制之中并使各单位合作得好的工具。同时，职权也是管理者为职工创造良好工作环境的必要条件之一。

12. 组织变革，是指为了提高组织成效而对现有组织进行改造的过程，这种改造涉及组织的方方面面，并将影响组织成员的职权、职责，以及组织内部的信息沟通等。

13. 组织变革的原因主要是组织外部环境变化和组织内部条件变化，同时，组织成员的期望与实际情况的差异也会导致组织的变革。

14. 劳动分工的好处体现在经济效率方面，它使不同员工拥有的多样技能得到有效的利用。在不断重复中，技能得到提高，时间浪费得到减少，培训变得更加容易且成本低。劳动分工的不利之处是，它会导致员工非经济性因素产生，即过度的劳动分工导致了厌倦、疲劳、压力、低生产率、劣质品、高旷工和高离职流动率。

15. 人力资源管理是组织为了实现既定的目标，运用现代管理方法和手段，对人力资源的获取、开发、利用和保持等方面进行管理的一系列活动的总和。

16. 招聘是组织为了生存和发展，根据组织人力资源规划和职务分析的数量与质量要求，通过信息的发布和科学甄选，获得本企业所需合格人才，并把他们安排到企业所需岗位上工作的过程。

17. 现代企业的培训与人力资源开发体系设计往往包括两大核心、三个层面、四大环节。

18. 绩效管理代表着一种观念和思想，代表着关于企业绩效相关问题的系统思考。绩效管理的根本目的是为了持续改善组织和个人的绩效，最终实现企业战略目标。

19. 总体薪酬，不仅包括企业向员工提供的经济性的报酬与福利，还包括为员工创造的良好的工作环境以及工作本身的内在特征、组织的特征等所带来的非经济性的心理效用。

20. 薪酬设计是企业人力资源管理的一种重要职能活动，是对企业薪酬战略、薪酬政策、薪酬制度及薪酬功效的确定、控制和调整过程。

讨论题

1. 为什么劳动分工不是提高生产率的不竭之源？

2. 管理当局何时选用：①矩阵结构？②团队结构？③虚拟结构？

3. 临时工在工资福利方面经常遭受不好的待遇，企业是否在剥削临时工？从道德角度来讲，企业是否应该在工资福利方面把临时工当正式工对待？

4. "我们同处在一个不断变革的时代"，你是否同意这种观点？请解释。

5. 企业以追求利润为目标，那企业应该承担社会责任吗？为什么？

6. 从事简单工作的底层次员工组织如何激励？

7. 底层次员工可以成为变革的推动者吗？

8. 在未来可能的雇主通过面谈和测试手段对应聘者私生活干涉程度上应当有限制吗？请解释。

9. 在人员配置与考核中应注意哪些问题？

案例1：北京慧中公司的组织结构转型

我国开发工程概预算软件始于20世纪70年代，直到80年代发展都很缓慢。但随着我国市场经济的发展，对工程造价电算化的要求越来越强烈。实现工程造价电算化的重要条件之一就是发展工程造价软件。于是，李明诚、张志伟、王鹏三个年轻人意识到，开发概预算软件有巨大的市场潜力，因而他们1995年分别拿出各自的积蓄，注册创办了慧中软件技术有限公司，由李明诚任董事长兼总经理。

创业初始，公司确定了以开发建设工程概预算软件为起点，滚动发展的目标，并选择西安作为突破口。在产品销售方面，一方面与建委定额站合作，利用地方建委的行业指导性扩大销售范围；另一方面，由于产品有技术优势，公司也建立了自己的销售网。但大多是与建委定额站合作，收效很快。1996年在西安，慧中公司面向社会举办了多期概预算人员知识义务培训，得到了社会的认可，树立了很好的社会形象。同年在西安同类产品市场上，慧中软件市场占有率第一，达到600多家，与此同时，各建委定额站也都主动与他们合作。

1996年10月，产品开始在北京推广。随着公司的发展，李明诚等人认为，公司应该发展自己的技术优势，并转化为产品优势。只有掌握了核心技术，公司扩大发展才有可能。因而他们瞄准了工程概预算软件里的难题，即图形自动计算工程量。当时市场上已有四五家企业开发了图形自动计算工程量的软件，但都处于试验阶段，谁真正能在技术上突破，谁就占有了市场。为此，公司决定将绝大部分的力量投入这一软件的开发。

1997年7月，慧中在北京为图形自动计算工程量系列软件举行了产品发布会，正式将其推向市场。这种"智能型"软件解决了预算员80%以上的工作量。这一核心技术的突破，成为慧中发展过程中的重要分水岭。

1998年，北京慧中软件技术有限公司的年销售额从1995年的45万元上升到1000万元。拥有员工100余人，其中包括软件开发人员60人，技术支持6人，市场营销人员40人和管理人员3人。公司股东会是公司重大事务的决策中心。

随着公司规模的扩大和业务的增加，面对繁多的产品、人事和销售等事务，公司董事长兼总经理李明诚渐渐感到力不从心。他逐步意识到，目前的状况已经开始无法维持公司的高速发展。按照国内软件业约定俗成的说法，超过100人的公司，已是国内软件业的大型企业。100人的公司是个坎；此时公司规模迅速扩大，新进人员很多，但缺乏熟练的管理和经营人员。处理不好这些发展中的问题，公司的发展就会减慢、停滞，甚至倒退。几乎每个民营企业都曾在这个坎上蜕了一层皮，如何迈过这个坎呢？同时，李明诚觉得，以前几个股东凭着创业冲动一起奋斗，现在，有的人创业激情淡了，享受之心浓了；有的人更习惯于游击队式的作战方式，而对大规模、集团化的商业动作显得能力不足；有的凭借自己的元老身份不把新人的创意当回事；原有人员重技术，轻经营；新进人员重经营，轻技术；中层管理人员在产品开发以及市场渠道等方面也存在分歧。如何兼调众口，使公司更进一步发展呢？对企业经营管理有着浓厚兴趣的李明诚经过长时间的思考，意识到当前最紧迫的任务是企业内部组织机构的转型问题。

　　李明诚虽然是学计算机出身，却对企业尤其是信息技术（IT）行业的经营管理理论和实践非常感兴趣，像《微软的秘密》、《蓝色通道》这样的书总是摆在案头，对国内民营企业，如巨人集团的兴衰也尤为关注。听着别人的故事，想着自家的那本经，李明诚认识到民营企业要想超越"小打小闹"的阶段，在市场中生存发展下去，真正经受住市场经济的考验，就必须解决一系列问题。为此，他设想了一些具体的改组措施：一是在决策机构上，将现有的决策机构——股东会改组为董事会，从公司外部招聘一位既懂软件技术，又懂管理的总经理，实施总经理向董事会负责制。日常事务的决策管理由总经理负责，而创业股东则按各自拥有的股份享有收益。二是在执行机构和公司组织结构图上，把原有的垂直指挥系统改变为岗位对岗位，按程序化管理。三是在协调产品开发与市场开拓的关系方面，设立一名产品经理，由其负责产品发展战略和销售方面的事务，协调销售部与市场部的合作关系。四是同时强化员工激励机制，扩大股东范围，逐步将部分股权作为职工股奖励给业绩突出的员工，形成一个股东群，使员工自身利益与企业经济效益相结合，在将来时机成熟时实现股票上市和变现。

　　为使机制改革得以有效实施，李总特意请来了某咨询公司的方春健作为顾问，请他提出建议，帮自己出谋划策；同时还向他暗示，希望在适当的时候请方出山担任慧中的总经理。方曾在IT行业里工作多年，两年前自己组建了咨询公司，专门为各类IT企业提供战略发展和组织机构方面的咨询。方用了两个月的时间熟悉、了解慧中的情况，并向李总提出了一些在改组方面的具体建议。但在是否出任总经理一事上，方有自己的担心：张志伟、王鹏都是与李明诚同甘共苦的创业者，在公司快速增长时期采取改组措施，将总经理位置授予他人，他们很可能会觉得自己被剥夺了决策权，产生抵触情绪。而无论如何，张志伟、王鹏在产品开发和市场销售上都是公司绝对的骨干，过急地推行新的组织制度，弄不好会事与愿违，反而削弱了慧中公司的力量，对自己担任总经理执行决策功能也无好处。

起初，李总对这样的担心并不在意，然而在计划会上提出改制举措后，果然引起了张志伟和王鹏的强烈不满。他们认为三个人"有福同享，有难同当"，开发软件、联络客户，都是各尽所能，不分彼此；公司发展到今天，是三个人共同努力的结果，没有必要改变现有的管理模式。现在，公司最主要的问题应该是产品开发与创新，为企业寻找一个新的利润增长点。他们认为，软件行业是一个以创新为本的行业，如果慧中仅仅依靠图形自动计算工程量软件而不再有技术和产品的创新，凭借企业的现有实力，必将因无法跟上整个行业的发展步伐而最终被淘汰出局。因此，慧中应以核心产品——图形自动计算工程量软件为中心，不断开拓相关领域软件产品，力图形成一个紧密结合的产品群。有了明确的发展目标，凭借三人对行业的熟悉、众多的软件开发人员以及公司的良好信誉，公司的发展前景定会不错，没有必要由外人介入公司的管理。

李总不禁陷入深思：对于现阶段的慧中，什么是最重要的？是不是要取消或者延缓组织机构的改革呢？

——本案例根据厉以宁、曹凤岐主编的《中国企业管理教学案例》一书中"北京慧中的二次创业"改编而成。

讨论题

1. 如果你是李总，面对现在的状况，你会怎样做？

2. 李总认为组织机制是企业发展的关键，作为一个企业分析人员，你认为慧中顺利进入新阶段的关键因素是什么？

3. 什么是适合信息技术产业的组织结构模式？

4. 李总是否该让方春健做公司的总经理？企业从外部引进"空降人员"应该注意哪些事项？

案例2：从按职能到按区域划分部门

恩特是一家提供电话和其他通讯服务的电话公司。近几年来，恩特公司所服务的顾客数量、员工总数，以及营业的电话机数量等方面都有非常迅速的增长。公司引进了新型的机器和电子设备以及附加的服务项目。

恩特公司划分为三个地区，每一地区在有关经营管理方面都有相当程度的自主性。这些地区，从上层到基层都严格按照职能原则来组织，副总经理兼地区经理，并对公司总部负责。地区组织系统示意略图见图1。

地区有机务、电信和商务三个主要的经营管理部门，每一部门都拥有人事和技术参谋。各部门的基本职责如下：①机务部门主要从事电话设施的建设、安装和维修。它按照职能原则进一步细分为建设和工程两个处。②电信部门负责电话交换机的运转。商务部门负责地区营业的有关业务。③机务部门从事同新电话设施的设计以及企业其他技术方面的有关问题。④会计部门执行所有各部门的会计职能，这个部门的主管直接对公司总部的审计师负责。每一个部门由一位部主任管理，并直接向副总经理兼地区经理报告工作。

地区的基本组织单位是区段。每一区段由一名区段长负责，他向相应的处长报告工作。总共有8个区段。每一区段都由一个五人小组进行管理，他们的职称是：区段设施科长、区段建设科长、区段设施工程师、区段电信科长和区段商务科长。

区段小组对整区段的业务工作负责，但是，每一科长都按职能原则垂直地向各该职能部门报告工作。职能制的组织形式在该公司已经有了很多年的传统了。由于营业规模的扩大，又考虑到技术因素所带来的更大复杂性，这种组织形式产生了若干困难。正如地区组织系统示意图所指明的那样，除非是在上一级，否则就无法进行各个职能部门之间的协调。部、处、区段都没有统一的负责人，只有3（部一级）—5名（处和区段一级）不同职能的负责人，只是在副总经理兼地区经理这一级才能够有对所有各个职能部门说得上是负责的人。

恩特公司总经理邀请集团总部的上层经理人员，共同研究可行的地区改组方案。经过广泛的讨论之后，决定指定由公司总部经理人员组成的组织研究委员会向总经理和董事会提出建议。经过几个月的认真考虑之后，委员会提出了一个全新的组织结构的建议。

如图 2 所示，经营管理活动处于经营管理部主任管辖之下，在他的直接领导下，有 4 个营业处长。职能划分不像老结构那样在部一级开始，而是在处一级开始。负责电话设施、电信和商务的各区段长都向营业处长报告工作。换一句话说就是，在副总经理兼地区经理之下，引进了进行各职能之间协调的两个补充级。

撤销了经营管理部门的人事职能，而设置了集中的人事部门。机务部门实际上仍然保留，因为它是职能类型的地区组织。技术参谋职能和用户服务被集中在直接向副总经理兼地区经理报告工作的服务部主任管辖。为了进行市场调查及有关的活动，以及进行其他的销售业务，设置了销售部主任。

讨论题

1. 你认为恩特公司应该按照组织研究委员会的建议改组吗？
2. 你认为新的结构在哪些方面胜过老的结构？
3. 不赞成改变组织结构的可接受的论点有哪些？

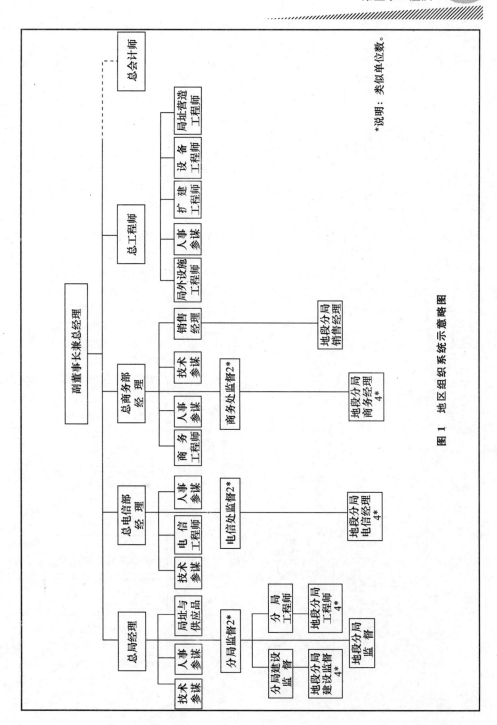

图 1 地区组织系统示意略图

*说明：类似单位数。

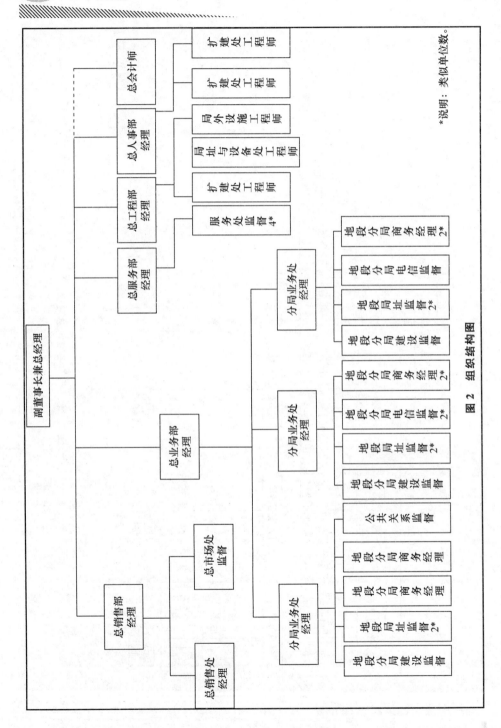

图 2 组织结构图

*说明：类似单位数。

第六章　指挥

【学习目的】

阅读和学完本章后，你应该能够：

☐ 解释指挥的含义与作用

☐ 阐述指挥的任务

☐ 描述指挥的方式

☐ 明确领导人的原则

☐ 理解指挥的艺术

☐ 掌握授权的原则与方式

管理就是组织的领导者把组织中的各种要素（包括劳动者、生产资料、资金等）有效地调动起来，以实现组织的目标。在这一过程中，指挥起着特别重要的作用。本章主要介绍指挥系统、指挥原则、指挥方式、指挥艺术和驾驭人的原则等内容。

第一节　指挥概述

一、指挥的含义与作用

指挥，是指通过下达命令、指示等形式，使系统内部个人的意志服从于一个权威的统一意志，将计划变成全体成员的统一行动，使全体成员履行自己的职责，全力以赴地完成所担负的任务。

指挥是一种执行性的管理职能，是管理者在一定的组织系统内，以自己的权威使被管理者服从自己的意志而实施决策目标和计划的活动。这种活动是依靠权威进行的，权威是指挥的灵魂，没有权威就无法实施有效的指挥。管理中的指挥职能的主要功能是将决策、计划职能中确定的目标和实施方案，将组织职能中确定的组织机构和责、权、利的划分，切实地落实到管理实践中去，把整个管理活动从静态推向动态，使整个管理机器运行起来，以实现预定目标。

指挥主要有以下几方面的作用：

（一）指挥是实现共同目标的保证

马克思指出："一切规模较大的直接社会劳动或共同劳动，都或多或少地需要指挥，以协调个人的活动，并执行生产总体的运动——不同于这一总体的独立器官的运动——所产生的各种一般职能。一个单独的提琴手是自己指挥自己，一个乐队就需要一个乐队指挥。"①

社会越发展，生产社会化程度越高，社会分工越细，专业化程度越高，社会协作越密切，就越需要有强有力的指挥，以协调社会生产各部门、各行业和各企业的活动，但整个社会生产能够按比例地协调发展，社会的共同目标才能实现；否则，整个社会生产就将出现混乱。生产是这样，其他社会活动也是这样，没有管理指挥，或者指挥失灵，整个社会活动也将出现混乱，共同目标就不能实现。

（二）指挥是组织有效运转的重要条件

管理决策、计划确定之后，要靠组织来实施，然而，组织职能的发挥还有赖于指挥。管理者权威影响力大，指挥有方，下达命令正确，组织系统各个环节、各个部门之间协同配合，就能够使决策计划落实到组织的全体人员的行动中去。如果管理者权威影响力小，指挥不力，下达命令不正确，或者不能贯彻到底，上下之间不同心，左右之间不协力，互相摩擦，组织机构就不能有效运转，决策计划也不能落实。

（三）指挥直接关系部属才能的施展和积极性的发挥

管理者指挥有方，能用人之长，有用才之勇和护才之魄，善于考才之绩，排才之难，又育才有方，赏罚得当，就能够充分发挥部属的才能，极大地激发他们的积极性，自觉地为实现管理目标而奋斗；反之，如果管理者指挥无方，不善于用人、育人，赏罚不当，就会压抑、埋没部属的才能，挫伤他们的积极性，影响管理目标的实现。

二、指挥的任务

指挥作为管理者实施目标或规划的活动，根本任务就是推动下属去实现目标。具体任务包括以下三项：

（一）下达命令

组织领导者要全面地认识管理目标和任务，包括上级赋予的任务，本组织

---

① 《马克思恩格斯全集》第23卷，人民出版社1972年版，第367页。

系统的目标、计划等，结合部属的素质状况、工作对象及环境背景等实际情况进行分解，下达给部属；要明确职责范围，使部属能独立负责地处理他管理的各项事务；要规定具体政策界限，使部属知道应该怎么做，不应该怎么做；还要规定完成的时间，以便检查督促。

（二）协调关系

指挥活动涉及上下左右，内部外部各个方面的关系，使上下同心协力，左右互相支持，以形成一股合力。在协调上下级关系时，特别要注意计划的协调性和政策精神的一致性，要兼顾整体和局部利益。上级要了解下情，照顾局部；下级要了解上情和全局，服从全局。在协调左右关系时，既要完善规章制度，明确职责范围，做到事事都有人管；又要提倡互相尊重、互相支持、互相谅解、互相协作的精神，防止互相推诿。

（三）激励士气

一切管理指挥活动都要通过人——部属去进行。因此，调动人的积极性是指挥的一项重要工作。管理者在指挥时，要从部属的实际情况出发，把精神激励与物质激励结合起来。对不同人采用不同的激励方式，宽严结合，奖惩适度，表彰先进，鞭策后进，使组织内部全体成员都能保持旺盛的士气。

三、指挥系统

（一）指挥系统的含义

指挥系统，是指一定组织系统内由纵向联系的各级指挥员及其参谋机构（或人员）组成的权力体系。这个权力体系是该组织系统的组成部分，是其在指挥权力链方面的表现。指挥系统包括以下内容：

1. 指挥系统是分层次的。一般由高、中、初三个层次构成，各个层次的指挥员担负着不同的指挥任务：高层次指挥员担负着发布命令，下达指示，协调下属活动的任务；中层次指挥员负责贯彻上级命令、指示；基层指挥员负责把上级命令、指示落实到行动中去，并保证其实现。

2. 指挥系统实行首长负责制。各级指挥员是该级最高行政领导人。

3. 指挥系统设参谋机构（人员），为指挥员出谋划策、加工和传递信息。

4. 指挥系统附设有通信设备，以保证命令、指示的传递。

（二）对指挥系统的要求

1. 指挥系统要精干高效。①指挥系统的层次要精干，一般不要超过三级。层次太多，不仅指令信息传递缓慢，而且由于中转环节多，信息容易失真。②各级指挥员的副职设置不宜多，素质要好，宁缺毋滥。参谋人员要精干，要精通业务，见多识广。

2. 指挥系统职责权限范围要明确。①指挥系统上下级职责权限范围要明确，权力的集中与分散要适度。属于上级的权限，该集中的不集中，就会助长分散主义和本位主义；属于下级的权限，该分散的不分散，既会束缚下级的手脚，也会使上级陷于忙乱的事务之中。②指挥系统的参谋机构与其他部门（单位）的职责权限要明确。参谋机构的基本职责是为指挥员当参谋，而不能越俎代庖，对下级组织没有领导关系，只有在业务上进行指导的责任和权力。

3. 指挥手段要现代化。在现代社会，科学技术迅猛发展，情况瞬息万变，指挥员要有效地进行指挥，必须使通信技术现代化，以保证指令渠道稳定畅通，信息反馈灵敏，从而使上级的命令、指示能及时准确地贯彻下去，变为下级的行动；使下级的情况能及时地反映上来，使上级心中有数，掌握指挥的主动性。

四、指挥原则

指挥原则是管理者在指挥活动中必须遵循的一般规则。它反映了指挥活动的最本质的联系。指挥原则主要有以下几个方面：

（一）权威原则

在管理工作中，人们常常会发现：有的领导人说话没人听，办事没人跟，号召无力量，指挥不灵；有的领导人则与此相反，一呼百应，令行禁止，关键在于指挥要有领导者的权威。权力来自于领导人的职位，有什么职位就有相应的什么权力。威信来自领导者自身的因素，是一种客观存在的社会心理现象，是一种使人甘愿接受对方影响的心理因素。从某种意义上说，影响力就是威信。

权威原则，是指在指挥中必须用指挥员的权威使被管理者服从管理者的意志。指挥员的权威主要由两方面决定：①组织赋予个人的权力。②个人的知识、技术、能力、品德等。通常情况下组织赋予的权力所决定的权威，比由个人的知识、品德等因素所决定的权威，具有较大的强制性，它强迫被管理者服从管理者的意志，这种强制性的权威在管理中是必不可少的。但是，现代管理中指挥的权威原则要求管理者不仅要注重组织赋予的权力，而且必须重视个人的知识、品德等所决定的权威，努力增强自己这方面的权威。在管理实践中存在这种现象，在几个有同样大的组织赋予的权力的管理者中，由于他们个人的知识、品德等的不同，对下级产生的影响力也不同，从而直接影响着指挥的有效性。因此，管理者不能没有组织赋予的权力，但是也不能只依赖这种权力所决定的权威去指挥，而应当努力增加自己的知识，提高自己的技能，注意自身的修养，以增强自己的权威。

（二）统一原则

统一原则，是指在指挥中必须统一目标，统一思想，统一纪律，统一指挥，统一行动。统一目标就是局部的目标要服从全局的目标，个人的目标要服从组织的共同目标；统一思想就是要统一认识；统一纪律就是要少数服从多数，下级服从上级，个人服从组织；统一指挥就是一个下级工作人员只接受一个上级领导人的直接指挥，并对这个领导人负责。在正常的指挥活动中，上级领导人不越级指挥，下级工作人员也不越级请示汇报工作。如果指挥不统一，不仅使下级人员在多头指挥下无所适从，造成工作的混乱，而且还可能使同级领导人之间由于意见不一致而产生隔阂、猜疑以至对立，使工作受到损失。因此，在指挥活动中必须消除多头指挥的现象。在这五个统一中，统一行动是目的；统一目标是统一行动的方向；统一思想是统一行动的基础；统一纪律是统一行动的保证；统一指挥是统一行动的关键。

（三）首长负责制原则

首长负责制原则，是指在指挥中，组织内部各个层次主要负责人对其职权管辖范围内的各项事务有最后决定权，并负个人责任。指挥活动的一个重要特点是执行，即实施既定的目标、规划。它要求权力集中，责任明确，行动迅速。实行首长负责制，可以对部属实行统一指挥，根据任务的需要，授给下属组织和人员一定的权力，使各级组织和个人都有明确的责任。在这个基础上，建立严格的考核制度，并且同物质利益和干部的选拔使用结合起来，奖优罚劣。这样就可以促使人们积极钻研业务，努力完成自己的职责任务，提高工作效率，克服推诿拖拉等弊端。

（四）坚定果断原则

坚定果断原则，是指在指挥中，管理者对规定的目标或规划以及自己的行动方案，要有坚定的立场，必胜的信念，对于随机事件的处理要勇敢决断，勇于负责。管理者只有对自己从事的事业，对自己执行的目标或规划立场坚定，充满信心，才能有力地说服和影响部属百折不挠地去争取胜利。如果自己缺乏信心，势必影响部属的情绪，影响组织目标的实现。同时，管理者对于随机事件，要审时度势，从当时当地的实际情况出发果断处理，切忌优柔寡断，丧失良机。

第二节 指挥的方式

在管理活动中，究竟采取何种指挥方式，在很大程度上取决于管理人员的个性，有关环境背景和部属的个性特点等情况，没有固定的模式。常用的管理指挥方式可概括为以下几种：

一、口头指挥

口头指挥，是指利用口语来表达指挥员意志的指挥方式，是指挥员常用的一种面对面的指挥方式。它具有简单、明了、及时、方便等特点，为广大指挥员所喜欢。

在利用口头方式指挥时，指挥员采用的具体做法是否正确，信念是否坚定，情绪是否稳定，语言是否简单明了，以及语气、语态的使用是否适当，对于指挥的效果关系极大。因此，指挥员在运用口头指挥方式时，一定要有坚定的信念，必胜的信心，饱满而稳定的情绪，在语言上要做到简洁有力，表达清楚，用词准确，层次分明。在日常管理和指挥中还要特别注意，根据不同对象的具体特点，采用不同的具体做法，巧妙地运用语言艺术。不同听众、不同场合、不同目的，说话的语气、用词、角度、时间长短等也应该不同。在鼓动听众时，要在全篇中充满希望；在说服听众时，要从理解的角度出发，多用亲近、同情的语言，取得听众的好感；在要求听众时，要多讲提要求的理由，使听众认识到它的合理性；在拒绝听众时，要多用婉转的语言，不使对方感到沮丧，得到应有的谅解；在赞美别人时，要多用事实说话和第三者的口吻，不要过多地运用浮华的语言；在批评别人时，要一分为二，不能因出了问题就把人家说得一无是处，或言谈中带有尖刻、挖苦的话，让人难下台阶。

国外一些管理学家为了帮助各级领导掌握下达命令的指挥方法，根据不同对象的具体情况，提出了一些下达命令的指导方针，对我们有一定的参考价值。①用请求的口吻下达命令不会使反应敏感的下属反感，而直截了当地下达命令可能会引起对立情绪。②直截了当的命令，如果不是经常下达命令的话，就会显得非常有力，常常能促使下属克服懒散情绪。③请求的口吻可以部分地软化死硬的人，在直接下达命令前，值得一试。④可靠的下属通常婉转地下达命令效果最好。但是对缺乏经验或不可靠的下属则不是这样。⑤对初次犯错误的人，用请求的口吻要求他纠正错误，这会增进友谊，使他站在你这一边。但是，对累犯错误的人，直截了当地下命令，也许是可取的。⑥对于经常性的违章者，直截了当地下命令是适宜的。如果你过去下达命令大多数都是用请求口吻，那么改用直截了当的命令就有强调意义。⑦在下属对工作不称心或者需要做特别努力乃至需要实行不得人心的加班加点时，采取志愿参加的办法常常是一种挑战并能产生良好的结果。但是，不要以此来逃避按最有利于生产的方式分派任务的职责。⑧为了培养有前途的雇员的工作能力和判断力，婉转的或建议式的命令，是考验和培养其独立工作能力的好方式。当然，还需要进行严格的督促检查。⑨紧急情况通常需要直截了当地下命令。①

以上指导方针不一定完全适用于我国日常的管理活动中的指挥，但是有些具体做法还是可以借鉴的，至少给我们提供了一种灵活采用口头语言进行指挥的思维方法。

在利用口头方式指挥时还要注意，在指挥较大范围内的重大事件时，除了口头方式外，同时要用书面（文件）的方式进行指挥。

二、书面指挥

书面（文件）指挥，是指通过文字书面语言来表达指挥员的意志的一种指挥方式，也是一种常用的指挥方式。其优点主要是：①对传达需要经过多层次、广地域的指挥信息比口头方式更为准确而有效。因指挥信息在广泛的地域经过多层次口头传送常常会把原意曲解，文件方式则可避免这一不足之处。②文件方式可以保留较长时间，为管理资料的储存、备查提供了方便，特别是对于那些要在较长时期内起作用的指挥内容，非要用文件的形式不可，这样才便于下级随时在执行中查对，以便正确地执行上级的指示。③文件形式比口头方式有更强的强制性，因而具有更强的权威性。

由于文件方式是靠书面语言进行不见面的指挥，下属只能通过书面文字来理解上级的意图，不能像口头方式那样，指挥者和被指挥者之间的信息可以随时沟通。因此，在使用文件方式进行指挥时要特别注意文件本身的准确性，文件数量的适当性等。具体来说，通常应注意以下几点：

（一）文件的内容要符合国家的政策规定和要求，清晰明了

1. 要符合党和国家的方针、政策、法令和上级部门的有关规定。

2. 情况要准确，观点要明确，文字要精练、确切，结构要严密，条理要清楚，篇幅要简短。

3. 人名、地名、数字、引文要准确，时间一般要写具体的年、月、日。

（二）使用文件种类要适当

指挥中使用文件的种类通常有：命令、指令；决定、决议；指示；布告、公告、通告；通报；批复等。通常情况下，发布重要法规，采取重大的强制性行政措施，任免、嘉奖和惩罚有关人员时，用"命令"、"令"；发布经济、科研等方面的指示性和规定性相结合的措施或者要求，用"指令"；对某些问题或者重大行动做出安排，用"决定"；经过会议讨论，通过要求贯彻执行的事项，用"决议"；对下级机关布置工作、阐明工作活动的指导原则，用"指

---

① 亨利·艾伯斯：《现代管理原则》（中译本），商务印书馆1983年版，第434页。

示"；对公众应当遵守的事项，用"布告"；向国内外宣布重大事件，用"公告"；在一定范围内，对群众或者机关团体公布应当遵守或需要知道的事项，用"通告"；传达上级指示，要求下级办理或者需要知道的事项，批转下级机关的公文或者转发上级机关、同级机关和不相隶属机关的公文，用"通知"；表扬好人好事、批评错误、传达重要情况以及需要各机关知道的事项，用"通报"；答复请示事项用"批复"。

（三）要统一文件的格式

文件都有一定的格式，这是文件具有权威性和约束力在形式上的具体体现。它要求结构完整，标志准确，各机关及企事业部门保持一致。它通常包括标题、主送机关、正文、附件、发文机关（或有关印章）、发文时间、抄送单位、文件版头、公文编号、机密等级、紧急程度、阅读范围等项。

（四）要严格控制发文数量

发文过多，文件泛滥成灾，使部属湮没在文件的海洋里，反而会使指挥失灵。因此，凡可发可不发的文件，坚决不发；可以用电话或者当面讲的，就不要发。要扫除文牍主义恶习，扫除脱离实际、脱离群众的官僚主义作风。

另外，由于文件受文字字数的限制，对于历史背景以及与事件有关的许多具体情节及事例，往往都省略了，这不利于部属对文件精神的领会。因此，对某些重大事项的指挥，应同时采用口头的方式进行。

三、会议指挥

会议指挥是口头指挥常用的一种重要的指挥形式。它除了具有口头指挥所列的那些特点之外，同书面指挥比较起来，还具有以下特点：①可以不受文字的限制，介绍有关历史背景、具体情节和典型事例等情况，使下级更好地领会上级的意图。②可以针对下级的具体思想情况，从理论与实际的结合上给予说明与解答。③可以针对下属各部门之间的配合问题进行有效的协调。④上下级之间可以更好地进行思想交流，以加深互相之间的理解。

在现代管理指挥中，提高会议的效率，必须掌握如下三条原则：

（一）开好非开不可的会

以企业的生产经营活动为例，有两类会议是必要的：

1. 决策性的研究会。主要包括讨论企业的目标规划，研究应急对策，方案论证及学术交流等，这类会议应充分发扬民主，百家争鸣，搞"群言堂"，切忌"一言堂"。领导的水平和艺术在于：虚心倾听了各种意见之后，将其中的精华吸收到自己的总结中来，使与会者每个人都感觉到自己的意见受到重视，这样的会议就成功了。最忌讳的是，与会者发表了十条意见，领导总结时却发表自己早已想好的第十一条意见。久而久之，必然会使会议流于形式。

2. 执行性的协调会。主要包括布置任务、协调矛盾等。这类会议事先应有充分准备，届时不开展自由讨论。在这类会议上发扬民主，百家争鸣，不仅容易思想混乱，使执行效率降低，而且往往议而不决，达不到会议的目的。执行性协调会必须形成决议，每件事情都要落实。国外有所谓的5W1H法，这套办法是值得我们借鉴的。

（二）做好会前的准备

做好会前准备是开好会议的前提。会前准备要注意掌握以下要点：①议题的提出。规定提议上事先要说明事情及问题的内容。②限定出席人数。除法定人员外，只有与议题有关的专家和部门的代表才能参加会议。③限定报告人及出席人发言时间，规定每个报告人发言最多不超过多少分钟。

（三）建立良好的会风

良好的会风是会议成功的保证，主要应铭记"会议八戒"：一戒开没有明确议题的会。二戒开多中心（多议题）的会。三戒开没有准备的会。四戒开可开可不开的会议。五戒请无关的人参加会议。六戒做离题的发言，要围绕议题的中心发言。七戒做重复的发言，要力求语言准确、精练。八戒议而不决或个人做决定。如何提高会议的效率，国外企业有许多有力的措施可资借鉴。

例如，日本东京钨公司提出"要有效地开会"的口号，并规定：①要准时出席。②会议时间控制在90分钟以内。③要很好地考虑问题，采纳建设性意见。④不要固执己见。⑤按多数人的意见来做决议。⑥结论要在当场确定。⑦中途不要退席。

在现代管理指挥中，领导者应该借鉴国外有效地开会的好经验，以便提高开会的效率。同时，使自己从会海中解脱出来，以更多的精力去解决面临的各种实际问题。

四、现场指挥

按照统一指挥原则，上级不得越级指挥，各级的问题由各级首长自己处理。但是，高层次的指挥员应注意深入基层，深入现场，调查研究，掌握情况，知彼知己，做到心中有数。对于涉及多部门的老大难问题，应现场指挥，采用这种方式指挥，事先必须进行深入的调查研究，找出问题的症结和解决的办法，做到心中有数。然后，把有关部门的负责人找到现场，大家摆情况，提问题，谈看法，在弄清情况的基础上，当场做出决定，使问题及时得到解决。

故事中的管理学：教太太炒菜

妻子正在厨房炒菜。丈夫也走进来，站在妻子身旁不停地唠叨："慢一些，小心！火太大了，赶快把鱼翻过来！"

妻子开始还耐住性子听着，后来实在有些生气，于是不高兴地说道："你出去吧，我懂得怎样炒菜。"

可是，丈夫似乎充耳不闻，仍然在一边不停地指导："快铲起来，油放得太多了！把豆腐整平一下！"

妻子终于忍无可忍，放下铲子大吼一声："你是不是当我是什么都不懂的笨蛋？"

丈夫终于停止唠叨，十分平静地回答道："太太，你当然懂得炒菜，我也没有把你当笨蛋。我只是要让你知道，每次我开车你都在一旁喋喋不休地指导，我的感觉如何？"

五、运用信息技术指挥

所谓信息技术，是指有关信息的产生、检测、变换、存储、传递、处理、显示、识别、提取、控制和利用等技术，它主要包括传感技术、通信技术和计算机技术三个部分。把传感、通信、计算机技术三者连接成一个整体，就构成了现代信息系统。管理人员通过现代信息系统，可以了解所辖地区（部门、单位）的情况，并对部属进行指挥。随着科学技术的进步，指挥手段将日益现代化，指挥效能将大大提高。

第三节　指挥的艺术

管理指挥者要出色地完成自己的指挥任务，不仅要明确管理指挥的任务、原则与方式，而且还必须掌握管理指挥的艺术。具体来说，行使指挥权的管理者应该做到以下几点：①透彻地了解自己手下的人员。②淘汰不胜任的人员。③十分熟悉企业的纪律和与雇员的协议。④树立好的典范。⑤定期检查企业的账目，并使用图表来促进这项工作。⑥通过会议讨论决定统一指导和集中要努力解决的问题。⑦不要陷入琐碎事物。⑧培养成员的团结、积极、主动和忠诚的精神。指挥是正确、有效地执行管理指挥职能的重要保证。

一、指挥处理突发事件的艺术

随着社会生产力的发展以及利益主体的多元化，领导活动的时空跨度越来越大，个体中的变量越来越多，领导对象的构成也越来越复杂。因此，在管理活动中产生一些突发、危急和棘手事件是难免的。领导者的任务，就是要把握突发事件发生的规律性，及时指挥处理突发性事件。

（一）突发事件产生的原因分析

1. 复杂多变的政治环境。现代社会是开放的社会。国际政治风云的任何变化，必然会对各国社会、政治、经济形势产生影响，甚至导致个别地区、国家发生突发危机事件。

2. 变化多端的市场经济。发展经济会给领导活动带来许多或然性和风险性。例如，领导者根据滞后的或不真实的信息做出决策，就会给企业造成重大经济损失，甚至使竞争失利、企业关停倒闭、职工生活发生困难。如果处理不当，就可能导致突发事件。此外，由于某些原因，群体内利益分配不公，例如，在调资、分房、提升、招工等方面发生矛盾，严重者也会造成突发事件。

3. 难于主宰的自然灾害。俗话说："水火不留情，火烧当日穷"。水灾和火灾是无情的，其他自然灾害也不仁慈。一次大地震后，整个城市就可能成为一片废墟。一次风暴灾害过后，眼看到手的粮食没有了。每次自然灾害发生，都给人们的生命财产造成巨大损失，带来一些突发性的灾害。

此外，一些领导者工作方法欠缺，决策失误，思想情绪理不顺以及严重的官僚主义等，都可能激化矛盾，酿成突发性事件。突发事件具有突然性、破坏性等特点。

（二）指挥处理突发事件的艺术

处理突发事件是棘手的，哪位领导者都不希望这类事件发生。但是，领导者必须面对客观事实，不能感情用事，不存任何侥幸心理，必须掌握处理突发事件的方法与艺术，做好应付这类事件的准备。领导者首先应该有正确的态度和科学的处理原则：①临危而不惧。②快刀斩乱麻。③机动而灵活。④控制务必彻底。⑤防患于未然。从处理突发事件的一般过程来说，领导者应重点掌握以下三种方法和艺术：

1. 迅速控制事态。突发事件发生后，能否先控制住事态，使其不扩大，不升级，不蔓延，是处理整个事件的关键。这既是关系整个事件处理成败的基础和前提，又是寻找更好的、彻底的处理方法的重要条件。要使整个事件妥善地得到解决，必须千方百计地控制事态，使其不再继续扩大和升级，由热变冷，由大变小，由强变衰。要达到这一目的，领导者应根据不同情况，分别采取以下几种控制方法：

（1）心理控制法。不论是哪类突发事件发生，都会对群众心理产生相当大的冲击和压力，使绝大多数人心绪不稳，思想混乱，不知所措。他们既不了解事件的性质及其起因，更不知道事件的发展趋势，处在强烈的恐惧、焦躁和冲动之中。处理不妥，人们的心理及其行为很可能向不利于事件妥善处理的方向发展。所以，对事件的参与者和群众，首先应进行心理控制，减轻群众的心理压力。基本的方法有两种：

一种是领导者的行为影响。心理学认为，任何人都有一种遵从心理，即受他人活动的影响，自己也从事和他人同样的活动。越是在自己心理波动不定，价值选择目标不定的情况下，越易于产生遵从心理。因此，在突发事件发生的现场，领导者要特别注意以"冷"对"热"，以"静"制"动"，切不可惊恐急躁，乱了方寸。领导者精神振作，沉着镇定，群众也就有了主心骨，心理压力会大大减轻。

另一种是转移群众的注意力。一般来说，每次突发事件中，群众的注意力都会集中在一两个问题上，或者集中在个人的财产上，不能顾及全局性的抗灾战斗；或者集中在一些敏感、热点问题上，固执己见，争执不下；或者为了达到某种利益，不达目的不罢休。在这种情况下，群众的注意力不转移，对于控制事态是十分不利的。必须采取有效措施，转移群众的注意力。

常用的方法是：①说服诱导，寻找双方利益的交汇点，使群众对政府的主张产生认同。②从群众的角度出发，承认某些可以理解和合理的方面，做出无损于实质的让步或许诺。③运用归谬法或引申法，引导群众看到事件失去控制将最终可能出现的不良后果，使大多数人恢复理智。这些办法当然难以把所有人的情绪和态度都转移过来，但只要多数人的情绪和态度有所改变，站到了正确立场上，事情就好办了。

（2）釜底抽薪法。参与突发事件或被卷入突发事件的群众，大都事出有因，情绪激动，一触即发。处理不好，不论哪类事件，都可能出现局势逆转的情况。因此，领导者和在现场工作的人员绝不能火上浇油，激化矛盾。

"扬汤止沸"，先行治标，未尝不可；但"扬汤止沸，不如釜底抽薪"，这才是治本之道。

①弱化对方的内聚力。这种办法适用于有组织的社会事件。具体操作方法是：在弄清情况的前提下，掌握对方的目的和行为的破绽，作为分化瓦解对方的依据和突破口。通过强大的宣传、舆论攻势，一方面揭露事件策划者的目的和不法行为，抓住其言行相悖之处和幕后活动的事实，指出其行为的实质；另

一方面宣传党的政策，指出事件继续下去的严重后果，向群众和事件的参与者讲清党和政府的希望，启发大家冷静思考，不要人云亦云，要站在真理一边，同各种不良现象作斗争。另外，还要利用群众能接受的形式和权威人士的影响，教育和争取大多数。

②论理缓气势。社会性的突发事件，参与者总是想达到一定目的，因而总是希望同领导机关发生正面接触。领导者要充分利用参与者的这种心理，通过必要的接触面谈，广泛开展对话，缓解紧张气氛，控制事态发展，从中发现事件的起因和性质。在接触和交谈中，既要旗帜鲜明，坚持原则，又要表现出解决问题的诚意，申明大义，晓之以理，动之以情，示之以害，揭露少数别有用心者，教育团结大多数群众。因为真理在我们手中，多数人是会觉悟的。

（3）组织控制法。对社会突发事件，组织控制有两层含义：①在组织内部和广大群众中迅速进行正面教育，使大多数人有个清醒认识，稳住自己队伍的阵脚，以免把大队人马搞乱。②迅速查清突发事件的头面人物，予以重点控制。俗话说："擒贼先擒王"、"人无头不走，鸟无头不飞"。控制住首要人物，使其活动受到阻滞，事态才能不继续扩大升级。当然，控制首要人物，要依法从事，避免有人借机激化矛盾。

对于自然性的突发事件，组织控制的含义是：马上组织抢险救灾，既要防止灾害扩大，涉及更多地区；又要控制受灾地区，不使灾情加重。要使整个抢险救灾工作处于严密的组织指挥之下，避免无人负责或多人负责的现象。

迅速控制事态必须遵循快速、理智原则，因为事物发展的不同阶段具有不同的质和量，不同阶段、不同质量问题的解决，其难度和损失是不同的。所以，对突发事件处理得越早越快越好。

2. 准确找到症结。控制事态使其不再扩大不是对事件的真正解决，只是事件处理的开端。重要的是利用控制事态后的有利时机，千方百计地掌握事件的各种情况，并且透过现象看本质，制定出解决问题的办法。因此，必须采取一切可能采取的措施和办法，迅速而准确地找到事件的症结。

（1）收集事实。事件的原因和实质不是一眼就能发现的，尤其是社会性突发事件，因为它隐含在各种现象之中。只有大量地收集事件的各种现象，才能从中分析出事件的原因及实质。所以，领导者必须在超常的情况下进行超常思维和运作，动用一切可行的手段，准确地掌握大量的现象和事实材料。具体的操作方法主要有以下几种：

①公开调查法。公开调查法是常用的和主要的获得材料的方法，对各类突发事件都适用。公开调查的操作方法主要是：事发后立即组织力量深入现场，

观察事态的发展和群众的情绪，掌握事件过程的全部显露情况，不要遗漏重要的情况和细节；广泛收集和听取事件参与者、目睹者的意见、反映和要求，从中分析事件的性质和起因；想办法与事件的参与者，特别是重要人物正面接触，摸清对方的心理和目的；尽量抓住事件的薄弱环节和暴露之处进行调查，既不十分显眼，又能发现问题。

②隐蔽调查法。隐蔽调查法一般只适用于敌对的政治事件，是获取一些重要材料、真实情况的重要途径。运用这种方法，常见的形式有：一是打进去。选派素质比较好的工作人员，以群众或积极参与者的身份，深入到肇事组织的内部，获取真实的情况和材料。这就要求领导者有预防突发事件的充分准备，事发前就必须安排布置好，不能事发后才进行，而且这样也很难打进去。二是拉出来。事发前后，根据日常掌握的情况，选择那些能争取过来的人为对象，对他们进行各种形式的教育，使其转变态度和立场。三是暗中侦察。对于一些必须掌握而又不宜公开行动的情况，可以暗中观察，在不引起对方的警觉和不激化矛盾的情况下，依法收集事件的情况和踪迹。

③间接调查法。间接调查法介于前两种方法之间，适用性比较宽，调查哪类突发事件都可以使用。一般来说，第三者观察和提供的情况，是较为客观和准确的。因为他们与事件没有直接的利害关系，能够客观公正地分析和反映情况。同时，中间力量是斗争双方争夺的焦点，肇事集团在争取他们的过程中，会从不同侧面、不同程度地表露出他们的目的和主张。因此，这个方法不仅能够通过间接的渠道获取很多有价值的情况材料，而且还能了解到中间力量的思想倾向和活动情况，为领导做出决策提供可靠依据。

（2）确定事件的性质。这是采取科学措施，妥善处理事件的基础和依据。因此，准确地确定事件的性质，是处理整个事件的关键性工作，必须下工夫。①领导者要组织有关人员全面地认识事件的各种现象，不论是正面的还是反面的，直接的还是间接的，都要全面地掌握，全面地认识。②在全面掌握和认识事件各种现象的基础上，潜心分析和认识各种现象间与现象背后的因果联系。通过这种过程，去伪存真，去粗取精，由此及彼，由表及里，透过各种现象，把握事件的本质。③在把握各种联系和关系的基础上，通过认真地比较和筛选，认准制约整个事件的根本矛盾，找到整个事件的"总闸门"，确认事件的性质。找到了双方对立的焦点问题，就找到了事件的关节点，才能据此采取解决问题的措施。

（3）制定总体措施。事件的来龙去脉和性质确定之后，必须据以迅速制定处理事件的总体方案。提出决策方案应注意两个问题：一是必须具有针对性和可行性。突发事件的处理，对领导者的素质和能力的要求特别高，不允许在执行过程中软弱无力。在抓主要矛盾的同时，注意总体配合，综合治理。二是要进行多种方案选择，做多种准备，不能简单从事。

3. 果断解决问题。实施决策方案，采取具体措施处理事件，是战役的决战阶段。领导者应该精心组织，周密安排，坚决果断地指挥运筹，从根本上全面解决问题。在这个阶段的操作指挥应注意三个方面：

（1）周密组织。组织指挥关系整个战役的协调运作和效能的显现。组织指挥失利，不但不能理想地解决，而且容易引起新的事端，决不能掉以轻心。①领导班子必须团结统一，共同组织对付突发事件。主要领导者首先要协调好班子思想认识，保持高度统一，使领导班子成为坚强有力的战斗指挥部。②要层层落实责任，人人承担责任，各司其职，各负其责。既要行动起来，认真负责地工作，又必须协调统一。③领导者一定要统驭全局，头脑清醒，坚定有力，既不因局部的优势和胜利而忘乎所以，也不因局部的失利而焦躁冲动。

（2）抓住关键。①对于关键问题的解决，必须事先周密研究实施方案，集中优势兵力去攻克难关。②对于社会政治性事件，必须全力控制和解决首要人物。对自然灾害类事件，要全力抓住薄弱环节和关键部位，控制"火头"和"水源"。③找准突破口，向纵深发展。

（3）圆满善后。处理事件的善后工作，是处理事件的重要组成部分。善后工作做好了，才能说事件圆满地解决了；否则，不仅使一些问题久拖不决，而且容易再度发生事件。

处理善后工作，有很多事要做，其中最主要的是：①要认真找出工作的缺点，并从根本上采取措施，认真改正。由于条件不具备而一时难以改进的，一方面应向群众说清楚；另一方面要制定切实可行的改进计划，公之于众，在各方监督下逐渐实施。②领导者要深入群众，做好思想政治工作，解决实际问题，调动群众的积极性。③要总结突发事件的教训，堵塞漏洞；查找原因，教育干部群众，提高认识，分清是非，努力消除不安定因素，避免类似事件的再度发生。

二、引导非正式组织的艺术

任何正式组织中都必然伴随着非正式组织，但是，有不少管理者却试图对此视而不见，或视为非法帮派而一味地加以压制。事实上，每一位管理者从新任伊始，就面对各种人事关系的压力，其中尤以非正式小团体的压力为甚，这种非正式组织往往成为一个管理者失败的致命点。但是，非正式组织既是管理者受挫的"陷阱"，也是管理者成功的"跳板"。

（一）非正式组织的特点

1. 非正式组织在满足组织成员个人的心理和感情需要上，比正式组织更有优势。因此，正式组织需要非正式组织作为安定情绪的补充，发挥非正式组织使正式组织具有更强的凝聚力的作用。

2. 非正式组织的形式灵活，稳定性弱，覆盖面广，几乎任何正式组织的成员都介入某种或几种类型的非正式组织，如权威型、利益型、社会型、交际型、娱乐型，等等。

3. 非正式组织具有信息沟通渠道多、传播快捷的特点，往往是"小道消息"、"小报告"的传播媒介。

4. 非正式组织通常有少数领袖人物，这些人对非正式组织中各种不成文的规范起主导作用，因而对非正式组织中的成员具有极大的影响力和约束力。

5. 非正式组织的行为方式常常带有浓厚的情绪色彩，有时甚至会达到非理智的程度。

（二）引导非正式组织的艺术

根据非正式组织的上述特点，管理者可采用如下技巧对其加以引导：

1. 有意识、有计划地积极推动某些非正式组织的形成和发展，这是定向促进的策略。非正式组织既是客观存在，就不可能强行压制，否则必然产生对抗性非正式组织，这是管理者的大忌。而管理者自觉促进某些具有较多积极意义的非正式组织，如业余娱乐、技术钻研、学习互助等，则可使其成为正式组织的辅助。

2. 以组织成效为导向，形成竞争压力，指向各种非正式组织，尤其是存在对立冲突的群体，使其在必须彼此合作的过程中增加接触和沟通，减少冲突，这是目标协调策略。管理者要建立有利于组织成效的各派系共同竞争的目标，制造新的挑战，形成适当的紧张局面，从而利用人们对冲突或压力力求克服的积极反应，迫使某些非正式组织解体。

3. 定期召集有关会议，通过各种方式互相沟通信息，建立同舟共济、共存共荣及互惠交易的合作关系。这是沟通与合作的策略。管理者要善于妥协，双方合作必然要各有妥协才能达成。

4. 重点做好非正式组织领袖人物的工作，这是利用威信的策略。管理者要与非正式组织成员（尤其是"头头"）广交朋友，联络感情，尊重其地位，支持其活动。为此，管理者必须熟悉组织中各种非正式组织的规模、心理和行为规范、组合的原因和背景，等等。

5. 管理者要适当提拔非正式组织的头头担任组织中的某些领导职务，同时，各级管理者也要主动介入各种已经存在，特别是影响较大的非正式组织。这是参与控制策略。非正式组织的头头一旦有了正式职务，就像烈马套上了笼头，往往理智感和责任感大为增强，会根据正式组织的需要引导非正式组织。管理者介入非正式组织，则是联系群众的有利方式，加强实施领导的基础，同时可利用非正式组织建立信息沟通的"热线"。

6. 运用转化合并策略，使非正式组织在某种程度上转化或并入正式组织。美国著名管理学家 C. I. 巴纳德（Chester I. Barnard）指出：非正式组织必然先于正式组织而存在，人们谋求交往，并从中得到满足，这种爱好交际的推动力和为实现单靠个人不可能达到的目标而进行的交往，就构成了正式组织的基础。当一群人具有自觉的共同目的，并为取得这一目的而组织起来、协调工作时，就成为一个正式组织。因此，管理者应先引导组织成员在工作与学习方面形成非正式组织，尔后在时机成熟时，将其转化为正式组织。如技术革新小组、攻关小组、诊断委员会、岗位训练小组等。

三、授权艺术

（一）职权与授权

没有职权就不可能有组织的管理活动。同时，职权的分权和授权，是所有组织的特征。职权绝对集中于一人或职权的绝对分散，标志着组织的不复存在。所以，在一个组织中，权力的适当授予是很有必要的，在学习授权的艺术之前，先让我们来了解职权与授权的区别。

1. 职权。一提到职权，人们自然会想到职位（地位）和权力的问题。一般认为，权力是一种改变个人和团体行为的能力，职位（地位）是在一个组织网络系统中个人的位置及其相应关系的标志的总体。管理职位所产生的权力通常属于职权范畴，是履行职务法定的权力。职权具有以下性质：①职权随职位而来，职位不同，权力也就不同；②有明确的权力范围；③职权与职位占有者个人因素无关，不论谁担任这个职务，其权力都一样。

职权是组织结构的纽带，是使组织结构发挥其作用的手段，也是管理组织的各种活动处于管理者的控制之中并使各单位合作得好的工具。同时，职权也是管理者为职工创造良好工作环境的必要条件之一。

管理实践告诉我们，职与权的分离、职位和权力失去平衡的情况时有发生。如某经理实际上并不拥有与其职位相称的职权，但由于他所具备的个人的和职业上的卓越才能，使其下级乐意接受组织上委以的职责，导致客观上他拥有的权力远远超过原职位的权限所产生的权力；同样，下属即使没有职权也可能有相当多的权力，这种权力可能改变职权所赋予的权力的平衡，导致正式任命的下属有可能主动地担当着上司的角色（幕后指挥）。这种职与权的分离、职位和权力的不平衡，必然导致职位的更替和权力的再分配——改组。及时而准确的职位更新，是管理组织成功的极其重要的决定因素。

2. 授权。所谓授权，就是领导者为了避免事必躬亲和有效地进行管理控制，将其权力的一部分授予下属，并以此作为下属完成任务所必需的客观手段。

授权的整个过程应包括所预期的结果、为完成任务而分授职权、明确责任三个相互联系的部分。授权者必须要求得到职权的人对所完成的任务负责。所有授权都可由授权者收回，这是职权的一个特性。我们在机构改组中常常会看到职权的收回和重新授权。

故事中的管理学：御史的过失在哪里

宋朝时，御史台衙门有一名见多识广的老仆役，他刚强正直，还有一个怪异的举动：每逢御史有过失，他就把梃棍（一根象征惩罚的棍子）竖直。衙门中的人就把他的梃棍作为验证贤与不贤的标志。

后来，范讽担任了御史。有一天，他接待客人，亲自嘱咐厨师做饭，一连叮嘱好几遍。厨师刚离开又叫他回来，一再叮咛。

这时，范讽突然发现老仆役手中的梃棍竖起来了，他不由问他为什么。

老仆役回答说："凡是指使下属，只要教给他方法，然后要求他完成任务就够了。如果不按法去做，自然有常刑去处罚，何必亲自喋喋不休呢。假使让您掌管天下，你能做到每一个人都去告诉他怎么做吗？"

范讽听后既惭愧又佩服。

冯梦龙在《智囊》中记载这个故事时感慨地说：这位老仆真是宰相之才啊，可惜湮没世间，只是一个老仆役！

（二）授权原则

为了有效地达到组织目标，使职权的授权更为有效，应该认真地探讨指挥中授权的指导原则。授权的原则主要有以下几个：

1. 按预期的组织目标授权。按照预期成果授予职权包括确定目标，编制计划，下达计划与目标并使人们了解它，然后符合这些目标而设置职位，并相应地授予权力。应该首先考虑要实现的目标，然后决定为实现这一目标需要多大的处理问题的权限，而不应根据要授予或掌握的权力来划分和规定职权。

2. 按职能界限授权。是指每一个下属部门的负责人必须拥有使其业务工作同整个组织协调的职权。职能界限的原则要求是：职务和部门的预期成果，所从事的业务工作，所授予的组织职权以及职权和信息交流与其他职位的关系，等等，越是有明确的界限，个人的责任就越是能充分地促进组织目标的实现。

3. 分等级原则。分等级原则。涉及在整个组织中一系列的自上而下的直接的职权关系。从组织的最高层负责人到各级下属职务的职权系统越是明确，那么决策和组织联络就越有成效。明确了解分等级原则，有助于发挥组织的作用。下级必须了解授予他的权限，超出其职权范围的问题他应该向哪个上级请示，同时在其职权范围内的问题也不能上推下卸。也就是说，各级管理人员应该按照所授予的职权，做出他所应做出的决策和处理问题，只有职权界限限制他们做出决策的问题才可以提交给上级。此外，统一指挥的原则、职责绝对性原则和权责对等原则也是授权所必须遵循的原则。

（三）授权方式

职权的分授可以是详细的，也可以是概略的，可以用书面形式，也可以用非书面形式，关键是应该做到授权的明确性。如果授权的范围不明确，被授权的管理者就会不明确自己的责任和任务。

针对工作的重要性、管理水平和下属工作能力的不同情况，可以采用充分授权、不充分授权、弹性授权和制约授权等方式。

1. 充分授权。是指在下达任务的同时，允许下属自己决定行动方案，并自行创造所需要的一切条件，若行动失败，自行总结经验教训后，再次采取行动。一般对于工作重要性较低，这项工作完成与否不至于导致全局失败的结果等；系统管理水平较高，下属各子系统间协调配合较好者；权责易于明确制约者；下属的工作积极性较高，能力较强者，都可以采取充分授权的方式。

充分授权能极大地发挥下属的积极性、主动性和创造性，并能减轻主管的工作负担。凡具备充分授权条件的，都应尽量采用。

2. 不充分授权。不充分授权还可根据不充分程度，分为几种情况：①去了解这个问题，把事实先告诉我，由我来决定做什么。②提出所有解决问题的方案，由我来决定选择何种方案。③提出一套完整的行动计划，送给我批核。④让我知道你打算做什么，待我同意后才开始行动。⑤采取行动，让我知道你在干什么，同时也让我知道事情的结果，如果行动不成功时，请和我联系。

当不充分授权时，上级与下属双方应在事先就明确采用何种方式，以避免出现尴尬局面。如果不能达到明确性和一致性的要求，则部属行动多偏向采用上述①、②、③等情况，因为他恐怕会因采取行动而受责备。

3. 弹性授权。弹性授权，是指动态授权，在完成一项任务的不同阶段采取不同的授权方式。对于复杂的任务，或对下属的能力、水平无充分把握时，对于环境条件多变时，宜采取弹性授权。弹性授权是充分授权及不充分授权中几个形式的交替使用，可以先不充分授权，视工作进展而逐步放权；也可以先授权试行，工作进展不顺利时再考虑不充分授权。但弹性授权需要在改变授权方式时对下属解释清楚，以免引起管理混乱和不必要的误解。

4. 制约授权。是指把某项任务的职权分解，授予两个或两个以上的子系统，使子系统之间产生相互制约作用而避免出现失误。例如，财务工作中会计、出纳的相互制约；司法工作中的公安局、法院、检察院也是权力的互相制约。

当工作极为重要或工作容易出现疏漏时，不宜采用充分授权，而领导管理幅度大，管理任务重，无足够的精力实施不充分授权，或领导本人专业知识不足，无法实施不充分授权时，可采用制约授权的方式。

制约授权须注意互相制约的子系统不宜过多，且更不宜事无巨细一概采用制约授权方法，这样做的结果，会导致管理效率低下。我国行政系统相互制约现象十分严重，每办一件事需要盖几枚或几十枚公章，相互制约，缺一个公章就办不成事。这种过度的制约，必然导致管理效率的降低，滋生官僚主义，这种状况非改革不可。

四、领导艺术

一个领导者怎样才能做到不负众望呢？这里关键是要提高领导艺术，归纳起来，提高领导艺术应当把握以下原则：

（一）尊重人格

现代心理学研究显示，任何人从事工作，并非纯粹是为了谋生和赚钱，还有一个很重要的方面，就是争取社会地位和人格平等。人人皆有自尊心，人人皆有争一口气的思想，并不是地位高的人才有人格尊严，地位低的人就没有人格尊严。尊重人格，应当是现代领导者所持的基本态度。绝不能把人当做机器看待。人有思想、有感情、有尊严。早期的"科学管理"研究，为了达到提高工作效率的目的，把工人当牲口使唤。这种抹杀人性的做法，不得人心，效率只能是表面的、短暂的。

社会上成功的领导者，几乎都有一个共同的长处，就是尊重他人的人格，使人感到亲切、温暖，有如沐春风之感，这应当是领导者处事的基本态度。

（二）利益相关

这里说的利益，既包括物质方面，也包括精神方面。物质利益包括待遇、福利、人身保险、保健诸方面；精神方面包括社会地位、人格尊严、安全感、社会欲望、更多的自主权以及参与上层的决策权等。

（三）积极激励

任何组织对人的领导和管理，都不外采取两大方法：一是消极地制裁和惩罚；一是积极地激励和嘉奖。前者是利用人的畏惧心理，使人不敢为非枉法，但这只能保持一种最低的工作标准。后者则是利用人的积极向上心理和荣誉感，使人奋发努力，潜在能力得到最大限度的发挥，工作效率达到最高水平。

（四）意见沟通

所谓意见沟通，是指使组织中的每一个成员，对组织整体的目标、政策、计划、工作有充分的、共同一致的了解。这样才能同心同德，实现组织目标。

任何组织都是由有着共同目标的人组成的集体。以往，有些领导者常常产生一种错觉，以为决定目标、方针、方向仅仅是领导者的事，没有必要让群众知道。这是一个绝大的错误。群众并非奴隶，只有当他们真正明白了为谁而做，为什么这样做时，才能发挥出自己的内在潜力。

（五）人人参与管理

现代组织管理的一个明显发展趋向，就是组织内部的每一位成员都有参加决策的权力。领导者必须明白，要使组织中每一位成员都尽到责任，就必须给职工以权力。只有这样，职工才会把组织的使命当做自己的事业，工作效率才会提高，目标才能实现。同时，领导层养成这种民主化的作风，争取人人参加管理，也是培养干部、激励职工养成责任心、荣誉感和团结合作意识的最有效的方法之一。当今，现代化的管理已经发展到以"合作意识"代替"强制妥协"，以"权力平衡"代替"命令服从"的阶段。领导者如果不注重这种观念的改变，那将是非常危险的，将会导致组织出现不平衡，或者"头重脚轻"，或者"半身不遂"等现象。

（六）互为领导

组织机构发展到今天，并非主要领导人是领导，许多专家、学者、内行也都是领导，能者为师至关重要。现代领导者应当认识到自己绝非万能，下属的意见和建议如果有道理、有价值，就要有虚心接受的胆量和气魄。

本章提要

1. 指挥，是指通过下达命令、指示等形式，使系统内部个人的意志服从于一个权威的统一意志，将计划变成全体成员的统一行动，使全体成员履行自己的职责，全力以赴地完成所担负的任务。

2. 指挥作为管理人员实施目标或规划的活动，根本任务就是推动下属去实现目标。具体任务包括下达命令、协调关系、激励士气三项。

3. 指挥的作用主要是：①指挥是实现共同目标的保证。②指挥是组织有效运转的重要条件。③指挥直接关系部属才能的。施展和积极性的发挥。

4. 指挥系统，是指一定组织系统内由纵向联系的各级指挥员及其参谋机构（或人员）组成的权力体系。

5. 指挥原则主要有：①权威原则。②统一原则。③首长负责制原则。④坚定果断原则。

6. 常用的管理指挥方式可概括为以下几种：①口头指挥；②书面（文件）指挥；③会议指挥；④现场指挥；⑤运用信息技术指挥。

7. 所谓授权，就是领导者为了避免事必躬亲和有效地进行管理控制，将其权力的一部分授予下属，并以此作为下属完成任务所必需的客观手段。

8. 提高领导艺术要把握的原则：①尊重人格。②利益相关。③积极激励。④意见沟通。⑤人人参与管理则。⑥互为领导。

讨论题

1. 企业用什么来评价高层管理者的成败？
2. 为什么大多数的老板比总统挣得还多？这对总统公平吗？
3. 在管理实践中如何运用管理的指挥职能？
4. 在管理活动中，管理者怎样驾驭人？
5. 怎样正确引导非正式组织？

案例：这个先例能不能开？

　　凤凰印染厂一向以纪律严明而远近闻名，该厂对规章制度的执行和考核一丝不苟，领导和群众一视同仁，真正体现出了制度面前人人平等。但是，最近发生的一件事，却使一向执"法"如山的厂领导们犯了难。

　　事情是这样的，该厂整理车间有一名叫石秀兰的青年女工，姊妹五人，她排行老大，下面还有四个未成年的弟妹，母亲不久前不幸病故，父亲瘫痪在床已经好几年了，生活不能自理，而石秀兰本人的工作是三班倒，她常因家务拖累而迟到早退，按照厂里的规定，她每月的奖金都没拿全过，有几个月甚至被扣发了部分工资，这更使经济拮据的石家雪上加霜。生活、工作两副重担压在这个年轻姑娘的肩上。

　　石秀兰所在车间的工会小组把她的情况向厂领导做了反映，要求厂里对石秀兰区别对待，对她迟到早退的行为不扣奖金。厂长孙志才把这件事拿到厂务会上讨论，征求其他领导同志的意见。这不，孙厂长刚把事情原委介绍完，大家就议论开了。

　　"我们厂执行纪律之严是出了名的，在这种问题上从没含糊过，"说这话的是主管劳资的李副厂长，"就拿你孙厂长来说，去年不是有一次因为上班路上自行车坏了，步行到厂，迟到了10分钟，你便当场宣布扣发自己当月10元奖金吗？你厂长都没例外过，何况一个普通的工人呢？依我看，这个先例不能开！"李副厂长一席话颇具代表性，有两名领导干部当即点头表示赞许。这时工会陈主席发言了，"话是这么说，可石秀兰的实际困难厂里也确实应该考虑。厂里像她这种情况的人有几个？我认为，我们可以把她从生产一线调到三线，由三班倒转为常日班。"李副厂长马上表示反对："我不同意陈主席的意见。对这个问题不能孤立地看，小石固然值得同情，但照顾了她一人，会直接影响厂规厂纪的严肃性和权威性，如果其他工人也以类似借口要求不扣奖金，申请调班、调岗怎么办？生产一线的职工队伍如何稳定？""老李，你也太低估我厂职工的思想觉悟了。别忘了，这项提议正是石秀兰所在车间的工友们通过工会系统的正常途径提上来的，这说明职工群众都是通情达理的，你的这种担心恐怕是多余的。"陈主席当即进行了反驳。李副厂长一时说不出话来了，他把目光转向身旁的党委书记老马，"老马，你这个党委书记有什么看法？"马书记微微一笑，"纪律是手段，不是目的。纪律要严，但不能冷酷。小石迟到早退影响工作是事实，可她弟妹一大帮，父亲瘫在床上，家务全靠她一个人，这个没娘的孩子是不得已的呀。反过来，我们做领导的应该想一想，厂里对这个没娘的孩子关心得够不够？依我看：

(1) 把石秀兰从生产一线调到三线，转为常日班。

(2) 关照有关部门，对石秀兰执行特别政策，她可以晚来早走，工资、奖金不受影响。

(3) 如果厂务会通过这一特殊规定，请孙厂长亲自将这一规定通知石秀兰本人，并代表厂里对过去对她一家照顾不周做诚恳的检讨。

(4) 逢年过节，我们厂级领导干部应该到石家看望石秀兰的父亲，对其他有类似困难的职工也应进行必要的家访。"

李副厂长听了连连摇头，"这也太过分了吧？"他抬起头看着一直在默默抽烟的孙厂长，"老孙，该说的我们都说了，你是一厂之长，这件事你拍板吧。"

在大家发言过程中，孙厂长一直没有说话，可他在心里已把各位领导同志的意见反复掂量了一番。这时，大家的目光一起集中到他的脸上，该是他表态的时候了。

假如你是孙厂长，你将怎样表态？石秀兰这个先例究竟能不能开？

讨论题

1. 你认为李副厂长的意见是否会得到孙厂长的肯定？他的担心是否多余？

2. 马书记的意见是否过分？如果马书记的意见得以通过，在实际工作中会产生怎样的影响？

第七章　沟通

　　管理过程通常又被视为组织成员进行沟通的过程：管理者必须不断地去找寻部属的需求，探察部属对其自身工作与公司的看法，然后，还要使部属知晓公司正在进行哪些活动，并让部属参与管理决策。但是，这并不是说，部属都是等着上司来通知。相反，部属可以主动，尤其当他们需要获知某些信息或要求采取某种行动时就该如此。从一定程度上讲，沟通是上司与部属之间不断回旋的过程，它是让组织成员之间取得共同的理解和认识的一种方法。

第一节　沟通概述

一、沟通的含义及其作用

（一）沟通的含义

　　"沟通"一词是由英文"Communication"一词翻译而来，其含义有如下几种：

　　1. 用任何方法，彼此交换信息。即指一个人与另一个人之间用视觉、符号、电话、电报、收音机、电视或其他工具为媒介，所从事的交换信息的方法（《大英百科全书》）。

2. 文字、文句或信息之沟通，思想或意见之交换（《韦氏大字典》）。

3. 沟通者，为使一个人的观念和意见能为其他人所了解的活动（《高级管理手册》）。

4. 什么人谈什么，由什么路线传至什么人，达到什么结果（拉斯威尔，Bill Laswell）。

5. 沟通是机关职员对机关的问题与任务获得共同的了解，使思想一致、精神团结的方法和程序（张金鉴）。

6. 沟通是指意义的传递和理解。要使沟通成功，意义不仅要得到传递，还需要被理解。完美的沟通，如果存在的话，应是经过传递之后，接受者所认知的想法或思想恰好与发送者发出的信息完全一致（罗宾斯，Steven P. Robbins）。

从以上定义可以看出，沟通是组织中成员之间的观念和信息的传达与瞭望的过程，它是为完成组织使命或任务的一种必要手段，因为它可以促进共同了解，增强团体力量。

（二）沟通的作用

沟通对管理者履行管理职能有以下作用：

1. 收集信息。管理者对组织外部环境变化的了解，以及内部有关信息的掌握，都是靠沟通来获得的。

2. 影响和改变别人的态度与行为。管理者为了执行某个决策，或推行某项变革，必须说服、激励和领导别人，以影响和改变别人的态度和行为，博得上级的支持和下属的合作，而为了做到这一点，就必须通过有效沟通。

3. 改善人际关系。沟通不仅可以增进彼此之间的了解，而且由于它能表达人的感情，促进彼此之间的同情和共鸣，所以，还有助于解除人们内心的紧张，使人们心情舒畅，从而导致人与人之间关系的改善。

二、沟通过程

在沟通过程中，有一位信息发布者，由信息发布者制作信息，传递给信息接收者；信息接收者收到信息后，将信息予以"译解"，再采取行动，如果他的行动能符合信息发布者原意，沟通始为成功，如图7-1所示。需要指出的是，反馈是信息接收者将对信息的了解、接收和执行情况返回信息发布者，使信息发布者发现信息是否被接收和执行。因此，从上述分析可知，沟通应包括以下要素：①信息发布者：负责做有意识有目的的文字或语言的传递者，如发言人、建议人、发令人等。②沟通路线或程序：意见传递应有一定的媒介与路线，以便传播与散布，如收发室、公告处、广播电台等。③沟通程式：如命令、规则、通知、报告、公函、手册、备忘录等。④信息接收者：凡接受消息、命令、报告及任何沟通程式的皆是。⑤所期待的反应。⑥沟通背景：凡是在具体环境中发生的形式的沟通，都要受到各种环境因素的影响，它可能涉及接近某一个人或接近几百人；它可能意味着在特定的公司文化、公司历史或公司竞争形势中工作，或意味着改变这些准则；它还可能涉及外部沟通，如客户、潜在的消费者、当地媒体或国家媒体。

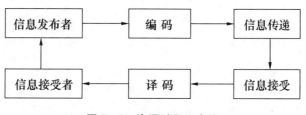

图 7 - 1　沟通过程示意图

我们把沟通过程分解为如下四个步骤：

第一步：注意。是指信息接收者倾听沟通的信息。在这一步，首先需要克服所谓"信息的竞争"。举例来说，"听者"也许心里想到他还有三项紧急问题尚待解决，那么那位正在与他沟通的管理者便将面对"信息竞争"的难关。这时，必须先设法让这位听者将他的三项急务搁在一边，专心听他的说话。如果得不到信息接收者的注意，沟通便无法进行下去。

第二步：了解。是指信息接收者能够掌握信息中所包含的要义。许多管理者往往发现他们的沟通在这一个阶段受到了阻碍，便是由于信息接收者没有真正了解他收到的信息的缘故。

第三步：接受。是指信息接收者愿意遵循信息中的要求。在沟通过程中，由部属的感受和态度，常能知道沟通的信息是否已被接受。在这个阶段中，身为管理者，常常必须将他们的观念向对方"推销"。

第四步：行动。是指沟通事项的执行。管理者在这个阶段遇到的困扰，是必须注意他们的要求能否按照他们嘱咐的规定去完成。在管理者的工作时间中，约有 70% 是用于信息的接受与传送。

所以，要做到有效沟通，一定要对沟通过程中这四个步骤有确切的认识和了解。

澄清沟通中的三个错误观念

1. "沟通不是太难的事，我们不是每天都在沟通吗？"如果从表面看，沟通是一件简单的事，每个人的确每天都在做，这就像我们呼吸空气一样自然。但是，一件事情的自然存在，并不表示我们已经将它做得很好，由于沟通是如此"平凡"，以至于我们自然而然忽略了它的复杂性，也不承认自己缺乏这项重要的基本能力了。如果我们有意成为一个成功的沟通者，那么必须意识到："虽然沟通看起来容易，但是有效沟通确实是一项非常重要和复杂的行为。"

2. "我告诉他了，所以，我已和他沟通了。"柏乐在《沟通的过程中》一书中指出，当你听到有人说："我告诉过他们，但是他们没有搞清楚我的意思！"你可以知道此人深信他要表达的意思都在字眼里面，他以为只要能够找到合适的语言来表达意思，就能完成沟通了。其实，"语言"本身并不具意思，其中还存在一个翻译转化过程。

3. "只有当我想要沟通的时候，才会有沟通。"你一定见过一个演说者因为紧张而僵硬地走向讲台。当他犹豫地拖着沉重的脚步前进时，他的双肩下垂着。然后你看到他借着挺胸、直瞪观众以及用严肃的语调发言，来克服他的怯场。演说者发出的这些信息，并非他的本意，它发生在演讲者毫无意识的情况下。

三、沟通分类

(一) 语言沟通和非语言沟通

在组织中人们普遍使用语言、文字及动作、表情来传递信息。我们把前者称为语言沟通方式，把后者称为非语言沟通方式，简称为语言沟通与非语言沟通。

1. 语言沟通。语言沟通是我们最熟悉的沟通方式，大量的人际沟通都是通过语言、文字的运用来实现的。语言沟通可以分为口头沟通和书面沟通两种。

(1) 书面沟通。书面沟通指的是用文字作为信息媒介来传递信息的沟通方式。它的种类也很多，其中较为常见的有备忘录、报告书、招贴、通告、内部刊物及公司手册等。

　　书面沟通具有很多优点，一是可以将沟通事项保存下来，成为一份沟通记录。二是书面沟通便于反复阅读，对于信息倘有疑问，即可据以复查。三是草拟一项书面信息，通常比口头信息更为慎重，因为书面信息一经发出，便少有说明的机会了。此外，倘使一条信息经历多人，则书面沟通通常可以减少辗转传送、一再译解所可能造成的错误。最后，书面沟通通常具有正式的意味，而口头沟通却没有。

　　但是，书面沟通也存在许多不足，一旦用了，便不太容易随时修改。例如，所谓职位说明与政策手册等，都有这种缺憾。此外，有时候书面说明过于冗长，一般管理者都不愿阅读。常见的报告便有这种毛病。

　　（2）口头沟通。口头沟通是以口语作为传递信息的沟通，它包括面谈、鉴定、会议、正式的一对一讨论、演说、非正式的讨论及传闻或小道消息的传播等。

　　许多管理者都认为，口头沟通优于书面沟通。他们认为，口头沟通不但较为节省时间，而且也较易获得更佳了解，例如，面对面的交谈、电话洽谈、扩音系统、演说等，均为口头沟通常见方式。

　　在这些方式中，最易收效者，当推面对面的沟通。与其他口头方式相比，在采用面对面的沟通时，双方都有直接向对方反映的机会。凡遇有不同意、不满意、恐惧、紧张和愤怒时，倘能当场解决则再好不过。这是一种"有所取、有所予"的方式，每一方都可以阐释自己的立场，同时也能直接获知对方的立场。此外，在面对面的沟通中，信息发布者可以察言观色，从信息接收者的"身体语言"中获得更为完整的信息反馈。

　　事实上，对于人数多的群体，便无法采用面对面的沟通。遇到这种情况，管理者只好改用别的沟通方式，如集会、演讲等。采用这一类的口头沟通方式，固然可以达到充分了解，但不易获得立即反馈。倘使听众中某些人对某一点不太明了，他只有等到以后再说。虽然说一位管理者倘使能够看见听众，则在他自己认为说明不够清楚时，他可以重复一次；但是，通常他总是认为大多数人都不明了时他会再说一遍。如果说他觉得大多数人都已经明了了，可能只有一两个人尚欠了解，那么很可能他便会继续他的演讲，让那一两位不太明了的人自己去揣摩。此外，有时候管理者演讲时是拿着一份事先拟好的讲稿念，那就是口头沟通与书面沟通双管齐下了。

　　总之，书面沟通与口头沟通，各有其利弊。管理者必须明了沟通中有些什么问题，有些什么陷阱，可能影响信息接收者的了解，从而妥善地计划自己的沟通，以避免这些问题的陷阱。

2. 非语言沟通。非语言沟通是相对于语言沟通来说的一种沟通方式。它包括动作、表情、声调。对一些人来说，非语言沟通似乎显得"陌生"，因为在我们为之导向的文化中，通常把沟通过程视为一种完全用言辞表达的行为。语言文字固然重要，但它只是与人沟通的方式之一。实际上，非语言沟通早在语言文字使用之前就已存在，这从人类发展史及个体发育始终都可以得到验证。据一项研究表明，在面对面的沟通中，那些来自语言文字的信息不会超过35%，有65%的信息是通过非语言形式传递的。在人际沟通的"表里如一"方面，我们有理由相信更多的信任非语言沟通。在许多情况下，它反映了人的"里"，而语言沟通反映了人的"表"。

一个成功的沟通者在强化语言沟通的同时，必须懂得非语言信息，而且尽可能了解它的意义。磨炼非语言沟通的技巧，注意察言观色。如声音即语言沟通的一个重要方面，它能反映沟通者内在的感受。在求职面谈中，一个人可能会表示他对这个职务很感兴趣，它将勤奋工作，他信任公司的一切，等等。但是，他的声调呆板，面孔毫无表情，你就可以凭直觉感受到求职人是言不由衷的。很少有人对自己声音所给他人的感觉有明确的了解，对于自己声音的音调和音质，自己耳朵所感受的与听者所听到的是不相同的，因而修饰自己的声音是比较困难的；又比如，当你与一个人交谈时，对方有意无意地用眼睛扫一下手表，或者站起身来，并且在站起来的过程中拍拍大腿，慢慢地挪向附近或者靠在门框上，并伴有眨眼，长叹一口气等动作，我们就可以认为对方想离开；再比如，一个人在平时的谈话中习惯使用手势，但这次不用手势给人的印象好像是这个人有所隐瞒，因为他强制了自己不用手势，表明了内心紧张、不自然。非语言沟通内涵十分丰富，人们熟知的领域是身体语言沟通、副语言沟通、物体的操纵等。

（1）身体语言沟通。身体语言沟通是通过动态无声性的目光、表情、手势语言等身体运动或者是静态无声的身体姿态，空间距离及衣着打扮等形式来实现。

人们首先可以借由面部表情，手部动作等身体姿态来传达诸如攻击、恐惧、腼腆、傲慢、愉快、愤怒等情绪或意图。

听众空间位置的不同，还直接导致沟通者具有不同的沟通的影响力，有些位置对沟通的影响力较大，有些位置影响力较小。

沟通者的衣着打扮往往也扮演着信息发送源的角色。有学者在经过广泛的调查研究后指出，在企业环境中，组织成员所穿的服装传送出关于他们的能力、严谨和进取性的清楚的信号。换句话说，接受者无疑使得给各种服装归结了某些定型的含义，然后按这些认识对待穿戴者。

（2）副语言沟通。副语言沟通是通过非词语的声音，如重音、声音的变化、苦笑、停顿来实现。心理学家称非词语的声音信号为副语言。最新的心理学研究成果揭示，在沟通过程中，副语言起着十分重要的恶作用。一句话的含义往往不仅决定于其字面意义，而且决定于它的弦外之音。语音表达方式的变化尤其是语调的变化，可以使字面相同的一句话具有完全不同的含义。

（3）物体的操纵。除了运用身体语言外，人们能通过物体的运用、环境布置等手段进行非语言的沟通。在日常生活中，我们不难发现，秘书们常常给办公场所增添了个人格调。专业人员和管理人员的办公室一般是严肃的，但是秘书们的办公桌被鲜艳的颜色、特殊的陈列品、挂在墙上的明信片、宣传画等纸张所包围。透过这些服饰，我们对秘书的性格特征会产生一个初步的认识。当然，非语言沟通也存在一些缺陷：它们可能会泄露我们的秘密，内心世界往往难以掩饰；它们很容易使人产生误解，因为每个人的风格都不同；它们的含义因不同的文化背景而不同，如在一些国家点头表示同意，而另一些国家则相反；它们可能需要长时间的重复进行才能被人理解。另外，非语言沟通的范围有限，它往往只是在面对面沟通的范围内使用。

（二）浅层沟通和深层沟通

根据沟通时信息涉及人情感、态度、价值观领域的程度深浅，可以把沟通分为浅层沟通和深层沟通两种。

1. 浅层沟通。是指在管理工作中必要的行为信息的传递和交换，如管理者将工作安排传达给部属，部属将工作建议告诉主管等。企业的上情下达和下情上传都属于浅层沟通。浅层沟通的特点是：①浅层沟通是企业内部信息传递工作的重要内容，如果缺乏浅层沟通，管理工作势必遇到很大的障碍。②浅层沟通的内容一般仅限于管理工作表面上的必要部分和基本部分，如果仅靠浅层沟通，管理者无法深知部属的情感、态度等。③浅层沟通一般较容易进行，因为它本身已成为员工工作的一部分内容。

2. 深层沟通。是指管理者和属下为了有更深的相互了解，在个人情感、态度、价值观等方面进行深入的相互交流。有价值的随便聊天或者交心谈心都属于深层沟通。其作用主要是使管理者对属下有更多的认知和了解，便于根据适应性原则满足他们的需要，激发员工的积极性。深层沟通的特点有：①深层沟通不属于企业管理工作的必要内容，但它有助于管理者更加有效地管理本企业的员工。②深层沟通一般不在企业员工的工作时间进行，通常在两人之间进行。③深层沟通较之浅层沟通更难于进行，因为深层沟通必然要占用沟通者和接收者双方的时间，也要求相互投入情感；深层沟通的效果严重地影响着沟通过程本身。

（三）双向沟通和单向沟通

根据沟通是否出现信息反馈沟通可分为双向沟通和单向沟通两种。

双向沟通是指一类有反馈的信息沟通，如讨论、面谈等。在双向沟通中，沟通者可以检查接收者是如何理解信息的，也可以使接受者明白其所理解的信息是否正确，并可要求沟通者进一步传递信息。

单向沟通是指一类没有反馈的信息沟通，如电话通知、书面指示等。严格来说，当面沟通信息，总是双向沟通。因为虽然沟通者有时没有听到接收者语言反馈，但从接受者的面部表情、聆听态度等方面就可以获得反馈信息。

在企业管理中，双向沟通和单向沟通各有不同的作用。一般情况下，在要求接受接收的信息准确无误时，或处理重大问题时，或做重要的决策时宜用双向沟通。

双向沟通优于单向沟通，因而现代企业的沟通，也越来越多地从单向沟通转为双向沟通。因为双向沟通更能激发员工参与管理的热情，有利于企业的发展。企业管理者在促进双向沟通时要注意以下两点：

1. 平衡心理差异。人为导致的心理上的差异有可能严重影响双方沟通的效果，部属不敢在主管面前畅所欲言，战战兢兢地说出自己的想法，担心自己的言语可能毁坏自己在领导心目中的形象。企业主管应努力地消除部属的心理不适，创造出一种民主、和谐、随意的轻松气氛，这样，才能得到部属的真实看法和意见。

2. 增加容忍度。双向沟通时，不同意见、观点、建议的出现是正常现象，企业管理者不应该因反面意见而大发雷霆、恼羞成怒，而应该心平气和地与员工交换自己的思想和看法，以求达成共识，共同做好企业工作。

总而言之，管理者与部属之间进行双向沟通，其关键在于企业管理者。

（四）团队沟通、跨文化沟通和网络沟通

1. 团队沟通。在各类企业中，各种以任务为中心的团队不时应运而生，同时又有大量的团队因任务的完成而解散。高效率团队在企业经营活动中显示了强大的生命力，而团队自身要想高效率地运作，在很大程度上有赖于团队内部成员之间的有效沟通。什么是团队呢？所谓"团队"，是指按照一定的目的、由两个或以上的成员组成的工作小组。在现代信息社会，更多的是指以任务为中心的有可能跨职能部门的工作小组，这种团队的人员构成比较灵活，其组建、运行、发展，一直到解体，大多以短期任务为条件，任务完成，团队也就随之而解散。

影响团队沟通的主要因素有团队成员的角色分担、团队内成文或不成文的规范和惯例、团队领导者的个人风格等。因此，要进行团队的有效沟通，主要应从如下三个方面入手：首先，应给团队成员合理地分工，增加对团队工作起积极作用的角色，则该团队的工作是有效率的，否则这个团队的工作就无效率可言了。其次，团队成员必须遵守共同的行为规范。因为这有助于减少不确定性，增强成员之间合作的可预见性，当理解并遵守这个规范时，人们对自己的行为的正当性就更自信。当然，团队内的规范、惯例也有其消极的一面，所以，团队领导或观察者就要及时诊断，把其消极作用降到最低程度。最后，应注意团队的领导方式。一般来说，现代管理越来越强调柔性管理，所以，如果团队领导采取民主型的领导风格，则无疑会使团队沟通更加有效。

2. 跨文化沟通。随着经济全球化，企业管理者必然面临跨文化沟通的问题。所谓跨文化沟通，是指拥有不同文化背景的人们之间的沟通。在这里，不同文化背景，是指沟通者长期的文化积淀，也是沟通者较稳定的价值、取向、思维模式、心理结构的总和。由于它们已转变成为我们精神的核心部分而为我们自动保持，是思考、行动的内在依据，因此，通常人们体会不到文化对沟通的影响。实际上，文化影响着每一个人的沟通过程，影响着沟通过程中的每一个环节。当不同文化发生碰撞、交融时，人们往往能发现这种影响，"三资"企业的管理者可能对此深有体会。

例如，在美国等西方国家，重视和强调个人，沟通风格也是个体取向的，并且直言不讳，对于组织内部的协商，美国管理者习惯于使用备忘录、布告等正式沟通渠道来表明自己的看法和观点。而在日本等东方国家，人际间的相互接触相当频繁，而且更多是非正式的沟通。一般来说，日本管理者针对一件事情，先进行大量的口头磋商，然后才以文件的形式总结已做出的决议。这些文化差异使得不同文化背景下的管理者在协商、谈判过程中遇到不少困难。在这里，文化背景不是绝对的。我们可以将上海的"海派文化"、北京的"京味文化"等称为不同的地区文化，但是，这些不同的地区文化融合在一起可以称为"中国文化"。同样，美国的东海岸、中西部、西海岸等也有各自的文化区域特征，这些文化融合在一起称为"美国文化"。所以，跨文化沟通问题可以在"中国文化"与"美国文化"、"日本文化"等不同文化之间展开。另外，我们对文化也应做出界定。社会学家与人类学家对文化的共同定义是，文化是人类群体或社会的共享成果，这些共有的产物不仅仅包括价值观、语言、知识，而且包括物质对象。所有群体和社会共享非物质文化——抽象和无形的人类创造，如"是"与"非"的定义，沟通的媒介，有关环境的知识和处事的方式。人们也共享物质文化——物质对象的主体，它折射了非物质文化的意义。物质文化包括工具、钱、衣服、艺术品等。

要在不同的文化背景下进行有效的沟通，关键是要克服跨文化沟通的障碍，包括由于言语和非言语差异、信仰和行为差异、价值观的差异等原因带来的沟通障碍。这就要认识到文化的多样性问题及其对沟通的影响，时刻牢记"入国问禁，入乡随俗"；花一点时间，学一些沟通对象的母语；按照该国习惯，学会了解对方；跟外商沟通前，每次都要考虑其文化背景、价值观及其对将要涉及的问题所特有的心理期待等。通过这种有目的地了解某种文化，可以积累与不同文化背景的人沟通的基本常识，从而逐步提高自己的沟通技巧。

3. 网络沟通。是指企业通过基于信息技术（IT）的计算机网络来实现企业内部的沟通和企业与外部相关关系的沟通活动。对企业来讲，发展到现阶段的计算机网络已拓展至包括互联网、内部网或外部网的全方位的网络沟通。虽然目前网络沟通还不能彻底取代传统的沟通媒介，但在信息时代，网络沟通在企业管理沟通体系中越来越占主导地位。

企业利用互联网、内部网和外部网都可以容易地、高效地建立网络沟通系统。网络沟通的主要形式有电子邮件、网络电话、网络传真和网络新闻发布；通过网络沟通，可以大大降低沟通成本，极大缩小信息存贮空间，使工作快速化和便利化，而且安全性好。当然，网络沟通也存在着沟通信息超负荷、口头沟通不能谋面等不足之处，因此，应掌握网络沟通的有关策略，具体来讲，必须遵循如下四个原则：

（1）交流尽量面对面进行，因为这样双方都可以观察到对方的面部表情等身体语言，能确保沟通的有效性与反馈的及时性。

（2）信息传递前应深思熟虑，传递者应对其信息和信息接收者进行认真的考虑与筛选，进行情景管理与沟通，为每个信息接收者准备个性化的信息。

（3）注重沟通的影响面。沟通者必须准确识别、了解并理解其沟通对象的沟通风格与交流方式，以减少沟通障碍；最为关键的是，为了使得沟通更为畅通、有效，沟通者应该将沟通对象视为合作伙伴，彼此尊重，为沟通持续顺利进行打下良好的基础。

（4）控制通信费，达到事半功倍的效果。有效控制通信管理费用，管理者必须具有高度的责任感，重新审视与设计公司的管理沟通系统和通信程序。这样，既能控制成本，又能有效达成管理沟通的目标，真正做到事半功倍。

第二节　沟通方式

沟通方式是指信息传递的形式，即用什么信息媒介把所要表达的信息内容传递出去并使接收者理解。采用不同的媒介就形成了不同的沟通方式。

一、正式沟通

正式沟通因正式组织而产生。所谓正式组织乃是管理人员所计划经由授权和职责分配所建立的地位以及个人之间的关系。从下面的组织系统图就可以清楚表示出来（见图7-2），而正式沟通就是依循这个组织系统所规定的有计划的流动程序和路线。正式沟通因为是配合正式组织结构的，所以，可以依其信息流向分为自上而下的沟通、自下而上的沟通和平行沟通。

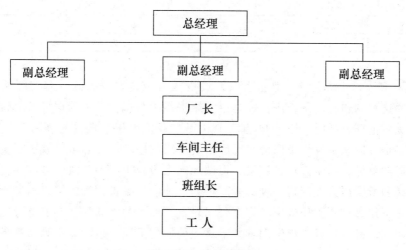

图7-2 组织系统图

1. 自上而下的沟通。是指依照组织系统，由上层传至下层，通常是指管理者将信息传递到员工。卡兹卡恩指出，这种沟通方式大致有五个目的：①做有关工作方面的指示。②提醒人们对工作及与其有关的其他任务的了解。③对部属提供关于程序与实务的资料。④对部属反馈其本身工作的绩效。⑤对员工阐明组织的目标，使员工增强其使命感。因此，这种沟通可以起到非常重要的作用：一是帮助管理者执行目标。二是使各阶层的工作人员对其工作能够满意与改进。三是增强员工的合作意识，使员工了解、赞同并支持管理者所处的地位。四是有助于管理者的决策和控制，减少信息的曲解与误传。

但是，这种沟通也存在许多缺陷：一是易于形成一种"权力气氛"，因而影响士气。二是对部属是一种沉重的负担，原因是沿组织层次而下的信息，受影响人数的增多，具有扩大作用。三是由于曲解、误解或搁置等因素，沿线而下的信息将不免逐步损失。关于这一点，有人曾做过一项调查，发现逐级传送中信息损失情况如表7-1所示。这种沟通问题，经常因为沟通路径上的连接点数目增多而加剧，牵涉的人数越多，信息的损失就越大。

表7-1　　　　　　　　　　信息传递中的损失情况　　　　　　　单位:%

层　　级	信息接受百分比
董 事 会	100
副总经理	63
高级主管	56
工厂主管	40
领　　班	30
员　　工	20

　　2. 自下而上的沟通。是指下级人员以报告或建议等方式，对上级的意见反映。这种沟通有以下作用：一是给下属提供参与机会，为管理者做出较好的决定提供依据，同时，下属也能从中获得自尊，更乐意接受管理者下达的命令。二是可以从中发现下属是否已经了解上级的原意。三是可以鼓励下属发表有价值的意见，同时，员工直接、坦诚地向上级说出心中想法，可以使他在紧张情绪和所受压力上获得一种解脱。否则，他们不是批评管理层以求发泄，就是失去工作兴趣和工作效率。许多公司对自下而上的沟通往往不够重视。根据种种研究，都一致显示出管理者并不重视他们的下属，也不能正确回答下属的问题。表7-2表明，管理者还需要加强他们对自下而上的沟通方式的重视。

表7-2　　　　　　　　职工对于他们的工作所希望的是什么

	排 列 位 次	
	主要看法	职工自己看法
希望有好的薪金	1	5
希望有职位安全	2	4
希望与公司共同成长	3	7
希望有好的工作环境	4	9
希望能有有兴趣的工作	5	6
希望管理层对职工有诚意	6	8
希望有好的纪律	7	10
希望自己的工作得到赏识	8	1
希望能了解自己的个人问题	9	3
希望能对工作有成就感	10	2

3. 平行沟通。是指组织结构中处于同一层级上的单位之间或个人之间的沟通。显然，在公司内部，沟通不能只限于前面两种。例如，假定有三个部门X、Y、Z都由管理者A领导。还假定工作从X经Y到Z流动，这三个部门在完成工作上互相依赖（见图7-3）。也就是说，任何一个部门如果出现问题，都会影响其他两个部门。所以，这三个部门的工作必须互相协调。如果沟通仅限于前面两种，那么，协调任务将全部落在管理者A身上。部门若X有问题，必须上报给A，再由A下达给部门Y和Z。这样，沟通的路线就会很长，管理者的协调任务就会很重。

法国管理学家法约尔给这个问题的解决提供了答案。他认为，可以在没有直接隶属关系的部门之间进行联系，条件是：只要有关上司同意，并让他们始终都了解下属在横向联系中协商的结果。如果图7-4中的A—G和A—Q分别代表公司内部各等级阶梯上的管理者，法约尔认为，管理者F可以直接与管理者P进行沟通（即F—P跳板），他不需要通过E、D、C、B逐级上报到A，再由A下达给P。这样，沟通就可以简单得多，也快得多。法约尔还认为，如果领导者E与O都允许他们各自的下属F与P直接联系，如果F与P能够把他们共同商定的事情立即向各自的上司汇报并得到同意，那么，这种直接联系就可以继续下去，并不违背统一领导原则。法约尔在这里说的直接联系就是平行沟通，它能使工作得到协调，却并不增加上级部门的负担。

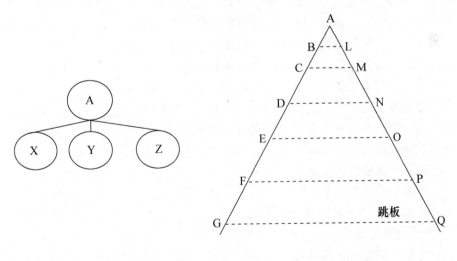

图7-3 平行沟通图   图7-4 工作流

　　另外，还有一种斜向沟通，是指不属于同一组织层次上的单位或个人之间的沟通。在直线部门与幕僚部门之间，倘若幕僚人员拥有职能职权者，便经常有斜向沟通发生。在直线部门与直线部门之间，如果其中某一部门的人员拥有职能职权者，也会有斜向沟通。

二、非正式沟通

　　非正式沟通是非正式组织的产品。它既满足了员工的需求，也补充了正式沟通系统的不足。

　　非正式沟通具有以下特征：①非正式沟通系统是建立在组织分子的社会关系上，也就是由人员之间的社会交往行为而产生。②非正式沟通来自人员的工作专长及爱好闲谈的习惯，其沟通并无规则可循。③非正式沟通对信息的传递比较快速。④非正式沟通大多在无意中进行，可以发生于任何地方，任何时间，内容也无限定。

　　许多管理者认为，非正式沟通会起消极作用。但是，美国有些管理学家认为，它是沟通系统的一个正常组成部分。非正式沟通的存在，说明人们希望能在正式渠道之外获得更多的有关工作、公司、同事等的信息，同时又能更好地满足组织成员间的社交和其他需要，增进他们的满意程度。具体而言，非正式沟通可以起到如下作用：①传递正式沟通的功能。②传递正式沟通所不愿传送的消息。例如，假定有一名管理者突然辞职，最高管理当局不希望正式公开他辞职的原因，但又担心这样可能会引起人们的种种猜测，产生各种谣传。为了防止这种可能性，最高管理当局往往故意泄露一点真情，让它通过非正式沟通去传播。③将上级的正式命令转变成基层人员较易了解的语言。④非正式沟通具有弹性，富人情味，可以比正式沟通更快传播。⑤减轻管理者的工作负担。

　　在一个组织系统中，每一个人都能在非正式沟通中扮演一种角色，有人发布一项谣言（信息），有人听到谣言（信息）后再转告他人。因此，谣言（信息）的传播，与正式沟通的途径相类似：有自下而上或自上而下传播，也有平行和斜向的传播。但是，由于这种传播途径在形式上都以口头传播为限，故易于形成，也易于迅速消散。因此，非正式沟通没有永久性的成员。

　　但是，这一项非正式的沟通也有一种逻辑的模式。在谣言（信息）所涉及的个人中，有刻意传播，也有姑妄听之，左耳进，右耳出。因此，在所谓"密集传播线"性质上是一种"选择性沟通"。举例来说，甲是公司的财务副总裁，他刚与公司总裁谈过一番话，因此，他知道那"老家伙"准备在圣诞节的庆祝会上宣布退休。公司里因此有几个人在活动这个职位，包括甲在内。公司总裁已经决定在他退休后让甲继位，但是，他要先保密四个星期，等到圣诞节时再宣布。甲知道这个消息，满心欢喜，他觉得非要将这消息说出来不可，可是，谁又靠得住呢？他想到了老朋友乙，他告诉了乙，乙也替他保守了这个秘密。甲的这一项非正式沟通，就是高度的选择性。

有时候，消息传播得很快，可是，传播者都宁愿说那是一件秘密。举例来说，公司要加薪，增加幅度大约9%，但是，老范不满，他说他如果没有加薪15%，他便决定辞职。可是，他不肯直接跟总裁说，而是愿意通过非正式的路线，"秘密"告诉总裁秘书，不久总裁便已知道，于是便跟他讨论他的加薪问题。这就是所谓"密集传播线"。但是，非正式沟通的传播类型甚多，还存在三个类型：①"单向传播线"，信息沿一条长线传送，由 A 传送到 Z。②"闲谈传播线"，由一人向众人传播。③"几率传播线"，信息随机传播，没有一定路线。在这些不同的谣言（信息）传播线上，以"密集传播线"最为普遍。

第三节　沟通障碍与有效沟通

一、沟通障碍

一个大型组织，没有充分的信息沟通是不行的。但是，无论在任何时候，倘若你调查一下人们对必需的信息的理解程度，其差异会令你大吃一惊。造成这种局面的原因是：虽然从长远来看，组织的信息沟通是成功的，但它往往时好时坏，共同协作者之间的相互了解往往是断断续续的。假若能克服沟通中的障碍，我们就能显著地提高沟通效率。沟通的障碍除了"信息竞争"外，还有别的障碍。

（一）知觉障碍

所谓知觉，是指人对现实的认识。世界上很难找出两个人能够接受过完全相同的训练和拥有完全相同的生活经验，因此，也没有两个人能够对事物具有完全相同的看法，信息发布者的原意和信息接收者的译解，并不一定完全一致。这样，由于经历、知识结构的差异而产生不同的理解，就出现了沟通障碍。

（二）语言文字障碍

管理者表达其观念的方法一般是语言文字。语言文字是沟通的基础。语言障碍主要指口齿不清，乡音过重，词不达意以及误传等，如写给某人的一封信使用的是其一窍不通的葡萄牙语，那么不将其翻译为其能读懂并理解的语言，那沟通也就无法进行。文字障碍则是指以有限的文字表现无限的意思，往往不能尽言。文字的意义不止一种，对某些行业的人来说，文字又有其特别的意义，相同的文字在不同的地方，有不同的意义。如果信息发布者对所用的语言文字的解释与信息接收者不同，障碍就产生了。

（三）地位障碍

艾伯斯（Henry H. Albers）曾经说过："个人地位是促成个人在组织中的高低位置的各项属性之总和。"个人地位影响沟通主要表现在这样几个方面：

1. 管理者不了解沟通的重要性，因而对此也不做有计划的推行。

2. 管理者多存有"自以为是"的观念，认为自己一切都比部属强，所以，不让部属表示意见。

3. 管理者有"民可使由之，不可使知之"的观念，认为部属只要听命就可以，不必多问。

4. 部属的自卑感作祟，认为管理者并不重视其地位与意见，所以，不必多向上司报告，以免引起上司讨厌。

5. 上司对部属发布的信息停留于官样文章，常宣传一番，不承认错误，也不讲困难所在。

6. 部属对上司的报告，多流于吹牛拍马，专讲好话，歪曲事实，虚报数字，隐瞒真相。

7. 管理者的需要与部属的需要不一致，观念不同，利害不一，成为沟通的障碍。

（四）组织障碍

在管理中，合理的组织结构有利于沟通。但是，如果组织本身过于庞大，中间层次过多，那么，信息从最高决策传递到下属单位不仅容易产生信息失真，而且还会浪费大量时间。影响沟通的效率和质量。有的学者统计，如果一个信息在最高管理者那里的正确性是100%，到了信息的接收者那里可能只剩下20%的正确性。这是因为在信息沟通过程中，各级主管部门都会把接受到的信息自己甄别，掺杂了大量的主观因素，尤其是当发送的信息涉及传递者本身时，往往由于心理方面的原因，造成信息失真。这种情况也会使信息提供者望而却步，不愿提供关键的信息。因此，如果组织结构臃肿，机构设置不合理，各部门之间的职责不清，分工不明，形成多头领导，或因人设事，人浮于事，就会给沟通双方造成一定的心理压力，影响沟通的进行。

二、有效沟通的原则

沟通在管理上一定要遵守以下四项原则：

（一）确立问题

美国学者杜威曾经说过：问题的明确叙述，便解决了其本身的一半。除非管理者本身建立了清晰的观念，并认清了问题的本质，否则他将无法给人以清晰的印象，惟有认识问题，才能去收集资料，选择最佳的意见沟通方式。

（二）征求意见

企业管理所面临的问题通常都复杂而涉及面广，并非某一两个人能面面俱到。所以，在做决定以前，最好能与有关人员磋商，征求部属人员的意见。这种方式有三个优点：①可以借他人观察、验证意见的正确性。②收集他人的想法与建议，将更有助于对问题设想得周全。③由于部属人员有参与机会，可以减少措施推行的阻力，赢得更大的支持。

（三）双向沟通

公司主管人员在传达意见时，必须考虑传达的内容、对象、方法等，同时还应该顾及许多组织上与心理上的问题。一般来说，公司组织内各种不同的层次，对于一项问题与措施的看法与想法，均有不同，某种本人能理解的话语，并不一定全都为他人所理解。所以，双向沟通十分重要，以使下情能有所上达，来清除地位上的障碍，而增进彼此之间意见的了解。

（四）强调激励

在公司中，意见下达，着重激励，以使部属员工不但能了解其命令，而且在了解以后能欣然产生工作的意愿。这种效果的达成，有赖双向意见沟通的推行，以提高部属员工的工作情绪与生产力。所谓双向沟通，无非是指公司中上行下达的意见畅流无阻，部属员工有充分表示意见的机会。在意见交流时，主管人员的诚意与表达方法都直接影响到意见沟通的效果，在任何情形之下，主管人员的诚恳都容易获得部属的信服。

三、有效沟通的先决条件

（一）自上而下沟通

1. 管理者必须了解部属人员的工作情形、欲望及其个人问题。

2. 管理者应该有主动的沟通态度：一个团体的主管应该主动与部属分享团体内的所有信息、新闻、政策及各项工作措施，才能使上下意见一致，从而培养上下一致的利益观念。

3. 团体内必须制定完备的沟通计划，任何政策措施，在付诸实施前，都必须将其传达给所有工作人员，以求共同了解，减除工作者的紧张情绪，以形成人事上的和谐关系。

4. 主管人员必须获得工作人员的信任，工作人员能否了解主管沟通的要义，完全有赖于其对主管是否信任，因为对主管的不信任，所有的事都会发生疑惑，往往会曲解主管的用意，使沟通难以产生预期的效果。

（二）自下而上沟通

1. 主管必须以平等的地位对待部属。领导者和蔼可亲、平易近人的风范，对下属人员来说，是向上沟通的主要因素，如果一个主管终日一副严厉的面孔，使下属人员不敢亲近，望而生畏，谁也不敢与其共事了。

2. 经常与工作人员举行工作座谈会。让所有工作人员都有发言的机会，而主管人员应多听，并综合大家的意见，绝对不要在开会的时候去训话或表演自己的口才。

3. 建立建议制度。开明的主管，为求团体的不断进步，应经常采纳工作人员的建议，不论建议能否立即实施，凡是提建议的人都应受到鼓励，主管应定期把实施情况或不能采纳的原因，婉转地向建议人解释，一方面表示主管对建议的重视；另一方面，感激建议人，使他们内心感到愉快而乐于再提。

4. 公平而又合理的制度。鼓励自下而上的沟通最主要的是靠公平而又合理的升迁制度、奖惩制度、考核制度等的建立。一个组织如果在这些制度上有了不公平的待遇，一般工作人员一定气愤，心灰意冷，阳奉阴违，他们必然抱着凡事得过且过的苟安心理，任何团体与个人的困难或意见都放在心里不讲，沟通根本就不能发生作用。

（三）平行沟通

采取集权制的行政机关组织，由于机关首长事事要过问，因而凡事皆须经过指挥统一，层层往上报。在这种情形下，平行单位或人员之间也就失去了自由处理问题的权力，从而减少了协调的机会。而对于采取分权制或授权制的组织，其平行沟通的情形必定完美而畅通，因为下级单位或人员有充分的自由来处理自身权责范围内的业务，于是不必事事报主管后，再行解决，而自己在平行单位内彼此协调，在合作的原则下尽速处理应做的工作。因此，平行沟通的先决条件就在于主管能否适当地授权。

四、有效沟通的常用方法与技巧

（一）感受性培养

管理者改善其沟通的首要一项，是应该培养其对部属需要的感受性。虽然说许多管理者都认为他们够敏感了，但是，事实上，他们不如他们想象的那样能了解一切，也不如他们想象的那样敏感。

进行感受性培养，关键是让部属能有公开、坦诚地说话的机会，使管理者得以建立一种正确的信息上达渠道。然而，不幸的是，大多数人却不愿意听到不利的报告，因此，部属的话往往是先做了一番过滤，将一切不利的信息从报告中剔除。这样的沟通对组织的不利影响特别大。

（二）运用通俗易懂的语言及复述的语言

运用各种技术名词，运用文绉绉的美丽词句，固然可以令人怦然心动，可是那也是叫人头痛的。因此，管理者必须使用人人都能懂的语言。领班对他生产线上的职工说话，必须适当地选用他的词句；同样，执行人对他的董事会提出报告，也必须适当地选用他的词句。有效沟通，虽然经常因信息接收者不同而异，但词句必须明确、易懂。有个办法，就是运用"复述语言"。有时候，一条信息第一次不能为人完全掌握，复述一次便能为人了解了。此外，还有一个办法，是渐进式的传送信息，以求一步一步地确立信息的要义。

（三）避免不良的聆听习惯

在管理者的一天工作中，其用于沟通的时间平均约占 70%。尼柯斯曾经做过一项研究，将管理者的沟通做了分析，估计其用于撰写者约占 9%，其用于阅读者约占 16%，其用于言谈者约占 30%，而用于聆听者则高达 45%。可是，管理者的聆听时间虽多，但不能算是一位"好听众"。据尼柯斯估计，人在聆听一段 10 分钟的谈话时，大约只有 25% 的效率。而一位管理者能获得评估其部属人格的资料，主要是靠聆听部属的谈话而来。这样的聆听效率确实让人感到灰心。

为了提高聆听效率，成为一位有效的聆听者，必须先知道克服最常见的不良聆听习惯。一般来说，不良的聆听习惯有下列 10 项：

1. 对主题缺乏兴趣。听者不肯静下心来，聆听对方究竟是否有些什么值得一听的意见，反而一开始便对谈话的主题没有兴趣。

2. 受对方姿态的吸引。听者一味重视对方说话的姿态，而忽视了对方谈话的内容。

3. 过分激动。听者刚听到对方某项他所不同意的意见，便不肯再听下去，从而对对方的其他信息一概抹杀。

4. 仅重视事实，而不肯注意原则或推论。我们知道，仅靠事实，很难表达全部的真相，必须伴以必要的原则和推论，才足以显示每一个细节。

5. 过分重视条理。有人说话条理分明，有人说话有欠条理，对于有欠条理的人，除非是对他的话深入研究，否则是不易理解的。而一位好听众，在聆听他人说话时，自然应该有相当的容忍性。

6. 乔装的注意。

7. 逐渐分心于他事。

8. 对较难的言词或技术性的言词不求甚解。

9. 情感性的言词，影响聆听。每当对方的言词带有情感性时，听者便常有不能集中注意力的可能。

10. 思考力的浪费。大致说来，一般人说话的速度（英语）约每分钟125字，但是，大脑的处理能力却几乎五倍于此数。因此，倘若对方多说了几分钟，听者便不免利用空档去思索他事了，隔一段时间再回头来继续听对方说些什么。

管理者如能做出适当的努力，以避免上述各种常见的损失，他们的聆听效率就可以大大提高。

聆听练习：猜谜语

1. 我国法律是否规定成年男子不得娶其遗孀的姐妹为妻？

2. 如果你只有一根火柴，当你走进一间冰冷的房间时，发现里面有一盏油灯，一个燃油取暖器，一个火炉，你会先点燃哪一个来获取最大的热量？

3. 假设男性和女性的平均年龄为76岁和80岁，那么平均一个男子一生可以有几次生日？女子呢？

4. 根据国际法的规定，如果一架飞机在两个国家的边境坠落失事，那些不明身份的幸存者应当被安葬在他们准备坐飞机去的国家？还是出发的国家？

5. 有人造了一幢普通的四堵墙的房子，只是每面墙上都开着一个面向南的窗口，这时有只熊来敲门，猜猜这只熊的颜色是什么？

6. 在我国，每年都庆祝10月1日国庆节，在英国，是否也有10月1日？

相关讨论：

1. 你答对了多少？答错了多少？

2. 为什么你的成绩不太理想？

3. 为什么我们说聆听也应当是积极主动的呢？必须边听边想，不能只是被动地接受呢？

（四）控制情绪和注意非言语提示

人是有限理性者，所以不可能总是以完全理性化的方式进行沟通。我们知道，情绪会使信息的传递严重受阻或失真。当沟通者十分失望时，很可能对所接受的信息产生误解。并在表述自己信息时不够清晰和准确。那么，沟通者在这种情况下，最简单的方法是暂停进一步的沟通，以退为进，直至恢复平静。

俗话说：行动胜于言语。因此，行动在沟通过程中是很重要的。沟通双方在沟通过程中应该确保自己的行动和所说的语言相匹配，并起到强化语言的作用。有效的沟通者要十分注意自己的非言语形式的沟通，保证它们真的在传达自己所期望的信息。

（五）有效沟通应注意的问题

1. 沟通前先要将概念澄清。沟通内容不能事先妥善计划好，乃是一项损失。管理者倘能有系统地将沟通信息加以思考，将信息接收者及可能受到该项沟通影响者一一加以考虑，则此缺陷当能克服。须知一条信息如能做一系统的分析，沟通则能更明晰。

2. 检讨沟通的真正目的。管理者必须自行检讨，做此沟通，真正希望得到的是什么？确定了沟通目的，则沟通的内容自然易于规划了。

3. 应该考虑沟通时的一切环境，包括现实环境和人性环境等。诸如此类的问题，对沟通的成败常有很大影响。现实背景、社会环境、过去沟通的情况，等等，都应一一研究，以期沟通的信息得以适合此等环境情况。

4. 计划沟通内容时，应尽可能地取得他人意见。处理一项沟通，应如何获得更为深入的看法，最好的办法便是与他人商议。而且，既然已与他人商议，自然也易于获得其积极的支持。

5. 沟通时，固然应注意内容，同时也应注意语调。听众不但受信息内容的影响，也受如何表达该条信息的影响。例如，声调的高低、面部的表情，以及词句的选用等，均将影响听众的反应。

6. 可能时，尽量传送有效信息。大凡一件事情对人有利者最易记住。故而管理者希望部属能记住他的信息，则表达时的措辞等应处处考虑对方的利益和需要。

7. 应有充分的反馈。管理者的沟通行动，必须同时设法取得反馈。部属是否确已了解，是否愿意遵行，是否采取适当的行动，等等，均需获取部属的反馈。

8. 沟通时，不仅着眼于现在，也应着眼于未来。大多数的沟通，均是为求切合当前情况的需要。但是，沟通也不应该忽视长远目标的配合。比如，一项有关如何改进绩效与提高士气的沟通，固然是为了处理眼前的问题，但也同时应该是为了改善长期的组织效率。

9. 言行一致。倘若管理者口头说的是一回事，而实际做的又是另一回事，则他便是自己将自己的指令推翻了。举例来说，一位管理者发出了一份通告，规定人人应于早上八点到达办公室，而他本人迟至十点才露面，则难以期望大家不迟到了。部属人员一般均对于诸如此类的管理行为极为注意。主管一有不是，他们便将对主管的指令打一个折扣。

10. 成为一位好听众。管理者在听取他人陈述时，应专心注意对方，才能明了对方说些什么。

本 章 提 要

1. 沟通是组织中成员之间的观念和信息的传达与瞭望的过程，它是为完成组织使命或任务的一种必要手段，因为它可以促进共同了解，增强团体力量。沟通对管理者履行管理职能有以下作用：①收集信息。②影响和改变别人的态度与行为。③改善人际关系。

2. 沟通应包括以下要素：①信息发布者。②沟通的路线或程序。③沟通程式。④信息接收者。⑤所期待的反应。⑥沟通背景。

3. 沟通过程可以分解为如下四个步骤：第一步：注意，是指信息接收者倾听沟通的信息。第二步：了解，是指信息接收者能够掌握信息中所包含的要义。第三步：接受，是指信息接收者愿意遵循信息中的要求。第四步：行动，是指沟通事项的执行。

4. 沟通可以分为语言沟通与非语言沟通、浅层沟通和深层沟通、双向沟通和单向沟通，以及团队沟通、跨文化沟通和网络沟通。

5. 管理者运用的沟通方式一般有正式沟通和非正式沟通两种方式。正式沟通就是依循正式组织系统所规定的有计划的流动程序和路线。非正式沟通是非正式组织的产品。它既满足了员工的需求，也补充了正式沟通系统的不足。

6. 正式沟通可以依其信息流向分为自上而下的沟通、自下而上的沟通和平行沟通。三种沟通方式各有其优点和缺陷，管理者应结合实际需要，灵活运用其中一种、两种甚至三种。

7. 我们认为沟通过程中主要存在知觉障碍、语言文字障碍、地位障碍和组织障碍四种障碍。

8. 沟通在管理上应该要遵守以下四项原则：①确立问题。②征求意见。③双向沟通。④强调激励。同时，不同的情况应该采用不同的沟通方式，以提高沟通效率和质量。

9. 有效沟通的常用方法与技巧有：①感受性培养。②运用通俗易懂的语言及复述的语言。③避免不良的聆听习惯。在沟通过程中应避免一些问题。

讨论题

1. 在企业管理中，不能越级沟通；否则，会破坏信息传播渠道的稳定性。你是否赞同这个观点。

2. "低效的沟通是由发送者造成的。"你同意这种看法吗？为什么？

3. 正确表述和积极倾听，何者对管理者更为重要？为什么？

4. 相互信任是沟通的基础，而在市场经济的浪潮中却出现了严重的信任危机，以致人们往往"敢怒不敢言"。在这种情况下，你认为管理者应该如何做才能更好地与下属进行沟通。

案例：小道消息

斯塔福德航空公司是美国北部一个发展迅速的航空公司。然而，最近，在其总部发布了一系列的传闻：公司总经理波利想出卖自己的股票，但又想保住自己总经理的职务，这是公开的秘密了。他为公司制定了两个战略方案：一个是把航空公司的附属单位卖掉；另一个是利用现有的基础重新振兴发展。他自己曾对这两个方案的利弊做了认真的分析，并委托副总经理本查明提出一个参考意见。本查明曾为此起草了一份备忘录，随后叫秘书比利打印。比利打印完后，就到职工咖啡厅去了。在喝咖啡时，比利碰到了另一位副总经理肯尼特，并把这一秘密告诉了他。

比利对肯尼特悄悄地说："我得到了一个极为轰动的最新消息。他们正在准备成立另外一个航空公司。他们虽说不会裁员，但是，我们应该联合起来，有所准备啊。"这话又被办公室的通讯员听到了，他立即把这消息告诉他的上司巴巴拉。巴巴拉又为此事写了一个备忘录给负责人事的副总经理马丁，马丁也加入了他们的联合阵线，并认为公司应保证兑现其不裁员的诺言。

第二天，比利正在打印两份备忘录，备忘录又被路过办公室探听消息的人摩罗看见了。摩罗随即跑到办公室说："我真不敢想公司会做出这样的事来。我们要被卖给联合航空公司了，而且要大量裁员呢。"这消息传来传去，三天后又传到总经理波利的耳朵里，波利也接到了许多极不友好，甚至敌意的电话和信件。人们纷纷指责他企图违背诺言而大批解雇工人，有的人也表示为与别的公司联合而感到高兴。而波利则被弄得迷惑不解。

　　——资料来源：黄雁芳、宋克勤主编：《管理学教程案例集》，上海财经大学出版社。

讨论题

1. 管理者应如何对待小企业中的非正式沟通？
2. 总经理波利怎样才能使问题澄清？
3. 这个例子中发生的事是否具有一定的现实性？
4. 管理者应如何防范不利的"小道消息"？又该如何让"小道消息"为己所用？

第八章 激励

【学习目的】

阅读和学完本章后，你应该能够：

❏ 了解激励的含义、机制及作用

❏ 了解行为科学理论的代表观点

❏ 了解团体行为激励理论的代表观点

❏ 了解领导方式理论的代表观点

❏ 了解激励方式

任何组织的成功，都要使组织中各成员的行为符合组织的要求，所以，组织的管理除了合理计划、安排组织的各项活动之外，重要的是如何去激励成员，使之在组织的各项活动中发挥最大的潜能。激励，是指从研究组织中的个体、群体的行为影响因素出发，发现个体和群体的行为规律，探索不同行为的激励方式，以使组织的领导者能针对组织中个体和群体的行为特征，采取行之有效的激励措施。

第一节 激励概述

一、激励的含义

如何激励人的工作积极性，是领导科学的关键问题，这是因为领导过程中对人的行为管理的目标，就是要弄清在怎样的条件下人会更愿意按时来工作，会更愿意留在所分配的工作岗位上，会工作得更有效率。每个人都需要激励，需要自我激励，需要得到来自同事、领导和组织方面的激励。管理工作需要创造并维持一种环境，在此环境里为了完成各种共同目标，人们在一起工作着，一个主管人员如果不知道怎样激励人，便不能胜任这个工作。所以，对激励的研究，就成了各国管理学家的重要研究课题。

激励，就是激发鼓励的意思，就是利用某种外部诱因调动人的积极性和创造性，使人有一股内在的动力，朝向所期望的目标前进的心理过程。激励是行为的钥匙，又是行为的按钮。按动什么样的激励按钮就会产生什么样的行为。

激励的实质就是通过目标导向，使人们产生有利于组织目标的优势动机并按组织所需要的方向行动。

二、激励的机制

心理学的研究表明：人的行为是由动机支配的，动机是由需要引起的，行为的方向是寻求目标，满足需要。

（一）需要

需要是指个体由于缺乏某种生理或心理的因素而产生的与周围环境的某种不平衡状态，也即个体对某种目标的渴求和欲望。人的需要，既可以是生理或物质的（如对食物、水分、空气等的需要），也可以是心理或精神上的（如追求社会地位或事业成就等）。在现实生活中，人的需要往往不止有一种，而是同时存在多种需要。这些需要的强弱也随时会发生变化。在任何时候，一个人的行为动机总是由其全部需要结构中最重要、最强烈的需要所支配、决定的。这种最重要、最强烈的需要就叫优势需要。

（二）动机

动机是引起和维持个体行为，并将此行为导向某一目标的愿望或意念。动机是人们行为产生的直接原因，它引起行为、维持行为并指引行为去满足某种需要。动机是由需要产生的。当人们产生的某种优势需要未能得到满足时，会产生一种紧张不安的心理状态，在遇到能够满足需要的目标时，这种紧张不安就成为一种内在的驱动力，促使个体采取某种行动。

（三）行为

行为是指个体在环境影响下所引起的内在生理和心理变化的外在反应。人的行为是人的内在因素和外在因素相互作用的函数。一般情况下，内在因素是根本，起着决定作用；外在因素是条件，起着导火线的作用。当人们通过某种行为实现了目标，获得了生理和心理的满足后，紧张的心理状态就会消除。这时又会产生新的需要、新的动机，指向新的目标，这是一个循环往复、连续不断的过程。

（四）需要、动机、行为与激励

如上所述，人的任何动机与行为都是在需要的基础上产生的，没有需要，也就无所谓动机和行为。人们产生某种需要后，只有当这种需要具有某种特定目标时，需要才会产生动机，动机才会成为引起人们行为的直接原因。但并不是每个动机都必然引起行为，在多种动机下，只有优势动机才会引发行为。

要使员工产生组织所期望的行为，可以根据员工的需要设置某些目标，并通过目标导向使员工出现有利于组织目标的优势动机，并按照组织所需要的方式行动。管理者实施激励，即是想法设法做好需要引导和目标引导，强化员工的动机，刺激员工的行为，从而实现组织目标。

三、激励的作用

激励的作用是十分显著的，主要有以下几方面：

（一）激励是管理最关键最困难的职能

有效地组织并充分利用人力、物力和财力资源是管理的重要职能，其中又以对人力资源的管理最为重要，在人力资源中，又以怎样激励人为最关键、最困难。管理者能够精确地预测、计划和控制财力、物力，而至于人力资源，特别对于人的内在潜力，至今无法精确地预测、计划和控制。

激励所以越来越受到重视，主要是由竞争加剧、激励对象的差异性和激励对象要求的多样性所决定的。

1. 在激烈的竞争条件下，组织要想生存和发展，就要不断地提高自己的竞争力。而提高竞争力就必须最大限度地激励组织中的全体成员，充分挖掘出其内在的潜力。

2. 组织中人员的表现有好、中、差之分，有很大的差异性。在管理中就是要通过各种激励办法，使表现好的人继续保持积极行为；使表现一般的和差的人受到激发，而逐步转变成为主动积极为组织作贡献的成员，促使更多的人能够自觉地去为实现组织的目标而奋斗。

3. 组织中的人有多方面的需求，要满足这些需求，就必须采用多种激励办法。包括金钱、友谊和关心、尊重、好的工作条件、有趣和有意义的工作等等。管理者的任务就在于对不同的人采取适合其需求的激励因素和激励措施。

（二）激励在调动内在潜力实现组织目标过程中发挥着重要作用

1. 通过激励可以把有才能的、组织需要的人吸引过来，并长期为该组织工作。从世界范围看，美国特别重视这一点，它从世界各国吸引了大量有才能的专家、学者，这正是美国在许多科学技术领域保持领先地位的重要原因之一。为了吸引人才，美国不惜支付高酬金、创造良好的工作条件等很多激励办法。如美国商用机器公司有许多有效的激励办法：提供养老金、集体人寿保险和优厚的医疗待遇；给工人兴办了每年只交三美元会费就能享受带家属到乡村疗养待遇的乡村俱乐部；减免那些愿意重返学校学习知识和技能的职工的学费；公司筹办学校和各种训练中心，让职工到那里学习各种知识。

2. 通过激励可以使已经就职的职工最充分地发挥其技术和才能，变消极为积极，从而保持工作的有效性和高效率。美国哈佛大学心理学家威廉·詹姆斯在对职工的激励的研究中发现，按时计酬的职工仅能发挥其能力的 20%—30%。而如果受到充分激励的职工其能力可发挥至 80%—90%。也就是说，同样一个人在通过充分激励后所发挥的作用相当于激励前的 3—4 倍。

3. 通过激励还可以进一步激发在职职工的创造性和革新精神，从而大大提高工作绩效。例如，丰田汽车公司，采取合理化建议奖（包括物质奖和荣誉奖）的办法鼓励职工提建议，不管这些建议是否被采纳，均会受到奖励和尊重。如果建议被采纳，并取得经济效益，将会受到重奖。结果该公司职工仅 1983 年就提出 165 万条建设性建议，平均每人 31 条，为公司创造 900 亿日元的利润，相当于该公司全年利润的 18%。

第二节　激励理论

激励是行为科学研究的重要内容。由于泰罗时代以前的企业管理，把劳动者看成是与劳动工具和劳动对象同等的生产要素，把工人看成是机器的零配件，所以，大大挫伤了工人的劳动积极性。后来，为了改变这种情况，泰罗提出了定额奖惩和计件工资法，用严格的制度和浮动报酬来提高劳动生产率。但是，随着时间的推移和环境的变迁，泰罗使用的科学管理方法显示出其局限性。此时，许多西方管理学者为了使已停滞的劳动生产率继续提高，不得不另辟蹊径，从社会学和心理学的角度去研究人的本性、需要、行为规律和人际关系对劳动生产率的影响，通过满足需要、改善生产活动中的人际关系来提高劳动生产率，这就是行为科学研究的重要内容。

一、行为科学理论

行为科学早期的代表人物是梅奥（George Elton Myao），他在 20 世纪 20 年代后期在美国进行了有名的霍桑试验，并提出了三个基本原理：①工人是社会人，工人劳动除了要获得报酬外，还有友情、安全感、归属感和受人尊敬等需要。②企业中除了"正式组织"之外，还存在"非正式组织"，而且在生产活动中起着不可低估的作用。③新型领导者的能力，就在于发现工人的需要，通过提高满足度来激励职工。

在梅奥等人奠定了行为科学的基础以后，许多西方学者在这方面做了大量研究，主要研究了人的需要、动机和激励问题，企业管理中的人性问题，企业中的非正式组织与人际关系问题，企业中领导方式问题四个领域，涌现出了许多有代表性的人物和理论。

（一）需求层次理论

美国心理学家马斯洛（A. Maslow）在《人类动机论》（1946）和《动机与人格》（1954）中提出了著名的需求层次论。其主要观点是：如果仅就人类各种需要的生理、心理机制来看，它们可普遍地被归纳为生理、安全、感情和归属、尊敬以及自我实现五种基本类型；它们呈现为随着人类心理的发展以及低层次需要的相对满足而由低层次向高层次需求发展、进化的层次规律性。

（二）激励需要理论

激励需求理论是由美国哈佛大学教授大卫·麦克莱兰（David McCleand）及其学生在 20 世纪 50 年代提出的。麦克莱兰认为，人们在生理需要得到满足以后，还有如下三种基本的激励需要：

1. 权力需要。影响或控制他人且不受他人控制的欲望。麦克莱兰和其他研究者发现，高权力需要者对发挥影响力和控制力都特别重视。这些人一般都追求得到领导职位；喜欢竞争性和地位取向的工作环境；性格坚定，喜欢承担责任；他们爱教训别人，敢于在公开场合发表意见。

2. 归属需要。建立友好、亲密的人际关系的愿望。高归属需要者通常从受到别人喜爱中得到乐趣，感到被社会、集体排斥是莫大的痛苦。这种人渴望友谊，会主动与别人友好相处，自觉维护融洽的人际关系；他们会主动关心和帮助有困难的人；他们喜欢合作，不喜欢竞争的环境；他们希望彼此之间的沟通，以使相互理解。

3. 成就需要。追求卓越、争取成功的愿望。对一般人来说，奖励可以成为行为的目标，所以，奖励可以提高人们的工作效率。而某些人工作并不是追求成功之后的奖励，而是追求成功本身，它能给人巨大的成就感。

（三）公平理论

公平理论又称社会比较理论，是由美国心理学家亚当斯（J. S. Adams）于1956 年提出的。亚当斯认为，职工的激励程度不仅受到自己所得报酬的绝对额的影响，而且受到报酬的相对比较的影响。相对比较，既包括自己付出的劳动和所获报酬的收支比率，同其他人在这方面的收支比率做社会比较；也包括同自己过去在这方面的收支做历史比较。

（四）成熟理论

1957 年 6 月，阿吉里斯（Argyris）将《个性与组织》中节选的短文在《管理科学季刊》第二卷中发表，这篇名为《个性与组织：互相协调的几个问题》的文章集中体现了阿吉里斯影响最为深远的成熟理论。阿吉里斯的成熟理论又叫做个性和组织的假设。阿吉里斯提出：企业中人的个性发展，如同婴儿成长为成人一样，也有一个从不成熟到成熟的连续发展过程。一个人在这个发展过程中所处的位置，就体现他自我实现的程度。正式组织的基本性质，使个人保持在"不成熟"阶段并妨碍他自我实现，而个人则可能采取离开组织，对组织攻击或冷淡等防御措施。消除个性和组织之间的不调和并使之协调起来的办法是：扩大职工的工作范围，采用参与式的、以职工为中心的领导方式，使职工有从事多种工作的经验，加重职工的责任，更多地依靠职工的自我指挥和自我控制等。

（五）"X 理论—Y 理论"

X 理论—Y 理论是由美国麻省理工学院心理学教授麦格雷戈 1960 年在《企业中人的方面》一书中提出来的。

麦格雷戈把传统的管理观点叫做 X 理论，其要点是：一般人都天性好逸恶劳，以自我为中心，对组织的需要采取消极的，甚至抵制的态度，缺乏进取心，反对变革，不愿意承担责任，易于受骗和接受煽动。因此，管理工作的任务就是对人们进行说服、奖赏、惩罚和控制，以实现企业的目标。此外，麦格雷戈还提出了他的 Y 理论，其要点是：人们并不是天生就厌恶工作的，他们运用体力和脑力进行工作正如游乐休息一样，是自然的需要，人们并非天生就对组织的要求采取消极或抵制态度，在适当的条件下，人们不但能接受，而且能主动承担责任，大多数人都具有相当高的智力、想象力和创造力，但是，没有得到充分发挥。所以，企业管理的基本任务就是提供条件，使人们的智慧充分发挥出来，为实现组织和个人的目标而努力。

（六）双因素理论

赫茨伯格（F. Herzberg）在 1959 年与他人合著的《工作激励因素》和 1966 年出版的《工作与人性》两本著作中，提出了激励因素和保健因素理论，简称双因素理论。

赫兹伯格认为，凡是使职工感到满意的、能起激励作用的因素，都是属于工作本身或工作内容方面的因素；凡是使职工感到不满或至多只能使职工产生中性感觉的因素，都是属于工作环境或工作关系方面的因素。前者属于激励因素，如个人取得成就，得到别人赏识，工作本身的性质符合自己的志趣，个人取得进步或承担较大的责任等。后者属于保健因素，如公司的政策和管理方式，上级监督，工资报酬，与同事的关系，工作条件等。保健因素的改善至多只能消除职工的不满，并不能起积极的激励作用；只有激励因素的改善才能产生使职工满意的积极效果。

（七）期望理论

弗鲁姆（V. H. Vroom）在 1964 年出版的《工作和激励》一书中提出了期望几率模式。这一模式以后又经过其他人的发展与补充，成为当前行为科学家比较广泛接受的激励模式，有人认为可以以此为基础，发展出一种综合性的激励理论。

弗鲁姆认为，激励力 = 选择性行动成果的强度 × 期望几率。其中，激励力，是指促使一个人采取某一行动的内驱力的强度；选择性行动成果的强度，是指一个人对某一行动成果的评价高低；期望几率，是指一个人对某一行动导致某一成果的可能性大小的判断。为了激励职工，企业领导应该既要使职工知道行动成果的强度，并加大这个强度；又要帮助职工实现其期望，即提高其期望几率。

（八）目标设置理论

目标设置理论是由美国马里兰大学心理学教授洛克（John Locke）于 1967 年最先提出的。他和同事做过大量研究，并认为大多数激励因素都是通过目标来影响工作动机的，尽可能设置合适的目标是激励动机的主要手段。他认为，要使目标能切实影响组织成员的行为，就必须根据三个标准对目标进行设置：①具体性（达到能精确观察和测量的程度）。②难度（实现目标的难易程度）。③认同（即目标的可接受性）。目标设置理论给人们的启示是：明确的目标能够提高绩效，具有一定难度的目标与工作意图的结合能够产生有效的激励力量。

（九）ERG 理论

ERG 理论，又称成长理论，是由美国心理学家奥德弗（Alderfer）根据已有试验和研究，于 20 世纪 70 年代初提出的一种激励理论。

奥德弗也提出了类似马斯洛的需求等级，但是，它在两个主要方面存在不同：①他把基本需求等级的分类减少为生存、相互关系和成长三类。②他引进了挫败—后退的概念。

比如其生存需求：类似马斯洛的生理和安全的需求；互相关系需求：类似马斯洛的交往需求；成长需求类似马斯洛的自尊和自我实现需求。

马斯洛认为，未满足的需求不但是激励对象，而且是阻止人们追求更高层的需求的障碍。但是，人们最终会朝着需求的等级往上努力。与"完成—前进"的观念相反，ERG 理论提出了"挫败—后退"的概念。如果人们在试图满足成长需求中受阻，相互关系需求将作为起始的激励对象再出现。ERG 理论假设较高层的需求比较抽象，当这些需求不能得到满足时，人们追求实现比较具体的、可以得到的、较低层次的需求。不管是前进或后退，人们从不满足于平稳状态。

这些见解对管理者是有用的。如果他们发现雇员的成长需求受到组织内在的不可克服的局限性阻碍，他们就应当重新指导雇员的行为以朝着满足生存和相互关系的需求方向努力。

（十）归因理论

美国的行为科学家韦纳（Wiener）和其同事在 1972 年发展了海德（F. Heider）的归因理论，把它和 J. W. 阿特金森的成就—动机理论结合起来，其理论要点是：根据人的行为外部表现，对其心理活动进行解释和推论；研究人们的心理活动的产生应归结为什么原因，对人们的未来行为进行预测。韦纳认为，把失败的原因归咎于哪种情况对下次行为影响不同。例如，一个人如果把自己失败的原因归结为运气不佳，则其下一次的行为将是不稳定和难以控制的。表 8 - 1 是韦纳的归因分类表。

表 8 - 1   韦纳的归因分类表

内外部因素与稳定性 可控性	内部因素		外部因素	
	稳定	不稳定	稳定	不稳定
可控	持久努力	暂时努力	求人帮助	
不可控	能力	心境	任务难度	运气

（十一）绩效—手段—期望理论

1986 年，布朗（R. A. Baron）提出了“绩效—手段—期望”理论，简称 VIE 理论。布朗认为，激励是期望、手段和效价的乘积，其中任何一个要素为零，激励就为零。这里，期望也即一个人努力产生的结果（绩效），手段就是一个人取得绩效后获得的报酬，效价则是指一个人对报酬的认可价值。

（十二）激励力量模型

罗伯特·豪斯（Robert House）把双因素理论与期望理论结合起来，提出了激励力量模型。其内容如下：

激励力量 = 任务内在激励 + 任务完成激励 + 任务结果激励

其中，任务内在激励，是指工作本身产生的效价，即由工作的乐趣、意义带来的激励力量；任务完成激励，是指工作绩效本身产生的激励作用；任务结果激励，是指因获得各种报酬而产生的激励效果之和。激励力量模型的主要贡献是把工作本身的激励作用考虑进来，同时把内在激励作用与外在激励作用有机地结合起来。

（十三）挫折理论

西方心理学认为，挫折感，是指当个人从事有确定目标的行为活动时，由于主客观方面的阻碍，致使目标无法实现，动机无法满足时个人的心境状态。认为不同的个人在遭受挫折时，由挫折感所导致的心理上的焦虑、痛苦、沮丧、失望等会导致种种挫折性行为。一般来说，任何挫折都是不利的，不但会影响职工的积极性，而且还常常给职工带来心理损害，甚至心理疾患。这样，管理者就必须尽可能地减少职工的受挫折机会或降低职工的挫折感。然而，人生种种挫折在所难免，所以，必须及时了解、分析职工的种种现实挫折。通过关心，从提高职工的挫折承受力和有效地帮助职工达到实现目标两个方面去消除职工的挫折感，引导职工在受挫折后不懈地积极进取。

（十四）综合激励模型

波特（L. W. Porter）和劳勒（E. E. Lawler）于 1968 年提出了综合激励模型，如图 8 – 1 所示。

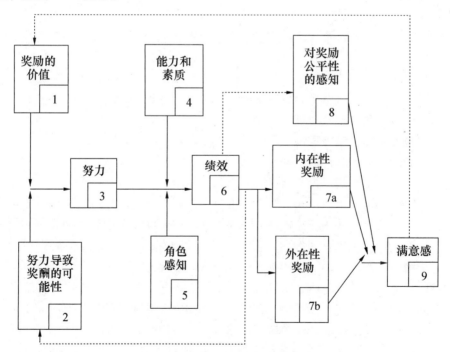

图 8 – 1　波特—劳勒激励模型

波特和劳勒的激励模型是基于激励并不等于满足或绩效这一假定，以"工作绩效"为核心，以"激励—努力—绩效—满意感"为轴线建立起来的。他们认为，与其说满足感是工作绩效的原因，倒不如说是工作绩效的结果。也就是说，工作绩效带来不同的奖酬，不同的奖酬又在个人心中产生不同的满意感。

波特—劳勒激励模型是在布朗的 VIE 理论的基础上发展而来的，共涉及10 种因素（分别由模型中的 10 个方框表示）。模型中的方框 1、2、3 构成 VIE 理论的主要骨架，它表明一个人受激励的程度如何，以及由此引发的努力程度，取决于他对奖酬的效价、他努力工作后达到绩效标准的可能性和得到所期望的奖酬的可能性。该模型还引入了在赫兹伯格的双因素理论基础上发展起来的内在性奖酬和外在性奖酬（见方框 7a 和 7b），取代了 VIE 模型中的单一的二级结果，即奖酬。

第二个被引入的因素是"对奖酬公平性的感知"（见方框 8）。这个因素是公平理论所关注的要点。

第三个被引入的因素是"能力和素质"（见方框 4）。能力与素质影响着个人努力的效果和工作质量，即绩效。如果员工只有工作热情而无真才实学，其工作只会是低效率的。

第四个被引入的因素是"角色感知"（见方框 5）。在这里，角色感知有两层含义：一是指个人对自己的位置、能力、胜任感的自我评价和定位；二是组织对他的认可和期望的领会。这个因素在跨文化激励中显得更为关键。

波特—劳勒激励模型为管理者如何改进对下级的激励，提供了一个清晰的、系统的、逻辑严密的思考路线。

二、团体行为激励理论

（一）团体力学理论

团体力学理论是行为科学代表人之一库尔特·卢因（Kurt Luwin）于 1944年提出的。团体是指非正式组织。卢因认为，同正式组织一样，团体有三个要素：一是活动；二是相互影响；三是情绪。在这三项要素中，活动是指人们在日常工作、生活中的一切行为；相互影响是指人在组织中相互发生作用的行为；情绪是人们内在的、看不见的生理活动，如态度、情感、意见、信息等，但可以从人的"活动"和"相互影响"中推知。活动、相互影响和情绪不是各自孤立的，而是密切相关的，其中一项变动会使其他要素发生改变。团体中各个成员的活动、相互影响和情绪的综合就构成团体行为。

卢因认为，除了正式组织的目标外，团体（非正式组织）还必须有自己目标的维护团体的存在，使团体持续地发挥作用。连续地、过度地追求正式组织的工作目标有损于团体行为的内泵力。所以，团体领导人必须为促进一定程度的团体和谐而提供相当的时间和手段。在团体内把感情上的压力发泄出来，有利于正式组织工作目标的实现。相互依赖水平高的团体，在意见和感情的交流上比较好，团体成员的满意度、激励和内泵力都较高。

卢因认为，对团体有专制的领导方式、民主的领导方式和自由放任的领导方式三种不同的领导方式。由于领导方式不同，其效果也不一样。但这三种方式并不相互排斥，而是在不同的情况下可以选择不同的方式。同时，卢因还发现，一个团体除了领导者之外，还有参与者。团体规模的大小是决定其成员参与程度和人数的一个主要因素。此外，如果团体成员的权力和地位比较平等，则参与者的人数会显著增加。工作团体不是一群无组织的乌合之众，工作团体是有结构的，团体结构塑造团体成员的行为，使人们有可能解释和预测团体内大部分的个体行为以及团体本身的绩效。

（二）敏感性训练学说

布雷福德（Bradford）认为，敏感性训练可通过受训者在团体学习环境中的相互影响，提高受训者对自己的感情和情绪，自己在组织中所扮演的角色，自己同别人的相互影响关系的敏感性，进而改变个人和团体的行为，达到提高工作效率和满足个人需求的目标。

三、关于领导方式的理论

（一）连续统一体理论

连续统一体理论认为，在企业从集权式、以领导者为中心的领导方式到民主式、以职工为中心的领导方式中，存在着许多种领导方式，形成一个连续统一体。企业选择领导方式时，应根据经理、职工、企业本身的产品和生产特点，企业在竞争中的地位，企业的长期发展战略等因素，选择最佳的领导方式，不可能存在通行的领导模式。

（二）支持关系理论

利克特（Likert）指出，职工必须认识到工作中的经验和接触对于个人价值和重要性感觉是有帮助的。领导者在管理中应多关心职工的需要，生产率就会较高；同职工接触时间越多，生产率也越高。

（三）三极端理论

以美国管理学家怀特（Ralph K. White）和李皮特（Ronald Lippett）为代表的一批研究者提出了三种领导方式理论，即把领导方式分为如下三种：

1. 权威式。所有政策均由领导者决定，所有工作的进行均由领导发号施令，领导包揽"一切"。

2. 民主式。主要决策由组织成员集体讨论决定，领导者采取鼓励与协助态度；在分配工作时，尽量照顾到组织中每个成员的能力、兴趣和爱好，领导者主要用个人权力，而很少用职位权力；下属有充分的工作自主权。

3. 放任式。组织成员或群体有完全的决策权，领导者放任自流，只负责为组织成员提供工作所需的条件，而尽量不参与，一般情况下不主动干涉，只偶尔发表意见，工作几乎全部靠组织成员个人自行负责。

（四）管理方格法

管理方格法是研究企业的领导方式及其有效性的理论，是由美国得克萨斯大学的行为科学家罗伯特·布莱克（Robert R. Blake）和简·穆顿（Janes S. Mouton）在 1964 年出版的《管理方格》一书中提出的。布莱克和穆顿用各分成 9 格的两根轴线分别代表对生产和职工关心的不同程度，共形成 81 个小方格，代表不同的领导方式。以此表明，对生产的关心和对人的关心这两个因素之间并没有必然的冲突，可以采取一种对两者都高度关心的领导方式，使组织目标和个人需要都得到很好的满足。

以上介绍的是行为科学研究中的代表人物和理论，当然，进行行为科学研究的专家、学者还有很多，这里不一一介绍。

虽然行为科学研究的内容包括多方面，不论单纯研究个体行为还是研究群体行为，但行为科学得出的行为基本规律可用图 8 - 2 来表示。

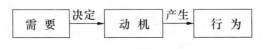

图 8 - 2   行为基本规律

在企业管理中，研究人的行为规律，就是为了找出影响人的行为的因素，使人的个体行为通过一些方式和手段变为组织的行为。在个体行为变为组织行为的过程中，不能依个体的自发形成，企业的领导者只有通过一些方式诱导和激发才能成功。管理激励研究重点是动机和行为之间的关系，但也不能忽视对人的需要的研究，因为没有需要作为基础，找不出人的真实动机，就不可能运用正确的激励方式。管理激励研究的内容如图 8 - 3 所示。

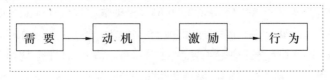

图 8 - 3   管理激励理论的内容

注：图中实线方框为主要内容，虚线方框为辅助内容。

天才与笨蛋的区别

20世纪初，罗伯特博士在哈佛大学主持了一系列有趣的实验，实验对象是三群学生与三群老鼠。他对第一群学生说："你们很幸运，你们将和天才小白鼠在一起。这些小白鼠相当聪明，它们会到达迷宫的终点，并且吃许多干酪，所以要多买一些喂它们。"

他告诉第二群学生说："你们的小白鼠只是普通的小白鼠，不太聪明。它们最后还是会到达迷宫的终点，并且吃一些干酪，但是不要对它们预期太大，它们的能力与智能只是普通而已。"

他又告诉第三群学生说："这些小白鼠是真正的笨蛋。如果它们能找到迷宫的终点，那真是意外。他们的表现自然很差，我想你们甚至不必买干酪，只要在迷宫终点画上干酪就行了。"

之后的六个星期，学生都在非常科学的情况下从事实验。天才小白鼠在短时间内很快就到达迷宫的终点。至于那些愚蠢的老鼠呢，只有一只最后找到迷宫的终点，可以说是一个明显的例外。

有趣的是，在实验中根本没有所谓的天才白鼠和愚蠢白鼠之分，它们都是从同一窝小白鼠中来的普通小白鼠。

第三节　激励方式

不论是个体，还是群体，都有其行为规律，个体和群体都遵循其行为规律而行为。在企业管理中，我们就是要研究如何使个体和群体的自发行为变成组织行为。管理中常常使用组织的规章制度和规范去约束个体和群体的行为，而这种约束带有很明显的强制性，强迫人们去遵守规章制度和规范。人们的行为并非出自本身的意愿，轻则人们消极、被动接受组织规范，但效率低下；重则产生对抗。所以，单纯用组织的规章制度和规范去约束个体和群体的行为是不够的，同时还必须把它与激励方式结合起来，只有激励，才能产生高效率，才能产生凝聚力，组织才能求得长期的生存和发展。

一、激励的基本方法

只有满足人的需要，才能激发人的动机，调动人的积极性。那么，如何满足人的需要呢？其基本方法有直接满足和间接满足两种。

（一）直接满足

直接满足又叫"职务内"满足或"岗位上"满足。这就是工作本身和工作中与其他人的正常关系使他得到满足。一般来说，直接满足的内容有如下几种：①工作本身有利于自我成长，专业对口，满足兴趣，符合志愿，适应特长等。②工作本身能获得社会认可，评价较高。③工作具有挑战性，干起来有奔头，能获得成就感。④在工作中，同事间和谐、友爱、安全、团结，对劳动者有内吸力。

（二）间接满足

间接满足又叫"职务外"满足或"岗位外"满足。这是工作以外，即工作过程以后获得的满足，把工作当成以后得到满足的手段。间接满足的内容基本有如下两个方面：

1. 波特—劳勒激励模型工资。工作一定时期后，人们从工作和工资本身并未获得实际需要的满足。而是用所得工资去购买食物、衣服、用品等后，才满足了多方面的实际需要。所以，工资是间接满足的一种重要形式。

2. 波特—劳勒激励模型津贴、奖励、福利费、医疗费、养老金、休假等，也是间接满足的重要形式。间接满足是满足人们需要的重要方面，是人们工作动力的基本来源，它能保持人们的积极性，增加同心力，增强归属感，因而，必须予以足够的重视。但是，间接满足也有一定的局限性，主要是工作与满足需要之间缺乏直接联系，因而可能出现对工作满不在乎，只有物质利益就行的态度。所以，间接满足除尽量与工作、成果相联系外，还必须同思想政治工作结合起来，才能充分发挥激励的作用。

二、常见的激励方式

（一）目标激励

通过给予人们一定的目标，以目标为诱因促使人们采取适当的行动去实现目标。任何企业都有自己的经营目标，每一个人也都在需要的驱使下产生个人目标，只要把企业经营目标与个人目标结合起来，一是在目标实现中满足个人需要；二是通过企业经营目标与个人目标的结合，体现出个人在企业中的地位和作用，使个人的价值充分体现出来；三是目标代表自己从未达到过的状态，目标的实现反映自身的升华，这些都能对个人产生巨大的激励。

（二）参与激励

参与激励，是指让职工参与企业管理，使职工产生主人翁责任感，从而激励职工发挥自己的积极性。让职工经常参与企业重大问题的决策和管理，让职工多提出合理化建议,并对企业的各项活动进行监督,那么,职工就会亲身感受到自己是企业的主人,企业的前途和命运就是个人的前途和命运,个人只有依附或归属于企业才能发展自我,这就会激励职工全身心地投入到企业的事务中来。

（三）领导者激励

领导者激励,主要是指领导者的品行给职工带来的激励效果。企业领导者是企业众目之心,是职工的表率,是职工行为的指示器。如果领导者清正廉洁,对物质的诱惑不动心；吃苦在前,享乐在后；严于律己,要职工做的,自己先做；有困难,自己先上；虚怀若谷,谦虚、民主,不计前嫌,这样的领导者本身就能鼓舞群众的士气。如果领导者再具有较强的能力,能使企业获得较高的效益,有助于人们价值的实现,则更能产生巨大激励。

（四）关心激励

关心激励,是指企业领导者通过对职工的关心而产生的对职工的激励。企业职工以企业为其生存的主要空间,把企业当做自己的归属。如果企业领导人时时关心群体疾苦,了解职工的具体困难,并帮助其解决,就会使职工产生很强的归属感,都能对职工产生激励。现在,很多企业给职工赠送生日礼品,举行生日派对,都是用关心来激励职工的方式。

（五）公平激励

公平激励,是指在企业中的各种待遇上,对每一个职工都公平对待所产生的激励作用。只要职工付出等量的劳动就给予等量待遇,多劳多得,少劳少得,这就能使企业形成一个公平合理的环境,职工要获得更多的待遇（包括工资、奖金、福利、职位、工作环境等）,不能通过人情、后门等不正当的手段,只有扎扎实实的劳动。因此,可以利用职工追求高待遇的心理,激励职工更有效地工作。

（六）认同激励

认同激励,是指领导者认同职工的成绩而产生的对职工的激励作用。虽然有一些人愿做无名英雄,但是那毕竟是少数人,而绝大多数人都不愿意默默无闻。当他取得了一定成绩后,需要得到大家的承认,尤其是要得到领导者的承认。所以,当某个人取得了一定成绩以后,领导者只需要向其表示已经知道其已取得的成绩,或再加上几句表扬之词,就可以对其产生很大的激励。这种激励既不必花费,效果又好,就是需要领导者及时发现职工的成绩,并及时表示认同。不及时的认同产生不了激励。

（七）奖励激励

奖励激励是以奖励作为诱因,使人们采取合理行动的激励作用。奖励激励通常是从正面进行引导，规定人们的行为符合一定的规范就可获得一定的奖励。人们对奖励的追求，促使他的行动符合一定的行为规范。奖励激励手段包括物质激励和精神激励两个方面。物质激励就是以物质利益（包括工资、奖金、晋级、各种实物等）为诱因对人们产生的激励。精神激励是以精神鼓励为诱因对人们产生的激励，它包括评选劳模、先进工作者等各种荣誉称号。人们通过对物质利益和荣誉称号的追求而产生最合理的行为，创造佳绩。

（八）惩罚激励

惩罚激励是利用惩罚这一手段，诱导人们采取合理化行为的一种激励。在惩罚激励中，要制定一系列的职工行为规范，逾越了行为规范，根据不同的逾越程度，确定惩罚的不同标准；要拟定惩罚的手段，惩罚手段包括：物质手段，如罚款、赔偿等；精神手段，如批评、降职、降级、各种处分以及刑事惩罚等。人们避免惩罚的需求和愿望促使其行为符合特定的规范。再则，通过对犯规人员的处罚，激励未犯规的人们自觉、积极地去遵守规范。

别墅与馅饼

在一次重要的国际比赛上，一个国家的跳高运动员面临着冲击金牌的最后一跳。教练对她说："跳过这两厘米，你想要的那幢别墅就到手了。"

然而，她就是没跳过这两厘米。

在洛杉矶奥运会上，当受了伤的跳水王子洛加尼斯同样面临着冲击金牌的最后一跳时，教练对他说的是："你的妈妈在家等着你呢！跳完这轮，你就可以回家吃你妈妈做的小馅饼了。"

洛加尼斯用他的毅力和精神风貌超越了自己，也征服了世界。

同样是激励性诱导，一幢别墅与妈妈的小馅饼，在运动员的心理上引起的反应是多么的不同啊！

总之，激励的方式多种多样，每一种方式既适应于个体，又适应于群体，关键在于企业管理人员灵活运用，恰当地用好每一种方式，可以有效激励职工的行为。

（九）知识产权激励

现代市场竞争，归根到底是人才的竞争。特别是在知识经济条件下，知识及其知识资本成为组织的核心资源，创新成为组织生存与发展的关键，这使得拥有知识和创新能力的知识员工在组织中的地位越来越高。如何吸引人才，如何激发知识员工的工作热情，如何挖掘员工的工作潜能，如何增强组织的凝聚力，以使知识员工能将其拥有的智慧与才华奉献给组织，就成为每个组织需要首先考虑的问题。既然知识成为组织创造财富的首要资源要素，则知识和土地、资金、劳动力一样理应拥有参与分配的权利，即知识劳动的创造价值应在分配中得到体现，否则，知识员工不会将自己的知识奉献于组织。

（十）自主管理激励

在现代社会里，组织员工的知识水平和业务素质越来越高，自我表现的欲望和对工作成就感的追求越来越强。因此，采用工作小组的形式，通过充分授权于员工，就可以大大激发员工的工作自主性和能动性，充分挖掘员工的潜力和创新积极性。

本章提要

1. 激励，就是激发鼓励的意思，就是利用某种外部诱因调动人的积极性和创造性，使人有一股内在的动力，朝向所期望的目标前进的心理过程。

2. 人的行为是由动机支配的，动机是由需要引起的，行为的方向是寻求目标，满足需要。

3. 激励的作用：①激励是管理最关键最困难的职能。②激励在调动内在潜力实现组织目标过程中发挥着重要作用。

4. 行为科学理论的代表观点：需求层次理论、激励需要理论、公平理论、成熟理论、"X 理论—Y 理论"、双因素理论、期望理论、目标设置理论、ERG 理论、归因理论、绩效—手段—期望理论、激励力量模型、挫折理论和综合激励模型。

5. 团体行为激励理论的代表观点：团体力学理论和敏感性训练学说。

6. 关于领导方式理论的代表观点：连续统一体理论、支持关系理论、三极端理论和管理方格法。

7. 激励的基本方法为直接满足和间接满足，常用的激励方式有目标激励、参与激励、领导者激励、关心激励、公平激励、认同激励、奖励激励、惩罚激励、知识产权激励和自主管理激励。

讨论题

1. 激励的过程是怎样的?

2. 管理者应该如何激励员工?

3. 下述技术和方法可在哪些方面激励人们?

（1）工作简单化

（2）工作扩大化

（3）工作丰富化

4. 谈谈最近你花费了很大努力从事的一项任务，用本章的激励观来解释你的行为。

案例：黄工程师为什么要走?

助理工程师黄大佑，一个名牌大学高才生，毕业后已经工作8年，于四年前应聘到一家大厂工程部工作，工作勤恳负责，技术能力强，很快就成为厂里有口皆碑的"四大金刚"之一，名字仅排在一号种子——厂技术部主管陈工程师之后。然而，工资却同仓库管理人员不相上下，夫妻小孩三口还住在刚进厂时住的那间平房。对此，他心中时常有些不平。黄厂长是一个有名的识才老厂长，"人能尽其才，物能尽其用，货能畅其流"的孙中山先生名言，在各种公开场合不知被他引述了多少遍，实际上他也是这样做的。四年前，黄大佑调来报到时，门口用红纸写的"热烈欢迎黄大佑工程师到我厂工作"几个大字，是黄厂长亲自吩咐人秘部主任落实的，并且交代要把"助理工程师"的"助理"两字去掉。这确实使黄大佑很受感动，工作更卖劲。

两年前，厂里有指标申报工程师，黄大佑属于条件申报之列，但名额却让给一个没有文凭、工作平平的老同志。他想问一下厂长，谁知，他未去找厂长，厂长却先来找他了："黄工，你年轻，机会有的是。"去年，他想反映一下工资问题，这问题确实重要。来这里其中一个目的不就是想得高一点的工资，提高一下生活待遇吗?但是，几次想开口，都没有勇气讲出来因为厂长不仅在生产会上大夸他的成绩，而且，曾记得，有几次外地人来取经，黄厂长当着客人的面赞扬他："黄工是我们厂的技术骨干，是一个有创新的……"哪怕厂长再忙，路上相见时，总会拍拍黄工的肩膀说两句，诸如"黄工，干得不错"，"黄工，你很有前途"。这的确让黄大佑兴奋，"黄厂长的确是一个伯乐"。此言不假，前段时间，他还把一项开发新产品的重任交给他呢，大胆起用年轻人，然而……

最近，厂里新建好了一批职工宿舍，听说数量比较多，黄大佑决心要反映一下住房问题，谁知这次黄厂长又先找他，还是像以前一样，笑着拍拍他的肩膀："黄工，厂里有意培养你入党，我当你的介绍人。"他又不好开口了，结果家没有搬成。深夜，黄大佑对面前一张报纸招聘出神。第二天，黄厂长办公桌台面上压着一张小纸条：

黄厂长：

　　您是一个懂得使用人才的好领导，我十分敬佩您，但我决定走了。

黄大佑于深夜

——资料来源：黄雁芳、宋克勤主编：《管理学教程案例集》，上海财经大学出版社。

讨论题

1. 根据马斯洛的理论，住房、评职称、提工资和入党对于黄工来说分别属于什么需要？

2. 根据公平理论，黄工的工资和仓库管理人员的工资不相上下，是否合理？

3. 根据有关激励理论分析，为什么黄厂长最终没有留住黄工？

第九章　控制

控制是管理的基本职能之一，是对组织内部的管理活动及其效果进行衡量和校正，以确保组织的目标以及为此而拟定的计划得以实现。控制过程是管理过程的最后一个阶段，对组织实施过程能否与计划方案相一致起保证和监督作用。控制的有效与否，直接关系管理系统能否在变化的环境中实现管理决策及计划制定的预期目标。所以，控制和计划息息相关，计划是控制的前提，没有控制，计划则难以有效地实现。

第一节　控制概述

一、控制的含义

（一）控制论中的控制含义

作为一门边缘性学科的控制论，兴起于 20 世纪五六十年代，其创始人是美国数学家罗伯特·维纳。控制论是研究系统信息的接收、加工和传输。控制论中的控制，是指为调节和制约一个系统的行为，使系统在动态环境中保持一定稳定性或促使系统由一种状态向另一种状态转换的活动。

控制论广泛应用于社会各个领域，出现了很多分支，如生物控制论、工程控制论、社会控制论等，但是，无论是哪个领域的控制理论，都应了解以下两个概念：

1. 开环控制和闭环控制。开环控制和闭环控制是控制系统的两种基本结构形式。在开环控制中，控制系统将事先制定好的各种信息输入系统，通过系统运行过程得到输出结果，这种控制的输出结果对输入完全没有影响，其结果完全依赖事先的输入和过程中的干扰，如果干扰大或输入信息不全或有出入，则结果偏差很大，这种控制效果不太好。

闭环控制，又称反馈控制。所谓反馈，是指将系统输出量的一部分或全部，通过一定的处理后回送到系统的输入端，从而对系统的再输出产生影响，起到控制作用。闭环控制因系统的输出结果又反馈回来，形成了一个回路，故称闭环。

反馈控制由于系统输入信息考虑了输出结果的反馈信息，而输出结果又包含了运行过程中干扰所带来的影响，故而能较有效地实现控制功能，使系统保持一定的稳定性，实现预期目标。反馈控制是一个良好的控制系统必须具备的条件。控制论认为，所有各类系统都是通过信息反馈来进行自我控制，因为反馈过程将出现的偏差揭露出来，于是就产生了纠偏措施，使运行朝着预定的方向前进。

2. 正反馈和负反馈。反馈一般分为正反馈和负反馈两类。正反馈系统无既定目标，反馈起着自我强化的无目标增长作用，通过反馈，信息被不断加强，呈现出不太稳定的趋势。有些正反馈在社会控制中还是有其积极意义的。例如，信誉好—储户多—存款多—实力强—信誉更好……

负反馈系统有明确的目标，反馈信息使输入信息不断调整，最终使输出信息与目标相同，整个系统处于稳定状态。人们平时所说的反馈一般都是负反馈。例如，空调器即为典型的负反馈系统。空调一般有个目标温度，例如，25℃，当气温高于25℃时，控制系统便制冷降温；当气温低于25℃时，控制系统则制热升温。这样，使系统环境温度保持在25℃左右，呈稳定状态。

（二）管理学中的控制含义

控制是对管理系统的计划实施过程进行监测，将监测结果与计划目标相比较，找出偏差，分析其产生的原因，并加以处理。正如法约尔曾指出的："在一个企业中，控制就是核实所发生的每一件事是否符合所规定的计划、所发布的指示以及所确立的原则，其目的就是要指出计划实施过程中的缺点和错误，以便加以纠正和防止重犯。控制在每件事、每个人、每个行动上都起作用。"

由此可见，控制就是使实践活动符合于计划的安排，控制和计划息息相关。计划是控制的前提，没有计划的控制毫无实际意义；控制是计划目标实现的保证，没有控制，计划难以有效实现。此外，控制作为对计划实施的监督和保证，贯穿在计划执行的每个阶段和每个部门，因此，**实施控制职能是每一位负责执行计划的管理者的主要职责。**

从功能角度看，控制过程在整个管理过程中的作用有两方面：一是检验作用。它检验各项工作是否按预定计划进行，同时也检验计划方案的正确性和合理性。二是调整作用。任何一个系统的运行与计划相比，总是有偏差的。如果计划方案合理时出现偏差，则需采取相应措施消除各种干扰因素带来的影响，使各项工作纳入正轨；如果出现偏差是由于计划方案不适造成的，则应调整计划，使之与实际情况相适应。

二、控制的基本前提

1. 明确的目标。控制活动本身就是为达到某个计划目标而采取的保证措施。目标决定控制活动的内容，没有目标，控制就没有意义。比如，库存控制，它的目标是使库存量保持在某一定量的水平上，库存控制活动就围绕这一目标进行。当库存量在目标水平线上下波动时，则应采取相应的措施，使库存量回复到目标水平线上。一般来说，目标越明确、越具体，控制效果就越显著。

2. 责权分明的组织结构。任何一项工作都是由许多部门共同合作完成的，每个部门应对哪部分工作负责都应有明确的规定，也就是说，要有分工明确的组织结构。这样，责权分明，每件事都有专门机构负责，信息能有效地、畅通地传输，控制活动就易于开展。一旦发现偏差，马上就能判定偏差出在哪里，由哪个部门负责，以便及时采取措施纠正。否则，各部门不能切实地担负起自身的工作，出现偏差无法发现，或者发现了偏差也无法及时反馈，及时采取措施，以至于出现失控局面，给整个系统带来损失。同样，组织结构越明确、越完整，其控制效果也越明显。

3. 科学的控制方法和手段。控制的目标是使实际运行情况和计划方案相一致。而实际运行情况却需要通过一定的控制方法才能得到，如果发现偏差，纠偏措施也要通过一定的控制方法和手段来实现。在实际控制过程中，应根据具体的控制目标，采取相应的控制方法，才能取得较好的控制效果，否则就会事倍功半。

三、控制的原则

任何一个负责任的主管人员，都希望有一个适宜的、有效的控制系统来帮助自己确保各项活动都符合计划要求。但是，主管人员却往往认识不到自己所进行的控制工作，是必须针对计划要求、组织结构、关键环节和下级主管人员的特点来设计的。他们往往不能全面了解设计控制系统的原理。因此，要使控制工作发挥有效的作用，在建立控制系统时必须遵循一些基本的原则。

（一）反映计划要求原则

反映计划要求原则可表述为：控制是实现计划的保证，控制的目的是为了实现计划，因此，计划越是明确、全面、完整，所设计的控制系统越是能反映这样的计划，控制工作也就越有效。每一项计划、每一种工作都有其特点。所以，为实现每一项计划和完成每一种工作所设计的控制系统和所进行的控制工作，尽管基本过程相同，但是，在确定什么标准、控制哪些关键点和重要参数、收集什么信息、如何收集信息、采用何种方法评定成效，以及由谁来控制和采取纠正措施等方面，都必须按不同计划的特殊要求和具体情况来设计。例如，质量控制系统和成本控制系统尽管都在同一个生产系统中，但二者之间的设计要求是完全不同的。

（二）组织适宜性原则

控制必须反映组织结构的类型。组织结构既然是对组织内各个成员担任什么职务的一种规定，因而也就成为明确执行计划和纠正偏差职责的依据。因此，组织适宜性原则可表述为：若一个组织结构的设计越明确、完整和完善，所设计的控制系统越是符合组织机构中的职责和职务的要求，就越有助于纠正脱离计划的偏差。例如，如果产品成本不按制造部门的组织机构分别进行核算和累计，如果每个车间主任都不知道自己所在部门产出的产成品或半成品的目标成本，那么他们就既不可能知道实际成本是否合理，也不可能对成本负起责任。在这种情况下是谈不上成本控制的。

组织适宜性原则的另一层含义是，控制系统必须符合每个管理者的特点。也就是说，在设计控制系统时，不仅要考虑具体的职务要求，还应考虑到担当该职务的管理者的个性。在设计控制信息的格式时，这一点特别重要。送给每位管理者的信息所采用的形式，必须分别设计。例如，送给上层管理者的信息要经过筛选，要特别表示出与设计的偏差、与去年同期相比的结果以及重要的例外情况。为了突出比较的效果，应把比较的数字按纵行排列，而不要按横行排列，因为从上到下要比横向看数字更容易得到一个比较的概念。此外，还应把互相比较的数字用统一的、足够大的单位来表示（例如，万元、万吨等），甚至可以将非零数字限制在两位数或三位数。

（三）控制关键点原则

控制关键点原则是控制工作的一条重要原则。这条原则可表述为：为了进行有效的控制，需要特别注意在根据各种计划来衡量工作成效时有关键意义的那些因素。对一个管理者来说，随时注意计划执行情况的每一个细节，通常是浪费时间、精力和没有必要的。他们应当也只能够将注意力集中于计划执行中的一些主要影响因素上。事实上，控制住了关键点，也就控制住了全局。

控制工作效率的要求从另一方面强调了控制关键点原则的重要性。所谓控制工作效率，是指控制方法如果能够以最低的费用或其他代价来探查和阐明实际偏离或可能偏离计划的偏差及其原因，那它就是有效的。对控制效率的要求既然是控制系统的一个限定因素，自然在很大程度上决定了管理者只能在他们认为是重要的问题上选择一些关键因素来进行控制。

选择关键控制点的能力是管理工作的一种艺术，有效的控制在很大程度上取决于这种能力。迄今为止，已经开发出了一些有效的方法，来帮助管理者在某些控制工作中选择关键点。例如，计划评审技术就是一种在有着多种平行作业的复杂的管理活动网络中，寻找关键活动和关键路线的方法。这是一种强有力的系统工程方法，它的成功运用确保了像美国北极星导弹研制工程和阿波罗登月工程等大型工程项目的提前和如期完成。

（四）控制趋势原则

控制趋势原则可表述为：对控制全局的管理者来说，重要的是现状所预示的趋势，而不是现状本身。控制变化的趋势比仅仅改善现状重要得多，也困难得多。一般来说，趋势是多种复杂因素综合作用的结果，是在一段较长的时期内逐渐形成的，并对管理工作成效起着长期的制约作用。趋势往往容易被现象所掩盖，它不易觉察，也不易控制和扭转。例如，一家生产高压继电器的大型企业，当年的统计数字表明销售额较去年增长 5%。但这种低速的增长却预示着一种相反的趋势：因为从国内新增的发电装机容量来推测高压继电器的市场需求，较上年增长了 10%，因而，该企业的相对市场地位实际上是在下降。同样是这个企业，经历了连续几年的高速增长后，开始步入一个停滞和低速增长的时期。尽管销售部门做出了较大努力，但局面却仍未根本扭转。这迫使企业的上层管理者从现状中摆脱出来，把主要精力从抓销售转向了抓新产品开发和技术改造，因而从根本上扭转了被动的局面。

通常，当趋势可以明显地被描绘成一条曲线，或是可以描述为某种数学模型时，再进行控制就为时已晚了。控制趋势的关键在于从现状中揭示倾向，特别是在趋势刚显露苗头时就敏锐地觉察到。这也是一种管理艺术。

（五）例外原则

例外原则可表述为：管理者越是只注意一些重要的例外偏差。也就是说，越是把控制的主要注意力集中在那些超出一般情况的特别好或特别坏的情况，

囚犯的命运

18 世纪末期，英国政府决定把犯了罪的英国人统统发配到澳洲去。

一些私人船主承包了从英国往澳洲大规模地运送犯人的工作。英国政府实行的办法是以上船的犯人数支付船主费用。而当时那些运送犯人的船只大多是一些很破旧的货船改装的，船上设备简陋，没有医疗药品，更没有医生。船主为了牟取暴利，尽可能地多装人，船上的条件十分恶劣。

三年以后，英国政府发现：运往澳洲的犯人在船上的死亡率达 12%，其中最严重的一艘船上 424 个犯人死了 158 人，死亡率高达 37%。英国政府花费了大笔资金，却没达到大批移民的目的。英国政府想了很多办法。每一艘船上都派了一名政府官员监督，再派一名医生负责犯人的医疗工作，同时对犯人在船上的生活标准做了硬性规定。

但是，死亡率又上升了，有些船上的监督官员和医生竟然也不明不白地死了。原来一些船主为了贪图暴利，贿赂官员，如果官员不肯同流合污就被扔到大洋里喂鱼了。

政府又采取新办法，把船只都召集起来进行教育培训，教育他们要珍惜生命，要理解去澳洲开发是为了英国的长久大计，不能把金钱看得比生命都重要。但是，情况依然没有好转，死亡率一直居高不下。

一位英国议员认为是那些私人船主钻了制度的空子。而制度的缺陷在于政府给船主报酬是以上船人数来计算的。他提出从改变制度开始：政府以到澳洲上岸的人数为准计算报酬，不论你在英国上船装多少人，到了澳洲上岸的时候再清点人数，支付报酬。

自此以后，船主主动请医生随船，在船上准备药品，改善生活条件，尽可能地让每一个上船的人都健康地到达澳洲：一个人意味着一份收入。死亡率降到了 1% 以下。有些运载几百人的船只，经过几个月的航行竟然没有一人死亡。

控制工作的效能和效率就越高。

质量控制中广泛地运用例外原则来控制工序质量。工序质量控制的目的是检查生产过程是否稳定。如果影响产品质量的主要因素，例如，原材料、工具、设备、操作工人等无显著变化，那么产品质量也就不会发生很大差异。这时，我们可以认为，生产过程是稳定的，或者说工序质量处于控制状态中。反之，如果生产过程出现违反规律性的异常状态时，应立即查明原因，采取措施使之恢复稳定。

工序质量控制中广泛采用"平均值控制图"来判断工序质量是否处于控制状态。如图 9 - 1 所示，这是一张根据产品质量指标 X 的分布做出的图形。中间的横线表示质量指标 X 的期望值，记为 a，标记为 M_1 和 M_2 的上下对称的两条平行线，称为置信水平（一般为 90% 或 95%）的偏差控制线。当质量指标 X 的样本平均值落在 M_1 与 M_2 所围成的区域以内时，我们有 90% 的把握认为工序质量处于稳定状态。而一旦平均值接连落在上述区域以外时，我们就有理由认为生产过程出了问题。这时，需要尽快查明原因，采取纠正措施。

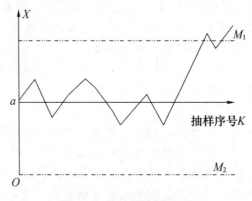

图 9 - 1　平均值控制图示例

需要指出的是，只注意例外情况是不够的。在偏离标准的各种情况中，有一些是无关紧要的，而另一些则不然，某些微小的偏差可能比某些较大的偏差影响更大。比如说，一个管理者可能对利润率下降了一个百分点感到非常严重，而对"合理化建议"奖励超出预算的 20% 不以为然。

因此，在实际运用当中，例外原则必须与控制关键点原则相结合。仅仅立足于寻找例外情况是不够的，我们应把注意力集中在关键点的例外情况的控制上。这两条原则有某些共同之处。但是，我们应当注意到它们的区别在于，控制关键点原则强调选择控制点，而例外原则则强调观察在这些点上所发生的异常偏差。

（六）直接控制原则

直接控制，是相对于间接控制而言的。一个人，无论他是管理者还是非管理者，在工作过程中常常会犯错误，或者往往不能觉察到即将出现的问题。这样，在控制他们的工作时，就只能在出现了偏差后，通过分析偏差产生的原因，然后才去追究其个人责任，并使他们在今后的工作中加以改正。已如前述，这种控制方式，我们称之为"间接控制"。显而易见，这种控制的缺陷是在出现了偏差后才去进行纠正。针对这个缺陷，直接控制原则可表述为：

管理者及其下属的工作质量越高，就越不需要进行间接控制。这是因为，管理者对他所担负的职务越能胜任，也就越能在事先觉察出偏离计划的误差，并及时采取措施来预防它们的发生。这意味着任何一种控制的最直接方式，就是采取措施来尽可能地保证主管人员的质量。

第二节　控制过程与控制分类

一、控制的过程

虽然管理对象千差万别，但控制的基本程序是相同的，一般包括如下三个步骤：

（一）确定控制标准

1. 控制标准的含义及其制定。控制标准是控制行为实行的依据。控制标准来源于计划，又不同于计划。计划是为了实现某一决策目标而制定的综合性的行动方案，其内容有时很难和具体情况完全接轨，因此，必须根据计划内容和组织实施的具体情况，确立专门的控制标准。一般并不是计划实施过程中的每一步都要制定控制标准，而是要选择一些关键点作为主要控制对象。

确定控制关键点的过程也是一个分析决策的过程。它需要对计划内容做全面深入的分析，同时还要充分考虑组织实施过程中的具体情况以及外部环境带来的干扰影响。确定关键点需要有丰富的经验和敏锐的观察力。

只有关键点选准了，控制才能更加有效。关键点一般都是目标实施过程中的重要部分，它可能是计划实施过程中最容易出偏差的点，或者是制约因素的点，或者是起转折作用的点，或变化度大的点，等等，应根据具体情况进行具体选定。控制标准要求尽可能简化明了，做到具体化、数字化，容易测定，容易执行。例如，麦当劳快餐店的管理者的控制标准就包括：①95％以上的顾客进门后3分钟内，服务员必须迅速上前去接待。②事先准备好的汉堡包必须在5分钟内热好送给顾客。③服务员必须在顾客离开后5分钟内把餐桌打扫干净。

2. 控制标准的分类。控制标准可以分为定量标准和定性标准两大类。定量标准包括：①实物量标准，如企业中的产品产量、单位台时定额、单位产品工艺消耗定额等。②货币标准，如单位产品成本、年利润额、销售收入、税金等。③时间标准，如生产线的节拍、生产周期、交货时间等。④综合标准，如劳动生产率、废品率、市场占有率等。定性标准相对来说，有一定的弹性，如企业的信誉、某人的工作能力、广告的近期效果等。

（二）衡量实际成效

衡量实际成效的内容主要是将实际工作成绩和控制标准相比较，对工作做出客观评价，从中发现二者的偏差，为进一步采取控制措施、及时提供全面准确的信息。

任何工作都处在某一动态的变化环境之中，当某项工作受其内部因素和外部环境影响时，必然会偏离原计划，出现偏差，控制者应及时发现并尽早纠正。这里有如下两种可能情况：

1. 偏差还未出现。在偏差还未出现但征兆已显露时，应及时采取措施，予以补救，以防偏差出现或尽量缩小偏差量。例如，企业产品市场占有率计划目标难以如期实现。这时应在其市场占有率下降之前，采取一些有力措施，例如，增强宣传力度，加强服务措施，加强质量管理等，努力消除或减轻对手带来的影响。

2. 偏差已经出现。在偏差已经出现时，应及时将信息反馈，以便进一步分析原因，采取措施，如库存量超过控制量水平。在这个阶段，实际操作者自我检查控制也是很重要的内容，同时他们的合作态度对衡量结果的正误也有很大影响，应加以重视。衡量工作成效的方法很多，例如，根据各种统计报表资料分析，利用各种经济核算，通过抽样调查、会议咨询、调查访问、现场追踪等方法，应视具体情况具体选定。

（三）分析偏差并予以纠正

当偏差出现后，控制者应认真分析偏差的程度及产生的原因，然后采取针对性的措施。

1. 偏差的程度。偏差的程度随不同的控制标准有不同的要求。有些标准要求严格执行，甚至不允许有很小的偏差，例如，成本控制，有时单位产品成本只增加一点点，但总产量的成本增加则是一个很大的数目。也有些标准相对来说，则有一定的弹性，例如，销售人员的任务完成量，因为销售人员所处的环境是不断变化的，有时是他根本无法控制的，这时应视具体情况以及他的主观努力，做一较公正的处理。

2. 产生偏差的原因及相应的措施。具体分析如下：

（1）由于实际操作者自身原因产生的偏差。例如，工作不负责、不认真，或不能胜任、能力有限等，这时可采取的措施有：重申规章制度，明确责任，明确激励措施及惩罚条例，或调整人员，改组领导班子，加强人员培训等。

（2）由于外部环境发生重大变化，事先没有估计到这些变化，以致产生偏差。例如，国家政策法规变化，国际政治风云变化，市场出现了新的竞争对手，某个大客户或大供应商突然破产等。由于这些因素都是不可控制的，管理系统只能采取某些措施，尽量消除不利影响，或改变策略，避开锋芒；或变换目标，另辟蹊径。

（3）由于计划目标本身不合理而产生的偏差。有时制定目标时，不切合实际，好高骛远，盲目地把目标订得太高，而实际上实力不够，根本达不到，如制订利润目标、市场占有率目标等时，这时应根据自身具体情况，修订目标，使之在合理的水平上。也有在制定目标时，过于保守，低估自己的力量，把目标定得太低，这时也要调整目标，使之合理。当然，应注意不能凭一时的情况，随便更改计划目标，否则，计划目标则失去存在意义，也就谈不上有效控制了。

二、控制分类

按控制组织结构的不同，控制可分为如下三类：

1. 集中控制。即全系统的控制活动由一个集中的控制机构来完成，这种形式的特点是：所有信息（包括内部、外部）都流入控制中心，由控制中心集中加工处理，并且所有的控制指令也全部由控制中心统一下达。

集中控制的优点是：①信息完整、集中。②控制目标易协调、统一。

集中控制的缺点是：①信息传输效率低。②控制滞后性强。③系统适应性差。

集中控制是一种较低级的控制，只适合于结构简单的系统，例如，小型企业、家庭作坊等。

2. 分散控制。即系统中的控制部分表现为若干个分散的、有一定相对独立性的子控制机构，这些机构在各自的职责范围内各司其职，各负其责，互不干涉，各自完成自己的目标。当然，这些目标是整个系统目标中的分目标。

分散控制的特点与集中控制相反，不同的信息流入不同的控制中心，不同的控制指令由不同的控制中心发出。

分散控制的优点是：①针对性强，信息传递效率高，控制效率高。②操作简单，系统适应性强。

分析控制的缺点是：信息不完整，整体协调困难。分散控制适应于系统组织较松散的部门，如城市各交叉路口的交通管理、企业集团的一些外围企业等。

3. 分级控制。又称等级控制，即系统的控制中心分解成多层次、分等级的控制体系，一般呈宝塔形，同系统的管理层次相呼应。分级控制的特点是：综合了集中控制和分散控制的优点，其控制指令由上往下传，越往下越详细，反馈信息由下往上传，越往上越精练，各层次的监控机构有隶属关系，分级控制的职责分明，分工明确。分级控制的优点是：①信息传递有详略，使各级部门能快速了解情况，迅速做出反应。②整体目标易协调。③系统组织适应性强。

分级控制的缺点是：组织设计要求高。分级控制在我们日常生活中时常可见，如一所大学，其控制机构就分为校中心—院系、分部—专业、年级—班级三个层次。又如，企业分为厂部—车间—班组。一般来说，系统越庞大，管理越复杂，越需要分级控制。

肯德基的"特殊顾客"

美国肯德基国际公司的子公司遍布全球 60 多个国家和地区，达 9900 多个。然而，肯德基国际公司在万里之外，又怎么能相信他的下属能不违反公司的章程呢？

一次，上海肯德基有限公司收到了 3 份总公司寄来的鉴定书，对他们外滩快餐厅的工作质量分 3 次鉴定评分，分别是 83 分、85 分、88 分，分公司中外方经理为之瞠目结舌，这 3 个分数是怎么评定的？原来肯德基国际公司雇用、培训一批人，让他们佯装顾客潜入店内进行检查评分。这些"特殊顾客"来无影，去无踪，这就使快餐厅的经理、雇员时时感到某种压力，丝毫不敢懈怠。

按控制反馈时间结构的不同，控制可以分为如下三类：

（1）事后控制。又称反馈控制，即根据系统的实施结果，与系统控制目标相比较后，再予以反馈调节，由于是在某一个阶段完成之后才着手控制，也称为面向过去的控制。

事后控制的缺点，就是存在时间滞后性。从得到实际成果到比较、评估，分析原因，制定措施并付诸实施，都需要时间，很容易贻误时机，增加控制的难度。另外，控制系统是通过信息反馈及行动调节来保证系统的稳定性。这就要求反馈的速度必须大于控制对象的变化速度，否则，系统就会产生振荡现象，处于不稳定状态，控制难以发挥作用，甚至起反作用。例如，盲目跟随潮流，总比流行趋势慢半拍的企业，就是事后控制的典型。

（2）现时控制。又称现场控制，即在计划实施过程中，于现场及时发现存在的偏差或潜在的偏差，即时提供改进措施以纠正偏差的一种方式。现场控制能及时发现偏差，及时纠正偏差，是一种较经济、有效的控制方法，也是难度较大的控制方法，它要求控制人员具有敏锐的判断力、快速的反应能力以及灵活多变的控制手段。同时，即使是现场控制，从发现偏差到纠正偏差，也需要花一段时间，故其控制效果有时也非完全理想的现时控制。

现场控制成效的好坏取决于基层管理人员，同时也需要实际操作人员的密切配合。只有这样，现场控制才能落到实处。例如，教师讲课时，可根据学生的反应（如表情、提问等）即时修正自己的授课内容，使之符合学生的要求。只有学生及时将疑问等信息反馈给教师，教师才能即时调整授课内容，及时解答疑问。再如，企业生产线上每一道工序只接受前一道工序中的合格产品，不让不合格品流到下道工序中去，每一个工人都是上道工序的质检员，不合格产品不出厂等。这也是一种现场控制，必须依靠工人的通力合作才能实现。以下就是一个典型的现时控制的例子。

汽车何时会抛锚

管理学家迈克尔·梅士肯曾经在 IBM 的一次集会上发表演讲，集会的地点是一个乡村度假村。在机场，公司代表接上他，驱车赶往会场。这时，梅士肯发现后面还有一辆车跟着，于是问为什么，接待者回答说："我们担心这辆车会抛锚。"

到了会场，主持人为他准备了两只麦克风，他又问为什么，回答是："防止万一有一个失灵。"

梅士肯演讲完以后，才发现身后有一个与众不同的人站在旁边。梅士肯问他是不是也要发表演讲，那个人回答说："如果你没来的话我才需要讲。"

（3）前馈控制。又称预先控制，即在系统的输入阶段就进行控制，以使实际和目标一致。由于控制始于行动之前，故也称为面向未来的控制。预先控

制一般是在行动之前，根据现有的信息（包括以往的经验和最新的情报信息等），预先进行分析、预测，并不断地修正计划和实施方案，力求使预测结果和实际情况相一致。

前馈控制方案应当是一个动态的方案。首先，要将所有可能的输入信息以及它们的影响因素，还有在实施过程中可能出现的干扰都预先加以详尽分析，并以此制定实施方案。其次，方案要考虑若出现某些干扰时应该怎么办，要有各种应急措施及备用方案，同时还要充分做好出现某些变故的思想上和物质上的准备。换句话说，前馈应该将各种可能出现的变故都预先估计到，并做好各种准备工作。

预先控制是一种较科学的控制方法，它将可能出现的各种偏差抑制在萌芽状态，使系统避免出现较大的损失。预先控制和预测密切相关，只有充分掌握信息、准确预测，才能使控制效果更好。

IBM为一次演讲准备两辆车、两只麦克风甚至是两位演讲者，都是为了采用预先控制，避免错误。因此，纠正错误的最好方法就是实施预先控制。

第三节　控制技术与方法

一、控制的要求

要使控制工作发挥作用，取得预期的成效，设计控制系统与技术的系统专家在具体运用上述六条原则时，还要特别注意满足以下几个要求：

（一）控制系统应符合管理者的个别情况

控制系统和信息是为了协助每个管理者行使其控制职能的。如果所建立（或设计）的控制系统，不为管理者所理解、信任和使用，那它就没有多大用处。因此，建立控制系统必须符合每个管理者的情况及其个性，使他们能够理解它，进而能信任它并自觉运用它。例如，不同的人提供信息的形式是不同的，统计师和会计师喜欢用复杂的表格形式；工程技术人员喜欢用数据或图表形式，甚至还有少数人，如数学家则喜欢用数学模型；而对管理者来说，由于知识水平所限，不可能样样精通。因此，提供信息时就要注意他们的个性特点，要提供那些能够为他们所能理解、所能接受的信息形式。同时，控制技术也是如此，不同的管理者适用不同的控制技术。因为即使是很聪明的管理者，也可能由于系统专家的某些复杂技术而被"难倒"。为此，一些明智的专家是不愿向他人去炫耀自己是如何的内行，而宁愿设计一种使人们容易理解的办法，以便人们能够运用它。这样的专家愿意正视这一点，即如果他们能从一个虽然粗糙但却是合理的方法中得到80％的好处，那么总比虽然有一个更加完善但不起作用，因而一无所获的方法要好得多。

（二）控制工作应确立客观标准

管理难免有许多主观因素在内，但是，对于下属工作的评价，不应仅凭主观来决定。在需要凭主观来控制的那些地方，管理者或下级的个性也许会影响对工作的准确判断。但是，如能定期地检查过去所拟定的标准和计量规范，并使之符合现时的要求，那么，人们客观地去控制他们的实际执行情况也不会很难。因此，可以概括地说，有效的控制工作要求有客观的、准确的和适当的标准。

客观标准可以是定量的，例如，每一个预防对象的费用或每日门诊病人数，或工作完成的日期。客观的标准也可以是定性的，例如，一项专门性的训练计划，或者是旨在提高人员素质的专门培训计划。问题的关键在于，在每一种情况下，标准都应是可以测定和可以考核的。

（三）控制工作应具有灵活性

控制工作即使在面临着计划发生了变动，出现了未预见到的情况或计划不周的情况时，也应当能发挥它的作用。也就是说，在某种特殊情况下，一个复杂的管理计划可能失常。控制系统应当报告这种失常的情况，它还应当含有足够灵活的要素，以便在出现任何失常情况时，都能保持对运行过程的管理控制。换言之，如果要使控制工作在计划出现失常或预见不到的变动情况下保持有效性的话，所设计的控制系统就要有灵活性。这就要求在制定计划时，要考虑到各种可能的情况并拟定各种抉择方案。一般来说，灵活的计划有利于灵活的控制。需要注意的是，灵活性要求仅仅是应用于计划失常的情况，而不适用于在正确计划指导下人们工作不当的情况。

（四）控制工作应讲究经济效益

控制所支出的费用必须是合算的。这个要求是简单的，但做起来却常常很复杂。因为一个管理者很难了解哪个控制系统是值得的，它所花费的费用是多少。所谓经济效益是相对而言的，它随经营业务的重要性及其规模而不同，也随着缺乏控制时的耗费情况与一个控制系统能够做出的贡献时的情况而不同。例如，为调查某种原因不明的流行病而花费大量的人力和时间去拟定调查表格，这被认为是值得的。但是，谁也不会说花费同样的费用去拟定一个旨在了解本单位医护人员技术状况的表格也是合算的。

由于控制系统效果的一个限定因素是相对经济效益，因而自然就在很大程度上决定了管理者只能在他认为是重要的方面选择一些关键问题来进行控制。因此，可以断言，如果控制技术和方法能够以最小的费用或其他代价来探查和阐明偏离计划的实际原因或潜在原因，那么它就是有效的。

（五）控制工作应有纠正措施

一个正确的有效的控制系统，除了应能揭示出哪些环节出了差错，谁应当对此负责外，还应该确保能采取适当的纠正措施，否则这个系统就会名存实亡。应当记住，只有通过适当的计划工作、组织工作、人员配备、指导与领导工作等，来纠正那些已经显示出的或所发生的偏离计划的情况，才能证明该控制系统是正确的。

（六）控制工作要具有全局观点

在组织结构中，各个部门及其成员都在为实现其个别的或局部的目标而活动着。许多管理者在进行控制工作时，就往往从本部门的利益出发，只求能正确实现自己局部的目标而忽视了组织目标的实现，因为他们忘记了组织的总目标是要靠各部门及其成员协调一致的活动才能实现的。因此，对于一个合格的主管人员来说，在进行控制工作时，不能没有全局观念，要从整体利益出发来实施控制，将各个局部的目标协调一致。

（七）控制工作应面向未来

在前一章已经论述过，一个真正有效的控制系统应该能预测未来，及时发现可能出现的偏差，预先采取措施，调整计划，而不是等出现了问题再去解决。

二、控制技术与方法

（一）预算

预算是某一个时期具体的、数字化的计划。预算把计划分解成一定的数字，使之与各部门、各单位的计划相一致，既做到了授权，又保证了计划在预算限度内得以实施。预算实际上是一种把预算结果作为控制标准的控制方法。

预算作为计划与控制的常用工具，在实际应用中可能带来一系列问题，要注意以下几个方面：

1. 预算目标取代组织目标。有些管理者过于热衷于使自己所在部门的经营状况符合预算的要求，甚至忘记了自己的首要职责是保证企业目标的实现。比如，为了达到目标而采取特殊措施可能被一些部门以不在预算之内而加以拒绝；同时，预算还会加剧各部门难以协调的独立性。这种全局与局部控制目标存在的矛盾应当在计划制定时予以考虑，每一步预算都应该是整个计划系统不可分割的一部分。

2. 过于详细的预算。预算过于详细时，会使得每行一步甚至是很小一步都受预算的约束，这样，就容易抑制人们的创造力，让人们产生不满情绪。同时，预算过细，带来的预算费用也大，是得不偿失的。

3. 预算导致效率低下。预算带来一种惯性，有时它会保护那些既得利益者。因为预算一般是在基期的预算上增减修改制定的。过去的惯例成为预算的基数，这样，不合理的惯例及以前合理而现在已不合理的惯例会给一些人带来方便，同时，基层预算者总是将预算额抬高一些，以便让高层领导在审批中削减，这样，又增加了预算的不合理性。总之，不严格的预算可能会成为某些无效工作的保护伞，而预算的反复审核又将增大预算编制工作量。

4. 预算缺乏灵活性。在计划执行过程中，一些变动性较大的因素与预测发生的偏差会使一个刚制定的预算很快过时，如果在这种情况下还必须受该预算的约束，可能会造成重大的损失。在预算涉及的时期很长时尤其如此。

（二）财务分析

财务分析，即根据经营组织的资产负债表和损益表中的各项数据进行比较分析，从中找到某些偏差或发展趋向。财务分析的主要根据是一些反映企业经营活动状况的比率，常用的比率有财务比率和经营比率。

财务比率综合地反映着企业的资金筹集和资金运用情况，由此可以全面了解企业的财务状况。财务比率主要包括：①负债比率，即负债总额与资产总额之比，表示该企业的偿债能力。②资金报酬率，即净利润与资产总值之比，表示该企业的投资效率。③销售利润率，即利润额与销售收入之比，表明该企业的销售收益状况。④流动比率，即流动资产与流动负债之比，表明该企业流动资产在短期债务到期之前偿还流动负债的能力。⑤速动比率，即速动资产与流动负债之比，表明该企业短期偿债能力。⑥存货周转率和应收账款周转率。

经营比率是一些可以更直接反映企业经营情况的比率，例如，市场占有率和投入产出比率等。财务分析还可以通过盈亏平衡点分析来进行控制活动。盈亏平衡点分析根据产量、成本和利润三者的关系对企业盈亏情况进行分析，它能有效地告诉管理者盈亏的界限。例如，企业生产某一产品，其保本点产量为：

$$X_0 = F / (p - v)$$

式中：F 为全部固定成本；p 为售价；v 为单位产品可变成本。企业产量只有超过 X_0 值时，才有盈利，否则将产生亏损。盈亏平衡点分析可以用于成本控制，计算实现利润目标的产量和分析变动因素对利润的影响。

（三）计划评审法

计划评审法（PEPT），又称时间项目网络分析法，是由美国海军专案计划局开发的一种有效控制工具，于1985年用于"北极星武器系统"的规划及控制。计划评审法的主要功能，是能帮助管理人员在众多的存在时间顺序联系的单个活动中找到对整个计划的按期或在最短时间内完成有重大影响的关键活动，并提供各项活动在时间上的顺序安排以及它们的机动时间。这样，便使杂乱无章的事情变得井井有条，人们只需在各自的规定时间内完成自己的工作，管理控制人员也对整个项目的完成心中有数，并知道应对哪些关键活动作重点控制。

计划评审法作为一套完整的工具，将可变的时间、资源及技术等因素，纳入计划、执行、监督、考核的统一管理之内，可以明确表明各项活动之间的相互关系，提高管理效率以进行合理的资源分配。计划成本评审法（PERT/COST）作为计划评审法的延伸，将成本纳入网络分析范围，大大提高了在解决计划和控制问题上的管理效能。

（四）企业自我审核法与全面绩效控制

1. 企业自我审核法。企业的目标和政策会随时间变化而过时，如果企业不改变过时的目标和政策以适应不断变化的社会、技术和政治环境，就会丧失市场和继续生存所必需的条件。因此，企业自我审核法要求企业定期从各个方面对企业的经营管理状况做出评价，以确定企业当前所处的位置，进一步明确企业的目标和发展方向。

2. 全面绩效控制。实践表明，很多以企业某一工作环节为重点的控制方法，比如，生产控制、人事管理控制、质量控制等，虽然在局部取得了一定的效果，但并不代表管理工作的最终绩效，因此，有效的管理也需要一些有效的综合控制方法。

全面绩效控制就是一种通过设计衡量企业各项工作成效的标准，对企业全部经营管理活动进行综合控制的方法。下面列举美国奇异电气公司采用的8个控制项目：①获利能力，是指扣除各项费用（包括机会成本）的利润，可用以与历年企业利润或同行一般获利能力相比较。②市场地位，主要指市场占有率，可以反映企业的竞争能力，用以选择目标市场，确定市场所需的产品定位等。③生产力，指一个企业对于拥有生产资源的运用能力，与现有设备性能、员工工作效率等因素有关。④产品领导能力，是指企业能否主动地开发新产品，以适应市场的需要。⑤人力发展，是指企业培养运用人才的能力。⑥员工士气，反映企业管理者处理"人的因素"的能力和员工合作精神。⑦公共责任。⑧企业目标。

（五）作业控制

作业控制是组织将输入转化成输出的过程中的管理。由于转换过程是消耗成本最大的过程，其效率的高低直接影响收益情况。作业控制是为了保证各项作业计划的顺利进行而做的一系列工作。作业计划一般包括生产计划和生产作业计划。企业根据市场需求，在一定的生产技术条件下，亦即在一定的生产能力、工艺流程、平面布置等条件下，安排生产作业活动。

1. 质量控制。质量是企业的生命，质量控制历来是各个企业管理控制的重点，质量控制经历了事后检验、统计抽样检验、全面质量管理等阶段。

事后检验是在产品已经完成后做终端检查，只能防止不合格品出厂，对已经造成的损失已无法挽回，而且还可能有"漏网之鱼"，对一些需要做破坏性检验的产品更是束手无策。统计抽样检验将质量控制的重点从生产过程的终端转到生产过程的每道工序，通过随机抽样检验，将其数据用统计分析方法制作成各种"控制图"，由此来分析判断各道工序的工作质量，从而防止了大批不合格产品的产生。

全面质量控制（TQC）是由美国专家戴明首先提出的，它使用的方法是科学全面的，它以统计分析方法为基础，综合应用各种质量管理方法。全面质量管理要求："一切为了顾客，一切以预防为主，一切凭数据说话，一切按'计划—执行—检查—处理'循环（即 PDCA 循环）办事"。

PDCA 循环也称戴明环，整个质量管理体系按照其顺序循环运行，大环套小环，一环扣一环。"一切凭数据说话"即使用传统质量管理工具（统计分析表、排列图、因果图、直方图、控制图、散点图等方法）和新质量管理七种工具（关联图法、K 线法、系统图法、矩阵图法、矩阵数据解析法、PDPC 法、箭头图法）作为控制技术，进行数理统计分析，并由此了解质量状态。

2. 库存控制。企业的生产要正常地连续地进行，供应链不能断，而且还需要一定的库存，但库存占用了大量的流动资金，有时还会造成极大的浪费，所以库存的控制非常重要。库存控制主要解决这些问题：哪些物资要有库存？哪些可多存？哪些应少存？何时订货？订多少？等等。准时生产或准时制（JIT）是一种库存控制的有效方法，下面做一介绍。

准时生产是一种新的生产方式，它的目标是在需要的时间和地点，生产绝对必要的数量和完善质量的产品。为此，要彻底消除生产过程中的无效劳动和浪费，实现零废品、零库存、零准备时间。这里说的"零"并不是真正意义上的零，而是无限小，永远达不到，但永远有一个努力的目标。

准时生产用"拉动式"的"看板管理"在生产现场控制生产进度，使之达到准时生产的目的。"拉动式"生产方式和一般的生产方式不同，它是在根据市场需求制定生产计划后，只对最后的生产工序工作中心发出指令，最后工序工作中心根据需要向其前道工序中心发出指令，前道工序中心再向其前面的工作中心发出指令，这样，按反工艺顺序逐级"拉动"，一直"拉"到第一道工序的工作中心。同时，还可"拉"到采购部门、原材料供应商和零配件协作厂。在生产现场，其"拉动"是靠"看板"来实现的，看板有生产看板和运输看板，工人不见生产看板不生产，不见运输看板不运输，而且每一张看板代表一定的数量，很容易计算和检查；它实际上是将存放在现场，由看板数量确定各零配件的库存数量，每当生产运行平稳后，就减少一些看板数量，使得生产中的一些问题暴露出来，从而采取措施，加以改进。

准时生产使生产和进货成本显著下降，一般有以下四种方法：

1. 减少缓冲存货。缓冲存货的存在，部分原因在于生产车间出了问题，部分原因在于生产的产品不完善。当这些事情发生时，下游生产车间必须停工，除非有缓冲存货可以用做原料。因此，采取措施来减少机器故障，提高产品质量，就会减少缓冲存货。准时生产方法的目的是在恰当的时间，以恰当的质量为下游生产车间生产和传送恰当的产品。

2. 降低制造成本。运用数控机床，制造成本只包括在一个机床里装入一个新计算机程序。因此，当计算机程序成熟后，以后批量生产制造成本就变得微乎其微了。

3. 降低进货成本。以前，进货工作包括向许多卖主分发投标邀请，分析投标，和其中最好的卖主下订货单，接收和检查进货。现在，许多公司通过和一个或两个卖主就某种商品建立起良好的关系从而降低这些环节的成本。

4. 与顾客联系。即和顾客建立起自动订货的关系。厂商建立起了一套订货体系，他们的销售员按自动程序收到零售商和其他顾客以事先设置好的公式为基础决定再订货的次数和数量，从而减少了顾客的订货成本，加强了顾客和厂商之间的联系。

（六）计算机集成制造（CIM）

随着市场的不断发展，顾客的需求越来越多样化，产品的生产批量也越来越小，规模经济已经不能发挥其原有的优势，这就要求作业过程有足够的柔性，使小批量生产的成本大大减少，同时又能及时根据市场要求变化，调整产品品种和产量，市场还要求企业不断开发新产品，加速产品的更新换代，提高产品质量，做到质量好、价格低、品种多、性能优。为了适应这些要求，现在已经开发了相关的生产控制系统。其中包括数控机床、机器人和与其他计算机结成一体的计算机系统，从而促进了手工操作的减少、产品质量的提高、文书工作的降低、双重记录工作的消除，以及不同系统间数据不相匹配的消除、存货的减少、生产时间的减少和生产成本的相应降低。

先进而又昂贵的计算机系统正在将生产的各个阶段联系起来。这些系统有生产资源计划系统（MRPII）、同步工程系统、柔性制造系统（FMS）、生产会计和产品信息控制系统（MAPICSII）、生产资源计划和执行系统（MR-PX）和计算机辅助生产系统（CAMI）。这些系统的共性在于它们将以前的关于产品设计、订货程序、应收账款、应付工资、应付账款、存货控制、原料清单、生产能力计划、产品计划和产品成本会计等方面的独立系统中的部分或全部归结为一个系统。完全由计算机生产的系统包括下列部分或全部柔性制造系统：

1. 计算机辅助设计（CAD）。用于计算机设计新产品，替代传统的手工绘图和改进设计质量。

2. 计算机辅助生产（CAM）。用计算机控制机床和原料流程。

3. 数控机床。可在不同型号、形状的零部件上完成钻、铣、刨、车等可编程机器设备。

4. 机器人。有手和脚（有时还有眼睛）的可编程机器，它从事各种各样的重要性工作，如焊接、组装和喷漆。

5. 原料自动化处理系统。储存和补偿系统，包括放置原料、包装，将它们从储存仓运到车间，或运到码头以传送给顾客。此外，还包括将原料自动地由一个车间送往另一个车间的自动导向车辆。

6. 柔性制造系统。计算机控制的生产设备。一般情况下，生产一种产品或产品线的机器汇集在一个地方。它们记录财务和成本会计事项，同时也合并了下面这些以前独立处理的几种事务：

（1）后勤服务。订货、购买、确认原材料流动。

（2）平衡活动。使原料、人工和机器的供给和需求相适应。

（3）质量。使与规格相一致的产品有效。

（4）变化。更新生产信息、工程改变订单、计划、路线、标准、规格和原料清单。

本章提要

1. 控制是对管理系统的计划实施过程进行监测，将监测结果与计划目标相比较，找出偏差，分析其产生的原因，并加以处理。其目的就是要指出计划实施过程中的缺点和错误，以便加以纠正和防止重犯。控制在每件事、每个人、每个行动上都起作用。计划是控制的前提，没有计划的控制毫无实际意义；控制是计划目标实现的保证，没有控制，计划难以有效实现。

2. 实施控制要满足一定的基本前提：①明确的目标。②责权分明的组织结构。③科学的控制方法和手段。

3. 要使控制工作发挥有效的作用，在建立控制系统时必须遵循一些基本的原则：①反映计划要求原则。②组织适宜性原则。③控制关键点原则。④控制趋势原则。⑤例外原则。⑥直接控制原则。

4. 按控制组织结构的不同，控制可分为集中控制、分散控制和分级控制三类。按控制反馈时间结构的不同，控制可以分为事后控制、现时控制和前馈控制三类。

5. 虽然管理对象千差万别，但控制的基本程序是相同的，一般包括三个步骤：①确定控制标准。控制标准是控制行为实行的依据。控制标准来源于计划，又不同于计划，可以分为定量标准和定性标准两大类。②衡量实际成效。即将实际工作成绩和控制标准相比较，对工作做出客观评价，从中发现二者的偏差，为进一步采取控制措施、及时提供全面准确的信息。③分析偏差并予以纠正。当偏差出现后，控制者应认真分析偏差的程度及产生的原因，然后采取针对性的措施。

6. 要使控制工作发挥作用，取得预期的成效还要特别注意满足一定要求：①控制系统应符合管理者的个别情况。②控制工作应确立客观标准。③控制工作应具有灵活性。④控制工作应讲求经济效益。⑤控制工作应有纠正措施。⑥控制工作要具有全局观点。⑦控制工作应面向未来。

7. 企业管理中的控制方法主要有：①预算。它是某一个时期具体的、数字化的计划，它把计划分解成一定的数字，使之与各部门、各单位的计划相一致，既做到了授权，又保证了计划在预算限度内得以实施。②企业自我审核法与全面绩效控制。要求企业定期从各个方面对企业的经营管理状况做出评价，以确定企业当前所处的位置，进一步明确企业的目标和发展方向。③作业控制。它是组织将输入转化成输出的过程中的管理，是为了保证各项作业计划的顺利进行而做的一系列工作。④计算机集成制造（CIM）。

讨论题

1. 有人认为，控制只会增加企业成本而不能为企业创造利润。你是否赞成这种观点？为什么？

2. "每位员工在组织控制工作中都起到了作用"，你同意吗？或你认为控制仅仅是管理者的责任吗？

3. 未来是不确定的，预测是不可能的，成本也过大，因此对于以盈利为目的的企业而言，事前控制是没有必要的。对于这点，你是如何看待的？

案例：邯钢的"模拟市场核算，实行成本否决"制

河北省邯郸钢铁总厂（以下简称邯钢）是 1958 年建设的老厂。1990 年，邯钢与其他钢铁企业一样，面临内部成本上升、外部市场疲软的双重压力，经济效益大面积滑坡。当时生产的 28 个品种有 26 个亏损，总厂已到了难以为继的状况，然而各分厂报表中所有产品却都显示出盈利，个人奖金照发，感受不到市场的压力。造成这一反差的主要原因，是当时厂内核算用的"计划价格"严重背离市场，厂内核算反映不出产品实际成本和企业真实效率，总厂包揽了市场价格与厂内核算用的"计划价格"之间的较大价差，职责不清，考核不严，干好干坏一个样。为此，邯钢从 1991 年开始推行了以"模拟市场核算，实行成本否决"为核心的企业内部管理体制改革，当年实现利润 5000 万元。接着从 1991—1995 年，邯钢共实现利润 21.5 亿元，是"七五"期间的 5.9 倍，钢产量在 5 年内翻了 1 倍以上，使邯钢由过去一个一般的地方中型钢铁企业跃居全国 11 家特大型钢铁企业行列。

邯钢在实行管理体制改革的 5 年时间，实现的效益和钢产量已经超过了前 32 年的总和。这巨大的力量来自何处？邯钢的职工喜欢用"当一份家，理一份财，担一份责任，享受一份利益"四句话来概括他们的作用。而使邯钢人体验到由"当家理财"而"当家做主"的新型主人翁地位的，

正是"模拟市场核算，实行成本否决"这一体制的成功发明与实践。据统计资料分析，邯钢这 5 年实现的 21.5 亿元利润中，有 8 亿元，占 5 年利润总额的 37.2％，是 2.8 万名邯钢职工靠挖潜降成本增效而得来的。5 年来，邯钢在原材料不断涨价的情况下，吨钢成本以平均每年 4％强的速度在下降。邯钢通过将成本责任和每个职工紧紧捆在一起，使大家树立了高度的成本意识，就像居家过日子一样精打细算，人人为成本操心，个个为增效出力。这就是与社会主义市场经济适应的成本中心责任体制的威力。

邯钢"模拟市场核算"的具体做法：一是确定目标成本，由过去以计划价格为依据的"正算法"改变为以市场价格为依据的"倒推法"，即：将过去从产品的市场售价减去目标利润开始，按厂内工序反向逐步推的"倒推"方法，使目标成本各项指标真实地反映市场的需求变化。二是以国内先进水平和本单位历史最好水平为依据，对成本构成的各项指标进行比较，找出潜在的效益，以原材料和出厂产品的市场价格为参数，进而对每一个产品都定出"蹦一蹦能摸得着"的目标成本和目标利润等项指标，保证各项指标的科学性、合理性。三是针对产品要做到不赔钱或微利，原来盈利的产品要做到增加盈利。对成本降不下来的产品，停止生产。四是明确目标成本的各项指标是刚性的，执行起来不迁就、不照顾、不讲客观原因。如邯钢二炼钢分厂，1990 年按原"计划价格"考核，该分厂完成了指标，照样拿了奖金，但按"模拟市场核算"实际亏损 1500 万元。1991 年依据"倒推"方法确定该分厂吨钢目标成本要比上年降低 24.12 元，但分厂认为绝对办不到，多次要求调整。总厂厂长刘汉彦指出：这一指标是根据市场价格"倒推"出来的，再下调就要亏损，要你们吨钢成本降低 24.12 元，你们降低 24.11 元也不行，不是我无情，而是市场无情。于是，该分厂采用同样的"倒推"方法，测算出各项费用在吨钢成本中的最高限额，将构成成本的各项原材料、燃料消耗，各项费用指标等，大到 840 元一吨的铁水，小到仅占吨钢成本 0.03 元的印刷费、邮寄费，逐个进行分解，形成纵横交错的、严格的目标成本管理体系，结果当年盈利 250 万元，成本总额比上年降低了 2250 万元。1994 年，该分厂总成本比目标成本降低 3400 万元，超过内部目标利润 4600 万元。

邯钢"实行成本否决"的具体措施：一是将产品目标成本中的各项指标层层分解到分厂、车间、班组、岗位和职工个人，使厂内的每个环节都承担降低成本的责任，把市场压力及涨价因素消化于各个环节。实行新管理体制的第一年，总厂 28 个分厂、18 个行政处室分解承包指标 1022 个，分解到班组、岗位、个人的达 10 万多个。目前全厂 2.8 万名职工人人身上有指标，多到生产每吨产品担负上千元，少到几分钱，人人当家理财，真正成为企业的主人。二是通过层层签订承包协议、联利计酬，把分厂、车间、班组、岗位和职工个人的责、权、利与企业的经济效益紧密地结合在一起。三是将个人的全部奖金与目标成本指标完成情况直接挂钩，凡目标成本指标完不成的单位或个人，即使其他指标完成得再好，也一律扣发有关单位或个人的当月全部奖金，连续 3 个月完不成目标成本指标的，延缓单位内部工资升级。四是为防止成本不实和出现不合理的挂账待摊，确保成本的真实可靠，总厂每月进行一次全厂性的物料平衡，对每个单位的原材料、燃料进行盘点。以每月最后一天的零点为截止时间，次月 2 日由分厂自己核对，3 日分厂之间进行核对，在此基础上总厂召开物料平衡会，由计划、总调、计量、质量、原料、供应、财务等部门的负责同志参加，对分厂报上来的数据与盘点情况进行核对，看其进、销、存是否平衡一致，并按平衡后的消耗、产量考核各分厂目标成本指标完成情况，据此计发奖金。除此之外，每季度还要进行一次财务物资联合大检查，由财务、企管部门抽调人员深入到分厂查账。账物不符的，重新核算内部成本和内部利润；成本超支、完不成目标利润的，否决全部奖金。5 年来，全厂先后有 79 个厂（次）被否决当月奖金，有 69 个分厂和处室被延缓了工资升级时间。

讨论题

1. 邯钢推行"模拟市场核算，实行成本否决制"以后，各分厂由原来的单纯生产中心转变成了成本中心还是模拟利润中心？这两种责任中心体制有何联系和区别？它们各有哪些优缺点和适用条件？

2. 企业中哪些组织层次可作为成本中心来运作？处于不同组织层次的成本中心，应该如何有机地联结起来？

3. 你认为邯钢依据"市场成本"指标，对有关单位和人员实行"成本对全部奖金的一票否决制"的合理性如何？

第十章　创新

创新是一种赋予资源以新的创造财富的能力的行为，创新是管理者所能利用的一种特殊的资源。世界各国经济发展的历史证明，创新是人类财富之源，是经济发展的巨大动力。企业家需要有目的地寻找创新的源泉，抓住一切可以导致创新成功的机会。本章从管理的角度阐述创新机会的源泉，如何激励创新者，以及创新策略、创新方法等内容。

第一节　创新概述

一、创新的含义

理论、价值以及所有人类的思维和双手创造出来的东西都会老化、僵化。因此，创新和创业精神必须成为维持我们组织、经济和社会之生存所不可或缺的活动。那么，什么是创新呢？德鲁克认为，创新是改革资源的产出量或改变消费者来自资源的价值满足。创新包括下列五种情况：①引入一种新产品或提供一种产品的新质量。②采用一种新生产方法。③开辟一个新市场。④获得一种原料或半成品的新供给来源。⑤实行一种新的组织形式，如建立一种垄断地位或打破一种垄断地位。

对企业来说，创新不仅是寻求新技术，而且也包括寻求新产品、新原料、新市场、新管理制度和新方法等。

创新不仅是构想出新的东西，而且要实际做出新的东西。创新是企业家精神的核心，企业家通过创新可以产生新的资源来创造财富，或者使现有的资源具有更大的创造财富的能力。创新不仅涉及新材料、新机器，而且涉及新知识、新技能、新组织设计、新方法的引进。

有学者通过研究表明，大型企业的生命周期通常只有人类寿命的一半左右。而最近几年企业所面临的压力比前几年大大增加，从而使得企业的生命周期进一步缩短。国际战略管理协会的统计数据表明：十年前，《财富》杂志排行榜的 500 强企业中，将近 40% 的企业已经销声匿迹了；而 1970 年，《财富》杂志排行榜的 500 强企业中，60% 的企业被别的企业收购或已经破产。首批收入 1900 年道·琼斯指数的 12 家企业中，只有通用电气仍然得以幸存。

美国麻省理工学院教授厄特拜克（J. M. Utterback）指出，突破式技术创新有时会改变技术及经济方面的游戏规则，从而引起整个行业的消亡。他还得出两个警示性的结论：第一，许多改变市场游戏规则的重要创新，通常是由新进入市场者或外行带来的。第二，在市场剧变过程中，原有的市场主宰者通常无法适应这种新的变化。

二、创新的特点

创新的重要性已为人所知，为了更有效地进行创新，我们必须认识创新的特点。一般而言，创新具有以下特点：

（一）创造性

创造性是指创新所进行的活动与其他活动相比，具有突破性的质的提高。也可以说，创新是一种创造性构思付诸实践的结果。

创新的创造性，首先表现在新产品、新工艺上，或是体现在产品、工艺的显著变化上；其次表现在组织结构、制度安排、管理方式等方面的创新上。这种创造性的特点就是敢于打破常规，在把握规律的同时能紧紧抓住时代前进的趋势，勇于探索新路子。

（二）风险性

由于创新过程涉及许多相关环节和影响因素，从而使得其创新结果存在一定程度的不确定性，也就是说，创新带有较大的风险性。一个创新的背后往往有着数以百计的失败的设想。据统计，在美国，企业产品开发的成功率只有 20%—30%，如果计算从设想到进行开发到成功的比率，那就更是凤毛麟角了。

创新具有风险性，首先是因为创新的全过程需要大量的投入，这种投入能否顺利地实现价值补偿，受到来自技术、市场、制度、社会、政治等不确定因素的影响。其次是因为竞争过程的信息不对称，竞争者也在进行各种各样的创新，但其内容我们未必清楚，因而我们花费大量的时间、财力、人力等资源研究出来的成果，很可能对手已经抢先一步获得或早已超越这一阶段，从而使我们的成果失去意义。再次是因为创新作为一个决策过程，无法预见许多未来的环境变化情况，故不可避免地带有风险性。

（三）高收益性

企业创新的目的是要增加企业的经济效益和社会效益，以促进企业发展。在经济活动中，高收益往往与高风险并存，创新活动也是如此，因而尽管创新的成功率较低，但成功之后可获得的利润却很丰厚，这就促使企业不断投入创新。微软公司创办初期，仅有1种产品、3个员工和1.6万美元的年收入，但它经过持续的创新活动获得了巨大的经济效益，从而一跃成为大型跨国高科技公司，董事长比尔·盖茨本人也成为世界首富。

（四）系统性和综合性

企业创新是涉及战略、市场调查、预测、决策、研究开发、设计、安装、调试、生产、管理等一系列过程的系统活动。这一系列活动是一个完整的链条，其中任何一个环节出现失误都会影响这个企业创新的效果。同时，与经营过程息息相关的经营思想、管理体制、组织结构的状态也影响着整个企业的创新效果。所以，创新具有系统性和综合性。创新的系统性和综合性还表现在创新是许多人共同努力的结果，它通常是远见和技术的结合，需要众多参与人员的相互协调和相互作用，才能产生系统的协同效应，使创新达到预期的目的。

（五）时机性

时机是时间和机会的统一体，也就是说，任何机会都是在一定的时间范围内存在的。如果我们正确地认识客观存在的时机并能充分地利用时机，就有可能获得较大地发展；反之，如果我们错过了时机，我们的种种努力就会事倍功半，甚至会前功尽弃，出现危机。

创新也具有这样的时机性。消费者的偏好处于不断的变化之中，同时社会的整体技术水平也在不断提高，因而使创新在不同方向具有不同的时机，甚至在同一方向也随着阶段性的不同具有不同的时机。从而要求创新者在进行创新决策时，必须根据市场的发展趋势和社会的技术水平进行方向选择，并识别该方向的创新所处的阶段，选准切入点。

（六）适用性

创新是为了进步与发展，因而只有能够真正促使企业进步与发展的创新，才是真正意义上的创新。从这个意义上说，创新并非越新奇越好，而是以适用为基本准则。对一个企业来说，由于基础条件不同，历史背景不同、所处环境不同、经营战略不同、从而需要解决的问题和达到的目的不同。因而，不同的企业采取的创新方式也应该有所区别，要使创新满足本企业的适用需求。

三、创新与发明

人们常常把创新与发明相混淆。发明只是一种为了改进产品、工艺、设计或提高生产和管理效率而提出的方案、样品或思想。技术上的发明可以申请专利或获得奖励，但不一定能发展成技术创新，当一项发明只停留在设想或样品阶段，则与技术创新无关。只有当发明投入生产，并投放市场取得经济效益时，它才能成为技术创新的起始部分。因此，创新是一个经济概念，也是一个全过程的系统活动，而发明如果能成功也只是创新的一个阶段。另外，创新在多数情况下不是由自己的发明引起的。

一 些 发 明

事实上，19世纪一些最著名的发明者的名字已经被人遗忘，与发明联系在一起的名字是将发明拓展与商业应用的企业家。例如，真空吸尘器最初是由 J. 默里·斯彭格勒（J. Murray Spengler）发明，被称为"电子吸力清扫器"。在发明吸尘器后，他与镇上的皮革制造商 W. H. 胡佛（W. H. Hoover）合作生产。胡佛虽然他不懂真空吸尘器，但是，他知道如何将其推向市场，如何进行销售。同样，一位名叫伊莱亚斯·豪（Elias Howe）的波士顿人在1846年发明了世界上第一台缝纫机。虽然他到英国试图销售，但没有成功。后来，他返回美国后，却发现一位名叫艾萨克·辛格（Isaac Singer）的人侵犯了他的专利，并组织批量生产。最后，虽然辛格被迫向豪支付所有生产的缝纫机的专利权税，但是，大多数人将缝纫机与辛格的名字联系在一起。还有，萨缪尔·摩斯被认为是"现代电报之父"，而实际上他只发明了用他的名字命名的编码，其他都是他人发明的。摩斯拥有超人的能力与远见，为推广电报项目，他将营销手段与政治技能结合在一起，以确保政府对开发工作的资助。摩斯推广这样一种概念：电报将第一次把美洲大陆上分隔遥远的两地的人们连接在一起。在首次电报工作原理演示后的五年内，美国已有5000多英里电报线路，相应的，摩斯被认为是"当代最伟大的人"。

四、创新与研究开发

研究开发是指为了增加知识储备，包括研究关于人类、文化和社会的知识，并探索其新的应用而进行的系统的创造性工作。经济合作和发展组织对研究开发的定义是："研究和实验开发是一个系统的基础上的创造性工作，其目的在于丰富有关人类、文化和社会的知识库，并利用这一知识进行新的发明。"它是创新的前期阶段，是创新的投入，是创新成功的物质和科学基础。但研究开发活动并不等同于创新，不能认为只要有研究开发活动就有创新。

虽然并不是有研究开发就有创新，创新也并不一定非要有研究开发不可。但一般来说，研究开发活动越多，创新就会越多。因为研究开发是创新的前期工作，为了使新的构思转化为现实生产力，进行研究开发是非常重要的。即使是通过技术引进，要把它变成企业自己的技术也需要研究开发工作。对于一些重大的技术创新来说，则更需要有研究开发工作者来支持。在现实中我们可以看到，凡是能持续发展的大企业都设有研究开发部门，并且投入大量的资金支持该部门的工作。

第二节　创新机会的源泉

任何成功的创新都是通过有意识、有目的地寻找创新机会来实现的。我们认为，企业主要应从以下几个方面寻找和利用创新机会。

一、从意外情况中捕捉创新机会

（一）意想不到的成功

意外的成功为成功的创新提供了最理想的机会。这是风险最小而又最省心的创新机会。例如，IBM 公司在 20 世纪 80 年代初为银行设计了会计人员使用的计算机，由于经济危机而卖不出去。意外的是，纽约公立图书馆首先购买了 1 台。由于图书馆财力有保证，纷纷仿效，IBM 公司一下就卖出了 100 多台。后来又发展到科研、工商企业。

（二）意外的失败

与成功不同的是，失败是难免的，但是，人们往往不把失败看成是机会的征兆。当然，有些失败可能仅仅是由于错误，比如，贪婪、愚蠢、盲目赶潮流，或者是设计和执行不力的结果。但是，如果在精心设计、审慎计划、严密执行的情况下仍然遭到失败的话，这个失败极可能孕育着潜在的变化和随之而来的机会。比如，某项产品或服务，其设计或市场策略的设想，可能已不再适应实际情况。这也许是顾客的价值观变了，虽然他们仍然在买同样的"东西"，但实际上在购买不同的"价值"；也许是原先只有单一的市场或单一最终用途的东西，分裂成两个或更多的市场或用途，各有完全不同的需求。每种诸如此类的变化都是一个创新的机会。

（三）意想不到的外部变化

我们在上面讨论的意想不到的成功或失败，都发生在一个企业或产业的内部，但是，那些没有作为信息数据记载，没有引起组织重视的外部变化，也是非常重要的。例如，20世纪70年代以前，IBM公司的经理和工程师一致认为，未来属于具有最大的存储量和运算功能的中央处理机。而其他类型的计算机，IBM公司的工程师都会令人信服地说明，不是太贵，就是太复杂，或者功能太有限。因此，IBM公司集中精力和资源，保持它在大型机方面的领先地位。然而，就在1975—1976年间，一种独立的、体积较小的、不需要和中央处理机连线的小机器却受到了青睐。个人计算机在美国市场上只用了5年时间即从1979—1984年，就达到了中央处理机用了30年方达到的销售额——150亿—160亿美元。IBM公司针对这种变化，马上采取行动，成立工作小组为公司开发个人计算机，取得了在个人计算机这个新领域里的世界领先地位。

二、从现实的不协调现象中捕捉创新机会

当实际情况与人们的主观判断或通常认识不一致或相矛盾时，不协调的现象就产生了。我们可能解释不清楚其中的原因，经常对此感到无能为力。然而，这确实是创新的良好预兆。借用一个地质学上的术语来说，它就犹如"断层"一样，造成了某种不稳定。这种状况常常对重新组织经济、社会结构起到了四两拨千斤的功效。例如，据现实情况得知，轮船的运输成本占比例最大的并不是航行，而是在港口的停靠等待。于是，企业家开发了集装箱和整车上船下船，这不仅创造了巨大的财富，在某种程度上说，还挽救了海洋运输业。

三、从工作过程的需要中捕捉创新机会

工作过程中的需要与其他创新机会的来源不同，它不是来自内部或外部环境，而是以工作为核心。它是完善现有的工作过程，替代原来的薄弱环节，运用新知识重新设计现有的生产过程。有时，甚至可以提供原来工作过程中所缺少的环节，使新的工作过程成为可能。由于这是接触最多、了解情况最清楚的范围，因此，也最容易从中找到创新机会。

要使创新获得成功，必须具备这样五条准则：①一个能自我完善的过程。②过程中存在"薄弱环节"或"缺失环节"。③一个明确的目标。④明确解决问题的途径。⑤社会普遍认为"应有更好的办法"，即公众对创新有较高的接受能力。

四、从行业和市场结构的变化中捕捉创新机会

行业和市场结构有时可持续许多年不变，并且看来是完全稳定的。这种情况往往容易使人产生错觉，他们很可能认为这些结构是自然秩序的一部分，并且会永远保持下去。事实上，行业和市场结构只是相对稳定，随着经济的发展和社会文化的变迁，行业结构往往会随之发生变化，有时甚至会非常快。行业和市场结构的变化，也是创新的重大机会。

五、从人口状况的变化中捕捉创新机会

人口变动，是指人口规模、年龄结构、组成成分、就业情况、教育程度和收入等方面的变化。人口状况的变动会引起社会许多方面做出响应，并导致许多产业和公司的兴衰更替。在变化面前，企业只有认真对待，并做出一定的尝试和创新，才能避免坐以待毙的局面。有经验的企业家应该把这种变化当成最可靠的创新机会，充分加以利用，赚取利润。例如，日本人预测，20世纪70年代发达国家婴儿出生率减少，于是着手开发机器人，到80年代末就开始大批赚钱。

六、从观念和认识的变化中捕捉创新机会

人类的观念是相对稳定但又在持续变化的，因而利用观念进行创新是困难的，但一旦看准时机，抓住机会，将取得引人注目的成就。例如，随着生活水平的提高和对健康认识的变化，使有益于健康的行业得到了很多的发展机会。

七、从新知识、新技术中捕捉创新机会

以新知识为基础的创新，在历史上占有非常重要的地位，是创新中的超级明星。这种创新的特点是，需要的时间较长，要求具备多种知识。例如，电子计算机，至少五门以上的主要知识，从1906年发明三极管开始，到程序与反馈概念的形成，到1918年具备了主要知识，于1946年才制造出第一台计算机。

猎 人 与 野 兔

在自然界中，野兔是一种十分狡猾的动物，缺乏经验的猎手很难捕获到它们。但是，一到下雪天，野兔的末日就到了。野兔从来不敢走没有自己脚印的路，当它从窝中出来觅食时，它总是小心翼翼的，一有风吹草动就会逃之夭夭。但走过一段路后，如果是安全的，它返回时也会按照原路。很多有经验的猎人根据野兔的这一特性，找到野兔在雪地上留下的脚印，然后做一个机关。第二天早上，他们一般都可以在设下机关的地方收获猎物。

第三节 创新策略和方法

一般来说，企业创新策略主要有首创型、改仿型和仿创型三种，每一种策略都有自己的特点。

一、创新策略

（一）首创型创新策略

首创型创新，是创新度最高的一种创新活动。其基本特征是首创性。例如，率先推出全新的产品，率先开辟新的市场销售渠道，率先采用新的广告媒介，率先改变销售价格，如此等等，所有这些行为都是首创型创新。

首创型创新具有十分重要的意义，因为没有首创，就不会有改仿或仿创。每一项重大的首创型创新，都会先后在不同地区引起一系列相应的改造型创新和仿创型创新活动，从而具有广泛又深远的创新效应。对于企业来说，进行首创型创新，可以开辟新的市场领域，提高企业的市场竞争力，获得高额利润。对于处于市场领先地位的企业来说，要想保持自己的市场领先地位，也必须不断地进行首创型创新。

一般来说，首创型创新活动风险较大，成本较高，相应的利润也较高。由于市场需求的复杂性和市场环境的多变性，以及生产、技术、市场等方面的不确定性，使首创型创新活动具有较大的不确定性和风险性。另外，要开辟一个全新的市场，企业必须先进行大量的市场开发投资，包括市场调查、产品开发、设备更新、组织变动、人员培训、广告宣传等市场开发费用。当然，如果首创型创新获得成功，企业便会因此获得巨大的市场利益。如果首创失败，企业就会蒙受一定的损失。

首创型创新是一种高成本、高风险和高报酬的创新活动。因此，在采用首创型创新策略时，创新者应根据实际情况，充分考虑各种创新条件的影响，选择适当的创新时机和方式，及时进行创新。

（二）改仿型创新策略

改仿型创新的目标是对已有的首创型创新进行改造和再创造，在现有首创型创新的基础上，充分利用自己的实力和创新条件，对他人首创型创新进行再创新，从而提高首创型创新的市场适应性，推动新市场的不断发展。这是一种具有中等创新度的创新活动，改仿型创新策略，是介于首创型战略与仿创型战略之间的一种中间性创新战略。

改创性是改仿型创新战略的基本特征。改创者不必率先创新，而只需对首创者所创造的进行改良或改造，因此，改创者所承担的创新成本和风险比较小，而所获创新收益却不一定比首创者少。当然，改创也是一种创造，也具有一定的风险。

首创是重要的，改创也是重要的，如果没有首创，便没有改创的前提和基础。然而，如果没有改创，许多首创便没有其市场发展前景。例如，飞机、汽车、计算机等首创产品，如果没有后来的不断改进和再创新，也就不会有今天这样的市场大发展。

（三）仿创型创新策略

仿创型创新是创新度最低的一种创新活动，其基本特征是模仿性。模仿者既不必率先创造全新的新市场，甚至也不必对于首创进行改造。仿创者既可以模仿首创者，又可以模仿改创者，其创新之处表现为自己原有市场的变化和发展。一些缺乏首创能力和改创能力的中小型企业，往往采用模仿策略，进行仿创型创新。

一般来说，仿创者所承担的市场风险和市场开发成本都比较小。虽然仿创者不能取得市场领先地位，却可以通过自己某些独占的市场发展条件来获取较大的收益和竞争优势。例如，仿创者可采取率先紧跟首创者的策略，从而取得时间优势；或者采用市场割据策略、低成本战略，从而取得市场上的价格竞争优势。

仿创有利于推动创新的扩散，因而也具有十分重要的意义。任何一个首创者或改创者企业，无论它拥有多大的实力，也无法在一个比较短的时期内占领所有的市场。因此，一旦首创或改创获得成功，一大批仿创者出现就成为必然。

模仿创新模式是大部分发展中国家在一定历史阶段企业创新的基本模式，它能获取显著的"后发优势"。如在 20 世纪 60—80 年代初，日本、台湾地区、韩国的大多数产业中的企业多以模仿创新为基本战略，日本的汽车业和电子工业是模仿创新的典范。

总之，在制定创新策略时，不同的企业应该选择一个适当的创新度，进行适度创新。所谓适度创新，就是既要适应市场需求的发展状况，又要适应本企业的创新条件。只有这样，创新者才能充分利用和发挥本企业的创新优势，尽量减少或避免创新的风险，提高创新的效果，促进企业发展。

二、创新方法

自从 1939 年美国 A. F. 奥斯本（A. F. Osborn）发明了第一种创新方法——头脑风暴法以来，经各国创造工程学家的共同努力，现在已有上百种创新技术应用于世界上的许多国家。在这众多的创新技术中，最有代表的方法是头脑风暴法、形态方格法和综摄法。

（一）头脑风暴法（Brainstromning）

头脑风暴法（BS 法）是美国创造工程学家 A. F. 奥斯本于 20 世纪 30 年代末首创的。具体实施可分为如下几个步骤：准备、"热身"介绍问题、重新叙述问题、选择最富启发性的重新叙述形式、畅谈。第四章已对头脑风暴法做了阐述，这里不再重复。

（二）形态方格法（Morphological Grids）

形态方格法（MG 法）是瑞士裔美国人、加利理工学院茨维基（F. Zwicky）博士提出的一种从形态上寻找创新方案的系统方法。很多发明创造的成果并非都是全新的东西，而只不过是旧东西的新组合。因此，如能对问题加以系统的分解和组合，便可大大提高创新成功的可能。形态方格法的核心就在于此。

1. 形态方格法的实施步骤。形态方格法的具体实施分为如下五步：

第一步：搞清所要解决的问题。

第二步：确定影响给定问题的创新解的重要独立要素（也称变数），列出上述各要素的所有可能形态。

第三步：将独立要素及其可能形态排列成矩阵形式（这正是将它称为方格或棋盘格的原因）。

第四步：从每一要素中各取出任一可能状态做任意组合，从而产生出解决问题的可能构想。

第五步：对众多的可能构想加以比较和评价，从中选择出符合评价标准的相对最优的构想。

2. 应用形态方格法应注意的问题。

（1）形态方格法，因为它要求对问题进行系统的分析，并借此确定出影响创新解的重要独立要素及其可能形态，这就要求有较高程度的有关问题的专门知识，如果不是内行就难以做到。所以，无论是选择个人还是小组来编制形态方格，只能挑选那些对问题堪称行家的人。

（2）通过形态方格的编制，能否得出重要的创造性构想，或者说能否保证重要的创造性构想不致被遗漏，完全取决于要素确定得如何。换言之，确定要素是应用此方法的关键性步骤。

三、综摄法（Synectics）

综摄法是由美国麻省理工学院教授比尔·戈登（Bill Gordon）创造并经乔

治·普林斯（George Prince）加以发展而形成的，它是利用非理性因素通过召开一种特别会议来激发群体创造力的一种创新技术。

戈登创造综摄法的基本论点是：①创造能力是每个人身上都有的，而不是像通常所认为的那样，似乎只是少数人身上才有的神秘的东西。②发明创新不是阐明事物间的已知联系，而是要发现事物间的未知联系。因此，对于创新来说，非推理因素和情感因素特别重要，有许多创新发明都是把在逻辑推理上看来完全无关的东西联系起来时产生的。③能够导致创新成功，是有一些特殊技巧的，而类比和隐喻则是一种可以提高创造力、诱发新构想的特殊训练方法和组织形式。

基于以上认识，戈登主张：为了打开思路，探索新的构想，要在一段时间内暂时抛开原问题，通过类比探索得到启发。为此，他把综摄法分为两大步骤：

第一步："变陌生为熟悉"。这一步实际上是综摄法的准备阶段，即把问题分解为若干小问题，以便深入理解问题的实质，然后再找出解决哪些小问题才是创新的关键所在。可具体化为如下几步：①给定问题。②分析。③问题的重新表述。④简单分析和排列。

第二步："变熟悉为陌生"。这是综摄法的核心。在这一阶段中，通过各种类比方法的运用，暂时离开问题，从陌生的角度进行探讨，得到启发后再回到原问题上来，通过强制联想把类比到的结果应用于解决原问题。可具体化为如下几步：①远离问题。②强行结合。③方案的认可。

本章提要

1. 创新是一种赋予资源以新的创造财富的能力的行为，是管理者所能利用的一种特殊资源。企业家需要有目的地寻找创新的源泉，抓住一切可以导致创新成功的机会。

2. 创新具有创造性、风险性、高收益性、系统性和综合性、时机性和适用性特点。

3. 企业应从多个方面寻求创新机会。

4. 创新策略主要有首创型、改仿型和仿创型三种。

5. 创新的方法主要有头脑风暴法、形态方格法和综摄法。

讨论题

1. 在工作中应着重从哪些方面寻找创新机会？
2. 创新方法在实践中应该如何运用？
3. 创新要求准许人们犯错误。然而，多次犯错误会断送一个人的前程，你赞成这种观点吗？为什么？这对培育创新有什么启示？
4. 低层的员工能成为变革推动者吗？说明你的理由。

案例：创新——广东佛陶集团每天的追求

广东佛陶集团股份有限公司前身为佛山市陶瓷工业公司。现有职工两万余人，拥有 40 多个企业单位，生产以建筑卫生陶瓷为主的七大类陶瓷和陶瓷机械、陶瓷原料等产品，是中国最大的建筑卫生陶瓷生产基地。1993 年完成销售收入 20 亿元，实现税利 5 亿元，名列 1994 年度中国 500 家最大工业企业第 142 位，位居陶瓷行业首位。

广东佛陶集团从过去默默无闻，到如今闻名遐迩，仅仅花了十几年的时间。回顾所走过的历程，我们可以看到一部技术创新的企业成长史。

集团所在地——佛山市石湾镇，已有 1300 多年的制陶历史。自古即有"石湾之陶遍两广，旁及海外之国"的记载。这里制陶工艺优良，代代相传，人们曾一度为自己的产品出口到 20 多个国家而自豪。因而，以传统手工操作为主的生产手段，一直延续到 20 世纪 70 年代。1979 年，全员劳动生产率只有 5556 元/人。

20 世纪 70 年代末，国外陶瓷工业迅猛发展，国外新兴的建筑陶瓷产品，也趁机拼命挤进中国市场。石湾生产的传统陶瓷产品，很多已经不适应市场的需要，市场需要的，却限于设备能力而不能大量生产，部分企业因此而陷入困境。

早在 1978 年 11 月，广东佛陶集团有两家成员企业，根据香港商人提供的一种名为"意大利砖"的彩釉砖样板，试制成功了我国大陆第一批彩釉砖。这种新兴建筑饰面材料，有着各种漂亮颜色的釉面，耐酸碱、耐磨和易于清洗，可以与"意大利砖"相媲美。首批40万块产品出口香港地区，在市场上开始走俏。然而遗憾的是，采用15吨小压机手工操作冲压成型，用匣钵装着放进隧道窑烧成的落后生产方式，产量低、能耗大，并没有给转产以后的7家陶瓷厂带来多大的经济效益。慕名到石湾买彩釉砖的人，总是因为供货量少而失望地离去。

就在这个时候，曾在石湾工作过17年的周棣华，重返石湾，出任佛山市陶瓷工业公司经理。

一、引进——创新的开始

发展中国家的技术创新，通常是一个水平递进的渐变过程，一是起步阶段，通过引进，获取发达国家的成熟技术；二是内在化阶段，即消化、吸收、改进；三是生殖阶段，即扩散并进一步提高。广东佛陶集团提供了一个典型范例。

广东佛陶集团迎接新的挑战，是从引进创新开始的，即靠引进创新，冲破了古老陶瓷工艺，增添了新的品种。

当时，通过各种信息渠道，周棣华了解到意大利、西班牙、日本等国家生产彩釉砖的设备先进，彩釉砖的产量、质量、品种和出口量均在国际上处于领先地位，于是，周棣华提出了向国外先进技术学习的设想，这在1978年的确是一个大胆的设想。消息传开后，各种阻力、顾虑纷纷而来。然而，周棣华坚持自己的设想，并得到了上级批准。

1981年9月，他带领工程技术人员赴意大利、西班牙考察。一个月跑完两个国家，掌握了大量技术资料。他们白天参观，晚上在旅馆凭记忆将工艺路线、草图绘制记录下来。带去的原料在意大利一家公司进行了半天工业性试验生产，质量果然超过国内标准，这使周棣华一行兴奋不已。

回国以后，周棣华及同事们将国外先进技术与国内传统技术进行了仔细比较，他们发现：同样是生产彩釉砖，国内每千克制品耗能5000大卡，国外是700大卡；国内采用隧道窑烧成，生产周期是26小时，国外采用辊道窑，只需50分钟。通过这两个方面的对比，激发起了周棣华进行工艺创新的决心，他提出了两项建议：一是利用外资全线引进一条彩釉砖自动生产线；二是设备到位以后，边安装、边消化、吸收，用消、化、吸收后制造的设备，对老企业进行技术改造。他的建议很快就得到了上级的批准。

1982年春节后，周棣华和他的同事与意大利一家公司经过十几天艰苦的、"马拉松式"的谈判，意方最初报价350万美元，到最后以207万美元成交，以补偿贸易方式，全线引进一条年产30万平方米彩釉砖自动生产线，并由意方承包产量、质量、能耗三项主要指标。

周棣华提出，在石湾耐酸陶瓷厂厂区划出一块地皮，以引进线为主体，建立厂中之厂——石湾利华装饰砖厂。行政上归耐酸陶瓷厂领导，但经济上独立核算。他说："这样，可以在不影响老厂生产的情况下安装和调试，独立核算便于相互比较。搞得好的话，到这个厂参观就等于'出国'考察一样，方便我们的工程技术人员就地学习。"

1984年10月，我国首条从国外引进的彩釉砖生产线在石湾利华装饰砖厂一次点火试产成功。人们看到，从原料加工、成型、施釉、印花、干燥、烧成到检验，包装出厂，一气呵成，井井有条。至此，周棣华领导的16000名陶瓷工人，开创了石湾陶瓷生产自动化的先河。

一石激起千层浪。石湾陶瓷工人亲眼目睹了现代化设备的巨大效益。他们和周棣华一样，胆子更大了，视野更加开阔了，工厂纷纷要求引进，以在较高的起点上较快地实现产品与工艺创新。

在这个时刻，是最需要冷静的时候。周棣华在一次干部会议上指出："引进无疑是老企业技术创新的捷径之一。但应该引进国内目前尚不能生产的设备，买回来消化、吸收，然后自己制造。既可以武装自己，又可以向国内同行业扩散。而对能制造的，已经引进过的，我们绝不能重复引进。要走引进、消化、国产化再创新的路子。"1985年，佛陶又从意大利引进了一条釉面砖自动生产线。这回学"精"了。它没有全线引进，素烧隧道窑自己能设计制造，就先引进电脑控制部分；釉烧双层辊道窑我国尚没有，引进它以便消化吸收；大型球磨机和喷雾干燥塔自己已能制造，就不引进原料加工车间的设备。这样做，既锻炼了队伍又节省了外汇。

按照这个思路，1986年先后又从德国引进了卫生洁具生产线，从日本引进了彩釉锦砖（釉面马赛克）生产线、琉璃瓦生产线以及厚胎瓷生产线。引进一条线，改造一片厂房，整个石湾已经"今非昔比"了。过去以生产日用陶瓷、美术陶瓷为主的广东佛陶集团，一跃而成为全国最大的、以生产建筑卫生陶瓷为主的大型国有企业，实现了产品结构的根本转变。

引进创新，开始了广东佛陶集团的创新之路。但它不是目的。他们的最终目的是借鉴国外先进的生产设备和生产技术，改造我国陶瓷工业落后局面，赶超世界先进水平。

二、消化吸收——引进创新的发展

由于技术创新日益成为组织内的制度化安排，加强了创新对组织的依赖，因此组织创新的重要性更为突出。权变制就是指组织随需要而采用不同的形式，其中包括矩阵结构、项目小组等。就在利华装饰砖厂引进设备安装调试的时候，周棣华亲自领导，组成了安装小组和消化吸收小组。

安装小组的任务是边安装、边学习，千方百计弄通整个生产流程技术，以便在意方专家撤离后可以自己管理；消化吸收小组则利用安装空隙，人家下班他们上班，研究球磨机和辊道窑两个关键项目，使整个研制过程几乎和设备安装同步进行。在消化、吸收过程中，他们没有照搬外国设备的设计，而是根据我国的国情，取其精华，为我所用。比如，大型球磨机，引进时是以压缩空气制动，这样就要增加一对压缩机，他们就改成机械制动。引进的辊道窑是烧煤气的，而石湾更多的是烧重油，他们就改成了烧重油。为了节约燃料，他们又把全隔焰改成半隔焰。

1984年6月，引进线还没有投产，消化吸收小组研制的半隔焰燃油辊道窑就已在石湾化工陶瓷厂点火成功并开始投产了。同年8月，大型机械制动湿式球磨机也制造成功，并在石湾建国陶瓷厂投入使用。两个项目均填补了国内的空白。1992年11月，重油半隔焰辊道窑项目在比利时获第41届布鲁塞尔尤里卡世界发明博览会的银奖。

另外，集团所属的陶瓷研究所，还在世界上首家采用冷等静压成型工艺技术，大批量生产出高新技术产品——精细陶瓷辊棒，陶瓷研究所提前两年完成了该项国家级"火炬"计划。

当时，国外烧制陶瓷装饰砖普遍采用辊道窑。这种窑炉与其他类型窑炉相比，可节约燃料60%—70%，烧成周期从20多小时缩短到四五十分钟。据不完全统计，全国已建成投产的1000多座辊道窑，每年可节约燃料费用4.5亿元以上。辊道窑的核心部件——精细陶瓷辊棒，其技术性能要求很高，生产技术难度很大。辊棒长度2.5米以上的，难度更大。几年前，世界上只有意大利、德国、日本等少数几个国家能够生产，其生产工艺技术对外严格保密。我国每年要花几千万美元外汇，从这几个国家进口陶瓷辊棒。

佛山市陶瓷研究所瞄准这一项目，于1985年提出采用国产设备、国产原料和独特的工艺技术，生产精细陶瓷辊棒。广东省科委获悉后，立即给予大力支持。在当时科研经费紧缺的情况下，毅然拨给该所24万元风险投资，并将它列入省重点科技攻关项目。该所一开始就抛弃了国外至今仍沿用的挤压成型工艺路线，大胆采用冷等静压工艺路线，终于在 1987 年研制成功，并于同年 12 月通过了省科研成果鉴定，接着组织小批量生产，并申请国家专利。

为了进一步提高质量，增加规格，扩大生产，满足市场需要，国家科委于 1990 年将精细陶瓷辊棒列入国家级"火炬"计划项目。要求用 3 年时间，研制生产出能满足各种规格辊道窑使用的辊棒，年产达到 10 万支。结果，该所提前两年完成了这一项目。

1992 年 9 月 8 日，这个项目通过了国家级鉴定验收。在鉴定会上，与会专家一致确认，冷等静压成型工艺，是目前世界上最先进的技术。经国际联机检索，迄今为止，只有中国利用这一技术，实现了精细陶瓷辊棒的工业化生产。这一宝贵的科研成果，令多国同行瞩目。德国、日本等国家已多次派人前来与佛山市陶瓷研究所洽谈技术转让或合作生产的意向。

三、创新扩散——带出了一片陶瓷世界

创新扩散，是创新的推广、辐射与接纳相统一的过程，一般分为三种情况：一是本部门内企业间扩散；二是部门间的扩散；三是国际间的扩散。美国经济学家爱德温·曼斯菲尔德认为，影响某一新技术在同一部门扩散的基本因素有模仿比率、模仿的相对利润率、模仿的投资价值。广州佛陶集团的技术扩散带动了佛山陶瓷行业的迅猛发展，人们不禁要问：这其中的奥妙是什么？

在广东佛陶集团的带动下，佛山的陶瓷生产已扩大到市属各市、县、区，全市陶瓷生产企业已发展到 200 多家，1992 年，产值达 35 亿元，成为佛山经济的一大支柱。佛山的陶瓷生产原来集中在石湾，以广东佛陶集团为主，经引进、消化吸收和创新，生产迅速发展，经济效益不断提高。精明的佛山人把发展经济的眼光也投向了陶瓷。石湾附近一些乡镇相继办起了一些陶瓷厂。然而，由于缺技术，少经验，这批新厂经济效益并不理想。这时就出现了两种情况：一是一些企业悄悄地到广东佛陶集团挖人才，"偷"技术；二是不少人上门来请求广东佛陶集团帮助他们发展陶瓷生产。原来由广东佛陶集团一统天下的局面受到了冲击。这时，在广东佛陶集团内部引起了一场议论。有人说："教会徒弟饿死师傅"，"支持别人就等于坑害自己"；有人提出：加强防范，对泄露技术秘密的有关人员要严肃处理。面对这些情况，广东佛陶集团的领导在沉思：是大力支持附近地区发展陶瓷业呢？还是自己独霸一方，垄断市场？经过了认真的分析研究，他们认为，随着经济的发展和人民生活水平的提高，对建筑陶瓷的需要量越来越大，单靠广东佛陶集团30多个陶瓷生产厂家是不能满足社会需要的。况且，支持附近地区发展陶瓷业，可使陶瓷生产成为佛山的一大行业。因此，公司总经理周棣华坚定地说：既要发展自己，也要支持地方发展，这样虽培养了竞争对手，但对佛山的经济发展有利，同时也将促使集团本身向更高水平发展。思想认识上的提高使佛陶人终于向别人伸出了援助之手。

1987年，南海市南庄镇派人来到广东佛陶集团，提出由广东佛陶集团出技术和部分资金，双方合作在南庄建陶瓷厂，双方一拍即合。经过8个月的艰苦奋斗，一家取名为"宏丰"的陶瓷厂诞生了，年产釉面砖100万平方米，年产值2000万元，取得了较好的效益。此举增强了南庄人发展陶瓷生产的信心。现在，该镇的企业已发展到32家，1992年，产值达7.8亿元，占南庄镇工业总产值的50%。以技术承包的形式帮助村镇发展陶瓷工业，是广东佛陶集团的一个重要做法。南海市官窑镇大榄管理区有许多尚未开发的荒山和丰富的陶土资源，为了帮助当地发展陶瓷业，广东佛陶集团对其实行全面技术承包，负责厂房设计，机器的选购、安装、调试，工艺流程的安排以及生产人员的培训。这样，一个大型的陶瓷马赛克厂就在这个边远农村办起来了。

四、持续创新——永葆竞争优势的源泉

熊彼特认为，创新者不仅为自己赢得了利润，而且也为其他企业开辟了道路。创新会引起其他企业模仿，普遍的模仿会引发更大的创新浪潮，从而使经济走向高涨。当较多企业模仿同一创新以后，创新浪潮将消逝。如果经济要再度增长，必须有新一轮的创新，只有不断地持续创新，才会保证经济的持续发展。

广东佛陶集团带出了一片陶瓷世界。200多家企业有如千帆竞发，同时也造成了对广东佛陶集团的包围和挑战。面对着这种形势，广东佛陶集团认为要使企业处于领先地位，必须追求持续创新，使企业保持技术领先、产品领先、管理领先、效益领先。

（一）持续创新，以保技术领先

先进的设备是陶瓷生产的关键。自1987年起，他们就对成员企业进行有计划、有步骤的全面技术改造。他们把引进与消化、吸收、创新结合起来，取得了事半功倍的效果。"七五"期间，全公司投入技术改造的资金达

4.17 亿元，共引进各种设备 300 多台（套），先后消化、吸收、研制出各种设备 394 台，建成 53 条自动生产线。进入"八五"期间，他们又进一步进行技术改造，全面采用微电脑管理生产。现在，整个集团的技术装备已具有 20 世纪 80 年代的世界先进水平，有些已达到 90 年代的世界先进水平。

（二）持续创新，以保产品领先

他们以世界高新产品为发展方向，做到人无我有，人低我高，人少我多，总比别人先走一步。当全国各地的釉面砖每平方米售价三四十元时，石湾建国陶瓷厂推出的描金系列釉面砖，每平方米售价高达 70 元。集团的成员企业工业陶瓷厂原来以生产马赛克为主，当不少地方都生产马赛克的时候，他们就改产玻化砖，人家跟上来后，他们又开发出新产品磨光砖和釉饰瓷化砖。现在，高档产品已成了该厂的主要产品，而且供不应求。据统计，广东佛陶集团平均每天都有 3 个新产品问世。目前，省优以上产品的产值已占全集团总产值的 70%。

高、新、优产品的开发，使广东佛陶集团的产品在市场上深受人们的喜爱。被誉为我国建筑史上丰碑的北京亚运村建筑群，在 33 个新建和改建的比赛场馆中，有 30 个采用了广东佛陶集团的各类陶瓷装饰砖。近几年来，广东佛陶集团以高、新、优产品取胜，每年的销售额都增长 30% 以上。

（三）注重组织创新，保持管理领先

广东佛陶集团的领先还在于他们注重必要的组织创新。近年来，建立起为成员企业服务的物资供应、设备配件、产品销售、财务等公司，建立起陶瓷研究所和陶瓷中专，为成员企业解决了原材料组织、设备供应、产品销售、资金筹集、理化性能检测和人才培训等问题，使企业能有更多的精力搞好生产。物资供应公司近年来每年为企业提供的原料、燃料等各种物资达 100 多万吨，1992 年购销总额已达 16 亿元。陶瓷中专自建校以来，已为企业培养中专生 400 多人，每年还为企业培训各类技术人员 8500 多人次。

（四）勇于市场创新，走向国际市场

大踏步走向国际市场是佛陶集团的一个发展方向。现在，广东佛陶集团的产品已销售到世界 70 多个国家和地区，即使是陶瓷生产大国的日本，该国伊丹市也选用广东佛陶集团的麻石砖铺贴了一条命名为"佛山路"的马路。他们有些产品有着较大的覆盖面，例如，建国陶瓷厂生产的瓷片，年出口达百万平方米，在香港住宅楼宇建设中占有较大的比例。

讨论题

1. 运用创新理论分析佛陶集团的成功经验。
2. 佛陶的创新实践属于哪种类型？运用了哪些创新方法？

Ⅲ 绩效篇

第十一章 有效管理者及其评价

有效性是管理活动的出发点和归宿。评价管理者的有效性是检验管理工作科学化的程度，检验管理干部履行职责的情况，实现目标的程度，获取实绩高低的手段。要成为一个有效的管理者，必须正确认识管理者的有效性。本章着重阐述管理者有效性的意义、含义和内容，管理者有效性的评价原则、指标及评价方法，有效管理者的构成要素等。

第一节 有效管理者概述

一、管理者有效性评价的含义

所有组织都有一个共同点，就是要取得成效。这个成效就是由组织成员各种目标综合形成的组织目标的实现程度。管理者在组织中居于主导地位，因而组织成效往往决定于管理者的有效性。管理者的有效性，是指管理者具有使其管理活动取得有用成效的性质。任何管理活动如同人类活动一样，都必然产生一定的效果。管理者的有效性，是指符合组织发展的正成效。

管理者有效性分析是对绩效加以分解和剖析，考察各部分彼此之间的关系以及影响因素。有效性分析的目的是为了正确地进行绩效评价。绩效评价实际上就是考核、评估管理者在管理活动中的成绩与既定目标之间的吻合程度以及与成绩相关的各种因素的作用程度。绩效评价是建立在正确的绩效分析基础上的，绩效分析是正确进行绩效评价的前提和条件。

　　分析管理者的有效性必须分析影响有效性的因素。有效性是一个综合指标，影响有效性的因素很多，除主观因素外，管理工作成绩的大小必然受到客观环境的影响。例如，对一个企业来说，原材料价格的调整，原来管理状况的好坏，设备的先进程度，职工的文化程度和技术水平，上级的支持程度，协作单位履行合同情况等，这些客观因素往往影响管理者的有效性。因此，在进行管理者的有效性分析时，如果不考虑客观因素的影响是不全面的。当然，对客观因素的考虑，要排除那些属于管理者通过努力工作能够克服的影响因素，选取那些属于管理者难以制约的重大的影响因素，例如，国家政策调整的影响、直接上级机关重大决策和指令的影响、企业原有基础的影响、不可抗拒的自然灾害的影响等。因此，在进行有效性分析时，一定要认真考虑主客观因素的影响，不能离开具体的条件孤立地进行分析。否则，就不利于管理者发挥主观能动作用从而创造性地开展工作。

二、管理者有效性评价的内容

　　管理者有效性评价的内容是工作实绩。即管理者在一定时间内完成工作任务的结果或工作成果。管理者有效性评价指标主要有以下几个方面：

（一）效益指标

　　效益是一个非常广泛的概念。即使不是经济工作，在社会生活的其他领域，也有一个效益问题。从不同的角度，对效益可以进行不同的分类：按性质来划分，可以分为政治效益、经济效益、教育效益、医疗效益等；按时间来划分，可以分为近期效益和长远效益；按涉及范围大小来划分，可以分为部门效益、地方效益、社会效益等。无论是物质生产领域还是非物质生产领域，追求部门效益和社会效益都是共同的。因此，可以设置部门效益和社会效益两个指标并建立相应的指标体系。

　　在非物质生产领域，部门效益和社会效益很难直接用数量表示。因此，一方面，可以借用文字来表述；另一方面，可以设置一些指标，用间接方法来表述。例如，教学效果一般很难用数字来直接表述，通常间接地用一些能够表示数量概念的指标加以评价。如中学教育效果的评价，可考虑采用衡量学生德育、智育、体育水平的数量表达方式，如优秀学生与团员的百分率、青少年犯罪率、及格率、升学率、学生身体健康的百分率等。在物质生产领域，可以采用我国目前通用的评价社会经济效益的指标及指标体系。比如，厂矿、企业采用以下几个指标：消费基金率指标、社会生产效益指标、社会积累效益指标、建设周期指标、资金盈利率指标、流动资金占用率指标、能源利用效果指标。

上述经济效益指标，分别从生产、建设、经济管理和职工生活等方面反映部门和社会的经济效益，大体上构成了一个经济效益的指标体系。

（二）目标实现程度指标

管理者各种效能最终体现在实现组织整体目标的效能上，根据管理者职责范围内的责任，来设置目标实现程度方面的指标。指标可以分为以下几类：①近期责任目标，即年度目标；②基础责任目标，即管理目标；③远期责任目标，即前景发展目标、职工素质目标和职工福利目标。

（三）履行职责方面的指标

目前，一般认为，管理的主要职责包括如下几个方面：

1. 决策。从动态过程看决策，包括调查研究、规划目标、拟制方案、分析论证、拍板定案等内容。但是，就一般管理者科学进行决策来说，履行这一职责主要看其能否提出问题，正确确定目标；能否组织智囊系统论证方案，正确拍板定案。

2. 用人。准确地说，是选贤任能。对此评价主要看德才观念是否符合实现干部"四化"的要求；敢不敢破格起用新人；正确选拔了多少人才以及选拔人才的百分率；用人是否得当，各种"能级"的人是否使用合理；培养人才方面的指标是否达到。

3. 计划。评价计划的主要指标是：制定计划时，能否听取各方面的意见；能否让下级参与工作安排；下达给下级部门的计划是否合理；计划是否因考虑不周经常更改；制定计划时，是否参考人、财、物的实际情况，以及是否有几个方案比较。

4. 指挥。评价指挥的主要指标是：制定的工作规范是否健全、完善，落实情况如何；所组织的管理机构是否健全，成员搭配是否得当；从管理层到执行层是否齐心协力、团结一致；有无健全的监督系统及反馈系统。

5. 激励。评价激励的主要指标是：企业文化工作做得如何；物质利益原则坚持得如何；能否做到赏罚分明；职工工作积极性是否充分调动起来了。此外，还要通过管理者获取实绩的手段和方式，来评价其德才素质和行为能力，这方面的指标大体有如下几个方面：①理论政策水平、贯彻执行业务方针和政策水平。②工作态度，包括求实精神、牺牲精神、事业心、责任心、主动性和坚韧性。③工作作风，包括联系群众、坚持原则、纪律性、全局性、竞争性和时效性。④工作能力，包括处事能力、宣传表达能力、综合分析能力、组织协调能力和应变创新能力。⑤工作方法，包括民主管理，依靠专家智囊，采用先进科学技术手段，调查研究，群众路线，集体领导。

三、管理者有效性评价的意义

美国学者德鲁克在《有效的管理者》一书中指出："管理者的本分，在于工作之有效，所谓有效性，就是使能力和知识的资源，能够产生更多更好的成果的一种手段"。"管理者的绩效本身便是目的"。也就是说，管理的目的是为了提高劳动或工作效率。对管理者的有效性进行考评具有极为重要的意义。

（一）有效性评价是检验管理工作科学化程度的重要手段

在管理活动中，管理者、管理对象和客观环境之间，各种管理职能和管理过程各环节之间的相互作用关系极为复杂，而管理绩效的取得又是在一定的环境下，管理者综合运用各种职能和方法的结果。管理者运用各种职能和方法的科学化程度，直接或间接地影响绩效的大小。因此，只有作为管理活动实际结果的有效性，才能从总体上综合地、直接或间接地反映管理活动的科学化程度。而把管理活动中的某一职能、因素、环节所产生的效果用来判断管理活动全过程的科学化程度，几乎是不可能的。只有管理活动全过程所产生的最终的实际效果，才会提供总体评价的可能性。因此，有效性评价是检验管理活动科学化程度的手段。

同时，通过有效性评价，还可以揭示管理活动各要素、各环节、各种职能与有效性之间的相关性，找到影响有效性的症结所在，不断深化对管理活动客观规律的认识，把有效性评价中发现的问题和总结出来的经验作为一种信息，反馈到管理活动的过程中去，以便于管理者及时修订计划，改进工作，避免重复以往的错误，从而提高管理工作的科学化水平。

（二）有效性评价是管理者不断提高自身素质的最终目标和根本动力

管理者的素质，包含知识、经验的丰富，能力的加强，地位的提高，等等，但这些素质的提高并非管理者的最终目标，而只是实现最终目标的手段。有效性才是管理者追求的最终目标。

美国管理学家德鲁克曾指出："值得注意的是，在担任管理职位的人们中，真正高度有效者殊不多见。一般而言，管理者多具有很好的智力、很好的想象力和很好的知识水准。但是一个人的有效性，与他的智力、想象力或知识之间，几乎没有太大的关联。有才能的人往往是最无效的，因为他们没有领略到才能本身并不就是成就。"才能、知识、经验等管理者各方面的素质是其取得成效的潜在资源，只有在有效性的目标指向下，才能转化为现实资源，并通过有效性的活动转化为成果。

有效性目标的确立，为管理者提高素质提供了根本动力。管理者和一般人一样，也有生理上、物质上、精神上、文化上、社会上的各种各样生活的、享受的、发展的需要，这些需要构成管理活动的动力。但是，管理者和一般人的一个根本不同之处，在于管理者的组织成就需要比一般人更为强烈、紧迫、持久。因此，组织成就需要在管理者的所有需要中占有压倒一切的优势地位。例如，公司总经理的成就需要即公司的经营业绩，这种经营业绩非要通过管理活动的成效才能满足。

此外，管理者自身素质的高低，对管理的有效性有着重要意义。管理者自身素质的强化有如下两种方式：①消极、被动地随着时间流逝，缓慢地使自身素质渐进式提高。②积极、主动地追求有效性，使自身素质加速提高。在现代社会，竞争日趋激烈，需要大批管理新秀脱颖而出，显然，第一种方式是不可取的，而第二种方式，有效性评价是关键机制。追求有效性，才能使管理者自身素质得到定向加速提高。

（三）有效性评价是识别、评价、使用管理者的依据

我国正在进行现代化建设，迫切需要成千上万的优秀管理人才。及时地把大批优秀人才选拔到领导岗位上来，做到人尽其才，是现代化建设的根本保证。而要做到人尽其才，合理地使用干部，就必须正确地识别干部、正确地评价干部。

严格的绩效评价，就能够为正确地识别管理干部、正确地评价管理干部提供可靠的依据。没有严格的有效性评价，就失去了识别干部的重要手段，也就无法对管理者的优劣给予正确的评价，管理人才的使用也难免会带有主观随意性，对管理者的管理活动，可以从人际关系、工作魄力、领导作风、个人品德等多方面去进行考核、评价。但是，这些都只反映管理者活动的某一个方面，只有有效性才是对管理者的管理活动进行正确而全面评价的综合尺度。只有从这个角度去进行考评，才能反映管理活动的实际效果，才能衡量出领导者的实际水平和能力。

任何一个组织，或任何一级管理层次的管理者，能够在一定时期内，通过自己的管理活动影响、吸引、率领和引导下层出色地完成任务，对组织有所贡献，就可以认为这个管理者是优秀的、是有能力的；反之则是差的或较差的。以往对管理者的评价，有时往往忽视对绩效的评价，而只是抽象地、笼统地下一些评语，并且较多地注重于工作态度、思想作风、道德品质等方面，结果往往不能准确地识别干部，也就不可能大面积、跨梯度地发现人才。只有通过严格的绩效评价，才能掌握管理者在贡献、能力、品德和知识水平等方面的可靠资料、数据，这样在进行用人方面的决策时就有了客观依据，真正做到知人善任。

第二节　有效管理者的能力素质

一、有效管理者素质与能力的综合结构

　　管理者有效性的基础决定于管理者本身的素养。管理者的素养，主要是指管理者的素质及其修养。素质一般是指先天的禀赋和资质，修养一般是指后天的培养和训练。先天的禀赋和后天的训练是互为因果、不可分割的。

　　管理者素养的外在表现形式是管理者的工作态度，这是指管理者在生活、工作和学习等活动中表现出来的一贯态度和行为。管理者的素质能力及工作态度与绩效的关系如图 11 – 1、图 11 – 2 和图 11 – 3 所示。

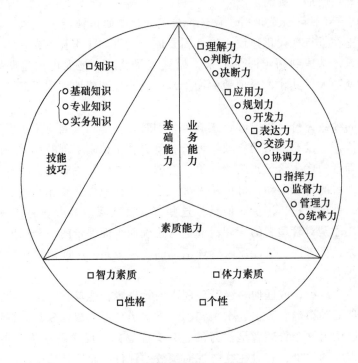

图 11 – 1　管理者能力的构成

　　有效管理者的构成要素是管理者素质与能力的综合结构。但是，不同类型或不同性质的组织和不同组织层次的管理者，客观上对其素质能力结构的要求是不一样的。这种差异要求管理者能力结构的合理化。法国著名的管理学家享

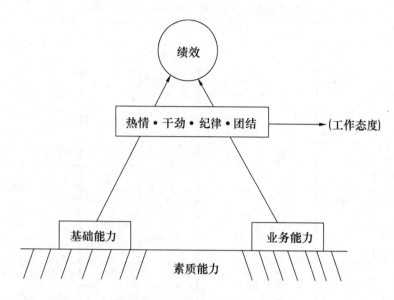

图 11 - 2　工作态度与绩效的关系

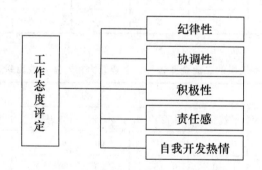

图 11 - 3　工作态度评定项目

利·法约尔指出：企业组织需要管理能力、技术能力、商业能力、财务能力、安全能力和会计能力。当代社会中其他类型或性质的组织也或多或少地需要上述各种能力。而每一种能力都以图 11 - 1 的三种能力为基础。

组成能力的每一种因素都同职能的性质及职能的重要性有关。在各类型企业里，下层人员的主要能力是具有该类企业特点的职业能力，而较高层领导的主要能力则是管理能力。法约尔用表 11 - 1 和表 11 - 2 对上述论点做了说明。

表 11 - 1　　　　大型组织各类人员必要能力的相对重要性比较表　　　　单位:%

人员类别	能　　力						
	管理	技术	商业	财务	安全	会计	总值
大型企业							
工人	5	85	—	—	5	5	100
工长	15	60	5	—	10	10	100
车间主任	25	45	5	—	10	15	100
分厂长	30	30	5	5	10	20	100
部门领导	35	30	10	5	10	10	100
经理	40	15	15	10	10	10	100
联合企业							
总经理	50	10	10	10	10	10	100
国家企业							
部长	50	10	10	10	10	10	100
总统	60	8	8	8	8	8	100

表 11 - 2　　　各种规模的工业企业领导人必要能力相对重要性比较表　　　单位:%

领导类别	能　　力						
	管理	技术	商业	财务	安全	会计	总值
初级企业	15	40	20	10	5	10	100
小型企业	25	30	15	10	10	10	100
中型企业	30	25	15	10	10	10	100
大型企业	40	15	15	10	10	10	100
特大企业	50	10	10	10	10	10	100
国家企业	60	8	8	8	8	8	100

　　从表 11 - 1 和表 11 - 2 可得到以下认识：①工人的主要能力是技术能力。②小企业管理者要求管理能力与技术能力兼备，甚至技术能力还要稍大于管理能力。③随着人的地位在组织等级中的提高，管理能力的相对重要性也增加，

而技术能力的重要性却减少。④随着企业等级的上升，管理能力的相对重要性必然增加，而技术能力的重要性却相对减少。⑤不同层次的管理者，其所需能力结构也是不同的。如图 11 - 4 所示。

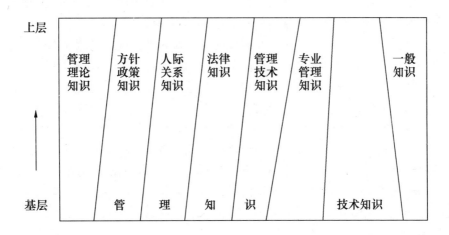

图 11 - 4　不同层次管理者能力结构

由此可见，管理能力对于管理者有效性极为重要。日本企业对管理人员有十项品德和十项能力的综合结构要求。

十项品德是：①使命感，非要完成任务不可。②信赖感，上下左右相互信任与支持。③诚实，上下左右以诚相待。④忍耐，不随便发脾气。⑤热情，对人热情体贴，对工作专注负责。⑥责任感，敢负责。⑦积极性，以主人翁的态度主动做任何工作。⑧进取心，不满足现状，勇往直前。⑨公平，对人对事秉公处理，不徇私情。⑩勇气，敢于向危险和困难挑战。

管理人员的十项能力是：①思维、决策能力。②规划能力。③判断能力。④创造能力。⑤洞察能力。⑥劝说能力。⑦对人的理解能力。⑧解决问题的能力。⑨培养下级的能力。⑩调动积极性的能力。

美国管理学家鲍莫尔（W. J. Baumol）教授曾对企业家的能力做过研究，他提出了企业家应具有十个方面的能力：①合作精神。能赢得人们的合作，愿意与其他人一起工作，对人不是压服，而是说服和感服。②组织能力。能发掘部属的才能，善于组织人力、物力和财力，协调各种资源。③决策才能。依据事实而不是依据想象进行决策，要有高瞻远瞩的能力。④勇于负责。对上、下级，产品的用户及整个社会抱有高度责任心。⑤品德超人。品行道德为社会人士、企业职工所敬仰。⑥尊重他人。重视和采纳别人的合理化意见，不武断狂妄。⑦精于授权。能大权独揽、小权分散，抓住大事，把小事分散给部属。⑧善于应变。权宜通达，机动进取，而不抱残守缺，墨守成规。⑨敢于求新。对新事物、新环境、新观念有敏锐的接受能力。⑩敢担风险，改变企业现状遇到风险时，要敢于承担，并有创造新局面的雄心和信心。

总之，无论日本还是美国，在现代管理中对管理素质与能力的综合结构一般都共同强调以下五点要求：①了解部属。有效的管理者必须随时掌握下级人员的心理状态，了解他们的需要、希望、问题与困难。②尊重人格。有效的管理者待人接物应彬彬有礼，沉着稳重，态度友善。一个不能控制自己脾气的管理者，也不能控制他的部属。③善于激励。人们对工作报酬的要求并不仅仅在于金钱，而常常对于精神荣誉较为珍惜。管理者要善于把握激励时机和激励因素的质与量。④表率作用。管理者不能自私，而要有公而忘私的精神，信仰坚定，品行端正，吃苦在前，享受在后。⑤精明果断。大量的管理工作在匆忙中进行，问题又错综复杂，这就要求管理者必须有敏锐的观察力，正确的判断力，果断的决断力。

中国的一些学者和专家，根据我国情况，比如，苏东水在《中国企业管理现代化研究》中指出有效管理者的能力结构包括以下几个方面：①信息处理能力。善于捕捉各种信息，应具备利用计算机进行信息处理的基本能力。②组织咨询能力。管理者应具有组织有关方面的专家进行讨论，组织智囊团进行咨询的能力。③分析综合能力。对于专家的不同意见和方案该如何选择，还需要管理者综合分析，统筹决策。④择优决断能力。决策最优方案。⑤知人善任的用人能力。管理者应有强烈的人才观念，要有激励能力。⑥令行禁止的统帅能力。管理者必须是一位高瞻远瞩、明察秋毫、指挥若定和令行禁止的统帅和指挥。⑦上下左右的协调能力。具体表现在企业实现决策过程与外部社会、自然环境的协调上。⑧应变能力。由于复杂多变的动态环境和现实存在的许多难以预测的因素的影响和干扰，需要管理者立即解决，及时处理。应变能力是管理者所具备的其他各种能力的综合反映。

二、有效管理者能力的自我评价测验

本测验有十个问题，每一个问题的答案都有 A、B、C、D、E 五种选择，你认为自己符合哪种情况，就在相应的英文字母上画个圈，如我"非常了解"则选 A。另外，在每一个问题中还有两个测验要点，每个测验要点又有三种情况，在你认为对的答案上画圈。可以重复选。

1. 你对目前国际局势、企业界及公司状况了解多少（视野、洞察力）？

A. 非常了解　　　　　B. 大概都知道　　　　C. 知道一点

D. 不太清楚　　　　　E. 完全不知道

测验要点如下：

要点1：a. 对报纸上政治、外交、经济各栏及电视报道不太感兴趣；b. 对与自己工作无直接关系的消息不感兴趣；c. 对地理、历史不感兴趣。

要点2：a. 等到公司的方针或上司的判断指示出错后，才做批评；b. 对政治、经济与社会方面的问题好发议论，但没有具体的方法；c. 自己无法如期完成的工作，总是找借口推卸责任。

2. 你对周围的状况及工作场所了解多少（状况把握力）？

A. 非常了解　　　　　B. 大概都知道　　　　C. 知道一点

D. 不太清楚　　　　　E. 完全不了解

测验要点如下：

要点1：a. 发生上司比自己更了解自己部属的尴尬情形；b. 当上司、其他部门或是外人询问工作状况时，常常无法立即回答；c. 大部分时间都在工作。

要点2：a. 时常觉得工作忙碌，而没有做其他事情的心情；b. 不善于写工作报告；c. 拘泥于小事，而不注重大要点，同时不易改变观念。

3. 你是否了解公司与经营部的方针（方针的理解与具体化）？

A. 非常了解　　　　　B. 大概清楚　　　　　C. 知道一点

D. 不太清楚　　　　　E. 完全不知道

测验要点如下：

要点1：a. 上层的人经常改变工作方针，我不了解他们；b. 我只是个小职员而已，和工作方针无关；c. 听到部属批评方针时，我不但不反驳，反而和部属一起批评。

要点2：a. 方针虽明确，但和现实情况不符，反而变成口号；b. 虽不完全了解公司的方针，却将方针整个传给部属；c. 上司定的方针抽象而不具体。

4. 是否充分了解自己的工作内容（职务内容的明确化与标准化）？

A. 非常了解　　　　　B. 相当了解　　　　　C. 大概都了解

D. 不太了解　　　　　E. 完全不了解

测验要点如下：

要点1：a. 只了解特定的工作内容；b. 有时不了解自己职务的权限范围；c. 不知道工作必备的资料、零件或工具在何处。

要点2：a. 如果你在工厂，工作不但无法进行，效率也会降低；b. 很多工作只有经辨认才知道；c. 每个人都按照自己的方式工作。

5. 依你的计划，工作是否进行得顺利（计划性）？

A. 非常顺利　　　　　B. 相当顺利　　　　　C. 大体还算顺利

D. 不太顺利　　　　　E. 问题很多

测验要点如下：

要点1：a. 由于自己的计划不妥当，害得其他人徒劳无功；b. 经常更改计划，使工厂陷于混乱之中；c. 虽有计划，却很少依计划行事，所以干脆不订了。

要点2：a. 计划订定后，没有核对；b. 虽然核对过，但没有追踪；c. 不按计划行事已成习惯。

6. 工作分配是否适当（工作的分配）？

A. 非常适当　　　　　B. 相当适当　　　　　C. 还算适当

D. 不太适当　　　　　E. 分配得很不公平

测验要点如下：

要点1：a. 部属经常没工作可做；b. 上司包办所有的工作，非常忙碌；c. 部属不可靠。

要点2：a. 工作偏重于某些特定的部属身上；b. 即使是工作能力强的人，也经常做一些任何人都能做的简单工作；c. 没有工作经验的部属很不容易适应工作环境。

7. 日常工作的指示、追踪、报告做得是不是适当（指示、追踪、报告）？

A. 做得非常彻底　　　B. 做得相当彻底　　　C. 做得还算彻底

D. 做得不太彻底　　　E. 几乎完全没有做

测验要点如下：

要点1：a. 上司没有充分传达指示；b. 部属不按指示工作情形很多；c. 虽然不太可能出错，但是，一旦出错，一定无法弥补。

要点2：a. 做报告的部属很少，所以无法充分了解工作状况；b. 大部分部属只报告工作的结果，对过程却只字不提；c. 即使部属没有定期交出报告，管理者也不会催促，任凭部属决定。

8. 有没有达到工作场所对营业额、利润、品质、交货日期、成本等目标（业绩目标的达成）？

A. 每次都达成　　　　B. 达成的次数很多　　　C. 达成的次数不少

D. 没有达成比达成的次数多　　　　　E. 几乎完全没有达成

测验要点如下：

要点 1：a. 工作目标不明确；b. 工作目标订得太高，根本无法达成；c. 无法实现目标时，向管理者说明理由。

要点 2：a. 在工作场所中，大家都很少一起研究如何使工作更早完成；b. 部属没有实现目标时，管理者也不会主动地追究责任；c. 虽然目标订得太高，却不敢向管理者反映，只好硬着头皮做下去。

9. 对工作场所中经常发生的问题，你有没有努力地研究解决或有无防止的办法（问题解决能力）？

A. 非常努力地研究　　　B. 相当努力地研究　　　C. 还算努力地研究

D. 不太愿意研究　　　　E. 差不多没有研究

测验要点如下：

要点 1：a. 工作场所一切良好，不会有什么大问题；b. 已经尽力防范问题；c. 虽然很想解决问题，但是却没有足够的时间可以运用。

要点 2：a. 有很多问题不是以个人的能力就能解决的；b. 对意外发生的问题，常不知从何着手解决；c. 虽然用尽各种方法，仍无法解决问题。

10. 你认为工作处理适当吗（处理能力）？

A. 非常适当　　　　　　B. 相当适当　　　　　　C. 还算适当

D. 不太适当　　　　　　E. 完全不适当

测验要点如下：

要点 1：a. 虽然想到很好的解决方法，却没有彻底实行；b. 常常以马马虎虎的态度处理事情；c. 有拖延回答的习惯。

要点 2：a. 虽然工作进行得不错，但是处理的工作做得不够；b. 管理者经常会问："是什么原因导致这种结果？"c. 常在处理工作后，才后悔处理不当。

说明：按 A = 10 分、B = 8 分、C = 6 分、D = 4 分、E = 2 分计算，在每个题目中得到 10 分或 8 分的人，可以说"已具备管理能力的条件之一"；至于得到 6 分的人刚好及格，而得到 4 分及 2 分的人就需要加强并扩展视野了。

测验要点是把这项测验打圈的分数从测验题中扣除，选 3 项扣 3 分，选 2 项扣 2 分，选 1 项扣 1 分。例如，在测验题中自我评价为 A（10 分），扣掉测验要点中自己选择的项目，选 1 项扣 1 分，剩 9 分；如果选 2 项扣 2 分，剩 8 分；选 3 项扣 3 分，剩 7 分。

自我评价为 B、C 的人也依此法扣分。

如果在测验题中自我评价为 D（4 分）或 E（2 分）的人，就不必扣分，因为一开始你已承认自己 D"不太清楚"或 E"完全不知道"。相信在测验中，自我评价为 D 或 E 的人，在这个测验要点中会选 1—2 项，甚至 3 项都选，由于这些人了解自己的缺点，所以，这个测验对这些人的建议是："应改善"。

管理能力综合评定结果如表 11 - 3 所示。

表 11 - 3   管理能力综合评定表

	项目	评价		测验要点		再评价
		等级	得分	增分	减分	
1	视野及洞察力					
2	状况把握力					
3	方针的理解与具体化					
4	工作内容明确化及标准化					
5	计划性					
6	工作的分配					
7	指示、追踪、报告					
8	达成业绩目标					
9	解决问题能力					
10	处理能力					
	总得分					

通过综合评定表的计算，总得分在 70 分以上的人，管理能力相当不错。至于 69 分以下的人，管理能力则有待于加强。

第三节 管理者有效性评价的原则和方法

一、管理者有效性评价的原则

(一) 全面、客观原则

全面、客观原则是实事求是原则在有效性评价工作中的具体运用。在社会生活中，大多数人特别是有才能的人，总是愿意知道自己的工作做得怎么样，人们是怎样评价的。所以，一般来说，管理者是赞成评价的，他们所担心、所抱怨的是评价结果不公正。造成人们对评价工作担心的原因主要有如下两个：

1. 评价结果不全面，使被评价者感到评价的结果并没有反映出自己工作的全部状况。

2. 评价结果与被评者的实际工作情况出入较大，或者把某些影响取得工作绩效的客观因素归罪于被评者本人，使被评者感到对评价结果难以接受。因此，评价工作必须坚持全面、客观的原则。

坚持这一原则，评价者必须持客观的态度，尊重事实，实事求是，切忌主观随意性。要把被评者放在当时当地的管理环境中加以考察，那些不以被评者意志为转移的影响管理者有效性的重大客观因素应予剔除。评价的结果是根据对准确、完整的资料、数据和事实的调查分析得出来的，任何一个结论都必须以事实为根据。只有这样，才能使评价结果较为公正，才能达到评价的目的。

（二）以贡献为主原则

以贡献为主的原则是从实际出发，进行有效性评价的根本原则。考察一个干部的才和德，主要应看其在完成任务过程中的表现，评价一个管理者工作的优劣，同样是看他为社会所做出的贡献以及贡献的大小。坚持以贡献为主的评价原则，具有十分重大的意义。

1. 它可以使评价具有客观性。有效性是贡献的集合，也是管理者知识、才能、品德诸因素的综合反映，被评者已有的工作成绩是客观现实，评价者只有掌握被评者所做出的贡献的内容、数量、质量，并根据这些资料、数据进行评价，才能对被评者做出客观的评价。

2. 它可以把各级管理者的注意力引到努力为社会、为组织多做贡献上来。这样，管理者追求贡献的欲望和努力就成了创造新的有效性的巨大动力，从而鼓励人们少说空话，多做实事。

3. 它能够促使管理者充分发挥自己的潜力和特长，而不致因为他们不是全才，没有学历，没有资历，就把人才埋没了。坚持以贡献为主的原则，就是评价一个管理者要看他的实际贡献和工作成绩，并以此为准绳来评价他履行职责的状况和德才水平。在这里，最重要的是，对贡献和成绩要分清真假、虚实，是急功近利还是兼顾远近，特别要注意不能以集体的功劳为个人捞取资本，更不能报喜者得喜，报忧者得忧。

（三）定性与定量相结合原则

马克思主义认为，人们认识事物的过程总是先从事物的质开始，在把握了事物质的规定性之后，才有利于认识事物量的规定性。有效性评价是对管理者总体情况的一种认识活动，必须遵循人类认识的一般规律，按照从定性到定量，再从定量到定性的螺旋式上升的过程进行，缺少哪个环节都会使认识变得不完整。定性是定量的基础，定量是定性的深化和精确化。只有把定性和定量结合起来，才能使评价工作科学化。因此，定量评价与定性评价应当相辅相成，不可偏废。从理论上说，虽然可以对有效性、人的素质进行定量测定，但从现实看，则不完全是这样，只有在能够量化的领域里进行定量分析。

（四）领导者、群众、个人相结合原则

一个管理者的工作成绩、目标实现的程度、职责履行的状况、工作能力、业务水平等，群众看得最清楚，本人心里最明白，上级领导也心中有数。因此，进行有效性评价时，要坚持领导、群众、本人相结合。坚持这一原则，就必须通过多种形式，做大量的调查研究工作，广泛听取群众、本人、上级领导各方面的意见，特别是对一些原则性的、重大的问题，更应反复了解、核实，尽可能做出客观、正确的判断。坚持领导、群众、本人相结合的原则，有利于有效性评价在上下级融洽的合作气氛中进行，有利于民主管理和群众监督，有利于调动各方面的积极性。

二、管理者有效性评价的方法

（一）有效性评价的常用方法

1. 评级法。它是进行绩效评价的常用方法，也是最流行的一种方法。评级体系由一组待评价的特征、区域或行为项目和标明每个项目绩效水平的标尺或其他方式两部分组成。这种方式易于使用、简单且易标准化，适用于各种工作岗位和部门。但是评级体系所使用的标准通常比较模糊或不准确，标尺部分也可能模糊不清，而且不能提供帮助管理者提高绩效的具体信息。

2. 排列法。是指上级根据设定的评判尺度（如销售额）对管理者的绩效大小进行排队。评级法（利用标准）和排列法（进行比较）的差别很大，如果两个管理者的工作都是有效的，如果是评级，可能都评为好，但是，排列必定要出现好坏之分。从短期来看，排列方式虽然能够刺激一些管理者更努力地工作，以取得头名排位，但也会刺激人们积极或消极地干涉别人的工作。与评级法一样，排列的评判标准经常是模糊的，这种方法虽然简单易行，但掺杂上级主观因素较多，依据不足，准确性不高。

3. 成果考核法。又称对照法，主要是对被评者工作任务完成情况进行核对，根据一系列事先同管理者协商制定好的标准给予分值，以此来度量管理者的有效性。这种方式容易将个人目标和工作单位的目标联系起来，在某种程度上可以避免人为的主观因素，更加客观，但是，这种方式比评级和排列方式需要花费更多时间，并要求评估者和被评人具备一些制定目标和标准的技能，以保证目标和标准有意义且可以度量。这种方法的关键是：

（1）科学地确定每个岗位的任务和各项任务的分值。

（2）量表的设计。量表设计的主要内容是：①被评者的基本情况。②指标，包括指标体系和"影子"指标（指影响有效性的客观因素指标）。③评价等级。目前多采用等级判别式，常用的是优秀、良好、满意、较差、很差五级制。汇总统计时，首先剔除"影子指标"，然后将评价等级化为分数，求每项指标的算术平均值，然后计算出每项基本指标的标准分，将标准分相加，算出总分，进行综合分析。④评价者陈述对评价的看法。这种评价方法的优点是引进定量的因素，可以避免人为的主观因素，有利于较全面地评价一个人。缺点是不能形成一个综合性的文字描述。

4. 群众评议法。这种方法就是评价者主要通过群众对被评者的评议，以获取被评者有效性的总体情况。管理者生活在群众之中，群众定期或不定期地评价管理者，把对管理者的工作成绩、工作能力、工作作风等方面的感受和看法表达出来，汇集起来，就可以从不同角度、不同程度上反映出管理者的总体情况。这种方法能够广泛深入地听取群众对被评者的意见，弥补其他评价方法的不足。同时，这种方法可以把被评者置于群众的经常监督之下，改变那种管理者只对上级负责而不对群众负责的现象。群众评议法的不足：在于群众没有经过专门的训练，缺少这方面的专业知识，他们对被评者的评价，往往受知识的水平、利害关系等因素的影响，经常带有主观性色彩。这种方法实质上是一种"集体印象法"。

5. 专家评议法。这种方法就是评价者主要由业务、管理方面的工程师、技术人员等专家组成，通过对被评者工作成绩、目标实现、职责履行状况的评估、质询、论证等，从整体上评价被评者绩效的一种方法。专家评议法的重要环节是对专家的选择，必须注意选择公正、敏锐，有真才实学、熟悉实际情况的人担任，但是，又要避免从被评者的直接下属中选择。这种评价方法的优点在于：可以弥补群众评议法的不足，经过反复评估、质询、论证，得出的结论较为准确、可靠，具有较强的说服力。这种方法的不足在于：由于业务性强、专家缺乏，往往需要从其他部门聘请，所以，使用的范围受到了限制。

6. 定性评价法。这是一种主要运用"纪实"文学的形式，对被评者的绩效特征进行概括而又简洁的描述，力图从本质上反映管理者有效性面貌的评价方法。它的表现形式一般为文字鉴定。定性评价法的产生和发展有着悠久的历史。由于它运用简便，结论性强，因而适应面很广。但是，以往的定性评价由于没有一定的"量"为基础，所以，得出的结论往往停留在感性和表象阶段，缺乏说服力。

7. 定量评价法。这种方法是运用数据的形式，对被评者的绩效特征进行定量评价，从数量上相对精确地反映被评者局部和整体面貌的评价方法。定量评价虽然在古代就有其思想萌芽，但是，作为一种科学的和成熟的评价手段，却是伴随着社会化大生产的迫切需要和科学技术的进步和发展形成的，在中国则是近几年才逐步发展起来的。尽管这种方法还有许多理论问题和实践问题需要探讨，但是，由于定量评价法为评价工作逐步由经验走向科学提供了可能，所以，引起了人们的普遍重视。这种定量评价法，按评价内容分为考绩和考能两个方面：按评价的方式分为"测试"和"评鉴"。具体地说，目前已采用的定量评价方法有德才测评、管理能力模拟情景测试、专项测试、定量考绩和成果考核。

（二）有效性评价的变异方法

1. 360 度反馈法。它是一种基于经理、客户、合作者、供应商等信息资源的收集信息、提供反馈并评估有效性的方法。经理（上级）和人力资源部并不是能唯一评价管理者有效性的人和部门，管理者的行为可能会对其他人造成影响或受其他人影响，因此，可以从经理、客户和职工三种渠道收集信息并进行有效性评价。由于收集的信息增加，这种方式更加客观并更能发现问题。但是，与其他方法相比，其同时收集和处理数据的成本过高。

2. 双向评估法。评估和信息反馈可以双向流动，不仅仅从上级流向被评人，也从被评人流向上级，因此，上级评价被评人的绩效，被评人也评价上级。双向评估可以以非正式的、口头的方式进行，同两个人的沟通结合起来，它将传统的单向绩效讨论变成了经理和被评人的共同协作，从而使双方都得到提高和受益。但是，这种方法的成功与否取决于经理的交际能力，是否能有效地提问，并获得被评人的真实信息。

3. 效力增强法。它是由巴克尔协会（Bacal Associates）命名的一种管理绩效的方法，要求上级和被评人视个人不同需要，共同来决定管理绩效的具体细节，包括使用表格、方式、会晤周期等，在实施过程中将被评者个人置于客户的位置来考虑。由于这是被评人参与设计的评价方法，效力增强法能够得到被评人更多的支持和认可，但是，这种个性化方法的最大缺点在于不易理解和不具有可比性，并且与标准化相矛盾，不易操作。

第四节　有效管理者评价的量表设计

一、管理者绩效评价标准表

对管理者进行绩效评价的前提是，明确评价程序和评价标准。此外，为了使不同的考评者对同一被考评对象进行评价所提出的评语有统一的含义和解释，还必须确定"评价尺度"，只有这样，才能对多个评语进行比较归纳。如果只用文字表述评语，将由于不同经历、不同学识水平的人对同一个词汇的理解有时会有很大的差异，使得同一条评语有不同的解释，这就失去了统一含义。所以，在对管理者绩效进行评价应用等级计分法时，需要确定等级标准和计分标准，即"评价尺度"，表 11-4 常见的在计分法中使用的评价尺度。中心值定为 10、最大值为 14、最小值为 6 的评价尺度，是根据多年经验摸索出来的效果较好的一种评价尺度。

按这种尺度评分，误差较小，容易打分。在犹豫不决时，还可以取偶数值中间的奇数分，考评者心理上感到自由度较大。表 11-4 中的尺度 1 和尺度 2，评分值容易偏高；而尺度 3 和尺度 4，当多个考评员同时进行评分时，容易得到接近正态分布的结果，因而容易取得一致意见。

表 11-4　　　　　　　　　　　评价尺度

尺度 1	20 分	18 分	16 分	14 分	12 分
	优秀	良好	可以	较差	差
尺度 2	18 分	16 分	14 分	12 分	10 分
	优秀	良好	可以	较差	差
尺度 3	16 分	14 分	12 分	10 分	8 分
	优秀	良好	可以	较差	差
尺度 4	14 分	12 分	10 分	8 分	6 分
	优秀	良好	可以	较差	差

表 11-5 是按照上述评分尺度拟定的管理者绩效评价标准。表中对每一评价因素细分为四个评价要点，对每一项要点都列出准确表述的内容，考评员事先仔细理解了这些表述的含义，统一了对各要点的认识之后，就可以用以进行

评价计分了。

表 11 - 5　　　　　　　　　　管理者绩效评价标准

评价因素	对评价期间工作绩效的评价要点	评定尺度
1. 勤务态度	□把工作放在第一位，努力工作 □对新工作表现出积极态度 □忠于职守，严守岗位 □对部下的过失勇于承担责任	
2. 业务工作	□正确理解工作指示和方针，制定适当的实施计划 □按照部下的能力和个性合理分配工作 □及时与有关部门进行必要的工作联系 □在工作中始终保持协作态度，顺利推动工作	
3. 管理监督	□在人事关系方面部下没有不满或怨言 □善于放手让部下去工作，鼓励他们乐于协作的精神 □十分注意生产现场的安全卫生和整理整顿工作 □妥善处理工作中的失败和临时追加的工作任务	
4. 指导协调	□经常注意保持提高部下的劳动积极性 □主动努力改善工作和提高效率 □积极训练、教育部下，提高他们的技能素质 □注意进行目标管理，使工作协调进行	
5. 审查报告	□正确认识工作意义，努力取得最好成绩 □工作方法正确，时间与费用使用得合理有效 □工作成绩达到预期目标或计划要求 □工作总结汇报准确真实	

注：考评时，将评分值记入另外的"成绩评价报告表"中。考评者应是被考评者的直接上级。对各栏中的"评价要点"，分别按右栏"评定尺度"评分。

在对管理者的有效性进行评价时，还可以根据表 11 - 6 中的成绩评价、工作态度评价和工作技能评价三类因素进行考评。

表 11－6　　　　　　　　　　　有效管理者评价因素表

类别	评价因素	定义
成绩评价	质量	任务完成结果正确、及时，与计划目标一致，接受下属帮助的程度及工作总结报告的适当与否
	数量	完成组织任务的工作量、速度及费用节约情况
	教育、指导	对下属或后辈进行现场教育指导效果。对下属或后辈进行思想工作，提高他们自主管理意识的效果
	创新、改善	对管理工作进行改进的效果，积极采用新思想、新方法的表现
工作态度评价	纪律性	领导职工遵守企业规章制度及生产现场纪律，遵从日常社会生活道德标准，注意礼貌
	协调性	协调下属部门之间的矛盾，增强集体观念和组织观念
	积极性	主动参加改善提案、合理化建议等活动，以身作则
	责任感	不论怎样困难也必须确保完成任务的精神
	自我开发热情	努力提高自己的领导与组织能力，对较高目标的挑战态度，达到自我开发目标的进度
工作技能评价	知识	胜任管理工作所需的基础知识、业务知识和理论水平
	技能	完成本职工作所需技术、技巧、业务熟练程度、经验
	理解、判断、决断	充分认识职务的意义和价值，根据有关情况和外部条件分析问题，判断原因，选用适当的方法、手段的能力
	应用、规划、开发	充分认识职务意义和价值，根据有关情况和在对外部条件分析的基础上，具有预见性，通过调查、研究、推理思考总结归纳具体对策、方法的能力
	表达、交涉、协调	为顺利完成任务，正确地说明解释自己的看法、意见，说服他人与自己协作配合，同时维持良好的同事关系的能力
	指导、监督	按照下属的能力和适应性适当分配任务，并在工作中予以指导帮助，同时启发其集体观念和劳动热情的能力

国外还有一些管理学家设计出如表 11-7 的面谈考评表，用于对管理者的有效性考评。

表 11-7　　　　　　　　　面谈考评表

考评项目	评定尺度	计分	备考
仪容、态度			
一般常识			
专业知识			
创造与创新能力			
诚实与协调			
领导能力			
表达能力			
人品与性			
总计			
综合评语	评语分为 A、B、C 三等，每等又可以分为上、下两级		0—64 分→C 65—95 分→B 96—112 分→A

二、管理者有效性的自我评价

随着管理要求的不断提高，人际关系也将日趋复杂，用人和处理人际关系也就显得日益重要和突出。面对现实，人们理所当然地要加强自我与环境的研究和了解。管理者的有效性还可以通过设计一些问卷进行自我测试。

（一）指挥和领导的自我测验

管理者为本单位全体人员的士气和生产率负责，为职工的态度和工作意愿，以最少的劳动力和耗费获得最大的产出，团结协作，认真工作和职责满足感负责。

你认为自己的组织中对有效指挥和领导的原则贯彻执行得怎么样？对下面每一个问题的回答，请在你认为目前的确达到的状况下面画一个圈。

1. 环境。管理人员是否创造出了鼓励职工自愿维　　5　4　3　2　1
持高生产率的条件和环境？

2. 士气。管理人员是否认识到每一个正常人的普　　5　4　3　2　1
遍愿望是想"有所成就"；是否按此安排工作、付给报
酬并为职工的晋升提供机会？

3. 参与。高级管理阶层是否鼓励尽可能多的管理人　　5　4　3　2　1
员参与制定其各自部门的全面目标、政策和工作日程？

4. 会议领导艺术。是否所有的管理人员都拥有召　　5　4　3　2　1
开解决问题的会议和小组会的技巧？

5. 培训。是否按照重要人员的个人需要，为全体　　5　4　3　2　1
重要人员制定并实行了良好的管理培训计划，以便提高
他们的绩效？

6. 人力利用。高级管理人员和监督人员是否在切实　　5　4　3　2　1
可行的前提下承认并利用下属的最高能力和兴趣爱好？

7. 提升。高级管理人员和监督人员是否可以肯定下　　5　4　3　2　1
属的所有提升都是以功绩、成就和预定的标准为依据的？

8. 理解。管理人员是否可以肯定组织中的每一个人　　5　4　3　2　1
都明确地理解他本人、他的团体以及整个组织的目标？

9. 激励。管理人员是否及时估计到在整个组织中　　5　4　3　2　1
提高绩效的必要并采取必需的改正措施？

10. 工作满足。职工是否在工作中感到满足，他们　　5　4　3　2　1
在工作中的成就是否得到恰当的承认？

注：上述打分按以下依据："1"优秀表示无需做任何变革；"2"良好表
示只需做很少的改进；"3"满意表示要做某些改进；"4"较差表示要做相当
多的改进；"5"很差表示要做很大的改进。

（二）管理控制手段的自我测验

管理控制手段是现代管理必不可少的手段、方法和工具。它们有助于董事
会、总经理和其他高级管理人员取得符合于企业目标、标准和日程的成果。

你认为自己组织中有效的管理控制手段设计运用得怎么样？

对下面每一问题的回答，请在你认为目前的确达到的状况下面画一个圈。

1. 包括范围。管理者是否已建立了所有必要的控　　5　4　3　2　1
制手段，以便保证实现董事会规定的目标和日程？

2. 职责。是否所有的管理控制手段和报告都直接　　5　4　3　2　1
同整个组织或由一个经理人员最终负责的各职能部门的
目标和标准有关？

3. 顺序。是否所有的管理控制手段都是与实现组　　5　4　3　2　1
织的全面目标和标准有关？

4. 数量少。管理控制手段及有关报告的数量是否　　5　4　3　2　1

已压缩到尽可能地少？

5. 设计简单。目前正在使用的全部管理控制手段是　　5　4　3　2　1
否设计简单，使用方便，易于理解，便于掌握和维持？

6. 定期检查。高级管理阶层是否定期地对每项控　　5　4　3　2　1
制手段，每项记录和每项报告检查其必要性，并尽可能
地清除不必要的部分？

7. 形式。所有的管理控制手段和有关的记录及报　　5　4　3　2　1
告是否采用最好的相关形式，以便比较、说明和存档？

8. 程序。所有的管理控制手段和有关的报告及记　　5　4　3　2　1
录是否应用最有效的方法和程序来进行编制和保存？

9. 成本。目前保存的所有控制手段和报告是否有　　5　4　3　2　1
足够的价值，值得为之花费成本？

10. 各方利益。目前使用的控制手段是否保证能在　　5　4　3　2　1
企业和合伙人、顾客、职工和一般公众的利益之间保持
恰当平衡？

（三）管理协调的自我测验

一个组织要在高级管理人员、监督人员和一般职工之间保持紧密的一致，
管理人员就必须进行协调。只有通过互相协商和各个管理集团的民主参与才能
形成一个顺利工作的集体。

你认为自己组织中全面活动的协调进行得怎样？

在下面的题目中每一项右边的计分中，在你认为目前达到的状况中画一
个圈。

1. 咨询式管理。所有重要的高级管理人员是否都有　　5　4　3　2　1
效地贯彻执行了咨询管理和维持良好人际关系的原则？

2. 观点。管理人员在目标、政策、计划、程序和　　5　4　3　2　1
日程的观点上是否协调一致？领导班子是否在同一时间
和谐地唱一个调子，以同样的材料为依据？

3. 信息传递。向上向下以及所有各级组织之间的　　5　4　3　2　1
信息传递状况是否令人满意？

4. 灵活性。领导班子是否能使自己迅速地适应于　　5　4　3　2　1
新的情况、新的趋势和新的管理问题？

5. 解释。高级管理人员是否向监督人员和一般职　　5　4　3　2　1
工解释新的变革和事件对他们的影响？

6. 认识差距。管理者是否充分认识到把组织的目　　5　4　3　2　1
的和目标通知给职工，同时职工有机会参与制定目的和
目标有着巨大的差距？

7. 自我纪律。高级管理人员是否这样设计和协调　　5　4　3　2　1
各种控制措施，使得下属能及时发现问题予以改正，以
免发展到必须由高级管理阶层来纠正的地步？

8. 平衡。各个部门的首脑是否在他们各自的专业　　5　4　3　2　1
领域同整个组织之间维持良好的平衡？

9. 报告。各种高级管理人员和监督人员所做的全　　5　4　3　2　1
部管理报告是否很好地予以协调？

10. 作业。所有的职能活动和部门之间作业是否由　　5　4　3　2　1
高级管理阶层很好地予以协调，以便使整个企业获得最
好的成果？

（四）领导能力问卷调查表

领导能力问卷调查表是发给职工群众用以考察评价管理者有效性的表格。其设计形式多种多样，以下提供一种以资参考。

填答方法：就你的管理人员的特征程度回答问题。每个问题填答两次，第一次用"○"表示你的管理人员目前的程度，第二次用"√"表示你希望他具有的程度，如果两者相同，则把"√"记号写在"○"记号之内。

问题（程度如何）：

1. 你的管理人员曾协助你规划你在公司里面的发　　1　2　3　4　5
展机会吗？

2. 你的管理人员是否容许你自行决定工作中的　　1　2　3　4　5
细节？

3. 你的管理人员是否已把部属建立成一个一体化　　1　2　3　4　5
的团队？

4. 你的管理人员是否鼓励部属对他本身的工作成　　1　2　3　4　5
效提出反馈？

5. 你的管理人员所主持的团队会议是否处理重要　　1　2　3　4　5
的问题？

6. 你的管理人员是否分配给你具有挑战性的工作？　　1　2　3　4　5

7. 你的管理人员是否防止你这个部门受到过多的　　1　2　3　4　5
外部压力？

8. 你的管理人员是否关心你这个人以及你的事业发展？　1　2　3　4　5

9. 你的管理人员容许你对自身会受到影响的决策有发言权吗？　1　2　3　4　5

10. 你的管理人员鼓励部属彼此协助吗？　1　2　3　4　5

11. 你的管理人员能坦率谈论你与他合作共事所遭遇的困难吗？　1　2　3　4　5

12. 在你上司主持的会议中，每一讨论事项是否都有明确的目的？　1　2　3　4　5

13. 你的管理人员是否坚持要求高成效标准？　1　2　3　4　5

14. 在必要时，你的上司能争取到同事的合作吗？　1　2　3　4　5

15. 你的上司对你的工作成效按时提出坦诚的反馈吗？　1　2　3　4　5

16. 你的管理人员是否允许你有犯错误的余地，以便能从中得到学习？　1　2　3　4　5

17. 你上司的团队是否能一致地朝同一个目标努力？　1　2　3　4　5

18. 如果你的想法与他不同，他会设法找出其中的优点吗？　1　2　3　4　5

19. 在你上司主持的会议中，所达成的决议能得到执行吗？　1　2　3　4　5

20. 你的上司是否能有效地争取你这一部门的利益？　1　2　3　4　5

21. 你的管理人员是否能有效地争取一部门的利益？　1　2　3　4　5

22. 你的上司教导你的方式是否能提高你的工作能力？　1　2　3　4　5

23. 你的管理人员鼓励你对他的想法和建议提出不同的意见吗？　1　2　3　4　5

24. 你的上司是否鼓励整个团体都参加和解决与整个部门有关的重大问题？　1　2　3　4　5

25. 你的管理人员是否真心诚意地倾听你说话以及你所说明的构想？　1　2　3　4　5

26. 在你上司主持的会议中，所做的决定达到何种　　1　2　3　4　5
程度的质量？

27. 你的上司曾清楚地阐释你这一部门具有挑战并　　1　2　3　4　5
令人振奋的目标吗？

28. 你的管理人员能争取到你这个部门所需要的资　　1　2　3　4　5
源吗？

29. 你的上司鼓励你培训新的技能和新的能力吗？　　1　2　3　4　5

30. 你的上司允许你不先跟他招呼，就采取行　　1　2　3　4　5
动吗？

31. 你的管理人员是否协助团队分子以建设性的态　　1　2　3　4　5
度来对抗彼此间的歧义？

32. 你的上司是否把你在工作中所需要的信息全都　　1　2　3　4　5
提供给你？

33. 在你上司主持的会议中，团队分子是否把自己　　1　2　3　4　5
内心对问题的想法都说出来？

34. 当谈到你这个部门的目标时，你的上司是否持　　1　2　3　4　5
乐观的态度？

A. 你的管理人员还有哪些方面做得很好？

B. 你的上司还有哪些方面会使你和其他部属不能充分发挥自己的能力？

本章要点

1. 管理者的有效性，是指管理者具有使其管理活动取得有用成效的性质。管理者有效性分析是对绩效加以分解和剖析，考察各部分彼此之间的关系以及影响因素。分析管理者的有效性必须分析影响有效性的因素，除主观因素外，管理工作成绩的大小必然受到客观环境的影响。

2. 管理者有效性评价的内容包括效益指标、目标实现程度指标和履行职责方面的指标。

3. 对管理者的有效性进行考评具有极为重要的意义。首先，它是检验管理工作科学化程度的重要手段；其次，它是管理者不断提高自身素质的最终目标和根本动力；再次，它是识别、评价、使用管理者的依据。

4. 管理者有效性的基础决定于管理者本身的素养，管理者素养的外在表现形式是管理者的工作态度。不同层次的管理者，其所需能力结构也是不同的；不同国家对管理者能力的要求也是不一样的。

5. 管理者有效性评价的原则包括：①全面、客观原则。②以贡献为主原则。③定性与定量相结合原则。④领导者、群众、个人相结合原则。

6. 有效性评价的方法有常用方式和变异方法之分。

7. 在对管理者绩效进行评价应用等级计分法时，需要确定等级标准和计分标准，并制作评价标准表。管理者还可通过设计一些问卷进行自我测试。

讨论题

1. 为什么常有下面的说法："整个评价过程的致命弱点是评价本身"？

2. 有许多公司根据进取心、协调和领导能力对管理者进行评价，你认为这种方法如何？

案例：绩效评估应该怎么进行？

福建东胜生物制品有限公司是一家以生产生物、保健品为主的企业，公司人力资源部的工作由彭小姐负责。公司的组织机构如图 1 所示。

公司有一套绩效评估体系，希望帮助员工认识自身工作中的不足，激励他们提高今后的工作表现，帮助他们不断制定更高的工作目标，公司也可以通过绩效评估发现和培养素质、潜力较好的人力。但是，现在许多员工对公司实行的绩效评估有抱怨，公司当初实行绩效评估的目标远远没有达到。公司老总因此希望彭小姐能够运用专业知识和经验找出绩效评估体系中存在的问题，并能针对问题提出有效的解决方案。

彭小姐决定，先分析公司现行的绩效考核制定，然后单独找反映问题的员工谈话，综合研究现行体系存在的问题后提出改进方案。

一、现行的绩效考核制度

公司的工资构成包括岗位基本工资和岗位考核工资，岗位考核工资的评定与每月进行一次的岗位考核成绩挂钩，现在正在实施的岗位考核体系刚刚试行了几个月，上月的评估刚刚结束。

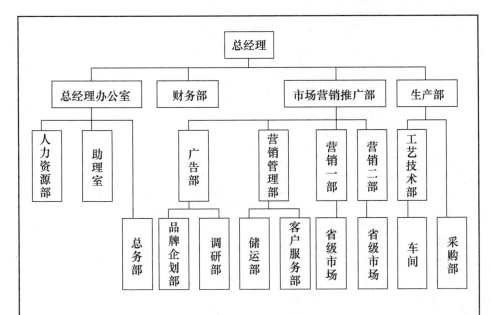

图1 东胜公司的组织机构

（一）销售人员目标考核法

对于普通销售人员，公司实行销售业绩的目标管理法，即每月初公司会议制定全公司的月销售计划，随后总经理和营销一部、二部经理共同商讨计划的可行性，并将公司的月销售计划分解成各部门的销售计划。然后各部门经理召开月度市场工作会议，与部门下属（包括各区域市场主管及业务员）分别制定各区域计划，再将各区域销售计划分解到每个销售员的头上。如果在公司规定的几个期间内没有按计划完成任务，各级人员将受到降级处分；而同时，由于公司正处于高速发展期，有大量营销主管、经理的职务空缺，因此，公司实行资格制和聘任制，即首先在内部提出公开招聘，各类员工均可参加竞聘，只有那些绩效评估等级持续为优并且岗位资格考核达标的人员才予以考虑晋升。所以，达到公司计划就意味着有收入和晋升的机会。如何权衡这种风险与收益，对每个业务人员来说都是一件艰难与持久的工作。一般来说，公司下达的任务都是各营业单位必须努力工作才有可能达到的，出于对自身最大努力程度及降职风险的考虑，每个销售人员都会要求减少一些分给他们的计划，而经理们这时就需要用极大的耐心来帮助他们，如何发挥自己的潜力，充分利用公司的资源来达到这个稍高的计划。月度市场会议最后，最重要的一个程序就是：每个销售人员确认月度工作目标，填制公司统一印发的《目标责任状》，上交公司存档。由于这个目标责任状所确定的目标非常明确，即销售额是唯一考核标准，所以，在做销售人员业绩考核时，相对来说比较简单，只需按照公司规定，根据目标完成情况从销售人员收入中提取适当比例发放即可。

（二）岗位标准考核法

对于销售部经理和主管级人员要另外加做一个和公司其他部门一样的岗位工作标准绩效考核，具体考核表式样见表1和表2。

公司的绩效评估一般经过三个步骤：①由被评估人进行自我评估。②由各被评估人的直接主管人员进行二次评估。对于各一级、二级部门经理则由总经理对他们进行二次评估，这样在评估体系上也体现了公司管理程序的分级管理、逐级负责原则。③在最后确定考核成绩时，以直接主管人员所做的二次评估分数为准。具体考核过程参见图2。

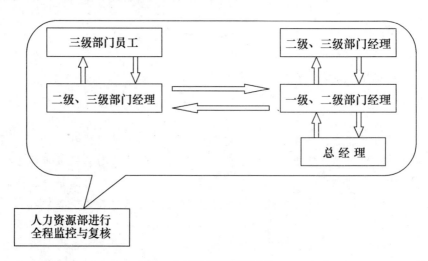

图2　公司的绩效评估程序

二、寻找原因

在对几名意见较大的员工进行分别谈话后，彭小姐总结出员工的意见主要集中在以下几个方面：①考核标准模糊不清；②考核结果没有反馈，员工不能正确认识自己的优缺点和未来的职业前景；③员工和直接主管之间工作关系很强，而辅导关系很弱。

经过一段时间的调查研究，彭小姐对于现行评估体系中存在的问题已经有了一个大体分析思路。

（一）评估的根据

1. 由于未进行充分的沟通，绩效考核目标未得到部属的理解承诺，缺乏激励和责任。

2. 某些标准存在模糊不清、无法度量的问题。

3. 所有中高层管理人员用同一标准考核，而没有细化到具体职位。

（二）评估的流程与重点

1. 评估流程不完善，仅仅是对员工打分及总结过去业绩。

2. 在业绩考核过程中，不太重视改善及如何改善。

3. 评估人没有实现由领导向辅导人的角色转换，主管与员工之间辅导关系很弱。

4. 未能建立起有效的员工发展系统。

讨论题

1. 你认为现行绩效评估系统应如何加以改进？

2. 在确定考核标准中应注意哪些问题，对于确实不能量化的项目应如何最大限度地获得考核双方的认同？

3. 你认为应如何解决本案例中考核者出现的问题？

4. 如何更有效地利用绩效评估结果巩固或促进员工绩效改进？

5. 请运用你学过的知识替彭小姐完成一份提交给总经理的关于现行评估体系中存在的问题以及采取何种改进措施的报告。

——本案例摘自《MBA 管理案例》，东北财经大学出版社。

说明：①公司机构分为总经理办公室（基础管理）、财务部（资金计划与监督）、市场推广部（营销管理）和生产部（科研及生产管理）四个一级管理部门。②在各一级部门下又设置了 7 个二级部门，由各部门经理负责。③各二级部门下设置了 9 个三级部门，由各部门主管负责。④总经理向集团产业公司执行总裁负责；副总经理（兼任广告部经理）、总经理办公室主任、财务部经理、生产部经理、总经理专业助理、人力资源部经理、营销部经理对总经理负责；其他部门的管理程序按照组织机构图采取分级管理原则，逐级负责，一般情况下不允许越级上报问题。

表1　　　　福建东胜生物制品有限公司经理人员月度岗位考核表

部门：

姓名		岗位		到职日期	年　月　日	现职日期	年　月　日

项目	考核内容	配分	自评分数	复核分数
领导能力	□善于领导部属，激发潜能，积极实现目标	16		
	□灵活运用部属，顺利实现目标	14		
	□尚能领导部属，勉强实现目标	10		
	□领导能力欠佳，工作意愿低	3		
	□缺乏领导能力，常使部属不服或反抗	0		
策划分析与执行	□策划分析与执行策划、分析能力甚强，能迅速正确判断处理	13		
	□颇有策划、分析能力，能正确判断处理	11		
	□尚具策划能力，能配合经验判断处理	9		
	□尚具策划、分析能力，在一定范围内可自行正确判断处理	7		
	□缺乏策划、分析能力，只能依上级批示单纯作业	3		
协调配合能力	□协调配合能力善于沟通、协调，且能主动配合工作	14		
	□能有效说明及影响他人，顺利达成任务	12		
	□尚能与人沟通，使工作顺利发展	9		
	□不易与人沟通，使工作推动困难	3		
	□无法与人沟通，使工作无法推动	0		
专业工作能力	□专业工作能力有专业知识，经验丰富、工作效率高，有独特创意	12		
	□具有本专业知识与经验，效率较高	10		
	□稍有本专业知识与经验，而能不断精进	7		
	□对本职专业知识与经验欠佳，又未能积极主动学习	3		
	□缺乏本专业知识与经验，效率低	0		
责任心	□责任心甚强，可以独立解决问题	13		
	□具有责任心，可放心交付工作	11		
	□有一定责任心，能配合工作	9		
	□责任心不强，需督促方能完成	4		
	□遇事推诿，时时督促仍不能完成	0		
品行操行	□品行操行严守职业道德，公正廉明，并能影响他人，足为楷模	11		
	□品行端正，公私分明，以身作则	9		
	□略有瑕疵，但有心改善	4		
	□违反公司规定，多次督促仍无法改进	0		

续表

姓名		岗位		到职日期	年 月 日	现职日期	年 月 日		

项目	考核内容	配分	自评分数	复核分数
成本意识	□成本意识强，主动约束部下节俭 □具有成本意识，能节俭 □缺乏成本意识，稍有浪费 □成本意识欠缺，常有浪费	11 9 4 0		
部属与发展	□部属与发展经常辅导部属，传授技能，激发潜能 □能适当判断部属才能与悟性，有效地分配工作并授权 □对部属予以必要训练，并愿尽力配合、完成 □对部属被动辅导，分配工作不当 □对部属漠不关心，内部时有怨言	10 9 7 3 0		

评定总分		100		

考勤	病假（ ）次　　事假（ ）次　　旷工（ ）次		月度考核分数（ ） 月度考勤分数（ ） 主管：
奖惩记录	奖励 ———————— ———————— ————————	惩罚 ———————— ———————— ————————	人事部门
核定主管			核定分数

表2 　　　　　　　主管人员月度岗位考核表

部门：

姓名		岗位		到职日期	年 月 日	现职日期	年 月 日		

项目	考核内容	配分	自评分数	复核分数
协助执行能力	□积极主动配合领导，执行工作指令 □主动配合领导，提前完成交付工作 □较能服从领导，工作执行符合要求 □时常不服从领导，交付任务需督促勉强完成 □不能服从领导，经督促仍不能完成	15 13 10 4 0		

续表

姓名		岗位		到职日期	年　月　日	现职日期	年　月　日		
项目		考核内容					配分	自评分数	复核分数
协调配合		□善于沟通、协调，且能主动配合工作					13		
		□能有效说明及影响他人，顺利达成任务					11		
		□尚能与人沟通，使工作顺利发展					9		
		□不易与人沟通，使工作推动困难					3		
		□无法与人沟通，使工作无法推动					0		
工作绩效		□工作绩效高，有创新					13		
		□能完成工作，效率超出上级标准					11		
		□工作不误期，绩效符合标准					9		
		□勉强胜任，表现一般					6		
		□工作时有差错，效率低					2		
专业能力		□本职专业知识、经验丰富、工作效率高					13		
		□稍有本专业知识经验，能主动改进					9		
		□本专业知识经验欠佳，发挥平平					5		
		□专业极差，又不积极学习					0		
责任感		□责任心强，可放心交付工作					13		
		□有一定责任心，能顺利完成工作					11		
		□尚有责任心，能基本完成					9		
		□责任心不强，需有人督促方能完成					5		
		□欠缺责任感，时时督促仍不能完成					0		
品行操行		□严守职业道德，公正廉明，并能影响他人，足为楷模					11		
		□品行诚实，公私分明，以身作则					9		
		□有瑕疵，但基本有心改善					4		
		□违反公司规定，经多次督促仍无改进					0		
成本意识		□成本意识强，主动约束部下节俭					11		
		□具有成本意识，能节俭					9		
		□缺乏成本意识，稍有浪费					4		
		□成本意识欠缺，常有浪费					0		
保密意识		□保密意识强，处处为企业利益着想					10		
		□有基本保密意识，符合公司要求					7		
		□有基本保密意识，时好时坏					4		
		□无保密意识，常有泄密行为					0		

第十二章　有效管理者的造就

【学习目的】

阅读和学完本章后，你应该能够：

☐ 了解管理者的主要任务

☐ 明白管理者面临的主要约束

☐ 了解管理者造就的主要内容

☐ 知道有效管理者的实践途径

管理者的成长，最终要归结到他在管理活动中的有效性不断提高。但是，管理者的成长要受现实环境的严重制约。环境是任何管理者在任何时候都必须面对的现实。管理者必须在适应环境和改造环境的实践中使自己成熟起来。适应环境，是指组织外部的环境，这是管理者无能力改变的，只能预测它的变化，从而采取对策适应之。改造环境，是指组织内部的环境，这是管理者可以而且必须发挥其主观能动性的舞台。管理者应把眼光放在如何通过实践提高自身素质，以便在一定的约束条件下取得最佳管理成效。

第一节　管理者的主要任务

绝大多数管理者把他们绝大部分的时间用于一些不是"管理"的事情上。一个销售经理在作统计分析或安抚一位重要的顾客。一个工长在修理工具或填写一张生产报表。一个制造经理在设计一种新的厂房布置或试验新材料。一家公司的总经理在拟订一笔银行贷款的细节或谈判一笔大合同——或者花几个小时主持一次祝贺一位服务多年的职工的晚餐会。所有这些事情都有一种特定的职能，全都是必须做的，而且必须做好。

但它们却并不属于管理者的任务。至于管理者的任务，那是所有的管理者，不论他们担任什么职能或工作，不论其级别和地位，都必须做的一些工作；是各种管理者共同的工作，也是管理者特有的工作。我们可应用科学管理的系统分析方法来分析管理者的任务。我们可以区别出有哪些工作是一个人由于是管理者才做的。我们可以把这种工作分解成各种作业。一个人可以通过改进这些活动来提高其作为一个管理者的成绩。

一、彼得·德鲁克的观点

彼得·德鲁克认为，管理者的工作中有五项基本作业。这五项作业合起来就把各种资源综合成为一个活生生的、成长中的有机体。

其一，制定目标。他决定目标应该是什么，为了实现这些目标应该做些什么，这些目标在每一领域中的具体目标是些什么。他把这些目标告诉那些同目标的实现有关的人员，以便目标得以有效地实现。

其二，从事组织工作。他分析所需的各项活动、决定和关系。他对工作进行分类，把工作划分成各项可以管理的活动，又进一步把这些活动划分成各项可以管理的作业。他把这些单位和作业组合成为一个组织结构。他选择人员来管理这些单位并执行这些作业。

其三，从事激励和信息交流工作。他把担任各项职务的人组织成为一个团体。他用以做到这点的方法是，通过日常的工作实践，通过他同与他一起工作的人们的关系，通过有关报酬、安置和提升的"人事决定"，通过同其下级、上级和同级之间经常的相互信息交流。

其四，衡量。管理者建立各种标准——而在整个组织和每一人的成就中，很少有像这个因素这样重要的。他注意为每一个人确定一种衡量标准，使之集中注意于整个组织的成就，同时又注意于他本人的工作并帮助他做好工作。他对成就进行分析、评价和解释。正如在他工作的其他领域中那样，他把这些衡量的意义和结果通报给他的下级、上级和同级。

其五，培养人，包括他自己。

管理者的这五项工作中的每一项都可以再细分为若干子项，而每一子项都可以写出一本书来予以探讨。而且，每一项工作都要求有不同的品质和条件。

例如，制定目标是一个平衡的问题：在企业成果同一个人信奉的原则的实现之间进行平衡，在企业的当前需要同未来需要之间进行平衡，在所要达到的目标同现有条件之间的平衡。制定目标显然要求分析和综合的能力。

组织工作也要求有分析能力。因为它要求最经济地利用稀缺资源。但它是同人打交道的，所以要从属于公正的原则，并要求有正直的品格。培养人也要求有分析能力和正直的品格。

激励和信息交流所需要的主要是社会方面的技能。它所需要的不是分析能力，而是正直和综合能力。正直的品格比分析能力重要得多。

衡量首先要求的是分析能力，但也要求把衡量用来促使实现自我控制，而不是滥用来从外部和从上面控制人们——即统制人们。这条原则经常遭到破坏，因而衡量是目前管理者工作中最薄弱的领域。衡量有时被用来作为一种内部秘密警察的工具，向上司汇报有关一个管理者工作成绩的审查和批评，却连副本也不送给该管理者本人。只要衡量还像这样被滥用来作为一种控制的工具，它就将始终是管理者工作中最薄弱的领域。

表 12.1　　　　　　　　　　　　管理者的十项管理任务

范畴	任务	活动
信息方面的任务	□信息接受者的任务 □信息传播者任务 □发言人的任务	△受训并接受信息 △浏览期刊和报告 △保持人际关系 △向组织的其他成员传递信息 △分发备忘录和报告 △打电话 △通过演讲、报告和备忘录将本组织的信息传向外界
人际关系方面的任务	□挂名的任务 □领导人的任务 □联络人的任务	△履行仪式上的和象征性的义务如接待来访者和签署法律文书 △指挥并激励下属 △培训、劝告下属并与之沟通 △保持组织内外的信息联系 △使用信件、电话和会议
决策方面的任务	□企业家的任务 □故障排除者的任务 □资源分配者的任务 □谈判者的任务	△发起改进活动 △识别新主意，把思考的权利授予他人 △在争端或危机中采取矫正行动 △解决下属之间的冲突 △适应环境危机 △决定谁获得资源 △制定分配计划、预算以及分配顺序 △在工会合同、销售、采购和预算谈判中代表部门 △代表部门的利益

资料来源：摘自亨利·明茨伯格《管理工作的性质》（New York：Harper & Row，1973）第 92—93 页及《管理工作：从观察中分析》（《管理学》1971 年第 18 期，第 97—110 页）。

制定目标、组织工作、激励和信息交流、衡量考核以及培养人员，是正式的、划分成的各项工作。只有一个管理者的实际工作才能使它们成为活生生的、具体的、有意义的工作。但是，由于它们是正式的工作，因而可应用于每一个管理者和管理者所做的事，可由每一个管理者用来评价自己的技能和成就，并用以系统地提高自己作为一个管理者的水平和成就。

一个人能够制定目标不一定就能成为一个管理者，正如一个人能在一个很小的有限的空间范围内打结不一定就能成为一个外科大夫那样。但是，一个人没有制定目标的能力却不能成为一个恰当的管理者，正如一个人不能打小结就不能成为一个好的外科大夫那样。而且，正如一个外科大夫可以通过提高打结技术来使自己成为更好的外科大夫那样，一个管理人员通过提高其各项工作的技术和成就，可以使自己成为更好的管理人员。

二、亨利·明茨伯格的观点

亨利·明茨伯格的观察及其研究显示，管理者多样化的活动可以划分成10项管理任务。任务是对管理者行为的一系列预期。表12-1举例说明了10项管理任务中的每一种。这些任务分成3个要领范畴：信息（通过信息来管理）、人际（通过人来管理）和决策（通过行动来管理）。每一种任务反映了管理者为最终完成计划、组织、领导和控制职能而采取的行动。尽管有必要把管理者工作的组成内容分开，以便理解管理者的不同任务和活动，但是，很重要的是要牢记，一系列孤立的工作内容是不可能真正把管理工作落到实处的。在实际的管理工作中，所有的管理任务都是相互影响的。正如明茨伯格所说的："只懂得传达或者仅仅是构思的管理者从来都是一事无成的；只管'干'的管理者最终也是形单影只。"

第二节　管理者面临的主要约束

一、管理者面临的外部约束分析

美国管理学家哈罗德·孔茨在《管理学》中指出："所有的主管人员，无论他们所经管的是一个工商企业、政府机构、教堂、慈善基金会，还是一所大学，他们都必须不同程度地考虑外界环境的各种因素和影响力。当他们对改变这些力量感到不能有多、少作为或完全无能为力时，就别无选择，只好去适应它们。他们必须对可能影响组织的外部力量加以明确、评价并做出反应。"为了有助于识别对各类组织都有影响作用的环境，他提出：将外部环境划分为经济、技术、社会、政治、法律、伦理等方面。这些都是环境的一般要素，但是，环境具有一个突出特征，即区域性，如组织所处的本地环境、国内环境、国际环境等。通常所谓一定的环境，是指在特定区域中的各种环境要素。管理者必须首先认识一般环境要素，然后再根据管理活动的需要，具体认识特定的环境要素，最大限度地利用环境的区域性所带来的差异性，去取得管理成效。

（一）经济环境

在当代社会，任何组织的管理者都要面临经济环境的挑战，尤其是经济组织如工商企业更是同经济环境有着密切的关系。经济环境主要是市场环境，市场环境包括资金、劳动力、价格水平、国民收入水平、顾客偏好，等等。现代组织的管理者如果不善于分析上述经济环境因素的变化，就不能很好地使组织增强经济实力，而没有经济实力的组织，是难以为继的。

经过近30年的改革开放，我国的经济环境发生了巨大变化。以公有制为主体的多种经济成分共同发展的格局已经形成。市场在资源配置中发挥基础性作用，我国经济已经与国际经济相融合，社会主义市场经济体制基本建立。改革解放和发展了社会生产力，推动我国经济建设、人民生活和综合国力上了一个大台阶。

近几年来，我国大力发展和完善了包括生活资料市场、生产资料市场、资金市场、劳动力市场、技术市场、信息市场和房地产市场在内的市场体系。为使市场在国家宏观调控下对资源配置起基础性作用，必须适应市场经济要求，建立产权清晰、权责明确、政企分开、管理科学的现代企业制度；建立全国统一开放的市场体系，实现城乡市场的紧密结合，国内市场与国际市场的相互衔接，促进资源的优化配置；转变政府管理经济的职能，建立以间接手段为主的、完善的宏观调控体系，保证国民经济的健康运行；建立以按劳分配为主体，效率优先、兼顾公平的收入分配制度，鼓励一部分地区和一部分人先富起来，走共同富裕的道路；建立多层次的社会保障制度，为城乡居民提供同我国国情相适应的社会保障，促进经济发展和社会稳定。

（二）技术环境

任何组织都与一定的技术存在着稳定的联系，一定的技术是一定组织为社会服务或贡献的手段。一个组织所拥有的技术先进与否，对组织的生存和发展影响极大。当前，以电子技术和信息处理技术为中心的新技术革命正在迅猛发展。这次技术革命是包括信息技术、生物工程、光导纤维、海洋开发工程、空间开发工程、新材料、新能源、机器人、纳米技术等新技术和新兴工业部门在内的全面的技术革命。

1. 这次技术革命把信息技术科学研究用于工业生产过程，必然引起劳动手段的质的飞跃。原来的自动化生产只能进行单纯的基本的物理量的测定，并根据测定的数据进行控制与调节，而难以承担生产过程较高一层的功能。目前，在各类组织中应用的信息技术装置（主要是机器人）则不同，它是一种用电脑控制，具有多种功能的机械装置。一般由先进的电子传感器、电视、录像机、语言合成器和微型电脑等部件组成，具有一定程度的听觉和触觉，是一种"人工智能设备"。

2. 这次技术革命给整个社会带来的冲击在深度和广度上都大大超过以往的技术革命。它通过信息技术、生物技术、能源技术、材料技术、海洋技术、空间技术等所形成的新的技术群，影响到人类社会生产、生活的各个领域。它不仅面向工业，而且面向农业、运输业、医疗事业、服务业等各行各业。它不仅影响人类向大陆的纵深进军，而且导致人类向海洋、向太空进军。

3. 这次技术革命将对管理产生重要影响。由于电子计算机和信息处理技术的发展，已使组织有可能逐渐建立起大规模的、反应灵敏的、反馈速度快的管理信息系统。在这种系统中，电子计算机能够迅速处理、分析各种文件、报表和数据，并向管理者提出处理某些问题的可行方案。但是，电子计算机和信息处理技术并不能完全代替管理者的最后决策，而且战略决策在很大程度上还是靠管理者的经验和判断，这就需要提高管理者的素质，并且加强决策过程中人—机系统的吻合性。社会生产力将由于新技术革命的广泛展开而又出现一次新的大飞跃。传统工业将在应用微电子等新技术的基础上得到改造；在新技术群引导下，一系列新的产业群将逐渐形成；产业结构将发生新的重大变化，信息工业将成为工业的主导；随着人类脑力劳动一定程度的解放，人类的劳动方式将发生深刻的变革；知识将成为重要的资源，知识和智力的开发将被提到特别重要的地位。总之，这次技术革命给工业乃至整个社会经济的影响，将是以往任何一次技术革命所无法比拟的。

（三）社会环境

社会环境是由一定的集体或社会中人们的处事态度、要求、期望、智力与教育程度、信念及习惯组成的。人一出生就进入某种社会秩序中，每个组织也是如此，一产生就要按着社会环境的需要，进入一定的位置。社会环境的安定与否，对组织的发展有极大影响。社会环境包括很广泛的因素，如家庭、学校、朋友、上级与同事以及其他一切在生活中所触及的东西，并且还应注意到社会态度、信念与准则在世界各国有所不同。

在我国，实行社会主义市场经济，可能出现一系列社会问题。这些问题主要有：生态环境；人口增长与老龄化；资源保护；社会安定；民族团结；经济和社会持续、协调、稳定发展；民族文化传统的继承和发展；外来文化的吸收与扬弃；科技发展对社会和经济发展的影响；社会价值观和道德观；人权；民主和法制；物质文明和精神文明；农业社会向工业社会、工业社会向后工业社会的转变；恋爱、婚姻和家庭；现代社会健康、文明的生活方式；现代社会的卫生、民主、和谐的生活方式；公平与效率，等等。管理者应追求社会经济综合协调发展的目标，即社会生产力长期持续发展；社会生产关系和谐；人的素质的全面发展和生活质量的提高；人与自然之间的关系和谐。

（四）政治和法律环境

政治的和法律的环境主要是指在不同程度上影响着各种组织的法律、规章、政府机构及其政策。政府对每个组织和人们生活的各方面实际上都有影响。政府作为社会管理者，要把更多的精力、注意力放在社会问题上，政府不仅要关注和协调经济增长，而且要为经济的稳定增长提供一个良好的市场环境和社会环境。经济增长的源泉在企业，社会生产力的源泉在于劳动者、技术、资源、资本等生产要素的结合和优化组合；经济增长的动力是企业利益，经济增长的压力是市场竞争。所有这些都是企业主体和市场机制相互作用的结果，用不着政府直接干预。我国传统的管理观念恰恰走入了政府替代企业组织产供销和模拟市场的误区，而把计划生育、托儿所、幼儿园、住房、食堂、安全保卫、医疗、退休养老、筑路、修桥等社会职能让企业承担，形成了政府办企业、政府承担企业职能，企业办社会、企业承担社会职能的局面。结果，企业管理者不能集中力量进行经营决策，使企业缺乏市场竞争能力，政府缺乏社会管理效率。

政府管理经济的职能，主要应当是制定和执行宏观调控政策，搞好基础设施建设，创造良好的经济发展环境。同时，要培育市场体系，监督市场运行和维护平等竞争，调节社会分配和组织社会保障，控制人口增长，保护自然资源和生态环境，管理国有资产和监督国有资产经营，实现国家的经济和社会发展目标。政府应当运用经济手段、法律手段和必要的行政手段管理国民经济，不应当直接干预企业的生产经营活动。

近年来，我国相继制定了许多关于规范市场主体，维护市场秩序，加强宏观调控，完善社会保障，促进对外开放等方面的法律，例如，《企业法》、《破产法》、《公司法》、《中外合资经营企业法》、《经济合同法》、《证券交易法》，等等，管理者必须学会运用法律手段来保护自己的权益。

二、管理者面临的内部约束分析

管理者面临的外部环境是大环境，组织内部环境是小环境。马克思（Karl

Marx）指出："人们自己创造自己的历史，但是他们并不是随心所欲地创造，并不是在他们自己选定的条件下创造"。[①] 绝大多数管理者在其上任之时，都被迫接受特定组织的既定事实，这是他身处其中的环境。但随着管理活动的展开，他又可以能动地改造这个环境。改造的过程也就是他取得管理成效的过程，改造的前提就是要分析内部环境的构成状况。管理者面临的组织内部环境主要由下列因素构成：

（一）组织内部领导集团

管理者是组织中特定层次领导集团的成员。管理者的实践要受领导集团的结构、权限划分和感情关系等影响。领导结构可分为专业结构、年龄结构、智能结构、知识结构、素质结构，等等。组织内部的领导集团应有它的科学形态和结构。如果领导班子中人员之间性格不合、志趣不投、情操相悖、风格不同等存在，必然会削弱领导的功能，其结果是思路不一，摩擦不断，内耗丛生。领导者集团的合理结构及其优化，主要包括组成领导班子的年龄结构、专业结构、知识结构、智能结构、性格气质结构和职能结构六个方面。

1. 年龄结构的合理化。领导集团中的老、中、青应有一个合理的比例。

2. 专业结构的合理化。领导集团内应既有管理专家，又有工程技术人员、经营人才、后勤服务专家及思想政治工作人才。

3. 知识结构的合理化。在领导班子中，应既有自然科学技术方面的人才，又有经济科学方面的人才，还有其他人文科学方面的人才。

4. 智能结构的合理化。在管理工作中经常遇到如下情况：水平相当，智能特点相同的人往往合作不好；而水平不同和智能特点不同的人共事反能同步协调。因为"两虎相争必有一伤"，而取长补短则能协调一致。

5. 性格气质结构的合理化。应把不同性格、气质、特点的人科学地组合起来。

6. 职能结构的合理化。根据系统原理，现代领导集团应该由一个中心、三个机构（决策中心，执行机构、监督机构、反馈机构）和负责人组成。

（二）组织形式和机构

管理者总是在一定的组织内活动的，组织的形式和各种机构或部门对管理者的实践起一种"脚手架"的作用，既有助于管理活动的展开，也制约着管理者的实践成效。组织是管理的一项重要职能，几乎所有的管理者都十分重视组织职能，任何一项管理工作，都有赖于一个合理的组织结构，有一个良好的

---

① 《马克思恩格斯选集》第一卷，人民出版社 1972 年版，第 603 页。

组织运行制度；否则，管理的一些职能（如计划、指挥、协调、控制等）就无法实现，管理效率就不可能明显提高。另外，从影响管理水平的因素看，有管理思想、原则、方法、手段等，所有这些因素都与合理的管理组织有关。

（三）人际关系

人际关系，是指组织中人们相互之间的关系。这种关系是构成组织内部环境的重要因素。人际关系主要包括：①管理者与被管理者的关系。这是各种人际关系的主导和核心。②一般员工之间的关系。这种关系是企业中大量存在的。③群体之间的关系。群体是组织内的集团，有正式组织与非正式组织之分。在组织活动中，存在一种团体效应，即个人的行为受大多数人的行为制约，大多数人的行为无形中成了一种规范，违反这种规范，往往使一般人感到孤立和心理上的不平衡。管理者的任务就在于必须通过各种形式，使群众形成一种共同的价值观、文化准则。建立良好的人际关系，主要应从以下三方面努力：①注意发挥组织中宣传与舆论的优势，引导和形成积极的团体效应。②正确处理各种人际关系，减少摩擦。③正确引导非正式组织，充分发挥其积极的一面，避免或抑制其消极的一面。

（四）组织的士气

人际关系对组织的士气影响极大，而组织士气又直接约束管理者的实践。士气高涨的组织，管理活动易于展开，可收"事半功倍"之效；士气低落的组织，往往军心涣散，管理者必须采用教育与激励的手段激发主人翁责任感。管理者可采用以下方法：

1. 目标激励。所谓目标激励，就是把大、中、小和远、中、近的目标相结合，使属员在工作中时刻把自己的行为与这些目标紧紧联系。一个振奋人心、经过努力可以实现的奋斗目标，可以起到鼓舞和激励的作用。实行目标激励的好处，在于能使部属看到自己的价值和责任，一旦达到目标便会获得一种满足感。

2. 强化激励。就是对人们的某种行为给予肯定的奖励，使其发扬和巩固。

3. 支持激励。就是尊重下级的首创精神和独特见解；信任下级，放手让下级工作；为下级创造胜任工作的条件；支持下级克服困难；为下级承担责任等。所谓目标激励，就是把大、中、小和远、中、近的目标相结合，使属员在工作中时刻把自己的行为与这些目标紧紧联系。

4. 关怀激励。管理者通过对部属生活上和工作上的关怀，为他们解决实际困难，使部属深刻感受到集体的温暖，从而激发起高度的责任感和工作主动性。

5. 集体荣誉激励。管理者通过给予集体荣誉，培养集体意识，使属员为自己能在这样优秀的团队而为荣为傲，从而形成一种自觉维护集体荣誉的力量。主管要善于发现、挖掘团队的优势，并经常向属员灌输"我们是最棒的"的意识，让属员觉得他们所在的团队是所有同类团队中"最棒的"。最终，使属员为"荣誉而战"。作为团队的管理者在制定各种管理和奖励制度时，要考虑有利于集体意识的形成和形成竞争合力这一点。比如，开展团队间的擂台赛，挑战赛等。这样既培养了集体荣誉，又可激励属员。

6. 典型激励。树立团队中的典型人物和事例，经常表彰各方面的好人好事，营造典型示范效应，使全体部属向榜样看齐，让其明白提倡或反对什么思想、行为，鼓励属员学先进，帮后进，积极进取团结向上。作为管理者要及时发现典型，总结典型，并运用典型（要用好、用足、用活）。比如，设龙虎榜；成立精英俱乐部；借用优秀员工的姓名，为一项长期的奖励计划命名；还可以给成绩优秀者特别假期，等等。

7. 领导行为激励。管理者应通过自己的模范行为和良好的素养，激励职工的积极性。一个成功的团队管理者，他之所以成功，其关键在于管理者99%的行为魅力以及1%的权利行使。部属能心悦诚服地为他努力工作，不是因为他手中有权，用权是不能说服人的，即使服了，也只是口服心不服。绝大多数原因是管理者有着好的领导行为。好的领导行为能给属员带来信心和力量，激励部属，使其心甘情愿地、义无反顾地向着目标前进。作为管理者要加强品德修养，严于律己，做一个表里如一的人；要学会推销并推动你的目标；要掌握沟通、赞美及为人处事的方法和技巧。

三、有效管理者的两难境地

如上所述，管理者面临诸多内部、外部因素的约束，导致管理者在实际工作中往往处于一种相对两难的境地。这些情况是由组织内在因素所造成的，与管理者的日常工作密不可分，自己基本无法控制，但出于无奈又不得不与这些情况相联系，通常有四种情况：

1. 管理者的工作时间往往只属于别人，而不属于自己。任何一个管理者，不论他是否是经理，往往不得不花费时间来处理那些不能对组织产生效益，或产生效益不大的事情上，而且通常管理者在组织中的地位越高，他在这方面所面临的问题就越大。协调人际关系与工作关系对于管理者是重要的，组织中的人越多，协调相互关系所需时间越长，而可用于工作、完成任务以及产生结果的时间就越少。因此，组织越大，管理者实际可支配的时间就越少。在这种情况下，如何高效运用可支配的零星时间就成为管理者的一项重要工作。

2. 管理者往往被迫按组织的一贯行为开展工作，除非他们敢于采取行动打破陈规陋习。管理者所处的现实环境中会出现一连串事务，如果管理者被这些事务所左右，一头扎进事务堆中，那他就会消磨在具体事务的处理中，无法辨识哪些工作是有利于提高绩效的，难以集中精力和时间考虑组织的变革和发展战略。

3. 管理者工作效率的实现不仅依赖于管理者自身能力，而且受组织中其他成员工作效率的影响。组织是使个人力量增值的一种手段，个人的知识一旦被组织所吸收，它就有可能会成为其他工作者做好工作的动力和资源，即只有当他人能使用管理者的贡献时，他的工作才可能有成效。一般来说，与管理者工作绩效关系密切的人往往不是管理者所能直接控制的人，而是在其他领域工作的人，或是管理者的上级，所以更要求管理者具有良好的人际交往能力。

4. 管理者身处组织之中，受到组织的局限。外界的状况管理者难以得到第一手资料，管理者往往通过组织内部的报告了解外界情况，这些报告经过主观加工，缺乏客观性。管理者想从内部对外部环境进行有效控制是困难的，除非管理者做出特殊努力，以使自己与外界保持直接联系，否则就会在内部事务中越陷越深，而且在组织内职位越高，越容易被内部的问题和挑战吸引，越不易看到外界的发展变化情况。

这些两难境地给管理者的身心带来了巨大的压力，管理者只有把握平衡，掌握分寸，才能有所作为，而这就进入了管理艺术的境界，需要管理者在实践中不断锤炼和升华。

第三节　有效管理者造就的主要内容

有效管理者是可以培养和造就的，主要可以从决策能力、用人艺术、沟通艺术和个性五个方面进行培养和造就。

一、决策能力培养

处在瞬息万变的现代社会，独立判断，还是经众人讨论之后决定？培养决策力已经是成为有效管理者必须具备的基本能力。

为了帮助管理者培养决策能力，IBM 公司内部发展出一套"最佳决策第五步骤"，让管理可以循序渐进地制定成功的决策。

第一步：建立需求和目标。在制定任何决策时，可以先想想制定决策原先的目标和需求究竟为何？在做了决策之后，可以得到最好的结果是什么？唯有找出促成决策后最原始的需求，才能拥有清楚的决策方向。

　　第二步：判断是否寻求员工选择及想法。制定决策可以由管理者独立完成，也可邀请员工脑力激荡，得到更多样的选择及想法。不过，在此想强调的是如何适时地让员工参与决策。一般可以依照下列五项标准，判断让员工参与决策的必要性：①你是否有充足的信息制定决策？②员工是否有足够的能力与必备的知识参与制定决策？③员工是否有意愿参与决策过程？④让员工参与是否会增加决策的接受度？⑤速度是否很重要？

　　第三步，比较各项选择方案。在许多情况下，我们容易受限于过去的经验，以至于无法思考更多的选择。因此，当决策不易判断时，我们会建议管理者再回头思考基本需求，以刺激自己更多的想法，进而拟定最佳的决策。

　　究竟什么是基本的需求？如何创造更多的想法，以拟定最佳决策？举例来说，半夜一点，突然发现自己肚子饿。于是，你想到晚餐时剩下的三明治。打开冰箱一看，三明治竟然不见了，只剩下苹果！此时的你，该如何做决策？

　　如果回到基本需求，你的需求是肚子饿而非三明治。因此，在面对基本需求时，可行的解决方案不应只有三明治，还应有其他食物。所以，苹果就成了新的解决方案。此时，你就可以考虑苹果是否为最佳决策？如果回到需求面来看，其实，苹果不失为一个好的决策，你当然可以采取行动。

　　第四步：评估负面情境？就算是符合需求的最佳决策，也会因为一些因素而产生非预期的麻烦。因此，你必须随时思考负面情境发生的可能性，以备不时之需。特别是在对高层管理者提案时，高层管理者通常会询问：若过程不如预期的进行，该如何应变？决策执行过程会有哪些不利的影响因素？是否有其他可行方案？因此，最好能先针对可能的负面情境，设想应对措施。

　　针对可能的负面情境，管理者可以就下列问题进行较全面的思考：

　　你所拥有的信息正确吗？信息来源是什么？无论从短期或是长期观点，你都会做这个决策吗？

　　此一决策结果对于其他正在进行的事项有何影响？这个决策对于组织其他部门是否会造成麻烦，或产生不良反应？

　　哪些因素可能改变？这些改变有何影响？目前或未来组织高层、管理、技术的改变，对决策者有何冲击？

　　第五步：选择最佳决策方案。在审慎进行前面的四个步骤，而且管理者已能清楚掌握需求、目标、必须做的事、想要做的事，并确定评估负面情境后，此时通常已不难选出最佳的决策。不过，我们仍须提醒管理者要小心别落入分析的瘫痪陷阱，因为犹豫不决，或认为所想的方案都不符合理想中的最佳方案，结果到最后一个决策也没做出！

最后，我们以 IBM 前任董事长托马斯·沃森爵士（Thomas J. Watson, Jr.）的话，与管理者们共勉之：无论决策是正确或是错误，我们期望管理者快速做决策！倘若你的决策错误，问题会再度浮现，强迫你继续面对，直到做了正确决策为止！因此，与其什么都不做，还不如勇往前行！

二、用人艺术培养

用人之道，最重要的是，要善于发现、发掘、发挥属下的一技之长。用人不当，事倍功半；用人得当，事半功倍。

有效的管理者重视组织中上下左右包括自己的所有成员的长处，即"能"做的是什么，而不会从他们之所"不能"的地方开始。管理者在实践中最容易陷入"因人设职"的泥坑。因人设职会带来一连串的连锁反应，必将产生恩怨派系。这是任何组织都经受不起的。为此，管理者在实践中必须学会正确地识别和选用人才，用人之长。

罗伯特·E. 李将军手下有位将军由于不服从命令而打乱了李的整个计划，那位将军这样做已经不是第一次了。在一般情况下比较善于控制自己脾气的李将军这次大发雷霆。等他稍为平静下来后，一位助手恭敬地问他道："你为什么不撤他的职？"李将军吃惊地回过头来，看着他的助手说道："多么荒唐的问题！把他撤了，叫谁打仗？"

（一）识别、选用人才应注重实绩

对于人才，没有现成的预测性的识别方法，只有某人在某方面做出重大贡献了，才能够确认他有这方面的才能。有一种人才，还没做出显著的创造性贡献，还没有得到社会承认，只是具有某种能力和向某种人才发展的较好的素质。因此，必须听其言，观其行，看业绩，看贡献。贡献也包括某些失败者的贡献。有的失败是由于历史的局限和其他客观条件不具备而造成的。科学上的探索，发现一条道路走不通，这对科学也是一种贡献。敢于并能够做这种探索的人，也是一种人才。

（二）用人应用人之所"长"，容人之所"短"

当有人告诉林肯总统，他新任命的总司令格兰特将军有贪杯的毛病时，林肯回答道："要是我能知道格兰特将军喝的是什么品牌的酒的话，我就会向其他各位将军也各送上一桶。"林肯是在肯塔基州和伊利诺伊州边境长大的，他不可能不知道喝酒的危害。然而他也知道，在所有的联邦政府将军中，只有格兰特被证明是有能力运筹帷幄之中、决胜千里之外的。事实也证明，任命格兰特将军为联邦军总司令已成了南北战争的转折点。这是一次非常成功的任命，林肯的用人政策是求其能发挥专长，而不是考虑他必须是个"完人"。

对人才的识别和选用，要坚持唯物辩证法，全面地、发展地看，不要孤立地、静止地只看一时一事。每个人都有其长处和短处、优点和缺点。一个人的优点和缺点常常是互相依存的，是伴随共存的。正如列宁指出的："人们的缺点多半是同人们的优点相联系的。"① 一个进取心强、敢冒风险、敢于探索的人，有时难免想得不周不细，某些环节脱离实际；一个有魄力、有才干、有毅力、不达目的誓不罢休的人，有时难免显得骄傲、主观，甚至武断；一个事业心、责任感极强的人，有时难免有急躁情绪。如果墨守成规，平平庸庸，四平八稳，似乎没有上面说的那些毛病，但这种人不会有什么作为。

管理者考察人应主要是找专长（优点）。有效管理者在实践中考察人的方式，首先是要列出某人过去职务和现任职务所期望的贡献，再把某人的实际成效记录与上述期望贡献相对照。其次是在对照的基础上，考虑四个问题：①此人对什么工作已有好的表现？②此人还有些什么工作可能有好的表现？③为了充分发挥其长处，此人应该再多学些什么，再取得些什么？④如果我有儿女，我愿意让我的儿女在此人的指导下工作吗？

（三）职位设计要科学合理

差不多每本关于营销的教科书都这么说：销售、广告和促销是连在一起的，这三项活动都由同一个销售主管负责。但是，一些知名的消费品生产厂家的经验说明，由一个管理者全面负责营销的做法是行不通的。这项工作不仅需要在实地销售（调运产品）方面有很高的效率，而且在广告和促销（如何用人）方面也要有很高的效率。这就要求做此项工作的人有各种不同的性格特点，而这些性格特点是很难体现在同一个人的身上的。

如果一个职位只有非凡的天才才能称职，则这个职位就是一个不可能达成的"坑人职位"。凡是一个职位先后有几个人经过努力都不能胜任，这个职位就要重新设计。同时，职位的要求须严，而涵盖面须广。合理的职位是在职位的设计过程中将"因职设人"和"因人设职"有效结合，是对有才干者的挑战，而其又适应所具有一定能力的人。并且它还要有发展变化的弹性。

三、沟通艺术培养

据一项调查表明，在企业中，生产工人每小时进行16—46分钟的沟通信息活动；对于基层管理者来说，他们工作时间的20%—50%用于同各种人进行语言沟通，如果加上各种方式的文字性沟通，诸如写报告，最高可达64%；而管理者在工作时间内则有66%—89%的时间用于语言沟通，企业管理者经

---

① 《列宁选集》第四卷，人民出版社1972年版，第476页。

常开会，找人谈话，下基层，其中很大一部分属于沟通信息的内容。企业中的每个人都有大量的时间用于沟通，而沟通要讲究艺术才能更有成效，这点对于企业的管理者更为重要。

（一）沟通必须目的明确、思路清晰、注意表达方式

在信息交流之前，发讯者应考虑好自己将要表达的意图，抓住中心思想。在沟通过程中要使用双方都理解的用语和示意动作，并恰当地运用语气和表达方式，措辞不仅要清晰、明确，还要注意情感上的细微差别，力求准确，使对方能有效接收所传递的信息。发讯者有必要对所传递信息的背景、依据、理由等做出适当的解释，使对方对信息有明确、全面的了解：假如你要分配一项任务，那么要对任务进行全面分析，这样你才能正确地对任务进行说明；假如你面临的是纪律问题，那么在批评和处罚之前，应对情况进行全面了解，取得了真凭实据，这样的处理就会取得圆满的效果。

（二）沟通要以诚相待

发讯者要心怀坦诚，言而可信，向对方传递真实、可靠的信息，并以自己的实际行动维护信息的说服力。不仅如此，发讯看还要诚恳地争取对方所反馈信息，尤其要实心实意听取不同意见，建立沟通双方的信任和感情。

（三）沟通要选择有利的时机，采取适宜的方式

沟通效果不仅取决于信息的内容，还要受环境条件的制约。影响沟通的环境因素很多，如组织氛围、沟通双方的关系、社会风气和习惯作法等。在不同情况下要采取不同的沟通方式，要抓住最有利的沟通时机。时机不成熟不要仓促行事；贻误时机，会使某些信息失去意义；沟通者应对环境和事态变化非常敏感。

（四）沟通要增强下级对管理者的信任度

下级对管理者是否信任，程度如何，对于改善沟通有很重要作用。信息在社会中的传播是通过独特的"信任"和"不信任"的"过滤器"进行的。这个过滤器能起到这样的作用：如果没有信任，完全真实的信息可能变成不可接受的，而不真实的信息倒可能变成可接受的。一般来说，只有受到下级高度信任的管理者发出的信息，才可能完全为下级所接受。这就要求管理者加强自我修养，具有高尚的品质和事业心，以及丰富的知识和真诚的品格。具备了这些，管理者就会赢得下级的信任，就有了有效沟通的基础。

（五）沟通要讲究"听"的艺术

作为一名管理者在与员工的沟通过程中，首先，应该主动听取意见，善于聆听，只有善于听取信息才能成为有洞察力的管理者。也就是说，领导者不仅

要倾听，还要听懂员工的意思。因此，在听对方讲话时要专心致志，不要心不在焉。其次，不要心存成见，也不要打断对方讲话，急于做出评价，或者表现出不耐烦，这样会使对方不愿把沟通进行下去。最后，要善解人意，体味对方的情感变化和言外之意，做到心领神会。

（六）沟通要讲究"说"的艺术

与人沟通，不仅要会听，还得会说，会表达自己的意见。在表达自己的意见时，要诚恳谦虚。如果过分显露自己，以先知者自居的话，即使有好的意见，也不容易为人接受，会使人产生反感和戒备心理。讲话时要力求简明扼要，用简单明了的词句表明自己的意思，语调要婉转，态度也要从容不迫。在谈话时，如果发现对方有心不在焉或厌烦的表情时，就应适可而止或转换话题，使沟通能在良好的氛围中进行。而且，在表明某个意思后，最好能稍作停顿，并向对方投以征询的目光，这样，使对方有插话的机会，也是尊重对方的表现。

四、个性培养

管理者的有效性是受管理者的素质制约的。管理者的良好素质，可以通过后天培养而形成。要使管理者成为管理人才，实现管理的现代化，必须改善和提高管理者的素质，使其素质结构能适应管理者有效性对人才的要求。

个性心理特征是人的素质结构的基础。它包括个人的气质、性格和能力。

（一）气质的四种类型和管理者气质的要求

气质，是指一个人某种稳定的心理特点。它决定了心理活动进行的速度（如知觉的速度、思维的灵活度、注意力集中时间的长短）、强度（情绪的强弱、意志努力的程度）以及指向（有的人倾向于外部事物，从外界获得新印象；有的人倾向于内部，经常体验自己的情绪，分析自己的思想和印象）等方面的特点。

心理学认为，人的气质可以分为以下四种类型：①多血质。活泼，好动，敏感，反应迅速，喜欢与人交往，注意力容易转移，兴趣和情绪容易变换，具有外向性。②胆汁质。直率，热情，精力旺盛，脾气急躁，情绪兴奋快，容易冲动，反应迅速，心境交换剧烈，具有外向性。③黏液质。安静，稳定，反应缓慢，沉默寡言，情绪不容易外露，注意力稳定而难于转移，善于忍耐，具有内向性。④抑郁质。情绪体验深刻，孤僻，行动迟缓，善于觉察别人不易觉察的细节，具有内向性。气质本身没有好坏之分，但从管理者从事的工作要求出发，则有适应与不适应之分。作为一名优秀的管理人才，其应有的理想气质，应是集上面四种类型之长的混合型。迅速的反应、热情蓬勃的朝气、沉着稳健的态度和持之以恒的毅力，是一个有效的管理者应具有的气质。

（二）性格的类型和管理者应具有的基本性格

性格是一个人在个体生活过程中所形成的、对现实稳固的态度，以及与之相适应的习惯了的行为方式。它是个性心理特征的重要方面，人的个性差异首先表现在性格上。

1. 性格的类型。性格是一个复杂的心理构成物，它有不同的性格特征，包括对现实的态度方面的性格特征，如对社会、集体、他人和自己的态度，对劳动、工作和学习的态度；性格的意志特征；性格的情绪特征；性格的理智特征。根据这几方面的特征，心理学把人的性格分为三大类：

（1）理智型。用理智来衡量一切并支配行为。理智的性格特征在其性格上占据优势。具体表现在感知方面有主动观察型和被动观察型；详细分析型和概括型；快速型和精确型。

（2）意志型。具有明确的目标，行为主动，表现出较强的目的性、独立性、主动性、组织性、纪律性、坚韧性；有较强的自制力和恒心；在处理问题时比较冷静与果断；具有顽强、勇敢的精神。

（3）情绪型。这一类型的人情绪体验深刻，行为举止主要受情绪变化的影响，表现出情绪强度较大，很容易受情绪的感染和支配，意志对行为较难控制，情绪波动较大，持续时间不长。

分析以上三种类型，基于管理者的实际工作内容和性质。

2. 管理者应具有的性格特征。我们认为，一个有效的管理者应具有以下的性格：

（1）理智地处理各种管理问题。作为一名现代组织的管理者，应该成为管理过程中的主动观察者，使自己的知觉判断和分析思考不受各种环境的刺激和干扰，按照自己或组织既定的目标方针作冷静细致的分析观察。作为一个组织的主要管理者，应该是一个注意事物整体发展，注意大局的具有概括能力的领导者，而具体的专业职能科室或较低层次的管理干部，则以详细分析型为好。管理者还应具有精确型的性格，以利于做出正确的决策。

（2）良好的态度体系。这包括对社会具有责任感、对集体有荣誉感；对他人有同情心，为人正直；对待工作、劳动有勤奋、认真、细心的态度和创新精神；对待自己有谦逊的态度和自信心，等等。

（3）意志占主导地位的性格特征。管理工作对理智、意志特征，尤其对意志特征提出了较高的要求。作为管理者，他在任何时候所采取的任何行为都不应为情绪左右；他在处理日常管理工作时，应时刻注意不偏离组织既定的目标和方针；他在做出重大决策时，应运用理智的分析和坚定的意志，客观冷静地、实事求是地做出正确的决策。

总之，对于一个管理者来说，没有社会责任感，为人冷漠虚伪，做事优柔寡断等性格特征是不可取的。作为一个有效的管理者，应努力培养好的性格，克服自身性格不足的一面，尤其是应注意克服自身的劣根性，摆脱"自我"束缚，真正成为一个能适应现代组织管理工作的有效的管理人才。

第四节　有效管理者实践诀窍

一、如何在实践中管理和控制时间

自古以来，对时间重要性的认识，就有许多格言。例如，"一寸光阴一寸金，寸金难买寸光阴"，"时间就是金钱"，"时间就是力量"，"时间就是生命"，等等。时间对管理者特别重要，领导职位越高，能自行控制的时间越少。为此，不少管理者深觉苦恼，认为自己在时间上的"自主权"实在太少。

（一）用目标来限制时间的使用

对管理者来说，有目标地使用时间和无目标地使用时间，其结果是截然不同的。以开会为例，在每次开会之前，一个有效的管理者总要先说明会议所要达到的目的以及应该做出的贡献。同时，他还要设法让会议紧紧围绕着主题。他决不会让提供信息的会议开成为一种自由漫谈、人人可以高谈阔论的会议。当然，他也决不会将献计献策的会议开成由某个人长篇大论发言的会议。相反，他会启发在座的每个人畅所欲言、献计献策。在会议即将结束时，他还会将会议所做出的结论与会前所宣布的会议宗旨联系起来。

在美国，许多调查统计表明，企业界的高层管理者在经历多年你死我活的竞争并取得高度成就之后，多半在 65 岁正式退休，他们退休之后大概只能活18 个月便去世了。对死因的研究指出，这些高层管理者与奥尔德林（早期登月太空人）有一个共同之处，即他们一旦失去生活方向后，便产生出一种感到生命贬值的消极情绪。相比之下，从事创造性劳动的艺术家则变化不大，他们的寿命比人们平均寿命要长，因为他们有无休止的追求，始终有远大的目标。对他们来说，总有新的交响曲要谱写、新的画面要构思，生活天天充满了情趣和意义，很充实，不知老之将至。人类社会的无限发展，决定了管理者必须以追求新的目标为己任。确立目标、用目标控制自己的活动、控制时间，长期坚持，就能鞭策自己一步步地实现既定目标，并不断地去追求新的目标，从而激发自己不断去超越现状。这样，领导者的时间操作能力就会随之提高。

（二）集中自由时间，抓住重点，兼顾一般

写一篇报告也许需要6—8个小时，写第一稿至少要这么多时间。假如你准备用7小时写这份报告，但是你每次只写15分钟时间，每天写两次，分两个星期写完，采用这种办法根本就不可能写出报告来。可是，如果你把自己关起来，不让电话来打扰，也没有其他的干扰，全身心地投入进去，也许五六个小时后你就能写出一篇被你称之为"草稿"——初稿形成前的形式——的报告来。只有在草稿出来之后，你才能利用小块的时间对它进行修改，对它逐段逐句地进行编辑。

在实验室里做实验也是这样。起码要有5—12个小时的整块时间来调试实验设备以及至少做完一次实验。如果中间被打断的话，恐怕一切还得从头做起。

彼得·德鲁克认为，有效的管理者知道他必须集中他的自由时间。他知道他需要集中成块时间；时间被分割成许多小段，等于没有时间。时间如果能集中，即使只有一个工作日的1/4，也足以办理几件大事；反之，零碎的时间，虽然总数加起来有3/4个工作日，也是毫无用处。所以，时间管理的一个重要方法在于，管理者将自行控制的零碎时间集中起来。美国企业管理顾问艾伦·莱金专门从事对节约时间的研究。在他所著的《如何控制你的时间和生命》一书中，提倡运用库存理论中ABC分类法原理编制每天工作时间表。他认为，一位管理者每天的许多事情不可能件件都做完，因而可以根据事情的重要程度分为A、B、C三类，A类事情最重要，B类次之，C类可以放一放。如果把A、B两类事情办好了，就完成了工作任务的80%。要是有人打电话来催问C类的事，就将这件事划入B类；要是有人亲自找上门来，就可以把这件事划入A类。他把这种处理办法称之为"有计划的拖延"。要是A类的事情太复杂，或工作量太大，可将全部或部分工作交给别人去办；如果非要自己去办不可，可考虑逐点解决的办法，即把这件事分成若干阶段，每个阶段花一部分时间去做。

时间上的ABC分类法，其实质是人做时间的主人，不做时间的奴隶，就是将有限的时间安排给最重要的工作。什么是最重要的工作，从管理角度看，应以效益为准绳，即选择最有效益的事先办。

为集中时间抓好重要工作，管理者应该在每天上班前或下班后用10—20分钟的时间，排除外界一切干扰，把应该做的工作列入清单。然后把清单上的工作分为特殊工作和日常工作，静下心来，仔细思考各项工作的特征，确定重要与不重要的分类，确定工作性质分类程序见图12—1。

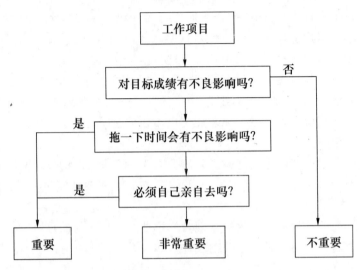

图 12 - 1　工作性质分类程序

（三）工作秩序条理化

领导工作无条理，必然浪费时间。西方"支配时间专家"运用电子计算机做了各种测定后，为管理者支配时间提出了许多"合理化建议"，其中之一就是"井井有条"。国外有人曾经对某公司经理人员的时间分配做过详细记录，他发现有一位在办公桌上堆满东西的经理，平均每天要花 2 小时 19 分钟去查询桌面上的资料。管理工作条理化，既是最容易的事情，也是最困难的事情。一位领导者叹息说："我最大的问题之一是不能把事情组织得有条有理。"条理化应当是管理工作的基本要求。

二、形成人人参与、民主型的管理方式

企业管理中，经理人是人而非神，任凭修炼得再好，也会有点盲目存在，所以经理人必须虚心听取下属的意见，尊重他们发言，根据具体情况，制定相对措施，采取众智思考独裁行动的模式进行决策。

人人参与的原则，已成为世界各国现代管理上的一项重要原则。管理方式有集权型、放任型和民主型等三种。其差别如表 12 - 2 所示。

上述三种管理方式之间存在辩证关系，民主型是建立在集权型和放任型两种方式的基础之上的，离开了集权型和放任型，民主型就会失去其基础。其辩证关系见图 12 - 2。

表 12 - 2　　　　　　　　　三种管理方式的比较

	集权型	民主型	放任型
组织方针的决定	□一切由领导者个人决定	□所有的方针经由集体讨论后决定 □领导者在其中加以引导、激励与协调	□任由集体或个人决定，领导者不参与、不插手
对组织活动的观察了解	□分段对下属的工作内容与方法做指示 □下属无法了解组织活动的整体目标和最终目的	□职工已在最初的集体讨论中了解到工作的程序和最终目标 □领导者提供完成目标的两种以上的策略和方法，让职工自行选择	□领导者提供各种工作上需要的材料，当下属前来质询时，领导者立即给予回答，但不做积极的指示
工作的分配与合作者的选择	□由领导者决定后通知其成员	□工作的分配由集体决定 □工作的合作成员由自己选择	□领导者完全不干预
对工作过程的参与以及对工作的评价态度	□除了示范以外，领导者完全不参加集体作业 □领导者根据个人的好恶，赞赏或者批评成员工作的好坏	□领导与成员一起工作，但避免干涉指挥 □领导者依照客观事实，对成员的工作好坏做出评价	□除非成员要求，否则领导者不自动提供工作上的意见 □对其成果也不做任何评价

　　上述三种管理方式，民主型是最佳的领导方式，它使生产和工作效率达到最佳效果，同时成员之间也团结、和睦。其他两种类型都有缺陷。但比较起来，生产部门选取集权型管理方式较放任型所造成的损失要小；基础研究机构选取放任型管理方式较之集权型损失要小。

　　图 12 - 2 中，左方有箭头号的量表为集权型方式；右方有箭头号的量表为放任型管理方式；中间的量表为民主型方式，其成效高低决定于左右两表的分数点的连接直线。因此不难看出，民主型管理方式有其特定含义，它不是一团和气，更不是极端民主，而是以生产为中心的集权方式与以体谅人为中心的放任方式的有机结合，两者不可偏废。哪一方面分数偏低，其连接直线在中间量

表的交点位置都不会高，即民主型方式的成效不会高。

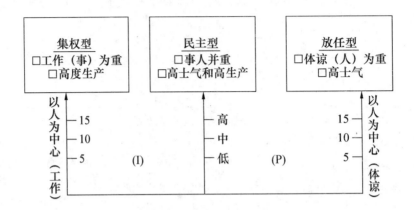

图 12-2 三种管理方式的关系

三、善用"智囊"，提高决策水平

"智囊团"，是指选择一些学有专长、富有知识和才干的各类人士，把他们组织起来，为领导决策当参谋、出主意、想办法的组织体。"智囊团"与其他组织和机构相比较，具有明显的特殊性。①它不是行政机构。②它不是领导者的秘书班子。③智囊团的工作有其独立性。

智囊团人物应具备以下素质：①事业心强。②知识广博。③头脑敏锐，思想解放，有创新精神。④有严格的科学态度、缜密的思维能力和系统分析能力。⑤掌握现代化的科学研究手段和方法。⑥具有良好的文字和口头表达能力。⑦能客观地考虑问题。

管理者处理"智囊"人物的意见一般有以下几种方法：

（一）比较法

智囊团人物对一个问题的解决提出多个方案，只有通过比较，权衡利弊，才能得出正确结论。1961 年，美国处理加勒比海危机时，智囊团向总统肯尼迪提出六个方案：无所作为、施加外交压力、同卡斯特罗打交道、入侵、空袭、封锁海面。肯尼迪进行比较分析，选定了最后一个方案，引而不发，咄咄逼人地封锁海面，达到了预期的目的。

（二）筛选法

在讨论智囊人物的意见时，常常众说纷纭，各执一词，这时就要看管理者的分析、判断和综合能力了。这要求管理者能冷静客观地分析鉴别，去粗取精，去伪存真，取长补短，不断筛选，把各种好的意见集中起来，形成新的最佳方案。表面上看对意见都未采纳，而实际上，却采纳了所有合理的意见。

（三）试验法

对于智囊人物提出的关系全局的重大问题的意见，几经讨论仍然拿不准，或基本上看准了，但没有十分把握。这时领导者不必急于决策或实施，在时间、条件允许的情况下，可以在小范围内试验，取得必要的经验，以检验智囊人物意见的科学性和可行性，再决定是否采纳，成功的把握较大，即使试点失败了，损失也是局部的，于全局影响不大。

（四）民主法

决策是严肃而又极其复杂的事情，即使管理者已经认定了某一智囊人物的意见是满意可行的，也有必要请其他专家进一步讨论，充分发表意见。然后领导者集思广益，博采众长，使智囊人物的意见更趋完善。

管理者在处理智囊人物意见时，还应注意，对未被采纳的意见要正确认识，妥善对待，留有充分余地，切不可断然否定，甚至组织批判。20 世纪 50年代，美国兰德公司曾向五角大楼建议研制人造卫星，但五角大楼未采纳，而决定研制核发动机。结果，1957 年苏联发射了第一颗人造卫星，引起了美国朝野的震动，这也是很典型的例证。

四、运用管理方格图改善管理方式

美国管理专家 R. R. 布莱克和 J. S. 穆顿提出了"管理方格"理论。他们认为，在实践中最有成效的管理者乃是一位同时关心工作和关心人的管理者。利用管理方格图可以帮助管理者了解自己的管理工作，分析自己或别人的管理方式。

管理方格图是通过一组问卷，共分计划制定、工作执行、工作考核和整体管理观念四个部分，每个部分有 5 道题目，答卷者选择出最能代表你个人的性格和作风的一叙述题，在题前做出记号。

（一）计划制定

1. 我通常召集有关人员，以便对整个事情做出全面审查，让大家充分发表意见，互相讨论，然后订立目标，拟定富有弹性的计划、程序及基本法则，并把个人所要负的责任划分清楚。

2. 我通常事先安排好每一位下属的工作，向他们解释好工作目标和计划之后，才把应做的事分配给他们，并且对他们郑重说明，假如他们在执行任务的过程中需要协助，我随时会帮他们的忙。

3. 我很少自己订计划，也很少与下属一起商订计划。我把许多事情分配给下属去做，并且为了表示我对他们的信心而说："我相信您知道该怎么做，而且您一定做得很好。"

4. 我只是把许多事情交给下属去做，而很少想到目标和程序，也很少做周详的计划。

5. 我通常依据必须遵守的目标和程序去订计划，然后制定工作步骤，规定注意事项，再分配工作。

（二）工作执行

1. 我随时注意每一位下属的工作，审核他们的工作进度，假如下属遇到麻烦或困难，再帮助他们。

2. 我对下属的工作，只做例行的巡视，很少在工作现场采取任何行动，我尽量让下属自行解决他们工作中的问题。

3. 我对下属的工作所做的例行巡视，主要目的是想看看下属对工作是否满意，以及对工作是否有所要求。

4. 我只要掌握工作进度上的要点，并致力于发现问题，以及共同与下属修订目标的程序，如果下属需要，我会协助他们排除工作上的障碍。

5. 我密切地注意下属的工作，适时地加以批评，必要时提出解决问题的方法。

（三）工作考核

1. 我通常事先安排下一步工作的计划，要到开始执行时才分配给下属，我对下属杰出的表现会加以表扬，也会纠正下属工作上的错误，而不太重视团体的表现。

2. 我通常主持全面性的检查会，来衡量工作的进度，并发掘需要改进的地方。我在适当的时候，表扬所有下属的努力，并重点表扬杰出的人员。

3. 我通常是问我的上司，下一个步骤该做些什么，然后才指导下属去做。

4. 我通常召开会议公开表扬团体和个人的工作成果，我们的综合检查会随时举行，以减少工作上的困难，使错误减少到最小并使工作能顺利进行。

5. 我通常召开会议，在会上指出团体工作的优点和缺点，并提出下属能做到的改进方法。当我把另一件工作给他们的时候，我会让他们有机会讨论任何可以改进工作的合理建议。

（四）整体管理

1. 我认为，对一个生产组织而言，职工的士气同机器同样重要，所以我对下属公平、严格，利用种种积极的或消极的方式激励下属，以求得良好的工作成果。

2. 我认为，要获得最佳的工作成果，应该先订下一个高的工作标准，然后奖励那些达到标准的下属，对于无法达到标准的人员，应鼓励他们而不可忽视他们的贡献。

3. 从长期观点而言，我认为，最好能维持一个平稳、合理的生产速度，使组织内各层次的人员都能从工作中得到满足感和安全感。

4. 我认为，只要把工作指派给下属即可，不用去管他们。

5. 我认为，相互了解，互相接纳，是计划、指挥和考核的基础，因此经下属的参与和意见沟通，才能获得有效的工作成果。

上述题目的具体答案如下（括号中数字代表管理方式的类型）：

在计划制定方面：1.(9,9);2.(5,5);3.(1,9);4.(1,1);5.(9,1)。

在工作执行方面：1.(5,5);2.(1,1);3.(1,9);4.(9,9);5.(9,1)。

在工作考核方面：1.(9,1);2.(9,9);3.(1,1);4.(1,9);5.(5,5)。

在整体管理观念方面：1.（5,5）；2.（9,1）；3.（1,9）；4.（1,1）；5.（9,9）。

将你的管理风格用一个方格图表示，见图12-3。

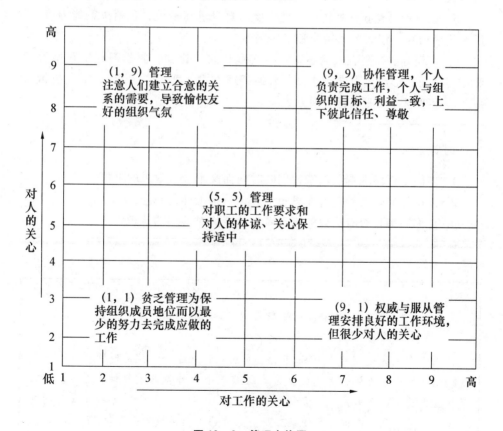

图 12-3 管理方格图

管理方格图可以帮助每个管理者认识自己属于哪一种管理方式。图 12 – 3 中(1,1)管理是贫乏的管理,显然最差;(5,5)管理则是居中的管理;(1,9)管理和(9,1)管理都是片面的管理,(9,9)协作管理才是理想的管理方式。

本章提要

1. 彼得·德鲁克认为,管理人员有五项基本作业。根据明茨伯格的观察及其研究显示,管理者多样化的活动可以划分成十项管理任务。

2. 管理者不仅面临着外部约束如经济环境、技术环境、社会环境、政治和法律环境以及伦理道德环境而且还面临内部约束,如组织内部领导集团、组织形式和机构、人际关系和组织的士气。还面临着一些特有的约束。

3. 管理者要克服种种约束,就需要对自身进行造就,包括决策能力培养、用人艺术培养、沟通艺术培养和个性培养。

4. 管理者要提高有效性还有一些实践诀窍。比如,要学习在实践中管理和控制时间;形成人人参与、民主型的管理方式;善用"智囊",提高决策水平;运用管理方格图改善管理方式。

讨论题

1. 你们是否发现哪些浪费你们的时间而又不产生效果的事情?

2. 你认为有效的管理者在思想上应该具备怎样的观念?

3. 在你周围是否有有效的管理者?谈谈你对他们的认识?

案例:培养人才   三星之本

由李秉宪先生创建于 1938 年的三星公司,在半个世纪的时间里,由一个默默无闻的小杂货店,迅速成长为雄踞韩国企业首位的世界性大企业。1986 年营业额达 156 亿美元,占国民生产总值的 16.4% 。而 1993 年的销售额则高达 513.6 亿美元,在世界 500 家工业企业中的排位跳跃性升至第 17 位。

　　三星之所以能在韩国乃至世界经济大舞台上迅速崛起，有如此巨大的成就，关键在于三星的人才。三星集团不但人才济济、精英荟萃，而且每人都能居于最能发挥个人才干的位置上，发挥其能，为三星的振兴和发展贡献出自己的力量。人才是珍贵的资源，是支持三星事业的顶梁之柱，而三星独特的人才选拔、培训和使用之道，则是上述一切的基础。

　　三星自 1957 年就开始实行严格的人才选拔制度，选择职工的标准是"具有智能、诚实和健康的人"。在把符合条件的人招为企业职工之后，公司不惜花费大笔资金，把他们培养成为对企业发展有用的人才。

　　录用仅仅是三星选拔人才的开始。职员被录用之后，企业便十分注意给他们安排合适的岗位，并赋予他们最大限度的活力和责任，以便职员尽可能地发挥各自的能力。三星不但为职员最大限度地发挥能力创造条件，而且在生活上给予他们优厚的待遇，解除其后顾之忧。一般来说，三星集团往往给高级职员安排好的住房，使他们深切感受到"三星就是家"，真正融入三星这个环境中。

　　三星十分重视从实际工作中选择人才。三星对人才的评价并不是依据学历高低，而是立足于实际工作能力。对于从实际业务中涌现出来的优秀人才，三星从来就是毫不犹豫地予以提升。

　　允许优秀人才犯错误，是三星人事管理的又一个重要原则。只要他尽职尽责地工作，一时犯了错误，使公司遭到了一些损失，公司也给予宽大处理。但犯错误而得到宽大处理有一个条件，这就是犯错误者必须是兢兢业业为公司工作的人。一心为公的人才，即使偶尔犯错，公司也会给他改过和重新发展的机会。相反，对于那些工作不勤恳，以一己之私而给公司带来损失的人，则严惩不贷。

　　这种先进有效的人才选拔制度，使得三星的人才辈出，为公司的发展提供了大量的优秀人才，三星也获得了"人才宝库"的美誉。

　　三星集团不但重视人才的选拔，更重视人才的培训工作，并且形成了一整套独特的、系统的培训制度。

　　人才是企业竞争之本，三星的高层管理人员对此深信不疑。在人才的培训上，公司可以说是不遗余力的，它每年用于职员离职培训的费用就高达 1 亿美元之多。

　　新职员在正式工作之前，必须经过 24 天集训，用以培养同心协力的三星精神。对于公司的原有员工，每人每年至少受训两周，以使大家掌握新的经贸知识，及时了解国外政治经济形势的变动。

三星在企业内部设立了管理能力部门、业务知识部门和精神状态部门等三大职能教育机构。下设各类分院，对职工进行有针对性的教育培训。同时，三星集团还经常聘请许多国内外的著名专家到三星开办讲座。三星还轮流将各公司的负责人派往海外著名大学或机构，进行国际法规、专利、金融等方面的进修，培养他们的海外工作能力。

为了更好地适应企业国际化经营的需要，三星集团从 1991 年正式实施国际化人才培训制度——"地区专家培养制度"。每年遴选出一些优秀员工派驻国外，年薪 5 万—8 万美元。驻外人员的任务既非营销，也非投资，而是让他们通过一年的驻外生活体验，不仅掌握当地的经济运作方式和法律规范条件，而且了解当地的风土人情和文化习俗，力争成为通晓当地国情民情的人员，为三星集团将来在当地的发展服务。

公司董事长李建熙说过："我们不期望从中迅速获得利益，但三星集团最终会拥有一代具有世界水准的经理人员。"这句话说明了三星人才培训的雄心所在！

三星集团不但重视人才的选拔、培训和作用，还十分重视人才的自我提高。为此，三星总是积极地创造条件，使员工能够自我发展，不断提高。在这一方面，三星主要采取岗位教育、集体研讨和自我总结的方式，使员工通过自学自省，不断进步。

近年来，随着三星集团日益走向国际化经营，三星特别注重吸收和利用海外人才。采取的方式主要有两种：一是通过三星设在海外的分公司，吸收和利用当地的人才。这种方式主要是在美国和日本的三星公司和研究所采用。这是三星在家电、计算机、信息通信、半导体及精密玻璃等方面的研究开发中，为利用美国和日本的当地技术人才而制定的一项人才政策。通过这一政策，三星集团迅速获得了海外的先进技术。二是在海外录用当地人才，并送回三星集团的韩国总公司，对他们进行教育或培训，使他们具备三星的经营哲学和必要的能力才干，使之融合成为三星大家庭的一员，具备三星精神和主人翁意识，为三星的事业发挥才干。

从三星集团的上述人才政策可以看出，三星既能有效地吸收和培训人才，又能合理地使用和提高人才，从而真正实现了人才济济，各尽其能。因此，"人才汇集的中心"之美誉，三星是当之无愧的。

人才云集是三星取得辉煌成就的重要因素，也为三星在 21 世纪成为世界十大公司中的一员打下了坚实的基础。

讨论题

1. 你对三星集团的"允许优秀人才犯错误"这一人事管理的原则有什么看法？

2. 结合案例说一说三星集团人才培养的做法有什么好处？